“十四五”普通高等教育本科部委级规划教材

CHUANGXIN CHUANGYE
LILUN YU SHIWU

创新创业理论与实务

刘丽 刘丹 王微◎主编
艾天宇 柳光露 安锋◎副主编

中国纺织出版社有限公司

图书在版编目（CIP）数据

创新创业理论与实务 / 刘丽，刘丹，王微主编 .--
北京 ：中国纺织出版社有限公司，2024. 2
“十四五”普通高等教育本科部委级规划教材
ISBN 978-7-5229-1365-0

Ⅰ. ①创… Ⅱ. ①刘… ②刘… ③王… Ⅲ. ①创业—
高等学校—教材 Ⅳ. ①F241. 4

中国国家版本馆 CIP 数据核字（2024）第 033196 号

责任编辑：毕仕林　国　帅　　责任校对：寇晨晨
责任印制：王艳丽

中国纺织出版社有限公司出版发行
地址：北京市朝阳区百子湾东里 A407 号楼　邮政编码：100124
销售电话：010—67004422　传真：010—87155801
http://www.c-textilep.com
中国纺织出版社天猫旗舰店
官方微博 http://weibo. com/2119887771
三河市宏盛印务有限公司印刷　各地新华书店经销
2024 年 2 月第 1 版第 1 次印刷
开本：787×1092　1/16　印张：20. 75
字数：520 千字　定价：49. 80 元

本书编委会

主　　编　刘　丽　刘　丹　王　微

副 主 编　艾天宇　柳光露　安　锋

主　　审　杨喜喜

编　　委（以姓氏笔画为序）

王丽梅　卢天燚　任　玲

任洪强　李云宏　杨喜喜

张连革　张学超　张晓旭

陆永祯　赵红阳　姜玉新

前　言

2019 年 4 月 30 日，在纪念五四运动 100 周年大会上习近平总书记指出：新时代中国青年要树立对马克思主义的信仰、对中国特色社会主义的信念、对中华民族伟大复兴中国梦的信心，到人民群众中去，到新时代新天地中去，让理想信念在创业奋斗中升华，让青春在创新创造中闪光！

编者从教二十多年来，一直耕耘在教学第一线，从“工商管理”专业课教学开始，到《经济管理》的专业平台课，到《创业管理》校级选修课，到《创业管理》32 学时的素质拓展必修课，再到今天的多种形式开设的深受学生喜爱的《创新创业理论与实务》，亲自见证并参与了《创新创业理论与实务》的发展历程，深知这不仅是课程名字的简单变化，更是课程性质的重要转变。课程内容与时俱进，教师兢兢业业，这些润物细无声的转变恰恰体现了创新创业教育对于中国青年的重要意义，响应了“让理想信念在创业奋斗中升华，让青春在创新创造中闪光”。由此可见，创新是民族进步的灵魂，创业是经济发展的路径，大学生作为国家栋梁，不仅需要具备创新精神、创新意识、创新能力，还需要具备创业素养、创业技能和企业家精神。高等学校是大学生创新创业教育的主阵地，其教学水平和质量关乎人才的培养，关乎国家的发展。

创新创业教育得以孕育和发展，既是时代的需要，也是教育的追求。目前，我国创新创业教育的内在需求呈现出从量到质的转变，教学层次分级化，教学内容个性化，教学方法创新化，教学形式的多样化等。课程组教师在结合多年创新创业教育教学的经验，在广泛吸取兄弟院校及领域专家的指导基础上，立足于中国创新创业发展的前沿，兼顾统筹创新创业的教学要求，设计完成了教材的撰写思路和章节内容，历时一年多合作完成了书稿。本书第一章到第三章是关于创新的内容，涉及创新概述、创新思维和 TRIZ 创新方法；第四章到十三章是关于创业的内容，依据创业的素养要求与企业管理的基本流程精心设计了创业概述、创业者与创业团队、创业机会、创业风险、创业企业设立、创业企业战略管理、创业企业生产与运作管理、创业企业营销管理、创业企业融资与财务管理、创业计划书撰写与路演内容；第十四章是创业样板的介绍，细心挖掘了身边大学生的创业故事，让创业者离学生更近一些，也方便将企业家请进课堂，起到真人课堂的教学效果。

本书编写分工如下：刘丹编写了教材的第一、第二、第三、第九和第十章的内容，王微编写了教材的第十二章和第十三章的内容；柳光露编写了教材的第四章、第六章和第七章的内容；艾天宇完成了第十四章及全书的校稿；安锋编写了教材的第五章和第八章；刘丽统筹全书的架构及撰写工作，完成了第八章和第十一章的编写工作，完成全书的统稿及出版工作。在教材的编写过程中，首先感谢参与编写工作的各位专家，大家不辞辛苦、不计报酬，利用休息时间查资料，进企业，线上线下进行研讨交流，分工协作，最终完成了书稿。其次要感谢辽宁科技大学教务处、辽宁科技大学教材委员会、辽宁科技大学创新创业学院在教材编写与出版过程中给予的指导意见和立项支持。最后要感谢参考文献的作者，教材在编写过程中参考和应用了大量的文献资料，给了我们很多写作的思路和启发，让教材内容更详实更丰富，在此谨向原作者表示衷心的感谢！

我们衷心希望本书能够为创新创业人才培养提供理论借鉴，为创新创业教育发展贡献绵薄之力。创新创业教育仍在继续，并且随着时代的变革不断地推陈出新，日新月异。学海无涯，道阻且长，我们还需砥砺前行，用创新创业的思路践行创新创业教育。由于编者水平有限，书中难免存在一些不足，恳请各位同仁、专家、读者批评并指正。

刘丽

2023 年 12 月 8 日

目　录

第一章　创新概述

【学习重点】

1. 掌握创新的内涵及分类
2. 掌握并理解创新的类型
3. 了解并掌握创新的模式

【案例导入】

锯的发明

相传有一年，鲁班接受了一项建筑一座巨大宫殿的任务，这座宫殿需要很多木料，他和徒弟们只好上山用斧头砍木，当时还没有锯子，效率非常低。一次上山的时候，他无意中抓了一把山上长的一种野草，一下子将手划破了。鲁班很奇怪，一根小草为什么这样锋利？于是他摘下了一片叶子细心观察，发现叶子两边长着许多小细齿，用手轻轻一摸，这些小细齿非常锋利。他明白了，他的手就是被这些小细齿划破的。后来，鲁班又看到一只大蝗虫在一株草上啃吃叶子，两颗大板牙非常锋利，一开一合，很快就吃下一大片。这同样引起了鲁班的好奇心，他抓住一只蝗虫，仔细观察蝗虫牙齿的结构，发现蝗虫的两颗大板牙上同样排列着许多小细齿，蝗虫正是靠这些小细齿来咬断草叶的。这两件事给了鲁班很大启发。于是他就用大毛竹做成一条带有许多小锯齿的竹片，然后到小树上去做试验，结果果然不错，几下子就把树杆划出一道深沟，鲁班非常高兴。但是由于竹片比较软，强度比较差，不能长久使用，拉了一会儿，小锯齿就有的断了，有的变钝了，需要更换竹片。鲁班想到了铁片，便请铁匠帮助制作带有小锯齿的铁片。鲁班和徒弟各持一端，在一棵树上拉了起来，只见他俩一来一往，不一会儿就把树锯断了，又快又省力，锯就这样被发明了。

在鲁班之前，肯定会有不少人碰到手被野草划破的类似情况，为什么只有鲁班从中受到启发，发明了锯，这无疑值得我们思考。大多数人只是认为这是一件生活小事，不值得大惊小怪，他们往往在治好伤口以后就把这件事忘掉了。而鲁班却有比较强烈的好奇心和正确的想法，很注意对生活中一些微小事件的观察、思考和钻研，从中找到解决问题的方法和思路，甚至获得某些创造性发明。这告诉我们一个道理，留意生活中许多不起眼的小事，勤于思考，会增长许多智慧。在锯被发明以后，鲁班又发明了许多工具，古书对此有很多记载。

第一节 创新的含义和特征

一、创新的概念和内涵

（一）熊彼特对创新的定义

创新是从英文 innovate（动词）或 innovation（名词）翻译过来的。根据《韦氏词典》所下的定义，创新的含义为引进新概念、新东西和革新。创新理论最早是由奥地利经济学家熊彼特（J. A. Schumpeter，1883—1950）于 1912 年在其成名作《经济发展理论》一书中首先提出来的。按照熊彼特的观点，“创新”是指新技术、新发明在生产中的首次应用，或者建立一种新的生产函数或供应函数，是在生产体系中引进一种生产要素和生产条件的新组合。熊彼特认为创新包括以下五个方面的内容。

（1）引入新产品或提供产品的新特性。

（2）开辟新的市场。

（3）获得一种原料或半成品的新的供给来源。

（4）采用新的生产方法（主要是工艺）。

（5）实现新的组织形式。

（二）创新与创造的区别

从一般意义上讲，创造强调的是新颖性和独特性，而创新强调的是创造的某种具体实现。创造与创新在概念上的差别体现在以下几个方面。

（1）创造比较强调过程，创新比较强调结果。例如，可以说“他创造了一种新方法，这种方法具有创新价值。”

（2）在程度上，创造强调“首创”“第一”“无中生有”“破旧立新”，主要是指自身的新颖性，不一定有比较对象；创新是建立在已经创造出的既有概念、想法、做法等基础之上，其着眼点在于“由旧到新”，强调与原有事物相比较。因此，在某种程度上，可以将创新看作创造的目的和结果。例如，蒸汽机的出现是一种创造（图 1-1），而将它应用到其他工业领域则是创新（图 1-2）。

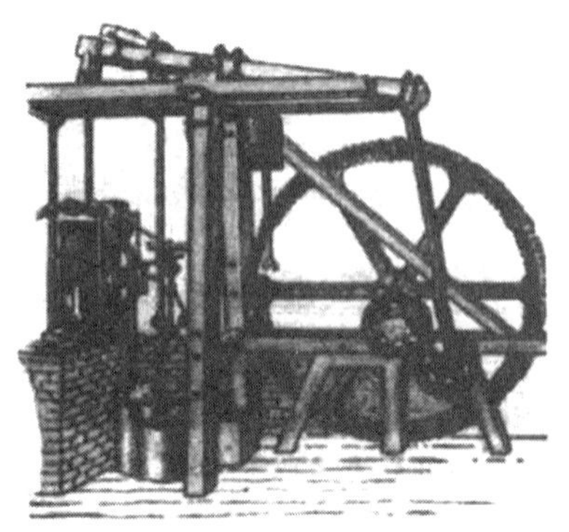

图 1-1　创造：瓦特改良的蒸汽机

图 1-2　创新：蒸汽机车

（3）在思维过程上，创造应是独到的，其思维始终站在新异的尖端；创新则是在已经创造出的既有概念、想法和做法等的基础上，将别人的原始想法组织起来，应用到自己的思维活动中。

（4）在范畴上，创造一般多指知识、概念、理论、艺术等方面，创新一般多指技术、方法、产品等。

（5）在目的上，创造注重的是科学性和探索性，创新更注重经济性和社会性。

亚当·斯密（Adam Smith）是较早关注企业创新问题的经济学家。他曾指出："只要工作性质还有改良的余地，在各个劳动部门所雇的劳动者中，不久自会有人发现一些比较容易而便利的方法，来完成各自的工作。唯其如此，用在今日分工最细密的各种制造业上的机械，有很大部分，原是普通个人的发明。"

（三）多视角解读创新内涵

亚当·斯密仅从技术创新的来源方面进行了初步的探讨，到目前为止，学界对于创新的概念并没有形成严格、一致的界定。以下对国内外学者有代表性的对于创新概念的定义进行概括，如表 1-1 所示。

表 1-1　创新概念的相关界定

学者或组织	定义
约瑟夫-熊彼特（J. A. Schumpeter）	创新就是"建立一种新的生产函数"，实现企业组织的新组合，包括引入一种新产品或新服务、采用一种新的生产方式、开辟一个新市场、获得或控制一种新的原材料或来源、实现任何一种新的工业组织形式
亚历克斯·奥斯本（A. F. Osborn）	创新就是利用"智力激励法"，通过改变、增加、减少、替代、颠倒和重组途径完成的一系列创造性思维行为和过程
索洛（R. Solow）	技术的变化，包括现有技术被投入实际应用所带来的具体的技术安排、技术组合的变化，可谓之创新；创新源于精神活动；绝大部分创新筹划远较通常的计划制订需要更为精确的技术数据和煞费苦心的设计安排
彼得·德鲁克（Peter F. Drucker）	创新的含义是系统地抛弃过去，系统地寻求创新机会，即在意外的成功或失败中寻找机会，在过程的需要中寻找机会，在各种不一致中寻找机会，在新知识萌芽时期寻找机会，在市场的需求和短缺中寻找机会，在认知的变化中寻找机会，在人口的变化中寻找机会
伊诺思（J. L. Enos）	创新是几种行为综合的结果。这些行为包括选择发明、保障资本投入、建立相应组织、制订计划、雇用工人和开辟市场等
林恩（G. Lynn）	创新是始于对技术的商业潜力的认识而终于将其完全转化为商业化产品的整个行为过程
迈尔斯（S. Myers）和马奎斯（D. G. Marquis）	创新是一个复杂的活动过程，从新思想和新概念开始，通过不断地解决各种问题，最终成为一个有经济价值和社会价值的新项目并得到实际的成功应用
厄特巴克（Utterback J. M.）	创新是指技术的首次应用。其过程可分为三个阶段： ①新构想的产生； ②技术难点攻关或技术开发； ③商业价值实现或扩散

续表

学者或组织	定义
经济合作与发展组织（OECD）	创新包括新产品和新工艺，以及原有产品和工艺的显著的技术变化。如果在市场上实现了创新（产品创新），或在生产工艺中应用了创新（工艺创新），那么创新就完成了。这两种创新的实践或完成，涉及从生产领域活动到消费领域活动的方方面面。因此，创新包括科学、技术、组织、金融和商业的一系列活动
弗里曼（Freeman C.）	创新指的是新产品、新过程、新系统和新服务的首次商业化
傅家骥	创新是企业家抓住市场的潜在盈利机会，以获得商业利益为目标，重新组织生产条件和要素，建立起效能更强、效率更高和费用更低的生产经营系统，从而推出新的产品、新的生产（工艺）方法、开辟新的市场、获取新的原材料或半成品供给来源或建立企业的新的组织，它是包括科技、组织、商业和金融等一系列活动的综合过程
许庆瑞	创新泛指一种新思想的形成、得到利用并生产出满足市场用户需要的产品的整个过程。它不仅包括一项技术的创新，而且包括成果推广、扩散和应用的过程
陈其荣	创新是创新主体（具有相关知识、技能并从事创新认识和实践活动的个体和组织）在创新环境条件下，通过一定的中介而使创新客体（创新主体实践活动的领域，并与创新主体有着相互联系和作用的客观对象）转换形态、实现市场价值的一种实践活动
冯鹏志	创新是由作为创新主体的企业启动和实践的，以成功的市场开拓和提高市场竞争力为目标导向，以新技术设想的引入为起点，经过创新决策的研究与开发、技术转换和技术扩散等环节，从而在高层次实现技术和各种生产要素的重新组合及其社会化和社会整合，并最终达到改变创新主体的经济地位和社会地位的目的的社会行动或行动系统

资料来源：根据相关公开文献整理而成。

总结上述学者的观点可将创新的定义总结为：创新是任何一种赋予资源新的创造财富能力的行为，是开发过去没有的东西，做过去没做过的事情。即任何使现有资源的财富创造潜力发生变化的行为，都可以称为创新。如果说熊彼特的创新概念更注重技术与经济的结合，那么，随着创新理论及实践的不断发展，人们开始从更广义的角度去理解创新的内涵，认为创新包括各种各样的以新的方式提高资源配置效率的活动。它不仅局限于把技术和经济结合起来，而且力求将科学、技术、教育以及政治等与经济融合起来，即创新表现为不同参与主体之间的交互作用的网络。在这个网络中，任何一个节点都有可能成为创新行为实现的特定空间。创新的内涵可以从技术性、哲学性、经济性和社会性视角来解读。

（1）从技术性的角度来理解。这有利于对创新的技术发展和变化过程形成较为集中的认识，但也是对创新最为狭义的认识。事实上，上述学者的观点中都带有这种认识，并将新技术的出现、改进和发明等作为创新非常重要的基础环节或程序。“任何技术创新都具有一定程度的新颖性和独创性。既是科学技术原理的物化，同时也是科技工作者和创新者创造性思维、创造性设想的结晶。”

（2）从哲学性的角度来理解。哲学性视角是站在认识论和方法论的高度对创新进行一般化和抽象化，反映创新的必然性和偶然性、可能性和现实性，以及形式和内容相统一的唯物辩证的特征。这让我们对创新的运动规律及其所包含的唯物辩证的特征会有更普遍的认识。

（3）从经济性的角度来理解。熊彼特的创新就是建立一种新的生产函数，高度概括了创新的经济性特征。以至于后来的经济学家大都基于这样的内涵对创新外延进行衍生和扩展，尤其侧重于分析技术创新与企业成长的关系及结果，以及技术创新各阶段的组织管理及效果。由于新的生产函数的建立，从而引起成本、价格和利润的变化，由此带来企业经济效益相应的改变。所以，技术创新和管理创新的程度越高，其经济性就越突出。

（4）从社会性的角度来理解。创新不仅包含了人与物的关系，更反映了人与人的相互关系，对其社会性的认识可以说是对其技术性、哲学性和经济性理解的一种发展，充分体现了创新历史的、过程的、协作的和不确定的特征。具体到企业创新，不仅是将新的技术设想推向市场化的动态过程，而且是信息传播、知识共享、企业文化增变的过程。也就是说，当下的创新已不再是企业能孤立完成的活动，它越来越成为一种社会建构性的行为和过程，创新完整实现应是社会化协作和整合的结果。

二、创新特征

（一）目的性

创新是有目的的，其目的就是不断地满足人类自身生存发展的需要。具体来讲，创新是为了解决某一问题，围绕着解决一定的问题而进行的，它总是与完成某个任务相联系的。所以，创新是一种有目的地认识世界和改造世界的实践活动。

（二）新颖性

从创新的特性来看，创新是把新的或重新组合和再次发现的知识引入所研究对象系统的过程，是引入新概念、新东西和革新的过程。因而其成果必然是新颖的，与过去相比具有新的因素或成分。唯其“新”，才能具有优势，才能战胜旧事物。原有事物的内容和形式正是由于增加了新的因素而得以更新、发展和突破。“求新”是其灵魂，没有“求新”的变革，称不上创新。

（三）价值性

从创新成果的效果来看，创新具有明显、具体的价值，也就是具有一定的社会和经济效益。创新是各种社会事物进步与发展的共同因素。它能够满足人们的某种需要，促使企业获得成功，国家经济活力得到增强，社会取得进步。若没有价值，创新也就失去了意义。创新成果的价值可以分为社会价值、经济价值和学术价值。

（四）先进性

先进性就是与旧事物相比具有相对优势。创新在多大程度上优于已有的和现存的事物，这是人们是否愿意采纳创新成果的关键。如一个创新产品的先进性主要体现在：结构更合理、功能更齐全、效率进一步提高等。一个创新的管理方法的相对优势表现在：提高了经济利润，降低了成本，调动了人的积极性，提高了管理效率等。如果不具有先进性，新事物就不可能替代旧事物，创新就失去了意义。另外，创新的先进性还体现在代表了事物的发展规律和趋势。

（五）变革性

从创新的实质来看，都是变革旧事物，使其更新，成为新的东西。“穷则变，变则通，通则久”。当遇到难以解决的问题时，就应该采用“变”的方式，如改变思考角度、方式、方法、结构、功能等；变了，问题就解决了，即“通”了。这个由“变”到“通”的过程，就是创新的过程。故步自封，安于现状，不想变革，就没有创新。

（六）发展性

创新是一个不断发展的过程。创新发展是创造新知识、应用新知识并不断发展新知识的过程。知识是创新之源，通过知识创新推动科技创新、文化创新、管理创新以及其他各方面的创新。创新使知识生生不息，没有知识的不断更新，创新的源泉就会干涸。对知识的创造、应用、再创造、再应用，这种形式循环往复，以致无穷，而每一循环创造和应用的内容都进入了高一级的程度。这是人类创新永无止境、无限发展的客观规律。

（七）再创造

再创造就是对原有事物、现有知识和已有创新成果的再次发现和重新组合，既包括使知识达到新的深度和广度，又包括修正错误和更新知识；既包括从研究新情况、新问题中获得新知识和新成果，又包括从研究老情况、老问题中获得新知识和新成果。

（八）层次性

根据人们解决问题的新颖、独特程度不同，可以将创新划分为以下三个层次：第一个层次为高级创新，是指经过长期的研究、艰巨的探索而产生的科学发现，它是一项从无到有、填补空白的创新活动，因此，有可能为国家、社会和人类做出巨大贡献，甚至形成某一领域划时代的局面，如爱因斯坦的“相对论”。第二个层次为中级创新，主要是指经过改革或发明，在原有知识和经验的基础上重组材料，研制出有一定社会价值的产品的技术革新。这一层次的创新已成为社会文化、科学和生产力发展的巨大力量。第三个层次为初级创新，主要是指在别人率先创新的基础上，通过引进技术和购买专利等方式，消化、吸收而进行的一种创新。这是以跟踪当前国际先进水平并加以模仿为主的创新思路。以跟踪和模仿为主的创新也是工业后进国家缩短同发达国家差距的一条捷径，可实现跨越式发展。

第二节　创新的类型

创新虽有大小、层次之分，但无领域、范围之限。从不同角度可以对创新做出各种不同的类型划分。

一、根据创新的研究对象和内容分类

（一）技术创新

技术创新是指创新主体应用创新的知识和新技术、新工艺，采用新的生产方式和经营管理模式，提高产品质量，开发生产新的产品，提供新的服务，占据市场并实现市场价值。技术创新包括产品、工艺和服务三方面的创新。技术创新是经济增长的基础，是实现产业化的重要前提。

（二）知识创新

知识创新是指创新主体通过科学研究，包括基础研究和应用研究，获得或产生新的基础科学和技术科学知识的过程。知识创新是技术创新的基础，是新技术和新发明的源泉，是促

进科技进步的革命性力量。知识创新为人类认识世界、改造世界提供新理论和新方法，为人类文明进步和社会发展提供不竭动力。

（三）组织创新

组织创新是指创新主体根据组织内外部环境变化的要求，有计划地对组织系统结构及行为进行调整、变革或重组，以提高组织的管理效率和竞争能力，保持组织的生命力，促进组织可持续发展。其包括以结构为主线、以人员为中心、以业务流程为导向和以战略调整为重心等方面的内容。

（四）管理创新

管理创新是指根据客观规律和组织现有的资源，在有效继承的前提下，通过发挥人的积极性和创造性，利用一种新的或更经济的方式对传统的管理进行完善、改革和发展，以便使组织的资源得到更有效的配置。管理创新包括管理思想及观念、管理理论及体系、管理制度及机制、组织经营战略、管理组织结构、管理模式方法、管理运作流程、组织人才开发、组织文化等方面的创新及其组合的创新。

（五）制度创新

制度创新一般是指制度主体在现有的生产和生活环境下，通过创设新的、更能有效激励人们行为的制度、规范体系来实现社会的持续发展的创新活动。制度创新在整个创新体系中处于基础和保障的地位，所有创新活动都有赖于制度创新的积淀和持续激励，通过制度创新得以固化，并以制度化的方式持续发挥作用。制度创新包括正式制度创新和非正式制度创新两方面内容。

二、根据创新的性质分类

（一）原始创新

原始创新是指重大科学发现、技术发明、原理性主导技术等原始性创新活动。原始性创新成果通常具备以下三大特征。

（1）首创性，研究开发成果前所未有。只有具备首创性的原始创新才有可能发展成为核心竞争优势。首创性的最高层次是文化和标准的首创性：文化的首创性最终沉淀为经典，科技的首创性最终转化为标准和法规。

（2）突破性，在原理、技术、方法等某个或多个方面实现重大变革。创新既是在前人成果基础上的思维，又是打破前人成果的思维。对已经过多年实践考验的前人成果，必须学习和继承；而对未成定论的、有争议的、新兴的、边缘的学科或产业领域，应积极开展原始创新活动。

（3）带动性，原始创新在对科技自身发展产生重大牵引作用的同时，也给经济结构和产业形态带来重大变革。例如，晶体管、集成电路的发明以及半导体和存储器、互联网和移动通信等原始创新成果的出现，对解放生产力起到了革命性的推动作用，为提高人们的生产、生活质量提供了必要的物质基础。

（二）跟随创新

跟随创新是指在已有成熟技术的基础上，沿着已经明确的技术道路进行技术创新，如在原有技术之上使技术更加完善，开发出新的功能，等等。当年微软公司正是采取在学习网景浏览器的基础上进行创新的方式打败了网景浏览器。微软的“跟随创新”方式，被形容为“等竞争对手出现，马上复制，然后赶超”。理论上讲，技术所有的独特用途都是可以复制的。随着技术复制周期越来越短，对新技术的早期投资能真正得到回报的可能性越来越低，因而，巨大的研发投资，也就是所谓的领先创新，并不一定会为自己带来优势。“只有当风险比较低时，创新才可以获得回报。”这种看法已获得多数人的认同。

（三）集成创新

集成创新是利用各种信息技术、管理技术与工具等，对各个创新要素和创新内容进行选择、集成和优化，形成优势互补的有机整体的动态创新过程。“苹果”现象就是集成创新的典范，一部苹果手机=手机+电脑+数码摄像机+MP3+PSP+……

三、根据创新的驱动力和效应分类

（一）突破性创新

突破性创新一般是技术推动型创新，即由于一项新技术的引入，使一个新的市场基础得以产生，导致宏观或微观层面上的市场和技术及其组合不连续地活动。这种创新的结果与之前的技术种类、运作方式、产品范围等相比，差异非常大，其创造的是一种未被消费者认知的需求，而这样的需求往往会产生一系列的新产业、新企业、新市场活动等。比如，汽车的发明和计算机的问世，开创了一个全新的产业；基于网络的亚马逊书店和戴尔电脑则改写了竞争的规则；青霉素和结核疫苗的研制成功，使人类的生活质量得到极大的提高。

（二）渐进性创新

渐进性创新通常是市场需求拉动型创新，即通过对不断变化的市场环境和需求做出适应性反应，通过试错，或者通过改进、完善和调整等表现出来的创新。其目的是为当前市场提供新特色、新收益或升级的产品。比如，索尼的随身听由于产品标准改变而演变形成新的生产线；佳能激光打印机则是基于新技术，扩张原有产品生产线而面世的；从莱特兄弟发明的飞行器到现代喷气式飞机的产生得益于实践中不断的渐进性创新。

四、根据创新与产业演化的关系分类

（一）结构性创新

有些新技术往往能够重新塑造产品、市场、企业和用户之间新的连接方式，其突出特征是新产业的创造和老产业的重塑。结构性创新有三个比较突出的特点：首先，它打破了以前产业对新技术的结构性控制和支配；其次，设计概念具有持久性，这种持久性是指所创造出来的设计概念将在很长时间内在产业中占主导地位；最后，结构性创新将以科学的创新为支撑，但创新本身并不是科学激发出来的，它是技术与市场巧妙结合的产物。

结构性创新冲破现有产业的约束，不仅影响技术的发展，而且为企业产品、市场和用户之间的连接拓展了新的途径。结构性创新往往是由技术突破引发的，它常常包含一些破坏性的因素，把以前的多种技术创新综合起来，为创新者创造了显赫的市场地位（如小米手机）。

（二）空缺性创新

使用新技术概念形成新的市场连接方式是结构性创新的实质，而使用现有技术打开新市场则是空缺性创新的核心。空缺性创新对现有生产和技术系统的作用是保护和强化了现有的设计。比如充电宝就是空缺性创新的很好例子。这类创新对已有的技术进行细化、改进和变革，从而创造了一个新的市场。在某种情况下，空缺性创新只涉及较小的技术变化，对生产系统和技术知识的影响是渐进的。但是这类创新也常常能够导致新产品的出现和技术精细化及技术变革。这种变化建立在现有技术基础之上，从而提高了它在新兴细分市场的适用性。

虽然空缺性创新能创造出空缺市场，对创新企业的生存有实质作用，但是实践表明，单纯依靠这类创新不足以建立长久的竞争优势。如果创新易于模仿，甚至很容易在此基础上取得新的进步，那么它的竞争力就会大大降低。

空缺性创新的特征表现为：技术上的变化常常引起市场的巨变，但从一个创新中取得的竞争优势都不大可能持久。如果新技术不足以阻挡竞争对手的模仿，那么无论新设计多么好地满足了当前市场的需要，创新的长期作用终将会大大减弱。这并不是说空缺性创新不重要，而是提醒人们注意，从这种创新中得到的优势将是暂时的。要在这种市场中取得持久的竞争优势，必须引入一系列的产品、工艺创新，以抵制竞争者的进攻。在空缺性创新中，创新的时机和快速反应就是一切。

（三）渐进性创新

结构性创新和空缺性创新都是看得见的。相比而言，渐进性创新几乎看不见，但它对产品的成本和性能具有巨大的累积效果。渐进性创新是指通过不断的、渐进的、连续的小创新，最后实现管理创新的目的。比如，针对现有产品的元件做细微的改变，强化并补充现有产品设计的功能，而对产品架构及元件的连接不做改变。

虽然单个创新带来的变化较小，但它的重要性不可低估。其原因：一是许多创新需要与它相关的若干创新辅助才能发挥作用；二是小创新的渐进积累效果常常促使创新发生连锁反应，导致大的创新出现。

渐进性管理创新是从无数的小创新开始的，当大量的小创新不断改善企业的经营管理并达到一定程度时，就会产生导致质变的大创新。

渐进性创新所涉及的变化都是建立在现有技术和生产能力基础之上的变化，适合于当前市场和顾客的需求变化，其效果是加固了现有技能和资源。与其他类型的创新相比，渐进性创新更多地受经济因素驱动。

（四）颠覆性创新

颠覆性创新，也称根本性创新，是企业首次向市场引入的、能对经济产生重大影响的创新产品或技术。根本性产品创新包括全新的产品或采用与原产品技术根本不同的产品。根本性工艺创新是指以全新的方式生产产品和提供服务。

大多数根本性创新会造成现有技术和生产方面核心能力过时。这类例子有真空管、机械式计算器、机械式打字机等，它们都被革命性创新推翻，引发市场巨变。根本性创新常常能主导一个产业，从而彻底改变竞争的性质和基础。由于它改变了产品的基本特征，因此，决定了以后的竞争格局和技术创新格局。这类创新要求全新的技能、工艺，以及贯穿整个企业的新的系统组织方式。

根本性创新与科学上的重大发现相联系，创新过程往往要经历很长时间，并经受其他各种程度创新的不断充实和完善，同时它也会引发大量的其他创新。根本性创新能以某种方式使某一旧产业重新成长，充满活力，也能以类似的方式创造新产业，从而提高经济的溢出效应，拓展外部市场。

无论是产生新产业还是改造旧产业，根本性创新都是引起产业结构变化的决定性力量。然而，对企业来说，并非所有的根本性创新都能产生深刻的竞争影响。有些根本性创新，由于创新者没能把握住竞争格局，结果给创新者带来了较大损失，反而使创新模仿者坐收渔利。

第三节 创新的模式

一、自主创新

自主创新是指组织在拥有自主知识产权的独特核心技术的基础上，依靠自身能力推动创新活动的后续环节，实现新产品的价值转化，获取商业利润，达到预期目标的创新活动。自主创新是以人为主体积极、主动、独立地发现、发明、创造的活动，以内容来划分包括自主科学创新与自主技术创新，以主体来划分包括个人自主创新、企业自主创新、国家自主创新、民族自主创新。自主创新是主体性的最高表现形式，是民族独立、国家发展的根本动力，创新精神是民族的灵魂。对于发展中国家而言，自主创新是实行赶超战略、后来居上、超越发展的根本途径。数字经济为发展中国家通过自主创新实现赶超提供了现实基础。

一般而言，自主创新的成果体现为新的科学发现，以及拥有自主知识产权的技术、产品、品牌等，包括原始创新、集成创新和技术再创新。

（一）原始创新

原始创新是指前所未有的重大科学发现、技术发明、原理性主导技术等创新成果。原始性创新意味着在研究开发方面，特别是在基础研究和高技术研究领域产生独有的发现或发明。原始性创新是最根本的创新，是最能体现智慧的创新，是一个民族对人类文明进步作出贡献的重要体现。

【案例分享】

清华大学薛其坤团队通过对量子反常霍尔效应实验的改进，首次观测到量子反常霍尔效应，这是在美国物理学家霍尔于1880年发现反常霍尔效应133年后，终于实现了反常霍尔效应量子化。这是我国科学家从实验上独立观测到的一个重要物理现象，也是世界基础研究领域的一项重要科学发现。自2009年起，薛其坤团队开始向量子反常霍尔效应实验的实现发起冲击，利用分子束外延的方法生长了高质量的磁性掺杂拓扑绝缘体薄膜，将其制备成输运器件，并在极低温环境下对其磁电阻和反常霍尔效应进行了精密测量，一步步克服了重重障碍，最终将研究成果投到美国《科学》（*Science*）杂志。由于人们有可能利用量子霍尔效应发展新一代的低能耗晶体管和电子学器件，这有助于解决电脑的发热和能量耗散问题，从而有可能推动信息技术的进步。然而，由于普通量子霍尔效应的产生需要用到非常强的磁场（通常需要的磁场强度是地磁场的几万甚至几十万倍），因此应用起来非常昂贵和困难。量子反常霍尔效应的最美妙之处是不需要任何外加磁场，因此这项研究成果将会推动新一代的低能耗晶体管和电子学器件的发展，可能加速推进信息技术革命的进程。

量子反常霍尔效应是又一个全新的量子效应，被认为有可能是量子霍尔效应家族的最后一个重要成员；加之其在应用方面的重要性，因此，从理论研究和实验上实现量子反常霍尔效应成为凝聚态物理学家追求的目标。自1988年开始就不断有理论物理学家提出各种方案，这包括2008年张首晟等和2010年方忠、戴希等提出的磁性掺杂拓扑绝缘体方案。然而，反常霍尔效应的量子化需要材料的性质同时满足三项非常苛刻的条件，这就如同要求一个人同时具有短跑运动员的速度、篮球运动员的高度和体操运动员的灵巧：材料的能带结构必须具有拓扑特性，从而具有导电的一维边缘态，即一维导电通道；材料必须具有长程铁磁序，从而存在反常霍尔效应；材料的体内必须为绝缘态，从而对导电没有任何贡献，只有一维边缘态参与导电。在实际的材料中实现以上任何一点都具有相当大的难度，要同时满足这三点对实验物理学家来讲是一个巨大的挑战，美国、德国、日本等科学家由于无法在材料中同时满足这三点而未取得最后的成功。

（二）集成创新

集成创新是通过对各种现有技术的有效集成，介于原始创新和模仿创新的一种新模式，是一个知识重组、技术重组和要素重组的创新过程，形成有市场竞争力的产品或者新兴产业。今天的很多创新都属于集成创新，各企业在创新的过程中互相借鉴、互相学习，寻找资源配置的最佳方式来开发新技术，实现各种要素的有效集成和优化组合。将分散创新的研发效应、大规模创新的协同效应和大规模应用的市场效应紧密地结合在一起，掌握主动权。

（三）技术再创新

技术再创新是指在引进国内外先进技术的基础上，学习、分析、借鉴，进行再创新，形成具有自主知识产权的新技术。引进、消化、吸收、再创新是提高自主创新能力的重要途径。发展中国家通过向发达国家直接引进先进技术，尤其是通过利用外商直接投资方式获得国外先进技术，经过消化、吸收实现自主创新，不仅大大缩短了创新时间，而且降低了创新风险。

比如，美国的英特尔公司在计算机微处理器关键技术方面的创新活动就属于自主创新的典范；而“两弹一星”及其相关重要设备和产品的研制成功、汉字激光照排系统的研发完成、歼-20战机的自主研发，都是我国自主创新方面极具代表性的事例。

二、模仿创新

模仿创新是指通过模仿进行的创新活动，一般包括完全模仿创新和模仿后再创新两种方式。即在引进、购买自主创新者先进技术的基础上，学习、分析、借鉴其创新思路、行为和经验，在工艺设计、质量控制、成本控制、生产管理和市场营销等方面进行改进、完善和再创新，提供在性能、质量和价格方面都具有竞争力的产品或服务，从而确立自己的竞争地位，获得相应回报的一种创新行为。这是一种最为普遍的创新行为，是提高自主创新能力的重要途径。

【案例分享】

第二次世界大战后初期，日本以购买机器设备为主进行技术引进。然而当日本国内科技水平提高后，能够引进的技术便寥寥无几，此时日本的科技水平要想进一步提高，就需要把引进的技术结合自身实际进行改良，然后转化为生产力。在技术创新的消化和改进阶段，日本演化出了自己独特的模式，即“一号机引进，二号机国产，三号机出口”。这反映了日本当时的创新模式：首先从国外引进设备，其次快速将设备中的技术消化和吸收，制造出国产设备，最后对其加以改良和提高，制造出以供出口的设备。

同样，为了发展国内电力行业，日本急需建立水电站来增大发电量，满足国内对电力的需求。当时，日本国内还没有建立水电站所需的多台高端发电设备，只能从国外引进。但是由于政府限额，相关企业或部门不能从国外大规模引进发电设备，只能依靠“反求工程”来“复制”。在“反求工程”的帮助下，日本顺利制造出了所需的发电设备，成功建成了水电站。

日本实现经济快速增长的最关键因素之一就是选择了适合本国国情的技术创新模式。日本分阶段采取了“引进—消化—吸收—创新”的技术创新模式，随着国内外需求和环境的变化，采用不同的技术创新模式，较好地实现了科技创新的飞跃。

三、合作创新

合作创新主要指企业间或企业与科研院所间的联合创新行为。其一般以合作伙伴的共同利益为基础，以资源共享或优势互补为前提，有明确的合作目标、期限和规则，合作各方在创新全过程或某些环节共同投入和参与，共享成果，共担风险。这是一种顺应全球经济一体化进程和产业结构变化的创新模式，包括合同创新、项目合伙创新、基地合作创新、基金合作创新和研究公司合作创新等方式。

【案例分享与能力训练】

乔布斯与苹果公司的创新之魂

天赋和意志力完美结合，一种彻底的精神自由，使得乔布斯能够成为苹果公司技术创新的灵魂。乔布斯和苹果公司凭借 iPod 和 iPhone，一举囊括了若干杰出企业家和最具创新公司的奖项，还重新塑造了苹果公司的股票市值。1997 年，乔布斯重回苹果公司的时候，股价只有 16 美元。2007 年 7 月，苹果公司股价达到了惊人的 45 美元。

苹果公司为什么能成为世界上最具创新精神的公司？乔布斯另有秘诀吗？

如何保持持续创新？许多巨型公司陷入迷茫。十几年来，许多巨型公司投入庞大的研发队伍和巨额的研发费用，非但没有结出技术创新之果，反而令公司正常运营陷入难以承受之重。辉瑞公司在全球的研发人员已达 1.5 万人。2004 年，辉瑞为其 479 个项目投入的资金每周高达 1.52 亿美元，其中 96%的努力最终都付之东流。西门子研发人员更是高达 4.5 万人，通过明基收购西门子手机，外界得以窥知，巨型公司的官僚体制和习惯性思维如同一种癌变，非但没有推动创新，反而极大地抑制了创造性冲动。研发投入并不低的摩托罗拉，受困于新产品的缺乏，在 2007 年前六个月亏损 2 亿美元。索尼公司向来以技术创新实力雄厚著称，可是近年来也走进了创新乏力的怪圈。这些巨型公司之前太成功了，以至于没有时间来检索现实世界发生了什么样的变化。在个人电脑行业，微软与英特尔的组合，曾经使苹果公司陷入困境。血的教训让乔布斯警醒。1997 年，乔布斯重新执掌苹果公司后，果断带领苹果公司从一家技术创新公司，转变为一家消费类电子产品公司。苹果公司无须创造技术和市场，只需将技术产品大规模转化为消费品，就可以获得先机。乔布斯掌控的正是市场化的力量。

在乔布斯身为临时总裁参与的第一次高层会议上，满脸胡子的他穿着短裤和运动鞋坐在一张转椅上。当时，乔布斯缓缓转动椅子，问他的那些“囚徒”：“告诉我哪儿出了问题?”没有人敢正视他的眼睛。乔布斯旋即暴跳如雷：“是产品！那么，产品又出了什么问题?”之后，乔布斯又咆哮道：“产品一点也不性感！”熟谙互联网的乔布斯，思维却极其传统。他相信只有拥有好产品，公司才有未来。但是，乔布斯又是一个传统的颠覆者。互联网推倒了公司的围墙，形成了一片生机勃勃的新大陆。一个新的发现或创意，就可能颠覆整个世界。在这个新大陆上，要保持持续的创新，就必须突破组织的围墙，到广阔天地去寻找灵感，向一切好的创意开放。唯有灵动地捕捉创新灵感，并且把它迅速地复制成为一种一时难以撼动的强势，才有可能稳居市场的顶端。真正的好产品的创意，不是在实验室获得的，更不是在没完没了的董事会会议上获得的，而是在走动式管理中不期而遇的。这种走动式管理，不只是走访自己的员工，还要不厌其烦地走访客户与合作伙伴。一旦获得这个灵感，就果断动用组织的力量去付诸实施。iPod 的灵感正是在走访合作伙伴时获得的。iPod 的最初创意来自独立承包商托尼·费德尔。乔布斯如获至宝，拍板以费德尔为主，成立一个由苹果、飞利浦、通用魔术（General Magic）等多家公司人员组成的开发小组。费德尔用 8 个星期完成产品开发方案后，苹果公司组织了一个大而隐秘的产品开发落地联盟，整个设计流程的管理由苹果公司执掌，其中关键的软件与用户界面也由苹果公司主导，平台与其他相关技术则由便携播放器等公司负责。整个流程仅用了 6 个月，新产品就出世了。

苹果公司是一个庞大的联盟。乔布斯广发英雄帖，各个行业的顶尖公司被他一网打尽。这些顶尖公司共同分享苹果公司增长的红利，这种模式给联盟平添了生机勃勃的气息和力量，以至于 iPod 推出了 6 年，还没有竞争性产品能够撼动苹果公司的位置。对人性至察而通明，使得乔布斯能够最真切地把握用户的潜在需求；对图文象形的痴迷，又使他对那些让人们醉心的小物件慧眼识珠；还有他的完美主义，无疑给他的团队和合作伙伴树立了很高的标杆。天赋和意志力完美结合，一种彻底的精神自由，使得乔布斯成为公司技术创新的灵魂。在许多公司的产品研发过程中，技术、设计等部门往往会以“做不来”为由，进行缩水处理。这时候就需要一个铁腕领导者将“no”变成“yes”。这是一种超越了技术、理性和现实的直觉判断力。无论是苹果公司的技术员还是合作伙伴，当场理解和认同乔布斯要求的并不多。但很多人承认，乔布斯的压力让他们做出一些超越自己能力的成果。即使那些他参与不多的产品，也会因为他的最终审核而提升水准。时过境迁，人们多会赞叹乔布斯的先知先觉。可是在过程中，那些有着强烈自尊的技术尖子，却常常难以忍受乔布斯的暴躁和挑剔。以至于有一种说法，“没有人可以跟乔布斯合作一次以上”。乔布斯曾要求一位设计师在设计新的电脑时，外表不能看到一枚螺丝。后来，设计出的模型里有一枚螺丝稍微露了出来，结果乔布斯立刻就把那位设计师开除了。设计并不是简单的线条与空间的组合，而是一种审视世界的态度，是人们解决问题的方法，是一种具有普遍意义的态度和方法。没有对完美的疯狂与忘我，就不可能成为苹果公司的人才。这是乔布斯的信念。乔布斯总是抓住核心人员，而苹果公司总是拥有或控制着他们所有的核心技术。一名刚进入苹果公司的设计师年薪在 20 万美元左右，比行业平均水平高 50%。十年的人才积累，使得苹果公司有能力赋予 iPod、Apple TV 和 iPhone 灵魂。许多颠覆性的想法，大多是在乔布斯睡觉前产生的。那是乔布斯可以游离公司业务，独立处理个人电子邮件的时候。乔布斯在6个不同的服务器注册了邮箱，并公之于众，每天都要收到300多封有效邮件。一些网友癫狂般的设想，给了乔布斯无尽的启迪。

思考1：思考苹果公司的创新来源有哪些?

思考2：思考苹果公司是如何转型升级的?

第二章　创新思维

【学习重点】

1. 创新思维的定义与特征
2. 创新思维的分类

【案例导入】

林薇的“左撇专卖店”

“左撇子”约占世界总人口的9%！因为我们的生活用具都是根据右手习惯设计的，所以生活在“右手世界”里的“左撇子”们倍感不适。

2001 年秋，20 岁的林薇从宁夏固原孤身来京投奔一位在中关村打工的同乡。一天，林薇无意中听到公司的两位女孩在大倒“左撇子”的苦水。其中的一位“左撇子”女孩抱怨说，别人可以轻松操纵的小鼠标，一到她手上就不听使唤了。另一位做服务设计的女孩也说，她和几位“左撇子”朋友逛了半个北京的商场，却没有买到一件适合“左撇子”的商品。听到这些，林薇眼前一亮：中国有那么多的“左撇子”，但左手用品市场还没有人开发，这不是一个绝好的创业契机吗？经过一番思考，林薇决定离开那家公司，尝试着自己创业。但到哪儿去找创业资金呢？这时，林薇想到了那位在中关村打工的同乡。就这样，林薇在几位热心老乡的帮助下筹到了 8 万元。那到哪里才能进到左手商品呢？林薇在电脑上查到一家设在法国里昂的“左手用品大全”商场，它们可以提供任何“左撇子”用品，但是这些“左撇子”用品的价格十分高昂，无奈之下，林薇只能在国内寻找左手用品的货源。经多方查询，林薇惊喜地发现了几家生产左手用品的厂家。但他们的产品都是向欧美国家出口的，根本不做内销，何况林薇要的量又很小。在对这些厂商进行多次拜访之后，他们最终勉强答应，让林薇从那些出口的“左撇子”产品中“截留”一小部分。之后，林薇就在距王府井大街很近的繁华地段，租下了一个 20 平方米的小店。2002 年国庆节这天，林薇的“左撇子专卖店”终于诞生了。

“左撇子专卖店”这个店名一打出来，立刻在当地引起了轰动。由于是“特种商品”，“左撇子”用具的价格比同类产品要高出好多倍，但顾客不会太计较价钱，因为这毕竟给他们的生活和工作带来了很大的便利，况且这比国外的价格便宜了不少。此后，又不断有顾客反映“左撇子专卖店”里的商品不够丰富。于是，林薇就找到北京周边地区的一些乐器、五金等生产厂家，请它们在生产右手产品的同时，也为“左撇子”制作一些同类产品。不料，这些厂家竟对左手用品一无所知。于是，林薇就耐着性子为厂家讲解左手用品的情况，以及市场前景多么诱人。京城周边地区的 8 个厂家终于被林薇说动了心，先后开发了几十种左手用品。林薇的生意也渐渐火爆起来。发展到 2003 年 8 月，林薇考虑到店面过于狭小，根本应付不了潮水般涌来的顾客，就又在西单商业街租下一个 80 平方米的门面，成立了一家分店。同时，为使更多人真正了解“左撇子”的世界，2004 年初，林薇请几位朋友在互联网上建了一个“左撇子俱乐部”网站。不仅在网上推介自己的左手商品，还开辟了本市电话订货和全国邮购服务，而且介绍有关“左撇子”的各方面知识以及训练左手、活化右脑的方法。韩国和中国香港两家生产“左撇子”用品的大公司，还慕名发来电子邮件，主动邀请林薇在中国代理它们的产品。经过两年打拼，林薇终于尝到了自己辛勤的果实。

资料来源：万炜，朱国玮．创业案例集锦［M］．北京：中国人民大学出版社，2013.

第一节　创新思维定义、特征与分类

一、创新思维的定义

创新思维是相对于常规思维而言的一种思维方式。但人们很难把创新思维分门别类，因为各种创新思维的表现形式常常是十分复杂地交织在一起的。因此，在探讨创新思维时，为了使目标集中与简化，人们往往把创新时的思维方式称为创新思维，它是多种思维类型在活动过程中的一种有机结合。

具体来说，创新思维是指在旧的方法和途径不能有效地解决问题的情况下，突破惯例，探索以新的方法和途径观察问题、分析问题和解决问题的过程，在这一过程中，创新思维或者以新的知识点（如观点、理论、发现）来丰富人类的知识，从而增加知识的数量，即信息量；或者在方法上对已有知识进行新的分解与组合，实现已有知识的新功能。创新思维往往能突破常规思维的界限，以超常规甚至反常规的方法、视角思考问题，提出与众不同的解决方案，从而产生新颖的、独到的、有社会意义的思维成果。因此，从信息活动的角度来看，创新思维是一种知识总量增值的思维活动。

二、创新思维的特征

创新思维一般具有以下五个特征。

（一）独特性和新颖性

创新思维的独特性在于或者在思路的选择上，或者在思考的技巧上，或者在思维的结论上，具有“前无古人”的独到之处，具有一定范围内的首创性和开拓性。由于创新思维在思维和实践活动中能超出思维常规，重新认识事物，一般都会产生新的见解、新的发明和新的突破，因此新颖性也是创新思维的一大特点。

（二）发散性和灵活性

创新思维并无现成的思维方法和程序可依循，它的方式、方法、程序、途径等都没有固定的框架，而且是多方向发散和立体的。在思维活动中，它表现为可以灵活地从一个思路转向另一个思路，从一种意境进入另一种意境，多方位地探寻解决问题的办法。

（三）非逻辑性

创新思维活动是一种开放的、灵活多变的思维活动，它的发生伴随想象、直觉、灵感等非逻辑性、非规范性思维活动。“灵感”“直觉”往往因人而异、因时而异、因问题和对象而异，所以创新思维活动具有极大的特殊性、随机性和技巧性，不能完全用逻辑来推理。创新思维活动的上述特点同个人独特的活动有相似之处，即创新思维的精髓和内在的东西只属于个人，创新思维活动的结果不可能是雷同的。

【案例分享】

拇指在上：精彩按捺不住

一家啤酒公司发布了一则消息，面向各大策划公司诚征宣传海报，开价是50万美元。消息一出，国内各家策划公司蜂拥而至。不到半个月时间，这家啤酒公司就收集了上千幅广告作品，但是，将这些作品大都不尽如人意，最终，负责人只得从上千幅作品中选择了一幅较为满意的作品。

这幅作品的大致内容是这样的：一只啤酒瓶的上半身，瓶内啤酒汹涌，在瓶颈处，紧握着一只手，拇指朝上，正欲顶起啤酒瓶的瓶盖。这幅海报的广告标语是：“忍不住的诱惑!”

但是，将这幅作品交给啤酒公司的老总定夺时，老总仅仅看了两秒左右就给否决了，理由是：这种创意略显生硬，并且用拇指开酒瓶的做法十分危险，若使用这种广告，因开酒而导致拇指受伤者肯定会大幅度增加。那时，势必会有许多消费者来起诉公司，那就得不偿失了。这无疑是一个完美的拒绝。既说出了拒绝的原因，又彰显了啤酒公司对消费者无微不至的关怀。看到这家啤酒公司的老总如此挑剔，许多策划公司望而却步。这时候，一个艺术系的学生听说了这个消息，他当即胸有成竹地拨通了该啤酒公司的电话，打算试一试。啤酒公司的老总同意了他的要求，两天后，这位学生就拿着自己的作品走进了啤酒公司老总的办公室。同样是两秒左右，啤酒公司的老总从自己的座位上站了起来，然后激动地说：“年轻人，太棒了，这才是我想要的!”这位艺术系的学生如愿以偿地得到了50万美元报酬。

第二天，啤酒公司的海报就铺天盖地地见诸各大平面媒体。这幅海报的内容其实很简单：一只啤酒瓶的上半身，在瓶颈处，紧握着一只手，瓶内啤酒汹涌，几乎要冲破瓶盖冒出来。这时候，瓶颈处紧握的那只手用拇指紧紧地压住瓶盖，尽管这样，啤酒还是如汩汩清泉溢了出来。这幅海报的广告标语是：“××啤酒，精彩按捺不住!”

同样是一个拇指，仅仅变换了一下位置，向上位移了一厘米，转换了一下姿势，就赢得了50万美元！在许多人看来，这未免太投机取巧了，然而，你可曾想过：这样短短一厘米的背后，境界要差多少米呢？其实，一个真正富有创意的人，就是能从废墟中发掘到金矿的人！

资料来源：万炜，朱国炜．创业案例集锦［M］．北京：中国人民大学出版社，2013.

（四）客体的潜在性

创新思维活动从现实的活动和客体出发，但它的指向不是现存的客体，而是一个潜在的、尚未被认识和实践的对象。例如，在西部大开发中，各省市都在寻找适合本省市的开发之路，那么，这条路究竟怎么走，各地都在探索，即各地的领导者们分别依据本地区所面临的各种现实情况，进行创新思维，大胆试验。但是，这条路至今还不太清晰，还是潜在的，至多处于由潜在向现实的逐渐转变中。所以，创新思维的对象或者是刚刚进入人类的实践范围，只能猜测它的存在状况，而尚未被认识的客体；或者是人们虽然有了一定的认识，但认识尚不完全，还需要从深度和广度上进一步认识的客体。这两类客体都带有潜在性。

（五）风险性

创新思维活动是一种探索未知的活动，因此要受多种因素的限制和影响，如事物发展的程度及本质暴露的程度、实践的条件与水平、认识的水平与能力等。这就决定了创新思维并不能每次都取得成功，甚至有可能毫无成效或者得出错误的结论。创新思维的风险性还表现在它会对传统势力、偏见产生冲击，而传统势力、现有权威都会竭力维护自己的存在，对创新思维活动的成果存有抵触心理。

三、创新思维的分类

创新思维的本质在于将创新意识的感性愿望提升到理性的探索上，实现创新活动由感性认识到理性思考的飞跃。这种飞跃是逻辑思维与非逻辑思维的密切结合。从解决问题的思维活动来看，创新思维包括设计解决问题的新方案，探讨解决问题的新途径，提出解决问题的新思路，也包括对事物的新认识和新判断。因此，可将创新思维概括为以下八种。

（一）发散思维

发散思维，又称“扩散思维”或“辐射思维”。美国心理学家吉尔福特（Guiford）把它定义为：从所给的信息中产生信息，从同一来源中产生各式各样为数众多的输出，很可能会发生转移作用。并指出发散思维在行为上主要表现为流畅性（心智活动畅通，反应迅速，能表达多种想法）、灵活性（随机性强，易产生超常的新构思）和独特性（对事物表现出标新立异的独特见解）等特点。

发散思维，要求人们思维的自由度很大，沿着不同的方向、不同的角度发散，主要表现如下。

（1）多种观察角度。避免单向观察的片面性和局限性。善于从不同的角度观察思考，大胆地提出多种设想、方案，最后找到解决问题的最佳方案。伽利略（Galileo）有句名言：“科学是在不断改变思维角度的探索中前进的。”

（2）多种思维机制。通过多种思维寻求发现与解决问题的新方法，诸如移植、杂交、扩大、缩小、转化、替代、颠倒、重组等。国外学者提出的智力激励法、属性列表法、形态分析法、强制关系法等，都能激发多种思维机制。

（3）横向比较。采用全方位的比较和思考，以扩大视野、博采众长、兼收并蓄。

发散思维在创造活动中虽然起着重要的作用，但决不能片面夸大它的作用，甚至把它与创造性思维等同起来，只有把发散思维和收敛思维有机地结合起来，并与其他几种思维形式加以综合应用，才能发挥其应有的作用并提高创造水平。

（二）收敛思维

收敛思维，又称“集中思维”或“聚合思维”。美国心理学家吉尔福特把它定义为：从众多的信息中，引出一个正确的答案或大家认为最好的或常规的答案。收敛思维是相对于发散思维而言的，它与发散思维相反，不是把思维向不同方向发散，而是把多向思维集向某一主攻方向，通过分析、整理、去粗留精、去伪存真，使思路逐渐集中、缩小、清晰、明确，最后形成新的构思，以达到解决问题的目的。

吉尔福特把人的思维活动分为两种类型：发散思维和收敛思维。发散和收敛是对立统一、相辅相成的关系，不应把它们完全对立起来或割裂开来。人们在进行创造性思维时，既需要发散，又需要集中，而且往往需要综合或交替地使用这两种思维方式，并需灵活地应用各种思维形式，以调动创造力的各种活跃因素，诸如敏锐的观察力、丰富的想象力和批判的评价能力，这样才能获得卓有成效的思维成果。

（三）横向思维

横向思维是英国学者 E. 德·波诺（E. de Bono）于 1976 年针对旧的纵向思考习惯和模式而建立的概念。德·波诺认为横向思维是背离理性规则的、探索各种可能的思维，是允许失败的宽容态度。有了这种态度，游戏、好奇、想象、机遇都会有用武之地，表面无关的信息可以闯入。闲暇式胡思乱想也可以发生。横向思维类似于吉尔福特的发散思维，但两者最主要的区别就是前者所包含的“侧向的”含义。所谓“侧向”，除了向主导的观念或概念挑战外，它还延伸到注意力的层次，而在发散思维的含义中并没有这方面明确的内容。从本质上说，横向思维是感知过程与思维过程的结果。按传统的心理学理论，感知与思维是不同的心理过程，感知是思维的基础，思维是高级的心理活动。可在德·波诺看来，创造性感知和创造性思维是不能截然分开的。横向思维使人们首先通过横向扩大注意力的范围，获得全新的信息，使信息搜索的过程更富于创造性；其次通过自由联想，向主导观念或概念挑战，以及进行想象，提出创造性的方案；最后进行综合性的评价。

（四）纵向思维

纵向思维是一种传统的重分析的科学思维。它总是循着那种最明显的途径前进，以保证人们最快地获得正确的结果，但这些答案或结果不过是被包括在原有的原理之中的，它对解决常规问题是有效的、合理的。纵向思维和横向思维是两种风格截然不同，但双向关联和互为补充的思维方法。横向思维用来生成新观念与方法，纵向思维用来发展这些观念与方法；横向思维为纵向思维提供更多可选择的对象，从而提高纵向思维的效力；纵向思维很好地利用横向思维生成的观念，故使横向思维的效力成倍增加。横向思维的特点，决定了它是一种生成性思维，而纵向思维是一种批判性思维。纵向思维总是遵循逻辑规则，选择一个最佳途径，对它来说重要的是正确性；横向思维是促进生成，对它来说重要的是丰富性，是试图开辟新的途径，生成不同的方法。总之，两者存在富有创造性、建设性与深刻性、精细性的互补关系。

（五）正向思维

正向思维是人们在创造性思维活动中，沿袭某些常规思路去分析问题，按事物发展的进程进行思考、推测，是一种从已知进入未知，通过已知来揭示事物本质的思维方法。这种方法一般只限于对一种事物的思考。正向思维是依据事物都存在发展过程这一客观事实而建立的。任何事物都有产生、发展和灭亡的过程，都从过去走到现在、由现在走向未来。只要我们能够把握事物的特性，了解其过去和现在，就可以在已掌握的材料的基础上，预测其未来。

正向思维虽然一次只限于对某一种事物的思考，但它都是在对事物的过去、现在充分分析、对事物的发展规律充分了解的基础上，推知事物的未知部分，提出解决方案，因而它又是一种较深刻的方法，是一种不可忽视的领导工作、科学研究的方法。例如，在领导工作中，领导者想了解某一具体问题，对其做出合理解决时，此方法较为有效。

坚持正向思维，我们就应充分估计自己现有的工作、生活条件及自身所具备的能力，就应了解事物发展的内在逻辑、环境条件、性能等。这是我们获得预见能力和保证预测正确的条件，也是正向思维的基本要求。

（六）逆向思维

逆向思维是相对于正向思维而言的，通常认为，正向思维是顺着人们的习惯性思维路线去思考的方式；而逆向思维是指将人们通常思考问题的思路反过来，用对立的、看上去似乎不可能的办法解决问题的思维方式。逆向思维包括三种不同的类型：其一，反转型逆向思维法。就是从已知事物的相反方向进行思考，产生发明构思和途径的方法。一般会从事物的功能、结构和因果关系三个方面作反向思维。比如，“无烟煎鱼锅”就是对原有煎鱼锅热源结构反转型思考的产物。其二，转换型逆向思维法。指在研究问题时，由于解决这一问题的手段受阻，而转换成另一种手段或思考角度，以使问题顺利解决的思维方式。“司马光砸缸”就是一个典型的例子。其三，缺点逆向思维法。这是一种利用事物的缺点，化弊为利、化被动为主动的思维方法。例如，金属腐蚀看似是一种坏事，但人们利用其原理进行金属粉末的生产，或进行电镀等其他用途，无疑是缺点逆向思维法的一种应用。

总之，逆向思维是一种具有宝贵价值的思考方法，它对人们的认识提出了挑战，有利于对事物认识的不断深化。对于一名创业者来说，应自觉地、经常性地运用逆向思维方法来训练自身的创新习惯，激发更多的创意，创造更多的奇迹。

【案例分享】

逆向思维案例集锦

案例1：某时装店的裁缝不小心将一条高档裙子烧了一个洞，如果用织补法补救，也只是蒙混过关，欺骗顾客，眼看裙子就要变成废品。为了挽回经济损失，这位裁缝突发奇想，干脆在小洞的周围又挖了许多小洞，凭借其高超的技艺，精心饰以金边，并将其命名为“凤尾裙”。这条“凤尾裙”不仅卖了好价钱，还一传十、十传百，不少女士上门求购，销路顿开，生意十分红火，该时装店也因此出了名，创造了良好的商机。

案例2：我国古代有这样一个故事，一位母亲有两个儿子，大儿子开染布作坊，小儿子做雨伞生意。每天，这位老母亲都愁眉苦脸，天下雨了怕大儿子染的布没法晒干；天晴了又怕小儿子做的伞没有人买。一位邻居开导她，叫她反过来想：雨天，小儿子的伞生意做得红火；晴天，大儿子染的布很快就能晒干。逆向思维使这位老母亲从此眉开眼笑。

案例3：洗衣机脱水缸的转轴是软的，用手轻轻一推，它就东倒西歪。可是脱水缸在高速旋转时，却非常平稳，脱水效果很好。最初设计时，为了解决脱水缸的颤抖和由此产生的噪声问题，工程技术人员想了许多办法，先加粗转轴，无效；后加硬转轴，仍然无效。最后，他们来了个逆向思维，弃硬就软，用软轴代替了硬轴，成功地解决了颤抖和噪声两大问题。

案例4：日本是一个经济强国，却又是一个资源贫乏国，因此，日本人十分崇尚节俭。当复印机大量吞噬纸张的时候，他们将一张白纸正反两面都利用起来。但日本理光集团的科学家不以此为满足，通过逆向思维，他们发明了一种“反复印机”，已复印过的纸张通过它以后，上面的图文消失了，重新还原成一张白纸。这样一来，一张白纸可以重复使用许多次，不仅创造了财富，节约了资源，而且使人们树立起新的价值观：节俭固然重要，创新更为可贵。

案例 5：通常，夏天的衣服较单薄，而且水温不低，用手洗很方便，反倒是用洗衣机洗有点得不偿失。所以，夏季一般是洗衣机销售的淡季。然而，张瑞敏提出了“只有淡季的思想，没有淡季的市场”“让淡季不淡，夏天也要卖出洗衣机”的理念，据此，海尔开发出了“小小神童”洗衣机，开辟了夏季洗衣机市场的“蓝海”，让竞争对手们只能望“海”兴叹。

案例 6：巴塔哥尼亚（Patagonia）是美国一线的户外品牌，不论是产品设计，还是工艺、功能，或是企业责任，都有很好的口碑，有户外界古驰（Gucci）之称。在美国黑色星期五的销售高峰期开始时，其他品牌都在大肆做营销活动。但是这个品牌推出了一个“反黑色星期五”营销活动，鼓励他们的消费者去维修旧物而非购买新品。Patagonia 也因为打出不要购买这件外套的广告而出名。

案例 7：日本系山英太郎高尔夫球场广告运用“最”字来吸引顾客：“高尔夫球场的设备最好、服务最亲切、入会费最贵!”但是，系山英太郎实际收取入会费时，却远比广告中标榜的数额少，这样，真正吸引了高端顾客参加和入会，使其生意比别的竞争者兴旺得多。

案例 8：泰宁诺止痛药面临的困境是阿司匹林止痛药的一家独大，如果正面竞争去宣传产品的功效肯定是收效甚微，于是泰宁诺利用逆向思维使出一个绝妙的“招式”，将产品定位于“非阿司匹林的止痛药”。这就凸显出产品的特质，从而区别于同类产品中其他的止痛药产品，在止痛药的产品中独树一帜。

资料来源：胡飞航．市场营销中的逆向思维［J］．商业研究，2007（9）：2.

雷超越．浅谈逆向思维在广告中的应用［J］．视听，2015（6）：2.

刘力．逆向思维——创业守业的钥匙［J］．职业，2011，3，113.

（七）求同思维

求同思维，也称聚合思维、辐合思维、集中思维，是一种有方向、有范围、有条理的收敛性思维方式。这种思维方式与求异思维相互依存、相互补充，结合形成完整缜密的思维体系和程序。求同思维注意从多种不同角度、不同信息源中引出一种结论，有助于对思维对象的把握和思维层次的发掘。求同思维与思维定式完全不同，思维定式是将传统性和习惯性思路引向僵化、重复模拟、狭隘片面的惰性歧途；求同思维则要求既求真、求变、求新，又不唯“异”独尊，把求异当成一种时尚和追求。

（八）求异思维

求异思维，又称辐射思维或发散思维，指从一个目标出发，沿着各种不同途径去思考，以探求多种答案的思维。求异思维与求同思维相对，具有开放性的特点，其结果是不确定的。因为答案并未包含在已有的信息中，所以，这种思维一般无固定方向和范围，不固守陈规，求答案于未知，具有更大的主动性和创造性。

第二节 “互联网+”背景下的创新思维

一、“互联网+”的含义

国务院印发的《关于积极推进“互联网+”行动的指导意见》（国发〔2015〕40号，以下简称“40号文”）指出：“互联网+”是把互联网的创新成果与经济社会各领域深度融合，推动技术进步、效率提升和组织变革，提升实体经济创新力和生产力，形成更广泛的以互联网为基础设施和创新要素的经济社会发展新形态。可以从以下四个方面理解。

第一，要走出“互联网+”工具论的狭隘视野，把“互联网+”当作更具生态性的要素来看待，它就是我们的生存环境、我们的生活、我们的生命不可分割的存在。

第二，每个人都有一个“互联网+”，它和你的时间、空间、生活、事业、行业、关系及你的现实世界与虚拟世界纠缠在一起。每个人都可以对“互联网+”做出自己的定义，进行解读。

第三，尽管“互联网+”具有动态性，但它的特质用最简洁的方式来表述，只有8个字——“跨界融合，连接一切”。如果说“连接一切”更加代表了“互联网+”和这个时代的未来，那么，“跨界融合”则是“互联网+”现在真真切切要发生的事情。

第四，切忌孤立地看待、解读“互联网+”。“互联网+”是生态要素，它具有很强的协同性、全局性、系统性。我们综合地看待创新驱动发展、大众创业万众创新、中国制造2025、智慧民生，会发现它们是无法分割和片面理解的，而串起这些珍珠的线就是“互联网+”。

未来，“互联网+”对于产业、经济和整个社会都会有非常长远深刻的影响，而且一定会汇成一股越来越强大的力量，推动一个新时代的来临。

二、“互联网+”的实现形式

我们应该从不同层次来看待、理解和整体把握“互联网+”，以便更透彻地考察“互联网+”，这包括以下五个层次。

（一）互+联+网

互联网是什么？是连接，形成交互，并纳入网络或虚拟网络。信息通信技术（ICT）改变了距离、时间、空间，虚拟与现实都成为一种存在，每一个个体都被自觉或不自觉地划分到不同的社群、网络。换句话说，互联网产业的企业、从业者也有一个连接、联盟、生态圈的问题。例如，在通用电气公司（GE）的倡导下，思科（Cisco）、美国商业机器公司（IBM）、英特尔（Intel）等世界级大公司就在美国波士顿宣布成立工业互联网联盟（IIO），以期打破技术壁垒，促进物理世界和数字世界的融合。

（二）互联网+移动互联网+云计算+大数据+安全云库+知联网+万联网+产业互联网

不管什么名头，连接是目标，互联互通是根本。如果单纯去讲某一方面的网络，和连接本身就是对立的，更谈不上连接一切。同时，万物互联，不论何种网络，一定不要变成孤岛。例如，工业互联网、能源互联网等产业互联网与云计算、大数据相连。

（三）互联网+人

移动终端是人的智能化器官，让用户的触觉、听觉、视觉等都持续在线，无处不达。“互联网+人”是“互联网+”的起点和归宿，是“互联网+”文化的决定因素，也是“互联网+”可以向更多要素、更多方向、更深层次延展的驱动力所在。

（四）互联网+其他行业

其他行业不能简单地归类为传统行业，互联网产业也需要自我革命，持续迭代，新兴行业要拥抱互联网，而创新创业更离不开互联网。现在进展最快的有“互联网+零售”产生的电子商务、“互联网+金融”出现的互联网金融等。

（五）互联网+8

8 代表无穷，这就是连接一切的阶段。人与人、人与物、人与服务、人与场景、物与物，这些连接随时随处发生；不同的地域、时空、行业、机构乃至意念、行为都在连接。同时，后面也可能有各种各样的排列组合，这里面蕴含了形如“互联网+X + Y”这样的基本模式，比如“互联网+汽车后市场服务”，往往会进一步产生“+保险”“+代驾救援”“+拼车”等服务，这样才能真正体现跨界与融合，才有可能产生细分领域的创新。

其实，即便对于“+”本身，也需要有更结构化的体察和更超脱的定义，在不同的场景，其内涵与方式都是不一样的。一般地，它代表了连接，至于连接的基础、协议、方式、持续等可能要视情况而有很大的差异。互联网为什么可以“+”另外一个行业？这是因为互联网、云计算、大数据等技术不仅提供了产业方面的革命，更关系到多个产业的变化。用数据的力量重新定义各个行业，重新定义信息化。因为数据能够获取人与人之间、全世界、全宇宙发生的一切变化，并呈现出来。“互联网+”成为国家战略，除了国家洞察、产业推动、竞争需要之外，新兴产业应用的跃升式发展也功不可没。电子商务、社交网络、互联网金融是“互联网+”的破局者。它们的先行先试，既发现了痛点，创新了模式，又积累了经验，发现了问题。可以说，没有互联网金融、社交网络和电子商务的创造性实践，就不会有“互联网+”被广泛重视的今天。互联网正深刻改变着人们的生活，推动着社会的进步，引领着国家的发展，创造着世界的未来。互联网金融也是伴随电子商务的发展而生发、成长的，特别是网络支付开启了第三方支付的新方式。无论是电子商务之于传统零售业，还是第三方支付这个互联网金融的有生力量之于电子商务，都是利用互联网跨界融合的结果，都是协同创新活生生的案例。1998 年 PayPal（贝宝）公司在美国成立，它在传统银行金融网络系统与互联网之间为商家提供网上支付通道。加上亚马逊支付、谷歌钱包等第三方支付公司的出现，美国一度占据全球互联网支付的主要份额。直到 2013 年，这个历史被改写了，美国被中国超越。其背景除了移动通信技术快速发展、电子商务越来越被接受之外，支付宝、易宝支付、财付通等第三方支付工具加大自身创新力度也是重要的推动因素。

三、“互联网+”时代的特征

要全面透彻地理解“互联网+”的精髓，还有必要站在时代的角度去考察和分析，关注“互联网+”的六个方面的核心特质。

（一）跨界融合

如果用最简洁的方式来表述，“互联网+”的特质就是 8 个字：跨界融合，连接一切。

“+”本身就是一种跨界，就是变革，就是开放，是一种融合。敢于跨界了，创新的基础才会更坚实；融合协同了，群体智能才会实现，从研发到产业化的路径才会更垂直。融合本身也指代身份的融合、客户消费转化为投资、伙伴参与创新等等，不一而足。融合会提高开放度，增强适应性，就不会排斥、排异；互联网如果能够融合到每个行业里，无论对于传统行业还是互联网，应该都是一件好事。例如，B2B（企业对企业）模式可以进入企业的一些关键节点，促进整合协同，提高效能，可以交叉营销。这个创意就是互联网改变商业的一个方面。像腾讯做连接器，开放了平台，可以让很多的人、物、服务、机构嵌入连接器，带来连接的价值，影响了我们智慧生活的方式、与世界对话的方式。

在“互联网+X”的跨界融合中，“+”要求双方而不是单方的亲和力，可以看作各自的融合性、连接性、契合性、开放性、生态性。互联网给其他产业带来冲击是必然的，而且是不可逆的。

应该说，今天我们所处的时代和面临的环境发生了很大的变化，而这种变化背后的驱动要素与跨界相关度非常大。过去传统工业的结构化模式，在互联网、移动互联网乃至大数据技术的冲击下，正在被颠覆。但是，这种颠覆本身带来的是产业之间的融合，以及新兴产业的出现和蓬勃兴起，这些都是跨界的土壤。跨界思维是一种“普适智慧”，不是只有创新时才需要跨界，也不是需要跨界了才去做跨界的准备。跨界首先必须跨越思维观念之“界”，应该成为一种行为方式。

（二）创新驱动

我们所处的时代，有人称为信息经济、数据经济，甚至有人称为创客经济、连接经济。这一方面说明时代处于动态变化中，另一方面说明这些因素在这个特定阶段越发表现出其重要性和主导性。

中国粗放的资源驱动型增长方式早就难以为继，必须转变到创新驱动发展这条正确的道路上来。同时，要敢于打破垄断格局与条框自我设限，破除束缚生产力发展的因素，建立可跨界、可协作、可融合的环境与条件。这正是互联网的特质，用所谓的互联网思维来求变、自我革命，也更能发挥创新的力量。

2015 年 3 月 13 日，中共中央、国务院颁布的《关于深化体制机制改革加快实施创新驱动发展战略的若干意见》指出：把科技创新摆在国家发展全局的核心位置，统筹科技体制改革和经济社会领域改革，统筹推进科技、管理、品牌、组织、商业模式创新，统筹推进军民融合创新，统筹推进引进来与走出去合作创新，实现科技创新、制度创新、开放创新的有机统一和协同发展。

（三）重塑结构

重塑结构从互联网时代就已经开始了。信息革命、全球化、互联网业已打破原有的社会结构、经济结构、关系结构、地缘结构、文化结构。结构被重塑的同时带来很多要素，如权力、关系、连接、规则和对话方式的转变。

互联网改变了关系结构，如用户、伙伴、股东、服务者等身份在一定条件下可以自由切换。互联网改写了地理边界，也改变了原有的游戏规则以及管控模式。商业模式不断被创新，管理的逻辑也发生了深刻的变化。生产者和消费者的权力重心发生了重大迁移，连接、关系越来越成为企业追求的要素之一。监管与控制、流量与屏蔽，都有了新的含义、操作和思路。

互联网打破了固有的边界，减弱了信息不对称性。信息的民主化、参与的民主化、创造的民主化盛行。互联网让社会结构随时面对不确定性，社群、分享大行其道。接触点设计、卷进方式设计成为企业管理者的必修课，而注意力、引爆点成为商业运营和品牌传播中重点关注的要素。

互联网让组织、雇佣、合作都被重新定义，互联网 ID（身份标识号码）成为个体争相追逐的目标。现实世界与虚拟世界有时候变得既分裂又无缝融合，自我雇佣、动态自组织、自媒体大行其道，连接的协议有时候完全由个人定义。

互联网降低了整个社会的交易成本，提升了全社会的运营效率。移动互联网催生了持续在线，移动终端成为人的智能器官，随时被连接。用户的需求越来越多地发生在移动互联网上，如对通信、信息、传播、娱乐、购物等的需求。互联网还集成了大众智慧，用户可以参与设计，参与创新，参与传播，参与内容创造。

（四）尊重人性

人性，即人类天然具备的基本精神属性。人类社会的一切都是基本人性的映射。人性的光辉是推动科技进步、经济增长、社会进步、文化繁荣的最根本的力量。尊重人性是互联网最本质的文化。互联网力量之强大最根本地源于对人性的最大限度的尊重、对用户体验的敬畏、对人的创造性的重视。

李克强在 2014 年度国家科学技术奖励大会上指出，国家繁荣发展的新动能就蕴含于万众创新的伟力之中。当前中国现代化建设正处于关键时期，将坚定不移地走创新驱动发展之路，使人人皆可创新，创新惠及人人。他还指出“人民是创新的主体”，要把更多的资源投到人身上而不是物上面，敢于让青年人挑大梁、出头彩。

（五）开放生态

依靠创新、创意驱动，同时要跨界融合，做协同，就一定要优化生态。对企业、行业应优化内部生态，并和外部生态做好对接，形成生态的融合性。更重要的是创新的生态，如技术和金融结合的生态、产业和研发连接的生态等。好的生态激活创造性，放大创造力，孕育创意，促进转化，带来社会价值创新；坏的环境、阻碍的规制、欠缺的生态则会扼杀创新。

未来的商业是无边界的世界。在这个重要前提下，衡量企业跨界能力的一个关键因素就是开放性、生态性够不够。不能以开放的心态对跨界战略进行深刻的洞察，自然无法思考和设计新的商业模式。

只有开放才能融合，实际上这也是跨界思维的核心之一。只有在一个开放的生态系统里，跨界才能找到一些和外界其他要素的共通点。当然，在这个基础上还可以寻找跨界合作的规则。未来的跨界，一定要把企业的内部生态圈延伸出去，与外部的生态系统进行协同、交互、融合，跨界的力量才能有效地推动创新。

创意、创新是生态的一个要素，生态既要有种子，还需要土壤、空气、水分。国家积极鼓励大众创业、万众创新的目的就是孵化培育一大批创新型小微企业，并从中成长出能够引领未来经济发展的骨干企业，形成新的产业业态和经济增长点。达到目的最重要的条件就是创意、创新、创业的生态。构建生态既需要精心设计，又需要发挥要素的连接性和能动性；生态内外必须形成有机的信息交换，而不是自我封闭的构筑；要素间交互、分享、融合、协作随时自由发生，同时还要保持独立、个性与尊重。

“互联网+”行动计划的核心是生态计划，要重塑教育生态、创新生态、协作生态、创业生态、虚拟空间生态、资源配置和价值实现机制、价值分配规则。最亟待关注的生态，包括但不限于以下几个方面：内在创造性激发导向的教育生态，专业教育与职业教育并重，消除高中前与大学教育、大学教育与应用教育的鸿沟；社会价值创新导向的创意创新生态，搭建创意创新与价值创造之间的桥梁；协同创新、融合创新、价值网络再造的生态，让知识产权、人力资本和努力与可预期结果匹配。这的确将引发一场越来越深入的改革。

（六）连接一切

理解“互联网+”，一定要把握它和连接之间的关系。跨界需要连接，融合需要连接，创新需要连接。连接是一种对话方式、一种存在形态，没有连接就没有“互联网+”。连接的方式、效果、质量、机制决定了连接的广度、深度与持续性。

连接一切有一些基本要素，包括技术（如互联网、云计算、物联网、大数据技术等）、场景、参与者（人、物、机构、平台、行业、系统）、协议与交互、信任等。对于信任作为一个要素，很多人未必理解或认同，但它的确是最重要的因素之一。因为互联网让信息不对称性降低，连接节点的可替代性提高，只有信任是选择节点或连接器的最好判别因素，信任让“＋”成立，让连接的其他要素与信息不会被阻塞、迟滞，让某些节点不会被屏蔽。“互联网+”会让诚信、信任重建，这是人性推动社会进步的最好证据。

四、“互联网+”的新思维

开放是引领，开放是一切的起点，开放是互联网最重要的精神，开放才有生态可言，开放才有连接性的产生，开放才有自我变革的勇气和接纳的胸怀。要努力实现以“互联网+”促进新业态、新模式的创新、培育与发展。40号文强调“营造开放包容的发展环境，将互联网作为生产生活要素共享的重要平台，最大限度优化资源配置，加快形成以开放、共享为特征的经济社会运行新模式。”也就是把互联网作为开放共享的基础，作为优化资源配置、构建开放式创新体系、驱动智慧生活的重要平台。

（一）坚持跨界思维

跨界可以跨主体，跨区域，跨领域，跨组织，跨平台，跨要素。40号文提出，引导建立社会各界交流合作的平台，推动跨区域、跨领域的技术成果转移和协同创新。尊重价值、有效交互、注重体验、放大价值本来就是互联网精神的内涵，各类主体要加强对彼此的尊重和理解，协同探索新的连接方式、新的互动模式、新的价值创造路径，再推动行业应用，跨界集群。

（二）坚持融合创新思维

40号文提出“鼓励传统产业树立互联网思维，积极与‘互联网+’相结合。推动互联网向经济社会各领域加速渗透，以融合促创新，最大程度汇聚各类市场要素的创新力量，推动融合性新兴产业成为经济发展新动力和新支柱”。

（三）坚持普惠思维

40号文贯穿普惠意识，全文从两个角度出现四处“普惠”：一是目标上让“社会服务进一步便捷普惠”；二是“‘互联网+’普惠金融”行动，要“促进互联网金融健康发展，全面提升互联网金融服务能力和普惠水平”“拓宽普惠金融服务范围，为实体经济发展提供有效支撑”。

（四）坚持公平思维

“公平”出现四处：一是在原则上针对“安全有序”，要求“建立科学有效的市场监管方式，促进市场有序发展，保护公平竞争，防止形成行业垄断和市场壁垒。”二是谈发展目标，针对“社会服务进一步便捷普惠”，要求“社会服务资源配置不断优化，公众享受到更加公平、高效、优质、便捷的服务。”三是在“‘互联网+’益民服务”中，强调“促进教育公平”。四是在“保障支撑”的“营造宽松环境”中，对信息企业垄断行为亮起了红灯，进行了预警，指出“完善反垄断法配套规则，进一步加大反垄断法执行力度，严格查处信息领域企业垄断行为，营造互联网公平竞争环境”。所以，可以把握新常态下“公平”的新内涵：公平的享受服务机会——平等地接受教育、医疗、数字服务的机会；公平的进入机会——国民待遇；公平的发展机会——同起点非歧视，公平的竞争机会；等等。

【案例分享与能力训练】

杨甫刚的绝地反击

家境贫穷的杨甫刚经过两次高考才勉强就读于浙江义乌工商职业技术学院国际贸易系物流专业。大一开学没多久，杨甫刚为了尽量减轻父母的负担，开始在校内捡矿泉水瓶、易拉罐卖钱。但刚开始干不久，他就遭到学校门卫的强烈不满：“大学生捡垃圾，还读什么大学?!”被说成是“捡垃圾的”让杨甫刚大受打击，不过他清醒地认识到，现在不是一蹶不振的时候。

2007 年，在朋友的推荐下，杨甫刚开始转战淘宝（学校所在地是知名的义乌市场，什么产品都有），而“我所拥有的创业成本只是 1 辆自行车与 500 块生活费”。当时在市场上选了 50 多款生活类的小商品，拍了照片，上传到自己在淘宝网注册的网店，小店就开张了。

开张的第二天晚上，杨甫刚发现已有一名上海客户下了订单。客户选购的只是一款小饰品，如果发货，除掉运费，他只能赚 0.5 元。但杨甫刚没有放弃，为赚 0.5 元，他舍不得坐公交车，而是步行送货，因为坐公交车要花去 1.5 元，那这趟生意就亏本了。为赚这 0.5 元，口渴时他连纯净水也舍不得买。“很多人会放弃这样的订单，但创业靠的就是这一角钱一元钱的积累。”杨甫刚说，“也许太渴望成功，所以我能做别人不愿做的事。客户无论大小，但服务和信誉不能打折。”就这样，杨甫刚的网店生意渐渐火了。从饰品到充气沙发，从瑜伽垫再到化妆品，两年来，杨甫刚的网店修改了几次主营商品的方向，最终选择网络销售排行第一的化妆品，在淘宝网上开起了一家名为“嘟嘟靓妆小铺”的化妆品网店，截至 2009 年 3 月，其网上成交数量已有 4 万多单，网店的信誉度已获得三个“皇冠”，经营商品 500 多种，每天发货快递达 100 多个，雇了七个人帮忙。2008 年开始，他每个月纯收入超过 1 万元，一年营业额过 200 万元，流动资金有十几万元，更重要的是，他是淘宝网的“两皇冠”卖家，这意味着他已经在网上得到超过 45000 名顾客的好评。

思考 1：杨甫刚获得人生第一笔启动资金秘诀是什么？

思考 2：如何看待杨甫刚的创新思维？

第三章　TRIZ 创新方法与技巧

【学习重点】

1. 了解 TRIZ 方法理论
2. 掌握 TRIZ 方法论的应用

【案例导入】

色彩画的亮度

景物画或照片看起来比自然界的景色暗一些，这是由画上的明暗位置亮度比（对比度）比自然界的真实情况要低得多。画面上低光亮度是由传统光亮色彩颜料的反光性差造成的，不可能使用其他颜料对已有色彩重新描绘。

为了解决上述问题，增加水彩画的对比度，可以用反光适当的颜料覆盖色彩画上的光亮位置，但这样的颜料损害了色彩画的原创性，严重降低了其价值。上述问题也可以这样表述：为了增加一幅画的色彩对比度，必须使用画的光亮位置反射大量的光，但为此使用的颜料降低了画的价值。

上面表述的这个技术矛盾，给我们提供了一个发明原理——从非结构化领域向结构化领域复制和迁移。给出的具体解决方案是对画制作幻灯片，然后将幻灯片的明亮图像投影到画上。光亮位置的亮度显著地得到了增强，而灰暗位置的亮度保持不变。这样就增加了色彩画的对比度，使色彩画看起来更真实自然（图 3-1）。

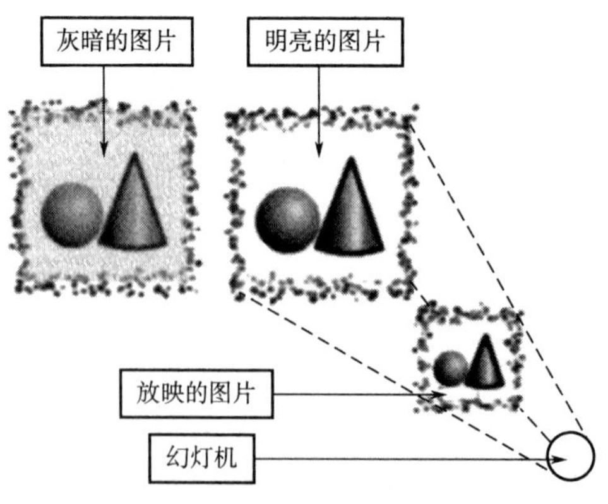

图 3-1　图像投影仪增加了色彩画的亮度

第一节 TRIZ 创新方法概述

TRIZ 是俄文“发明问题解决理论”的缩写，其创始人根里奇·阿奇舒勒（Genrich Altshuler）通过专利分析发现，产品或技术的发展进化都是遵循客观规律发展演变的，即具有客观进化规律和模式；技术系统发展的理想状态是用尽量少的资源实现尽量多的功能；各种技术难题、冲突和矛盾的不断解决是推动这种进化的动力。在技术冲突解决原理中，TRIZ 理论将不同的发明创造遵循的共同规律归纳为 40 个创新原理，针对具体的技术冲突，可以基于这些创新原理，结合工程实际寻求具体的解决方案。

“发明问题解决理论”有两个基本含义：表面的意思是强调解决实际问题，特别是发明问题；隐含的意思是由解决发明问题而最终实现（技术和管理）创新，因为解决问题就是要实现发明的实用化，这符合创新的基本定义。

一、理论体系

阿奇舒勒从不同的角度，利用不同的方法对这些专利进行分析，总结出了多种规律。如果按照抽象程度由高到低进行划分，可以将经典 TRIZ 中的这些规律表示为一个金字塔结构（图 3-2）。随着 TRIZ 的不断发展和完善，TRIZ 不仅增加了很多新发现的规律和方法，还从其他学科和领域中引入了很多新的内容，从而极大地丰富和完善了 TRIZ 的理论体系。

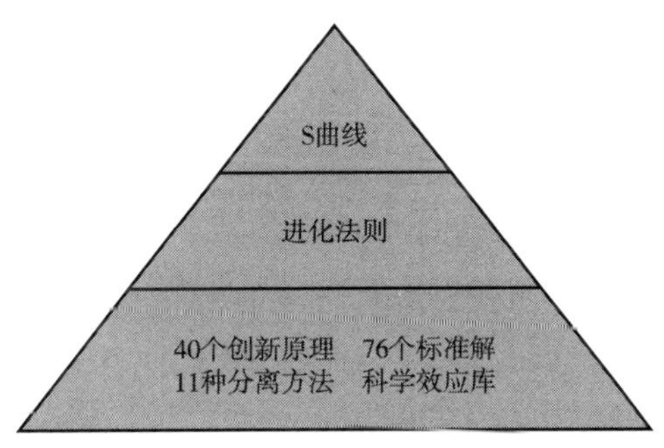

图 3-2 经典 TRIZ 中的规律

TRIZ 的理论体系结构如图 3-3 所示。从中可以看出，TRIZ 的理论基础是自然科学、系统科学和思维科学。TRIZ 的哲学范畴是辩证法和认识论。TRIZ 来源于对海量专利的分析和总结。TRIZ 的理论核心是技术系统进化法则。TRIZ 的基本概念有进化、理想度、系统、功能、矛盾和资源。TRIZ 的创新问题分析工具包括根本原因分析、功能分析、物-场分析、资源分析。TRIZ 的创新问题求解工具包括发明原理、分离方法、科学效应库、标准解系统。TRIZ 的创新问题通用求解算法是发明问题求解算法（ARIZ）。

二、发展历程

1946 年，作为苏联里海舰队专利部的一名专利审查员，阿奇舒勒有机会接触大量的专利

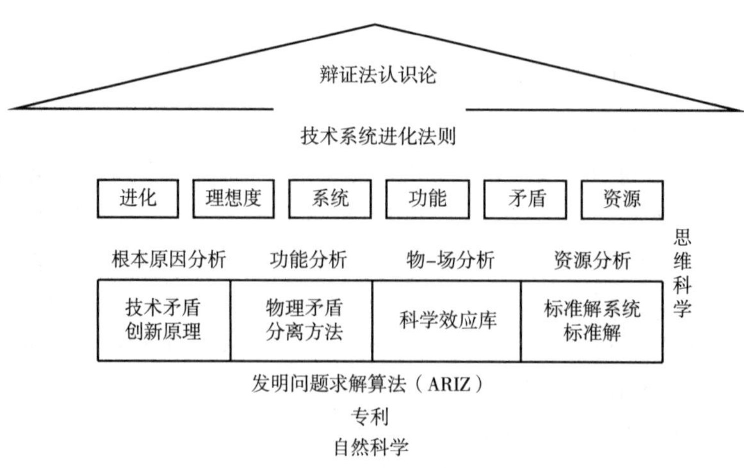

图 3-3　经典 TRIZ 的理论体系结构

并对其进行分析研究。在研究中阿奇舒勒发现，发明是有一定规律的，掌握这种规律有助于做出更多、更高级别的发明。从此，阿奇舒勒共花费了将近 50 年的时间，揭示出隐藏在专利背后的规律，构建了 TRIZ 的理论基础，创立并完善了 TRIZ 理论。

在阿奇舒勒看来，人们在解决发明问题过程中所遵循的科学原理和技术进化法则是一种客观存在。大量发明所面临的基本问题是相同的，其所需要解决的矛盾（在 TRIZ 中称为技术矛盾和物理矛盾）从本质上说也是相同的。同样的技术创新原理和相应的解决问题的方案会在后来的一次次发明中被反复应用，只是被使用的技术领域不同而已。因此，将那些已有的知识进行整理和重组，形成一套系统化的理论，就可以用来指导后来者的发明和创造。正是基于这一思想，阿奇舒勒与苏联的科学家们一起对数以百万计的专利文献和自然科学知识进行研究、整理和归纳，最终建立起一整套系统化的、实用的解决发明问题的理论和方法体系（图 3-4）。

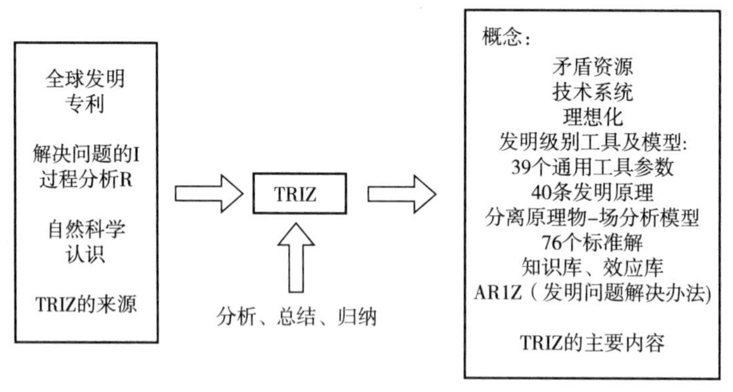

图 3-4　TRIZ 的内容与来源

苏联解体后，在 20 世纪 90 年代初、中期，随着部分 TRIZ 研究人员移居到欧美，TRIZ 才系统地传到了西方，并引起学术界和企业界的关注。特别是在 TRIZ 传入美国后，在密歇根州等地成立了 TRIZ 研究咨询机构，继续对 TRIZ 进行深入的研究，使 TRIZ 得到了更加广泛的应用和发展。

2008 年，国家科技部、发展改革委、教育部、中国科协联合发布了《关于加强创新方法工作的若干意见》明确了创新方法工作的指导思想、工作思路、重点任务及其保障措施等。截至目前，全国已分批在几乎所有省（自治区、直辖市）开展了以 TRIZ 理论体系为主的创新方法的推广应用工作。

三、发明的五个级别

在人类进化发展的历史长河中，无数的先贤们创造性地推动了人类社会的发展。今天，当回顾历史的时候，我们往往只注意到那些给人类社会发展带来巨大影响的发明创造，例如，制陶技术为人类提供了最早的人造容器，冶炼技术为人类提供了最早的金属制品——青铜器，十进位记数法为科学的发展奠定了基础，造纸术对人类文化传播产生了广泛、久远的影响，指南针对航海产生了深远的影响，火药改变了整个世界事物的面貌和状态等。但是，很少有人会注意到那些对已有事物进行的修修补补式的小发明、小创造。正是由于有了这些小发明、小创造，才有了我们现在所看到的各种各样功能相对完善、结构相对简单的生产工具和生活用品。

发明的独特之处就在于解决矛盾及现有技术系统中存在的问题。如何从众多的专利中将那些具有价值的专利找出来呢？阿奇舒勒在研究中提出了一种评价专利创新性的标准，即将专利分为五个级别（表 3-1）。

表 3-1　发明的五个级别

发明级别	创新程度	知识来源	试错法尝试/次	比例/%
第一级	常规设计 对系统中个别零件进行简单改进	利用本行业中本专业的知识	<10	32
第二级	小发明 对系统的局部进行改进	利用本行业中不同专业的知识	10~100	45
第三级	中级发明 对系统进行本质性的改进，大大提升了系统的性能	利用其他行业中本专业的知识	100~1000	18
第四级	大发明 系统被完全改变，全面升级了现有技术系统	利用其他科学领域中的知识	1000~10000	4
第五级	重大发明 催生了全新的技术系统，推动了全球的科技进步	所用知识不在已知的科学范围内，通过发现新的科学现象或新物质来建立全新的技术系统	>100000	<1

（一）第一级发明

这种发明是指在本技术领域内的正常设计，或仅对已有系统进行简单改进与仿制所做的工作。这一类问题的解决主要依靠设计人员自身掌握的常识和一般经验就可以完成，可以算作不是发明的发明。利用试错法解决这样的问题通常需要进行 10 次以下的尝试。

例如，增加隔热材料以减少建筑物的热量损失，将单层玻璃改为双层玻璃以增强窗户的保温和隔音效果，用大型拖车代替普通卡车以实现运输成本的降低，就属于这种发明。该类发明大约占人类发明总数的32%。

（二）第二级发明

这种发明是指在解决一个技术问题时对现有系统的某一个组件进行了改进，是解决了技术矛盾的发明。这一类问题的解决主要利用本专业内已有的理论、知识和经验，设计人员需要具备系统所在行业中不同专业的知识。解决这类问题的传统方法是折中法。这种发明能小幅度地提高现有技术系统的性能，利用试错法解决这样的问题通常需要进行10~100次尝试。

例如，把自行车设计成可折叠等，就属于这种发明。该类发明约占人类发明总数的45%。

（三）第三级发明

这种发明是指对已有系统的若干个组件进行改进。这一类问题的解决需要运用本专业以外但属于同一个学科的现有方法和知识（如用机械知识解决机械问题，用化学知识解决化学问题）。在发明过程中，人们必须解决系统中存在的技术矛盾，设计人员需要掌握来自其他行业的知识。

如果系统中的一个组件被彻底改变，就是很好的发明（如改变某物质状态，由固态变成液态等）。可以用一些人们熟知的物理效应的组合（可能是不为人们所熟知的）来解决这类问题。例如，利用电动控制系统代替机械控制系统，汽车上用自动换挡系统代替机械换挡系统，在冰箱中用单片机控制温度等，就属于这种发明。

这种发明能从根本上提升现有技术系统的性能，属于中级发明。利用试错法解决这样的问题通常需要进行100~1000次尝试。该类发明约占人类发明总数的18%。

（四）第四级发明

这种发明一般是在保持原有功能不变的前提下，用组合的方法构建新的技术系统，属于大发明，通常采用全新的原理来实现系统的主要功能，属于突破性的解决方案，能够全面升级现有的技术系统。利用试错法解决这样的问题通常需要进行1000~10000次尝试。

在解决第四级发明问题时遵循的原理通常可以用来解决属于第二级发明和第三级发明的问题。例如，数码相机代替胶卷相机，内燃机代替蒸汽机，核磁共振技术代替B超和X光技术，第一台内燃机的出现，集成电路的发明，充气轮胎等，就属于这种发明。该类发明在所有发明中所占比例小于4%。

（五）第五级发明

对于这类发明来说，首先要发现问题，其次探索新的科学原理来完成发明任务。问题的解决方法往往不在人们已知的科学范围内，是通过发现新的科学现象或新物质来建立全新的技术系统。本级发明中的低端发明为现代科学中许多物理问题的解决带来了希望。

支撑这种发明的新知识为开发新技术提供了保证，使我们可以用更好的方法来解决现有的矛盾，使技术系统向最终理想迈进了一大步。这种发明催生了全新的技术系统，推动了全球的科技进步，属于重大发明。利用试错法解决这样的问题通常需要进行10万次以上的尝试。设计人员通常没有能力解决这类问题，如计算机、蒸汽机、激光、晶体管、半导体、形状记忆合金、X光透视技术、微波炉、飞机的首次发明。该类发明大约占人类发明总数的1%或者更少。

在发明的五个级别中，第一级发明其实谈不上创新，它只是对现有系统的改善，并没有解决技术系统中的任何矛盾；第二级和第三级发明解决了矛盾，可以看作创新；第四级发明也改善了一个技术系统，但并不是解决现有的技术问题，而是用某种新技术代替原有技术来解决问题；第五级发明是利用科学领域发现的新原理、新现象推动现有技术系统达到更高的水平。

阿奇舒勒认为，第一级发明过于简单，不具有参考价值；第五级发明对于工程技术人员来说又过于困难，也不具有参考价值。于是，他从海量专利中将属于第二级、第三级和第四级的专利挑出来，进行整理、研究、分析、归纳、提炼，最终发现了蕴藏在这些专利背后的规律。

第二节　TRIZ 的核心思想与重要概念

一、核心思想

阿奇舒勒发现：技术系统进化过程不是随机的，而是有客观规律可以遵循的，这种规律在不同领域反复出现。TRIZ 的核心思想是：第一，在解决发明问题的实践中，人们遇到的各种矛盾以及相应的解决方案总是重复出现。第二，用来彻底而不是折中地解决技术矛盾的创新原理与方法的数量并不多，一般科技人员都可以学习、掌握。第三，解决本领域技术问题的最有效的原理与方法往往来自其他领域的科学知识。

由于 TRIZ 的来源是对高水平发明专利的分析，因此，人们通常认为，TRIZ 更适用于解决技术领域中的发明问题。目前，TRIZ 已逐渐由原来擅长的工程技术领域向自然科学、社会科学、管理科学、生物科学等多种领域逐渐渗透，尝试解决这些领域遇到的问题。

二、重要概念

学习 TRIZ，首先需要了解它的许多基本概念，包括 TRIZ 中的一些通用表述名词及其含义，如技术系统、功能、矛盾、理想度等，以便于深入学习 TRIZ 中的工具和方法。

（一）技术系统

“系统”一词源于古希腊语，其含义是由部分构成整体。亚里士多德说：“整体大于部分之和。”由此可见，对系统的研究从古代就已经开始了。“宇宙、自然、人类，一切都在一个统一的运转系统之中！世界是关系的集合体，而非实物的集合体。”这是人们早期对系统最朴素的认知。随着人们对自然系统认知的加深，形成了系统的原始概念。再由自然系统到人造系统和复合系统，逐渐深入，形成了系统的概念。

对自然科学学科和工程技术的研究表明：任何系统（生物学系统、技术系统、信息系统、社会系统等）的发展在本质上都是相同的。人类通过研究，已经建立了关于生物学系统和经济系统的进化理论，而对技术系统的类似研究才刚刚开始。

研究表明，作为一类特殊的系统，与自然系统（如自然生态系统、天体系统等）相比，技术系统具有如下两个鲜明的特征。

(1) 技术系统是一种“人造”系统。不同于自然系统，技术系统是人类为了实现某种目的而创造出来的。因此，技术系统与自然系统的最大差别就是明显的“人为”特征。

(2) 技术系统能够为人类提供某种功能。人类之所以创造某种技术系统，就是为了实现某种功能。因此，技术系统具有明显的“功能”特征。在对技术系统进行设计、分析的时候，应该牢牢地把握住“功能”这个概念。

于是，我们对技术系统的定义如下：技术系统是指人类为了实现某种功能而设计、制造出来的一种人造系统。

作为一种特殊的系统，技术系统符合系统的定义，具有系统的五个基本要素（输入、处理、输出、反馈和控制），也具有系统应该拥有的所有特性。

技术系统是相互关联的组成成分的集合。同时，各组成成分有其各自的特性，而它们的组合具有与其组成成分不同的特性，用于完成特定的功能。技术系统是由要素组成的，若组成系统的要素本身也是一个技术系统，即这些要素是由更小的要素组成的，称为子系统。反之，若一个技术系统是较大技术系统的一个要素，则称较大系统为超系统。这是技术系统的层次性。技术系统进化是指实现技术系统功能的各项内容从低级向高级变化的过程。

例如，汽车是一个技术系统，它的子系统有汽车发动机、汽车轮胎、外壳等，同时还可以把整个交通系统看作它的超系统。如果汽车发动机是一个技术系统，它的子系统就有变速齿轮、引擎、传动轴等，汽车则是它的超系统。

(二) 功能

19 世纪 40 年代，美国通用电气公司的工程师麦尔斯（Miles）首先提出功能（function）的概念，并把它作为价值工程研究的核心问题。

功能的由来有两种：一种是人们的需求，另一种是人们从实体结构中抽象出来的。人们的需求是主动地提出功能，从结构中抽象是被动地挖掘出功能。例如汽车、飞机的出现，最初不是人们想要利用其运载人或物，而是随着时代的发展，人们逐渐发掘出其功能。因此，广义的功能定义为：研究对象能够满足人们某种需要的一种属性。例如，冰箱具有满足人们“冷藏食品”的属性，起重机具有帮助人们“移动物体”的属性。企业生产的实际上是产品的功能，用户购买的实际上也是产品的功能。

在 TRIZ 中，功能是产品或技术系统特定工作能力抽象化的描述，它与产品的用途、能力、性能等概念不尽相同。例如，钢笔，它的用途是写字，而功能是存送墨水；铅笔，它的用途是写字，而功能是摩擦铅芯；毛笔，它的用途是写字，而功能是浸含墨汁。

任何产品都具有特定的功能，功能是产品存在的理由，产品是功能的载体；功能附属于产品，又不等同于产品。

(三) 矛盾与冲突

现实生活中，人们用“矛盾”来比喻相互抵触、互不相容的关系。工程中同样存在矛盾。如在飞机制造中，为了增加飞机外壳的强度，很容易想到的方法是增加外壳的厚度，但是厚度的增加势必造成重量的增加，而重量增加是飞机设计师们最不想见到的。在很多其他行业中，这样的矛盾也十分常见。

TRIZ 中的技术问题可以定义为技术矛盾和物理矛盾。技术矛盾描述的是两个参数的矛盾，是指为了改善系统的一个参数而导致另一个参数恶化。例如，为改善汽车的速度，导致安全性恶化，这个例子中涉及的两个参数是速度和安全性。物理矛盾就是针对系统的某个参数提出两种不同的要求。当对一个系统的某个参数具有相反的要求时，就出现了物理矛盾。例如，飞机的机翼应该尽量大，以便在起飞时获得更大的升力；飞机的机翼应该尽量小，以便减少在高速飞行时的阻力。可见，物理矛盾是对技术系统的同一参数提出相互排斥的需求时出现的一种物理状态。

通过对大量发明专利的研究，阿奇舒勒发现，真正的“发明”（指发明级别为第二级、第三级和第四级的专利）往往都需要解决隐藏在问题中的矛盾。于是，阿奇舒勒规定：是否出现矛盾（又称“冲突”，冲突可以理解为必须解决的矛盾）是区分常规问题与发明问题的一个主要特征。如果问题中不包含矛盾，那么这个问题就不是一个发明问题（或 TRIZ 问题）。与一般性的设计不同，只有在不影响系统现有功能的前提下成功地消除矛盾，才能认为发明性地解决了问题。也就是说，矛盾应该是这样解决的：在完善技术系统的某一部分或优化某一参数的同时，其他部分的功能或其他参数不会被影响。

（四）理想度、理想系统与最终理想解

对于理想度（ideality）的定义，阿奇舒勒是这样描述的，即系统中有益功能的总和与系统中有害功能和成本的比率。阿奇舒勒在研究中发现，所有的技术系统都在沿着增加其理想度的方向发展和进化。

1. 理想度

技术系统的理想度越高，产品的竞争能力越强。可以说，创新的过程就是提高系统理想度的过程。因此，在发明创新中，应以提高理想度的方向为设计目标。人类不断地改进技术系统，使其速度更快、更好和更廉价的本质就是提高系统的理想度。以理想度的概念为基础，引出了理想系统和最终理想解的概念。

每个技术系统之所以被设计、制造，就是为了提供一个或多个有用功能（useful function，UF）。一个技术系统可以执行多种功能，在这些有用功能中，有且只有一个最有意义的功能，这个功能是技术系统存在的目的，称为主要功能（primary function，PF），也称为基本功能。另外，为了使主要功能得以实现，或提高主要功能的性能，技术系统往往还会具有多个辅助性的有用功能，称为辅助功能（auxiliary function，AF），或称为伴生性功能。同时，每个技术系统也会有一个或多个我们不希望出现的效应或现象，称为有害功能（harmful function，HF）。

例如，坦克的主要功能是消灭敌人。同时，为了使这个主要功能实现，且能够更好地实现，坦克还需要防护、机动、瞄准、自动装弹等有用功能的辅助。在实现有用功能的同时，坦克在运行过程中也会引起空气污染，放出大量的热，产生振动，发出噪声，这些在 TRIZ 中都被看作有害功能。

对于一个技术系统来说，从它诞生的那一刻起，就开始了其进化的过程。在进化过程中具体表现为：在数量上，技术系统能够提供的有用功能越来越多，所伴生的有害功能越来越少；在质量上，有用功能越来越强，有害功能越来越弱。

2. 理想系统

随着技术系统的不断进化，其理想度会不断提高。当技术系统的有用功能趋向于无穷大，有害功能为零，成本为零时，就是技术系统进化的终点。此时，由于成本为零，所以技术系统已经不再具有真实的物质实体，也不消耗任何资源。同时，由于有用功能趋向于无穷大，有害功能为零，表示技术系统不再具有任何有害功能，且能够实现其应该实现的一切有用功能。这样的技术系统就是理想系统（ideal system）。

在 TRIZ 中，理想系统是指，作为物理实体，它并不存在，也不消耗任何资源，但是能够实现所有必要的功能，即系统的质量、尺寸、能量消耗无限趋近于零，系统实现的功能趋近于无穷大。因此，也可以说，理想技术系统没有物质形态（即体积为零，重量为零），也不消耗任何资源（消耗的能量为零，成本为零），却能实现所有必要的功能。

理想系统只是一个理论上的、理想化的概念，是技术系统进化的极限状态，是一个在现实世界中永远也无法达到的终极状态。但是，理想系统就像北极星一样，为设计人员和发明人员指出了技术系统进化的终极目标，是寻找和评价问题解决方案的最终标准。

3. 最终理想解

产品创新的过程，就是产品设计不断迭代，理想化的水平不断由低级向高级演化的过程，无限逼近理想状态。当设计人员不需要额外的花费就实现了产品的创新设计时，这种状况就称为最终理想结果（ideal final result，IFR），或者基于理想系统的概念而得到的针对一个特定技术问题的理想解决方案称为最终理想解。

最终理想解的实现可以这样来表述：系统自己能够实现需要的动作，并且没有有害作用的参数。通常最终理想解的表述中需包含以下两个基本点：系统自己实现这个功能；没有利用额外的资源，并且实现了所需的功能。

最终理想解是从理想度和理想系统延伸出来的一个概念，是一种用于问题定义阶段的心理学工具，以及一种用于确定系统发展方向的方法。它描述了一种超越原有问题的机制或约束的解决方案，指出了在使用 TRIZ 工具解决实际技术问题时应该努力的方向。这种解决方案可以看作与当前所面临的问题没有任何关联的、理想的最终状态。

例如，高层建筑物玻璃窗的外表面需要定期清洗。目前，清洁工作需要在高层建筑物的外面进行，是一种高危险、高成本的工作，只有那些经过特殊培训和认证的“蜘蛛人”才能够胜任。能不能在高层建筑物的内部对玻璃进行清洁呢？针对该问题，其最终理想解可以定义为：在不增加玻璃窗设计复杂度的情况下，在实现玻璃现有功能且不引入新的有害功能的前提下，玻璃窗能够自己清洁外表面。

通过这个例子可以看出，最终理想解是针对一个已经被明确定义出来的问题，给出的一种最理想的解决方案。通过将问题的求解方向聚焦于一个清晰可见的理想结果，最终理想解为后续使用其他 TRIZ 工具来解决问题创造了条件。

最终理想解的确定和实现可以按下面提出的问题，分作六个步骤来进行。

（1）设计的最终目的是什么？

（2）最终理想解是什么？

（3）达到最终理想解的障碍是什么？

（4）出现这种障碍的结果是什么？

（5）不出现这种障碍的条件是什么？

（6）创造这些条件时可用的资源是什么？

上述问题一旦被正确地理解并描述出来，问题也就得到了解决。当确定了创新产品或技术系统的最终理想解后，检查其是否符合最终理想解的特点，并进行系统优化，直到确认达到或接近最终理想解为止。最终理想解同时具有以下四个特点。

（1）保持了原系统的优点。

（2）消除了原系统的不足。

（3）没有使系统变得更复杂。

（4）没有引入新的不足。

因此，设定了最终理想解，就设定了技术系统改进的方向。以定义最终理想解为解决问题的开端有以下好处。

（1）有助于产生突破性的概念解决方案。

（2）避免选择妥协性的解决方案。

（3）有助于通过讨论来清晰地设立项目的边界。

第三节　理想化方法的应用

理想化方法是科学研究中创造性思维的基本方法之一，它主要是在大脑中建立理想的模型，把对象简化、钝化，使其升华到理想状态，通过思想实验的方法来研究客体运动的规律。一般的操作程序为：首先对经验事实进行抽象，形成一个理想客体，其次通过思维的想象，在观念中模拟其实验过程，把客体的现实运动过程简化，并上升为一种理想化状态，使其更接近理想指标。在一定条件下把物质看作质点，把实际位置看作数学上的点，忽略摩擦力的存在，都是理想化的结果。在科学史上，很多科学家正是通过理想化获得划时代的科学发现的，如伽利略的惯性原理、牛顿（Newton）的抛体运动实验等。

事实上，真正的理想系统是不存在的。但是，我们通过创新方法的巧妙应用，可以让现实中的系统无限趋近理想化系统，即一步步提高现实系统的理想化程度（即理想度）。

就提高某种产品或者某个技术系统的理想度而言，可以从以下六个方向来努力。

（1）通过增加新的、有用的功能，或从外部环境如自然环境获得功能。

（2）提高有用功能的级别，把尽可能多的功能高效传输到工作元件上。

（3）降低成本，充分利用内部或外部已存在的、可利用的资源，尤其是免费的理想资源。

（4）减少有害功能的数量，尽量剔除那些无效、低效、产生副作用的功能。

（5）降低有害功能的级别，预防和抑制有害功能产生，或者将有害功能转化为中性功能。

（6）将有害功能移到外部环境中，不再成为系统的有害功能。

例如，炼铁时在高炉里生成矿渣及融化的镁、钙等氧化物的混合物。炽热的矿渣达到1000℃，倒进大的钢水包里，并通过铁路平板车运去加工。目前，在开口的料斗里运送矿渣，由于表面冷却易产生硬的外壳。这样不仅损失部分原料，还很难倒出矿渣。在工厂，为了捣碎这部分矿渣，要用专门的设备敲击外壳。但有窟窿的硬壳同样会阻挡矿渣倒出，以至于移动起来特别费力。在传统的产品改进思路中，设计者首先想到的就是为料斗做隔热的盖子，这将使料斗特别沉重。盖上和打开盖子时不得不使用吊车，这不仅增加了子系统的复杂性，而且增加的子系统降低了系统的可靠性。显然，这不符合最终理想解四个特点中的后两个。那么理想的盖子是什么样的呢？应该是不存在盖子，却实现了盖子的功能，即将矿渣和空气隔绝。

如果用最终理想解来分析，会得到截然不同的创新设计方案。

（1）设计的最终目的是什么？

答；矿渣不会冷却，能够很好地保温。

（2）最终理想解是什么？

答：矿渣自己保温。

（3）达到最终理想解的障碍是什么？

答：料斗周围有冷空气。

（4）出现这种障碍的结果是什么？

答：矿渣变硬，不容易倒出。

（5）不出现这种障碍的条件是什么？

答：矿渣上面有隔绝冷空气的物质。

（6）创造这些条件可用的资源是什么？

答：矿渣、空气。

解决方案：在液体矿渣上洒冷水，泼上的水和热矿渣相互作用产生了矿渣泡沫，泡沫是很好的保温体，可发挥盖子的作用，而且很容易将液体矿渣倒出来。在这里，解决问题的资源是矿渣本身，矿渣和冷水结合可以产生新的特性。

【案例分享与能力训练】

会飞的魔毯

现实生活中由于地球引力的作用，毯子是不会飞的，会牢牢地吸附在物体表面。那么在什么条件下毯子可以飞翔？我们可以施加向上的力，或者让毯子的重量小于空气的重量，或者希望来自地球的重力不存在。

现在我们仔细分析一下毯子及周围的环境，会发现这样一些可以利用的资源，如空气中的微子流、空气流、地球磁场、地球重力场、阳光等，而毯子本身也包括纤维材料、形状和质量等。那么利用这些资源可以找到一些能让毯子飞起来的办法，比如毯子的纤维与中微子相互作用可以让毯子飞起来，在毯子上安装提供反向作用力的发动机，毯子在没有来自地面重力的宇宙空间，毯子由于下面的压力增加而悬在空中（气垫毯），利用磁悬浮原理或者毯子比空气轻。以上这些办法有的比较现实，有的仍然看似不可能实现，比如，即使毯子很轻，但也比空气重，对这一点我们还可以继续分析。比如我们采用比空气轻的材料制作毯子，或者毯子像空气中的尘埃微粒一样大小，等等。

通过上面一个简单的分析过程，我们会发现，神话传说中会飞的毯子逐渐走向现实，从中或许可以得到更多有趣甚至十分有用的创意。这个简单的应用展示可创造性问题的分析原理：它首先从幻想式构思中分离出现实部分，对于不现实部分，通过引入其他资源，使一些想法由不现实变为现实，然后继续对不现实的部分进行分析，直到全部变为现实。因此，通过反复迭代的办法，常常会给看似不可能的问题带来一种现实的解决方案。TRIZ 理论中的这些创造性思维方法一方面能够有效地打破我们的思维定式，拓展我们的创新思维，同时又提供了科学的问题分析方法，保证我们按照合理的途径寻求问题的创新性解决办法。

思考 1：TRIZ 理论还可以应用于哪些领域?

思考 2：如何构建 TRIZ 理论导图?

第四章　创业概述

【学习重点】

1. 创业机会的产生与识别
2. 完整的创业过程
3. 创业资源的整合

【案例导入】

聂云宸与喜茶

白手起家，并将喜茶一路打造成为新茶饮界最耀眼的“明星”，这位年轻的“90 后”，值得我们记住他的名字，他就是聂云宸。

作为新茶饮时代的开创者，喜茶让我们真正享受到了什么是好喝的新式茶饮，而这也是聂云宸创造这个品牌最初的立身之本。从创业初期开始，聂云宸便花费了很多时间去调制饮品，并一直将心思放在研究茶上。那时候的聂云宸虽然是一位年轻的“90 后”，却有着超出年龄的成熟和想法。

事实上，聂云宸也曾经历过不少的磨难。2010 年，聂云宸便开始了自己的第一次创业。出于对苹果教父乔布斯的崇拜，首次创业时，聂云宸选择了开一家手机店。

不过鉴于当时创业经验的不足，聂云宸的手机店一开始生意并不好，客流量很少。为了能够招揽更多的顾客，聂云宸想了个办法，那就是通过免费服务带动销量。很快客流量有了，手机配件也卖得不错，聂云宸成功地赚到了人生的第一桶金。

离开手机行业后不久，聂云宸便找到了自己的新目标，这次他看准了茶饮行业。初入这个行业，聂云宸并不被很多人看好，但他认为，“开奶茶店门槛不高，它可大可小，往大做可以把中国年轻茶饮做起来，往小做可以从一个小档口做起。”2012 年 5 月，聂云宸揣着人生的第一桶金作为启动资金，在江门开了第一家奶茶店，名叫“皇茶”(喜茶的前身)。

那个年代的茶饮市场，基本都是小店经营模式，门面窄小，装修朴实。聂云宸创业初期也是如此，作为小档口老板，聂云宸身兼数职，门店装修、菜单设计、研制口味全是一人来做，但让人沮丧的是，开业后的情况并没有达到预期。

反思整个过程后，聂云宸认为产品是其中的关键原因。于是他开始每天搜集顾客的评论，从中了解他们的喜好，并以此为依据，不断修改配方。随后，喜茶第一杯真正意义上的明星产品——首创芝士奶盖茶面世，打开了新茶饮时代的大门。

从默默无名到风靡全国，喜茶走过的路不可谓不艰辛，但聂云宸的努力和才华似乎让喜茶的成功显得那么理所当然。期待这位年轻的“90 后”，继续在茶饮行业大展拳脚，让我们见证喜茶更辉煌的未来。

第一节　创业的含义

“创业”的本义是“创立基业”“创建功业”。《孟子·梁惠王下》说，“君子创业垂统，为可继也”，把创建功业与一脉相承、流传后世联系起来。现代的创业是指创业者对自己拥有的资源或通过努力对能够拥有的资源进行优化整合，从而创造出更大经济或社会价值的过程。

一、创业的内涵

从范围上讲，创业有广义和狭义之分。广义的创业，泛指人类一切带有开拓意义的社会变革活动。它涉及的领域广阔，无论政治还是经济、军事、文化艺术事业，只要人们从事的是前无古人的事业，都可称为创业。狭义的创业，是指个人或群体从事的具有创新或创造性的以增加财富为目标的活动过程。这种活动早有人从事过，但对于首次创业者来说，是从未经历过的、从头开始的事业。如柳传志创办联想集团、张朝阳创建搜狐网站、刘永好创建新希望集团，都属于狭义上的创业。创业管理学研究的就是狭义上的创业活动。

在理解狭义创业这一概念时必须把握以下四个要点。

（1）创业是一个复杂的创造过程，它创造出某种有价值的新事物，这种新事物必须是有价值的，不仅对创业者本身有价值，而且对社会有价值。价值属性是创业的重要社会属性，也是创业活动的意义和价值。

（2）创业必须贡献必要的时间和大量的精力，付出极大的努力。要完成整个创业过程，要创造新的有价值的事物，就需要大量的时间，而要获得成功，没有极大的努力是不可能的，而且很多创业活动的初期都非常艰苦。

（3）创业要承担必然的风险。创业的风险可能有各种不同的形式，主要取决于创业的领域和创业团队的资源。常见的创业风险主要包括人力资源风险、市场风险、财务风险、技术风险、外部环境风险、合同风险、精神风险等。创业者应具备超人的胆识，敢冒风险，勇于承担多数人望而却步的风险。

（4）创业将给创业者带来回报。作为一个创业者，最重要的回报可能是其从中获得的独立自主，以及随之而来的个人物质财富的满足。对于追求利润的创业者，金钱的回报无疑是重要的，对其中的许多人来说，物质财富是衡量成功的一种尺度。通常，风险与回报呈正相关。创业带来的回报，既包括物质的回报，也包括精神的回报，它是创业者进行创业的动机和动力。

创业是一种跨学科、多层面的复杂现象，需要通过必要的时间和努力，发现和把握商业机会，通过创建企业或创新企业组织结构，筹集并配置各种资源，将新颖的产品或服务推向市场，从而最终实现企业经济价值和社会价值。

【拓展学习】

创新与创业的关系

创新与创业虽有各自明确的边界，但两者并非相互独立，而是有着紧密的内在联系，两者相互交叉、相互渗透。一方面，创新和创业存在差异。创新强调思维层面的创造，既包括制度创新、科技创新、文化创新、人才创新，也包括产品创新、品牌创新、服务创新、商业模式创新、市场创新、渠道创新，是不拘泥于现状、勇于开拓和尝试的精神和态度；创业强调实践层面的创造，将新思想、新理念、新方法和新发明应用于社会、经济、文化、政治等领域，从而创办新的企业，开辟新的事业，创造新的岗位。

另一方面，创新和创业相互交叉。创新是创业的基础和源泉，是创业的灵魂，脱离创新的创业是一种低层次、重复的创业，是没有新突破、新价值的创业；创业是实践行为上的创新，是创新思维、创新理念、创新方法等转化为现实的重要途径，从创新到创业是一个从无到有的过程，企业的发展壮大也会推动创新持续向前发展。同时，创新和创业共生共存。创新是创业的内在动力，创新必须付诸实践，进行商业转化才能实现价值创造；创业是创新的体现形式，成功创业、企业发展及成长的全过程必须始终重视和坚持创新，拥有创新意识，不断更新技术和管理方法，提高市场竞争力，持续创新创业，从一次创业过渡到二次创业、三次创业，企业才能实现转型升级，进而持续、快速、健康发展。缺乏创新，创业将缺少灵魂和动力；创新未能发展促成创业，则创新难以形成产品或服务，无法实现其价值。当前国内人口、资源、环境压力日渐增大，靠要素驱动发展将难以为继，因而要尽早转入创新驱动发展的轨道。地方或企业要突破发展瓶颈，根本出路在于创新，关键要靠科技力量，在激烈的竞争中，唯创新者进，唯创新者强，唯创新者胜。但创新要实，即创新不能仅停留在理论创新和获得专利上，而是要把创新落实到创造新的增长点上，把创新成果变成实实在在的产业活动，推动科技创新与经济发展紧密结合。

二、创业的特征

创业是一种社会行为，就其本质而言，具体如下特征。

（1）艰难性。任何人在创业过程中，都会体验到创业的艰难，尤其是白手起家的创业者，往往需要经过多年的艰苦奋斗，倾注大量的心血，才能实现创业成功。所以创业者要有吃苦的思想准备。

（2）创新性。创办一个企业对社会来讲不是一件新鲜事，但对创业者而言是一个创新过程。创业者不改变自己长期形成的思维模式，就难以识别创业机会，也就无法做到创新。对创业者及其创建的企业来说，创业与发展的过程永远是不断变革的过程。

（3）风险性。创业是有风险的，创业过程中充满成功和失败。创业成功给创业者带来的是喜悦，创业失败带来的不仅是挫折，还有财产的损失、信心的丧失。如果只考虑到创业风险就不去创业，那就永远不会成为一个成功的创业者。

（4）利益性。创业者的创业也许出于多种目的，但根本的动力是获利，这也是创业者的共同心愿。没有利益驱动，人们就不会冒着风险去创业。创业过程中获利多少，也是人们衡量创业者创业成功与否的重要标志。

第二节 创业的过程

请先看下面的例子：

• 一位妇女喜欢为家庭聚会制作开胃食品，朋友们经常称赞她，告诉她这些食品有多么美味。后来她成立了一家公司来制作和销售开胃食品。

• 一位从事生物化学基础研究的科学家做出了能推动该领域前沿发展的重要发现。但是，他对识别该发现的实际用途没有兴趣，而且从未尝试那样做。

• 在被从管理职位上“裁员”以后，一位中年人偶然发现了用特殊方法处理旧轮胎作为花园边饰（将不同种类植物分开的隔离物）的创意。

• 一位退休军官想出一个创意：从政府那里购买淘汰的水陆两栖交通工具，并使用它们成立一家专门从事偏远荒野旅游的公司。

• 一个年轻的计算机科学家开发出比目前市面上任何软件都要好得多的新软件，并寻求资金创建一家公司来开发和销售该产品。

上述例子中，从事生物化学基础研究的科学家只是科学家而不是创业者，如果没有什么“意外”产生，这位科学家可能永远不会成为创业者。偶然发现了用特殊方法处理旧轮胎作为花园边饰创意的中年人可能成为创业者，也可能不会，这要看他是否进一步采取行动，以及可能采取什么行动，也许他会尝试开展这项业务，也许他会把创意告诉朋友而自己不进一步开发。退休军官和年轻的计算机科学家已经踏上了创业之路，他们不仅看到了机会，而且有创意，开始着手创建公司和筹集资金。第一位妇女在创业的道路上走得最远，她从朋友的赞赏中看到机会，成立了公司，销售她的开胃食品，也许她还在为公司的生存和发展而努力。

研究创业，需要剖析创业过程中所包含的活动和行为，这也是大多数创业管理教材都从过程的角度展开的主要原因。创业过程是由创业者从产生创业想法到创建新企业或开创新事业并获取回报，涉及识别机会、组建团队、寻求融资等一系列活动的流程，通常分为以下六个步骤。

一、产生创业动机

创业动机是创业机会识别的前提，是创业的原动力，它推动创业者发现和识别市场机会。创业活动的主体是创业者，其开展首先取决于个人是否想成为创业者。当然，不少人是因为看到了创业机会，受潜在收益的诱惑，才产生了创业动机，进而成为一名创业者或创业团队成员。一个人能否成为创业者，受三方面因素影响：一是个人特质。每个人都可能具有创业意愿，但其创业意愿的强度不同，意愿的大小有遗传的成分，更受环境的影响。二是创业机会。创业机会的增多会形成巨大的利益驱动，促使更多的人尝试创业。社会经济转型、技术进步等多方面因素在使创业机会增多的同时，也会降低创业门槛，进而引发更大的创业热潮。三是创业的机会成本。人们能从其他工作中获得高收入，能满足个人需求，创业意愿就低。

大学生创业的动机受诸多因素影响。个体层面的性格、能力、知识和家庭等因素，以及大学层面的学历、创业教育、创业支持项目、产业联系和研究导向等因素都会对大学生创业意愿产生显著影响（图 4-1）。就个体层面而言，选择创业的年轻人通常具备以下性格特质：具有改变世界的信心，对目标长期坚持，愿意尝试新事物，具有领导倾向，并具备较强的学习能力、处理问题的能力、发展和维护非正式社会网络的能力。

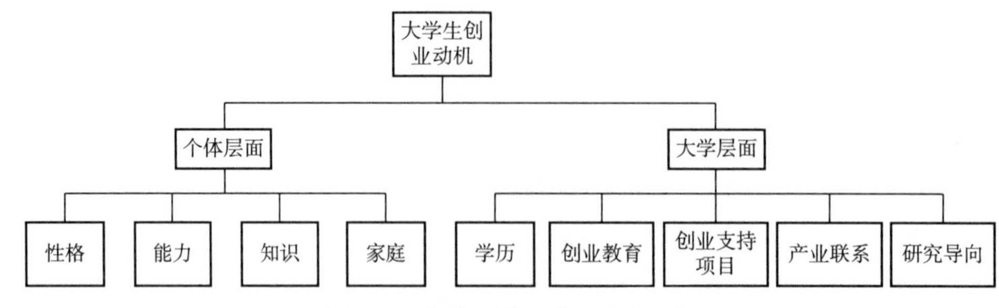

图 4-1　大学生创业动机影响因素

许多在校大学生创业的主要动机是追求“自由自主的工作和生活方式”（37. 1%）和“实现个人理想”（20. 2%），10%的大学生创业为了“服务社会，创业报国”。纯粹为了“赚钱”而进行创业的在校生相对较少，占总人数的 15. 8%。这表明，我国在校大学生创业大都属于“机会型创业”（例如，“自由自主的工作和生活方式”“实现个人理想”“响应国家‘双创’号召”“服务社会，创业报国”等），而非生存压力所迫（图 4-2）。可见，许多大学生创业主要出于自我价值实现动机。

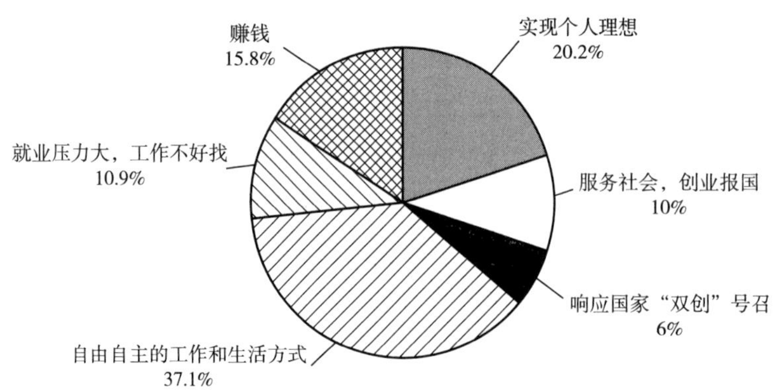

图 4-2　在校大学生的创业动机

二、识别创业机会

识别创业机会是创业过程的核心环节。识别创业机会包括发现机会来源和评价机会价值。一般应关注四个基本问题。

第一，机会何来？就是说创业者应该找到创业机会的来源在哪里。

第二，受何影响？就是说创业者应该找到影响创业机会的相关因素。

第三，有何价值？就是说创业者应该找到创业机会所具有的并能被评价的价值。

第四，如何实现？就是说创业者应该明了能通过什么形式或途径使机会变成实际价值。

围绕这些问题，创业者在识别创业机会阶段需要采取行动，多交流、多观察、多获取、多思考、多分析，最终抓住创业机会。

【拓展学习】

机会分析或者叫机会评价计划，是一种评估机会的方法。它不是一个商业计划，与商业计划相比，它比较简短，关注机会而非整个企业。它为企业是否对机会做出响应的决策提供依据。机会评价计划包括产品或服务的描述、机会评估、创业者和团队的评估、所有活动的细节、使机会具有可行性、企业所需的资源、企业初建和成长所需资本的来源。机会评价计划需要回答以下九个问题。

(1) 它满足什么市场需求?

(2) 根据你的经历和记录，对市场需求有什么个人看法?

(3) 市场需求处于什么样的社会环境?

(4) 可以收集什么样的研究数据来描述市场需求?

(5) 可以得到什么专利来满足市场需求?

(6) 市场上存在什么样的竞争? 你怎样描述这种竞争?

(7) 国际市场如何?

(8) 国际竞争如何?

(9) 在这项活动中怎样获得资金?

三、整合有效资源

整合有效资源是创业者开发机会的重要手段，一般情况下，创业者可以直接控制的有效资源往往很少，创业几乎都会经历白手起家、从无到有的过程。对创业者来说，整合有效资源往往意味着需要借船出海，要善于尝试依靠盘活别人掌握的资源来实现自己的创业起步。人、财、物都是开展创业活动必需的基本生产要素。创业者需要整合的有效资源，首先是组建团队，凝聚志同道合的人；其次是进行有效的创业融资；最后是创建创业基础设施，包括创业活动的场地和平台。创业是在创业者面对资源不足的情况下开展的具有创造性的工作，一定会面临很大的不确定性，所以，创业者在创业初期乃至新企业成长的很长一段时间里，都要把主要精力放在资源的获取上，以解决公司的生存问题。此外，创业者还需要围绕创业机会设计出清晰的、有吸引力的商业模式，有时还需要制订详细的创业计划，向潜在的资源提供者进行陈述和展示，以获取更多的资源支持。

四、创建创业企业

新企业的创建是创业者的创业行为最为直接的反映。创建新企业包括公司制度设计、企业注册、经营地址的选择，确定进入市场的途径，包括选择完全新建企业还是加入或收购现有企业等。值得注意的是，许多创业者在创业初期迫于生存压力，以及对未来缺乏准确预期，往往容易忽视这部分工作，给以后的发展留下隐患。

五、提供市场价值

创业者识别机会、整合资源、创建新企业等的目的是实现自己的创业目标。但真正能促成创业目标最终实现的是创业者能提供市场价值。这是创业过程中的重要环节，关系新企业的生存与成长。因此，创业者必须面对挑战，采取有效措施，使创业的市场价值得以实现，不断地让客户受益，从而使企业获得长期利润，逐步做活、做好、做大、做强。

六、获取创业回报

获取创业回报是创业活动的主要目的，有助于促进创业者的事业发展。回报可能是多种多样的，对回报的满意程度在很大程度上取决于创业者的创业动机。调查发现，创业者的创业动机不同，对获取创业回报的态度和想法也有所不同。对多数年轻创业者来说，获取回报最为理想的途径之一，是把自己创建的企业尽快发展成为一家快速成长的企业，并成功上市。

第三节　创业的类型

一、根据创业动机分类

根据创业动机可分为生存型创业和机会型创业。

（一）生存型创业

生存型创业指创业者没有其他选择，为了生存不得不进行的创业。这类创业是在现有的市场上寻找创业机会，并没有创造新需求，大多属于尾随型和模仿型，因而往往小富即安，极难做大、做强。

（二）机会型创业

机会型创业指创业的出发点并非谋生，而是为了抓住、利用市场机遇。它以市场机会为目标，能创造出新的需要，或满足潜在的需求，因而会带动新的产业发展，而不是加剧市场竞争。

高校的创业教育鼓励机会型创业，这是因为机会型创业能带来更多的就业、更好的创新、更广的市场和更大的成长潜力。

虽然创业动机与主观选择相关，但创业者所处的环境及其所具备的能力对创业动机类型的选择有决定性作用。因此，通过教育和培训来提高创业能力，就可增加机会型创业的数量，不断拓展新的市场，减少低水平竞争。

二、根据创业者数量分类

根据创业者数量可分为独立创业与合伙创业。

（一）独立创业

独立创业指创业者独立创办企业。其特点在于产权是创业者个人独有的，企业由创业者自由掌控，决策迅速。但它需要创业者独自承担风险，创业资源准备也比较困难，还受个人才能的限制。

（二）合伙创业

合伙创业指与他人共同创办企业。其优劣势与独立创业相反，优势在于资源准备相对容易，风险均摊，决策制衡，可以发挥集体智慧。但缺点在于权力多头，决策层级多，响应速度慢。

三、根据创业项目性质分类

根据创业项目性质可分为传统技能型创业、高新技术型创业和知识服务型创业。

（一）传统技能型创业

传统技能型创业是指使用传统技术、工艺的创业项目，它具有永恒的生命力。尤其是酿酒、中药、工艺美术品、服装与食品加工、修理等与人们日常生活紧密相关的行业中，独特的传统技能项目表现出了经久不衰的竞争力，许多现代技术都无法与之竞争。国内外均是如此。

（二）高新技术型创业

高新技术型创业指知识密集度高，带有前沿性、研究开发性质的新技术、新产品项目。

（三）知识服务型创业

知识服务型创业指为人们提供知识、信息的创业项目。当今社会，信息量越来越大，知识更新速度越来越快，各类知识性咨询服务机构将会不断细化和增加，如律师事务所、会计师事务所、管理咨询公司、广告公司、培训机构等。

四、根据创业方向或风险分类

根据创业方向或风险可分为依附型创业、尾随型创业、独创型创业和对抗型创业。

（一）依附型创业

依附型创业可分为两种情况：一是依附于大企业或产业链而生存，为大企业提供配套服务，如专门为某个或某类企业生产零配件，或生产、印刷包装材料；二是特许经营权的使用，如利用麦当劳、肯德基等的品牌效应和成熟的经营管理模式，减少经营风险。

（二）尾随型创业

尾随型创业即模仿他人创业，“学着别人做”。其特点：一是短期内只求能维持下去，随着学习的成熟，再逐步进入强者行列；二是在市场上拾遗补阙，不求独家承揽全部业务，只求在市场上分得一杯羹。

（三）独创型创业

独创型创业是指提供的产品或服务能够填补市场空白。大到商品独创性，小到商品的某种技术的独创性。独创产品是指既具有非同一般的生产工艺、配方、原料、核心技术，又有长期市场需求的产品。鉴于独创性原则，掌握它的企业将获得相当高的利润。

比如家传秘方、生产难度较大的新产品等。但其也有一定的风险，因为消费者对新事物有一个接受过程。独创型创业也可以是旧内容新形式，比如，产品销售送货上门，经营的商品并无变化，但在服务方式上改变了，从而更具竞争力。

（四）对抗型创业

对抗型创业是指进入其他企业已形成垄断地位的某个市场，与之对抗较量。这类创业风险最高，必须在知己知彼、科学决策的前提下，抓住市场机遇，乘势而上，把自己的优势发挥到极致。比如，针对百度搜索，出现了搜狗搜索、360 搜索等。

此外，依据创业主体可将创业分为大学生创业、失业者创业和兼职者创业；根据创业的融资形式可分为独资创业、合资创业、引进各类（风险）投资基金创业等；根据创业者与事业的关系，可分为个人创业、家族创业、合伙创业、参与创业等；根据创业机遇的选择可分为先学习后创业、先深造后创业、先就业后创业、边学习边创业、休学创业等；根据创业的行业领域又可以分为餐饮、娱乐、批发零售、广告艺术设计、装饰装潢、信息咨询、法律服务、电子信息技术、金融衍生服务等各行业领域的创业。

【拓展学习】

《科学投资》杂志曾经对上千例创业者的案例进行分析，发现创业者基本可以分成如下几种类型。

1. 生存型创业者

生存型创业者大多为下岗工人、失去土地或因为种种原因不愿困守乡村的农民，以及刚刚毕业找不到工作的大学生。这类创业者成为中国数量最大的一个创业群体，占中国创业者总数的90%，这些创业者的主要目的是谋生、混口饭吃。一般创业的范围局限于商业贸易，少量从事实业，大多数是规模较小的加工业。

2. 变现型创业者

变现型创业者一般分为两种：一种是过去在党、政、军、行政、事业单位中拥有一定权力；另一种是在国有企业、民营企业担任经理等重要岗位，并且任职期间积累了大量的社会资源及人脉资源，在遇到机会或时机适当的情况下开办公司或企业。

在20世纪80年代末至90年代中期，第一种类型的创业者较多；现在则以第二种类型的创业者为主。

3. 主动型创业者

主动型创业者可细分为两种：一种是盲动型创业者；另一种是冷静型创业者。盲动型创业者大多极为自信，做事冲动。这种类型的创业者往往也是博彩爱好者，喜欢买彩票，希望以小博大，而且不太喜欢检讨成功概率。这样的创业者较容易失败，但如果能够成功，往往能成就一番大事业。冷静型创业者是创业者中的精华，其特点是谋定而后动，不打无准备之仗，或是掌握资源，或是拥有技术，一旦行动，成功的概率通常都会很高。

第四节　创业资源

一、创业资源的概念与分类

（一）创业资源的概念

什么是资源？资源就是任何一个主体在向社会提供产品或服务的过程中，拥有或者支配的能够实现自己目标的各种要素及其组合。一个资本家的资本是他的重要资源，一个工人的生产能力是他的重要资源，一个农民的土地是他的重要资源，一个生产型企业的资源主要包括人、财、物。什么是创业资源？创业资源是企业创立及成长过程中所需要的各种生产要素和支撑条件。例如，马云的“十八罗汉”、50万元初始资金、来自资本方的融资等都是阿里巴巴的创业资源。创业本身就是对创业资源的整合。简单地说，创业资源就是创业者需具备的部分创业条件。

【拓展学习】

创业资源与一般商业资源的异同

创业资源作为商业资源的组成部分之一，与一般商业资源的关系，其实就是哲学中矛盾的普遍性与特殊性的关系。一方面，创业资源与一般商业资源在本质上都属于商业资源的范畴，因此二者必然具有一定的共同点；另一方面，二者作为商业资源的不同分支，也必然具有各自不同的一些属性。

1. 创业资源与一般商业资源的相同点

创业资源作为商业资源的一部分，具有商业资源所具有的共同特性。

首先，两者都具有稀缺性。资源相对于创业需求是稀缺的，这里所说的创业资源的稀缺性，既不是说这种资源不可再生或可以耗尽，也不是说这种资源的绝对量与大小无关，而是指这样一个事实，与成熟企业相比，新企业缺少时空上的资源积累，即在给定的时间内，与创业资源的需求相比，其供给量相对不足。

其次，两者包含的内容相同。创业资源和商业资源从包含内容上来讲都涵盖了厂房、场地、设备等有形资源，以及企业名称、商标、专利、营销能力、管理制度、信息资料、企业文化等无形资源。

2. 创业资源与一般商业资源的不同点

创业资源作为一种特殊的资源有其典型的特点。

首先，创业资源多为外部资源。新企业创业资源短缺，意味着企业直接控制的内部资源不足，创业者选择的途径是使外部资源内化（股权安排、专业化协作等）。利用外部资源来解决创业资源的短缺问题，能大大减少公司的风险与固定成本，加上创业公司本身的市场地位和市场空间都不稳固，所以利用外部资源可以避免将来废弃这些资源的风险。

其次，创业者在创业资源中的作用举足轻重。创业者开创事业的意图与开创事业前的决定都是之后新企业目标、策略与结构的成型因素，并且对日后新公司的生存与发展都有所影响，所以创业者是创业过程中最重要的创业资源。当然，雇员的素质也是一种特别重要的人力资源，创业者可以利用市场的力量（金钱、竞争等）和个人人格的力量（如承诺、经验、品格等）影响雇员的投入。

最后，专有化高的知识在创业资源中至关重要。创业所需要的资源中，知识是非常重要的一项，它为公司实施差异化战略提供基础，一般是公司核心竞争力的根源所在，可为新企业在某些方面建立一定的竞争优势。这种竞争优势一方面取决于这种资源本身的价值，也与企业运用这项资源的方式和其他相关资源的配合密切相关；另一方面，专有知识不容易交易，比显性知识更容易成为竞争优势。

（二）创业资源的分类

1. 创业资源形态角度

根据创业资源的形态，可以将创业资源分为有形资源和无形资源。有形资源是指可见的、能用货币直接计量的资源，主要包括物质资源和财务资源，如阿里巴巴初创时期的50万元启动资金、马云的“十八罗汉”。无形资源是指企业长期积累的、没有实物形态的，甚至无法用货币精确度量的资源，通常包括品牌、商誉、技术、专利、商标、企业文化及组织经验等，如阿里巴巴初创时期，马云运营中国黄页的经验。在初创期，有形资源和无形资源同样重要，特别是对于目前初创企业中占比最多的轻资产企业来说，更要充分重视无形资源。

2. 利用方式角度

根据创业资源的利用方式，可以将创业资源分为直接资源和间接资源。直接资源主要包括财务资源、经营管理资源、人才资源、市场资源，间接资源主要包括政策资源、信息资源、科技资源，在创业初期，创业者对于间接资源也要给予足够的重视。比如网约车，国家政策的调整会对移动出行领域的运营模式产生直接影响，而来自竞争对手的信息资源能够对企业运营产生重要影响。

3. 重要程度角度

根据创业资源的重要程度，可以将创业资源分为核心资源和非核心资源。核心资源一般具有以下特性：有价值，对创业者而言，有助于机会识别与开发的资源都具有价值，从管理角度来讲，当一种资源对管理活动的效率和效果有帮助时，就可以被视为有价值的；稀缺性，如果有价值的资源已经被大多数竞争者拥有，这种资源就不足以形成竞争优势，稀缺性实际上是供求不平衡的状态；难以模仿性，稀缺的资源很重要，但最好还是难以模仿的资源，或者是竞争对手需要付出极大的代价才能复制的资源；不可替代性，管理的一项重要任务是做好资源之间的替代，追求更好的效果，而且大多数资源之间具有替代关系，不可替代的资源是无法被一般性资源取代的战略性资源，不可替代性往往与稀缺性紧密相连；可延展性，可以使企业进入相关市场进行竞争。如蔡崇信作为阿里巴巴集团的创办人之一，为阿里巴巴搭建了与高盛及硅谷相关资源的桥梁，为阿里巴巴制定了规范的股份结构，是阿里巴巴的核心人力资源，具有稀缺性，为企业所特有，具有可延展性。核心资源和非核心资源会随着企业所处发展环境和发展阶段而改变，如雅虎为阿里巴巴提供的10亿美元的融资在阿里巴巴与易贝（eBay）激烈的角逐阶段属于核心资源，但是到了阿里巴巴准备赴美国上市时，又带来了股权和控制权方面的麻烦。

4. 控制主体角度

根据创业资源控制主体的不同，可以将创业资源分为自有资源和外部资源。自有资源来自企业内部积累，是创业者自身拥有的可用于创业的资源；外部资源包括朋友、亲戚、商业伙伴或其他投资者的资金，还包括借到的人、空间、设备，或通过提供未来服务、机会等换取到的资源，甚至包括社会团体或政府资助的资源。比如，阿里巴巴第一、第二股东雅虎和软银的资源相对于马云而言就属于外部资源。需要注意的是，外部资源的充分使用能使企业借助外力，实现快速发展。

5. 内容角度

从企业资源的内容角度出发，可以将企业资源分为人才资源、资金资源、信息资源、市场资源、人脉资源、物质资源、组织资源和技术资源。

（1）人才资源。在创业过程中，需考虑到组建结构合理、优势互补的创业团队，以及其他需要用到的各类人力资源。

（2）资金资源。资金是创业过程中必不可少的资源。无论是产品研发还是生产销售，无论是市场开拓还是渠道建立，无论是新客户资源开发还是老客户关系维护都需要资金。马云拿到了雅虎 10 亿美元的融资才战胜了 eBay，滴滴推广背后离不开腾讯等资本方的大力支持。初创企业特别是轻资产类初创企业，没有可抵押资产很难从银行贷款，如何形成稳定商业模式、探索有效的盈利模式、产生自我造血功能，如何开拓资金来源渠道引进外来资金，是创业企业要重点关注的内容。

（3）信息资源。信息资源是创业企业进行科学决策的重要依据。收集掌握企业内部的信息有利于掌握企业自身的运营状况。收集整理客户信息，才能精准发现细分领域客户，有利于准确把握客户需求、解决客户痛点、提高客户体验。收集竞争对手信息，有利于在竞争中占据优势地位。收集政策信息，有利于把握政策带来的机遇，减少政策带来的风险。特别是在大数据时代背景中，如何利用新技术、新模式获取有用的信息是创业企业需要重点关注的内容。

（4）市场资源。市场资源是指企业控制或拥有的与市场密切相关的资源要素。主要包括各种有利的经营许可权、企业现有各种品牌、企业现有销售渠道、企业现有顾客及他们对企业产品或服务的忠诚度，以及其他各种能为企业带来竞争优势的合同关系等。阿里巴巴最核心的市场资源就是阿里巴巴平台上集聚的买家用户和卖家用户，滴滴补贴占领的是司机端用户和乘客端用户资源，这些都是市场资源。

（5）人脉资源。创业离不开人脉。马云通过蔡崇信在美国投资界的人脉资源，成功从高盛拿到了第一笔天使投资；马化腾在最困难的时候，通过团队在香港投资领域的人脉关系拿到了 220 万美元的融资。

（6）物质资源。物质资源是指企业的有形资产，包括厂房、软硬件设备、原材料等。除了某些稀缺产品，物质资源的缺乏一般可以通过资金来解决。

（7）组织资源。组织资源指企业中实际存在的组织运行机制、管理制度及创业者拥有的管理经验、知识和管理能力。例如，韩都衣舍作为较有影响力的时尚品牌孵化平台，通过产品小组的组织形式，有效解决了服装行业库存大的难题。

（8）技术资源。技术资源是指对企业具有商业价值的科技成果、生产工艺过程或作业程序等。创业企业要注意通过申请专利等形式来保护企业的技术资源。

【资料链接】

云袋智能环保免费取袋机——刚需产品×流量获取

在杭州市内，有一款横空出世的“自动售卖机”引发了大批量的关注，与常见的食品、饮料售卖机不同，这款“售卖机”并不贩卖东西，而是免费给市民提供环保袋。

“云袋”环保袋免费发放机的开发企业——杭州眺望者物联科技有限公司，是国内环保行业唯一一家专业做线下流量获取的互联网公司，软件开发团队拥有 30 多人，但开发出了多种系统，如线上流量分发系统，多种设备广告屏幕控制系统等，还获得了多项国家软件著作权以及各种专利。

上文提到的这一款引发热议的“自动售卖机”就是杭州眺望者物联科技有限公司最新开

发的项目，其开发初衷来自2020年1月16日国家发展改革委、生态环境部发布的《关于进一步加强塑料污染治理的意见》，该意见要求完善塑料制品的生产使用等，对不可降解的塑料逐渐禁止及限制使用。最先受到该意见影响的当属各地的奶茶店，纸吸管可谓是在网上引发了热议，与塑料吸管一样的塑料购物袋想必在不久的将来也将成为过去，这也就使环保袋的存在成为必要。但是很多人没有养成随身携带环保袋的习惯，这也就让该公司嗅到了商机，开发了云袋项目。

云袋项目除了积极响应国家号召，方便市民的日常生活，替商家节约成本，也充分实现了培养消费者环保意识，推动公益环保事业发展的美好愿景。这种全面铺展环保袋自助发放机的方式，可以充分覆盖商场、超市、农贸市场、医院、药房这类人流密集且环保袋被高频使用的区域，针对企业流量获取的需求，以数量和质量的双向思维为导向，为企业获取线下流量。同时通过给线上平台导流，或者给品牌做推广来实现流量变现。这是一家专做线下流量获取的互联网公司才能够实现的企业流量获取方式。

在当今社会，互联网已经非常发达，流量也随之紧缺。所以流量获取永远不会过时，企业应当关注的重点在于如何更好地获取流量，云袋模式最大的好处在于选择了一个最为合适的渠道有针对性地重点发力，以这种渠道为基础进行了创新，研究出一种能够将流量无限放大的线下流量获取方法，也就将流量的价值无限地放大了。通过这种创新，开发出了降低流量的获取成本，提高流量获取的效率的新模式。

这种新模式，既达到了模式创新给予人们的视觉冲击，又搭上了国家“限塑令”这一趟顺风车。这种模式的创新能够投入使用，并引发市场热议的重点在于，云袋敏锐地抓住了环保袋将会成为人们的刚需和品牌流量获取难度变大这两个重点，这也是云袋项目能够具有光明的发展前景的重要原因。

未来，“云袋”将在全国范围内铺设20万台环保袋免费发放机，服务5000万用户。用一个个环保袋，为国家环保事业的发展作出贡献。

1. 市场痛点的准确把握是云袋模式的基石

云袋是国内为数不多具有环保和互联网基因的品牌，立志助推国家环保事业，致力于开拓环保行业新蓝海的互联网公司之一。据项目负责人王宇介绍，云袋智能环保取袋机/发放机对市场痛点的把握是全方位的。一是通过免费发放环保袋，满足了商户、消费者、政府等多方利益诉求，能够为禁塑令政策的推行和绿色经济的发展、居民生活水平的提高和幸福感的提升作出贡献；二是准确把握了当前线上流量红利消失，线下流量获取成为新的风口下，线下流量获取模式不成熟，获取难度大，各大品牌商虽然意识到了线下流量的重要性，但是没有合适途径获取的痛点。为此，云袋智能环保取袋机/发放机搭建了一个线下流量获取和分销终端，能够实现线下流量的整合，形成市场级流量，满足品牌商精准投放广告的需求，从而实现变现。

2. 完整呈现创业合伙人所需的方方面面

在安徽卫视播出的《创业中国人》节目中，云袋项目创始人王宇不仅对商业模式进行了分享，还对“如何参与云袋项目”“云袋是如何变现的”“云袋加盟费用是多少”“加盟后平均回报是多少”等问题进行了详细的回答。云袋希望通过分享，使一支拥有阿里巴巴、网易等名企大厂工作经验的创业团队走上台前，使一款拥有独立产权，具备自主研发软件运营服务（SaaS）的智慧运营平台被展示出来。王宇以加盟者利益诉求为导向，赋能合伙人，对从初期调研到后期人员培训、产品落地运营扶持等服务的全流程服务体系一一做了介绍。能够在短短两年就迅速覆盖全国400多座城市，实现4万台+设备落地，占据国内环保袋免费取袋机/发放机90%以上市场份额，企业实力和市场领先度被一一揭晓……

与其说云袋（智能环保取袋机/发放机）参加了一档节目，不如说想要还原一个真实的云袋人的故事，参加一场创业大赛。这次登台不只是创始人讲述的展示，还包括完整的产品体验，广告分发SaaS系统的构架研发、流量变现持续造血能力、线下流量获取能力、上下游供应链的整合能力等，都将一一被受众体验。

当下，创业加盟项目空前火爆，市场鱼龙混杂。纵观加盟项目，云袋智能环保取袋机/发放机除了模式简单、可快速复制，还要展示它的市场生命力、快速和大量变现能力，更重要的是真实和可靠。从这个角度来看，云袋智能环保取袋机/发放机将“云袋人”的精彩故事通过电视的形式原原本本展现出来，为创业者提供了新的空间，为加盟者提供了新的选择，也使得更多创业者和环保公益事业参与者从中受益。

二、创业资源的作用及获取的途径

（一）创业资源的作用

创业资源是新企业创建和成长的生命线，是创业过程的支撑环境，直接影响创业过程，是创业成功的必要保证。创业过程是商业机会、创业者和创业资源三个要素匹配和平衡的结果，本质上是创业团队抓住商业机会、整合创业资源的过程。

由于资源的异质性，部分资源可通过市场购买，而另一些则难以通过市场渠道获取。也就是说，异质性的资源并不能直接为企业带来持续的竞争优势，这需要资源整合来创造价值。

对于创业者而言，不可能拥有创业所需的全部资源，这就需要借助适当形式的市场联系和利益关系，在资源的控制者与创业者之间架起桥梁，将有关的资源有效地组合起来。创业者需要得到有效的商业计划，需要有促进企业创办的启动项目，需要有优秀的创业人才，需要有效地引入风险投资，需要得到足够的信息资源。

（二）创业资源获取能力分析

（1）创业主体分析。创业主体分析的因素主要包括创业者的素质（如马云的坚持与执着，程维的长袖善舞）、创业团队的组合（如阿里巴巴有马云和他的“十八罗汉”、腾讯有马化腾和他的“四大金刚”、滴滴有程维和柳青的最佳拍档）、专家或顾问的影响力（如马化腾对程维的帮助）及公共关系能力。

（2）创业客体分析。对创业客体分析的内容主要包括产品的创新性、产品的市场前途、产品的预期收益和企业的成长能力四个方面。

（3）创业环境分析。创业环境是指创业者周围的境况，是创业者在创业的整个过程中，围绕着创业企业生存和发展变化，对其产生影响或制约创业企业发展的一系列外部因素及其组成的有机整体，是创业者及其企业产生、生存和发展的基础，是创新创业活动的基本条件。其构成要素主要涉及金融支持、政府政策（地方政府对创业的积极政策、税收优惠）、政府项目支持（政府项目中的资金和政策类支持项目）、教育与培训（创业与工商管理教育）、研究开发转移（新技术从发源地的转移）、商业环境和专业基础设施、国内市场开放程度、有形基础设施、文化与社会规范等方面因素。目前，对于创业环境的分析主要包括市场发展程度、政府政策支持、基础设施状况和配套服务水平四个方面。

（三）创业资源获取能力影响因素

新创企业在获取创业资源的过程中，有的企业能力强，有的企业能力弱。以阿里巴巴的发展为例，影响企业获取创业资源的能力因素主要包括以下几个方面：一是对创业资源的敏锐性、创新性，马云在经营中国黄页及与原对外贸易经济合作部的项目合作中接触到了电子商务概念，他敏锐地抓住了商机，创立了阿里巴巴。二是成功创业的欲望，马云在企业初创期就对创业团队发表演讲，要创立具有世界影响力的电子商务企业，创业成功的渴望使他在创业过程中保持着对获取创业资源的原动力，从组建核心团队到拿到高盛的第一笔融资，从引入软银到获得雅虎的支持，马云一直在如饥似渴地获取创业资源。三是创业团队人员的综合能力，回顾从软银融资的过程，马云及其团队正是通过企业的综合能力打动了投资者，这就是著名的3分钟洽谈融资2500万美元的故事。四是人脉关系，马云能拿到高盛的融资，蔡崇信的人脉关系起到了很大的作用。五是企业的成长能力，马云在企业发展过程中说服投资者的最重要的原因就是企业的成长能力，包括后期说服雅虎放弃决策权也是通过企业的成长能力来实现的。

（四）创业资源的获取途径

（1）获取技术资源的途径。新创企业获取技术资源的途径主要包括：吸引技术持有者加入创业团队；购买他人的成熟技术，并进行技术市场寿命分析；购买他人的前景型技术，再通过后续的完善开发，使之达到商业化要求；自己研发。

（2）获取人力资源的途径。人力资源特别是构建创业团队核心人力资源的获取途径十分复杂和随机。目前，新创企业获取人力资源的途径一般包括：利用学习、工作及生活的社交圈；参加校园活动、创业大赛；拜访最优秀的人、猎头公司等。

（3）获取营销网络的途径。新创企业获取营销网络的途径主要包括：借用他人已有的营销网络，使用公共流通渠道、自建营销网络与借用他人营销网络相结合，扬长避短。

（4）获取外部资金资源的途径。新创企业获取外部资金资源的途径主要包括：依靠亲朋好友筹集资金，双方形成债权债务关系；抵押、银行贷款或企业贷款；争取政府某个计划的资金支持；所有权融资，包括吸引拥有资金的创业同盟者加入创业团队，吸引现有企业以股东身份向新企业投资，吸引企业孵化器或创业投资者的股权资金投入；通过详尽可行的创业计划吸引风险投资、基金股权投资。

三、创业资源的利用与整合

（一）资源整合的定义

资源整合就是根据企业的发展战略和市场需求对不同类型资源进行识别与选择、汲取与配置、激活与融合，对原有的资源体系进行重构，摒弃无价值的资源，寻求资源配置与客户需求的最佳结合点，使之具有较强的柔性、条理性、系统性和价值性，以形成新的核心资源体系的复杂的动态过程。资源整合的目的是通过组织制度安排、管理运作协调和优化配置来凸显企业的核心竞争力，增强企业的竞争优势，提高客户服务水平。

根据资源整合的不同层次，可以将创新创业资源整合分为宏观创新创业资源整合和微观创新创业资源整合。宏观创新创业资源整合是指与创新创业有关的政府部门或其他机构（如孵化器）进行资源整合工作，其目的是为所有（或者至少是一部分）创新活动或创业企业的成长与发展提供更加便利的条件；微观创新创业资源整合是指某一个具体的创业企业团队进行资源整合工作，其根本目的是促进自身的发展。

（二）资源整合的内容

资源整合主要包括以下四方面内容。

（1）内部资源与外部资源的整合。一方面，识别、选择、汲取有价值的、与企业内部资源相适应的诸如隐性技术知识等外部稀缺资源，并把这些资源融入企业自身资源体系；另一方面，实现外部资源与内部资源的衔接融合，激活企业内部和外部资源，从而充分发挥内部和外部资源的效率和效能。

（2）个体资源与组织资源的整合。一方面，将零散的个体资源进行系统化、组织化，能够不断地融入组织资源，转化为组织资源；另一方面，组织资源也能迅速地融入个体资源的载体，激发个体资源载体的潜能，提高个体资源的价值。

（3）新资源与传统资源的整合。新资源可以提高传统资源的使用效率和效能，反过来，传统资源的合理利用又可激活新资源，促进隐性技术知识等新资源的不断涌现，如此循环往复、螺旋上升。

（4）横向资源与纵向资源的整合。横向资源是指某类资源与其他相关资源的关联程度，纵向资源是指某类资源的广度和深度方面的资源。它们的整合对于企业建立横向资源与纵向资源的立体架构具有十分重要的意义。

（三）创业资源整合的原则

（1）尽可能多地搜寻出利益相关者。资源是创造价值的重要基础，资源交换与整合显然要建立在利益的基础上，要整合外部资源，特别是对缺乏资源的创业者来说，更需要资源整合背后的利益机制。利益相关者及其相关理论也许有助于我们分析资源整合背后的利益机制。

利益相关者是组织外部环境中受组织决策和行动影响的任何相关者。要更多地整合到外部资源，就要尽可能多地找到利益相关者；同时，这些组织或个体利益关系越强、越直接，整合到资源的可能性就越大，这是资源整合的基本前提。例如，创业者之所以能够从家庭成员那里获得支持，是因为家庭成员之间不仅是利益相关者，更是利益整体。

（2）识别利益相关者的利益所在，寻找共同利益。20 世纪 80 年代初期，天津的国际商场开业，定位于引进国外最好的商品，可以让改革开放初期无法出国的人了解国外商品，准确且新颖的定位使其开业后很红火。国际商场紧邻南京路，这是一条十分繁忙的主干道，当时没有过街天桥，行人穿越南京路很不方便也不安全。应该修建天桥，但绝大多数人都会觉得这个天桥应该由政府来修建，所以发发牢骚也就过去了。有一天，一位年轻人也产生了这样的想法，他没有认为这是政府该干的事情，而是立即找政府商量，提出自己匿名出钱修建过街天桥，希望政府批准，唯一的要求是允许在修建好的天桥上挂广告牌。不花钱还方便了老百姓，政府觉得不错，就同意了。这个年轻人拿到政府的批文后，立即找到可口可乐等著名的大公司洽谈广告业务，在这么繁华的街道上立广告牌，当然是件好事情。就这样，这位年轻人从大公司那里拿到了广告的定金，用这笔钱修建了天桥还略有剩余。天桥修建好了，广告牌也挂上了，年轻人从大公司那里拿到余款，这就是他的第一桶金。

在这个借力修天桥的故事中，年轻人的利益相关者有政府部门、可口可乐等著名的大公司、行人等。事实上，这个故事中的相关者可能还有许多，多个利益相关者的参与更需要有效的利益机制设计。利益之间的关系有时是直接的，有时是间接的，有时是明显的，有时是隐含的，有时还需要创造出来。这与机会识别有很多相似之处，在修天桥的故事中，年轻人和政府、大公司之间的利益关系没有那么强，否则天桥早就修建起来了。把相对弱的利益关系变强，多数情况下有利于资源整合。

利益相关者是利益关系的组织和个体，有利益关系并不意味着能够实现资源整合，还需要有共同的利益或者利益共同点。为此，识别利益相关者后，逐一认真分析每个利益相关者关注的利益非常重要。在修天桥的故事中，年轻人和大公司关注的是经济利益，政府部门关注的是百姓的安全、方便和政绩，修建天桥成为实现各方利益的共同载体。

（3）共同利益的实现需要共赢的利益机制做保证。共赢多数情况下难以同时赢，多是先后赢，创业者要设计出让利益相关者感觉到赢而且是优先赢的机制。有了共同的利益或利益共同点，并不意味着就可以合作，只是意味着具备了合作的前提条件。资源整合是多方面的合作，切实的合作需要使各方面利益真正实现，这就需要寻找和设计出使多方共赢的机制。对于在长期合作中获益，彼此建立起信任关系的合作，双赢和共赢的机制已经形成，进一步的合作并不困难。但对于首次合作，特别是对受到资源约束的创业者来说，建立共赢机制需要智慧。

（4）沟通是创业者与利益相关者相互了解的重要手段。资源整合的机制要有利益基础，还要有沟通和信任来维持。沟通往往是产生信任的前提，信任成为社会资本的一个重要因素的原因是信任关系的建立有助于资源整合，降低风险，扩大收益。

信任可分为人际信任和制度信任，人际信任建立在熟悉度及人与人之间的感情联系的基础上；制度信任是用外在的，利用诸如法律一类的惩戒式或预防式的机制来降低社会交往的复杂性。人际信任是存在于人际关系中的保障性的信任，而制度信任是由对外的社会机制的信任产生一种对人的基本信任，这两种信任共同构成了社会的信任结构。

儒家文化和农耕文化的交互作用，决定了中国社会关系网络的亲疏有序，隐藏着对外信任预期的差序格局，即对以血缘关系为纽带的家族成员形成了“起点上的信任”。个体对其家族成员的信任预期与生俱来，尽管这种信任水平可能随着时间的推移、相互作用次数的增加而发生变化，但这是以情感认同为出发点的信任，称为家族信任。然而，对家族成员以外的其他人，在交往互动过程中不断地将与其有着地缘（如老乡）、业缘（如同事）、学缘（如同学）等联系的外人予以“家人化”，变成“一家人不说两家话”，信任边界不断扩展，这种称为“泛家族信任”。

区分不同的信任关系，充分认识信任的重要性。作为创业者，要尽快从早期的家族信任过渡到泛家族信任，进而建立起范围更广的信任关系，获取更大规模的社会资本。

（四）创业资源整合的过程

资源整合有其内在的逻辑过程，一般而言，资源整合过程包括认识资源、积累资源、配置资源、自我反馈、能力的形成与提升。其中配置资源过程是个复杂的阶段，需要调动、组织内外部资源，对配置资源过程进行自我反馈，以进一步指导企业管理者认识及积累关键的资源。

（1）认识资源。认识资源是企业资源配置的前期准备阶段。企业首先需要对资源加以把握，以期认识哪些资源是企业运营过程中的重要资源，哪些资源是企业比较充足的，哪些是企业稀缺的，等等。认识资源的过程是困难的，因为外部环境是不断变化的，企业资源的价值也在不断变化。认识资源的目的在于为企业提供一个资源清单，让企业了解目前资源组合的优势与劣势。

（2）积累资源。积累资源是企业在掌握内部资源信息后，根据目标及企业发展需要优化资源组合的过程。积累资源的意义在于提高企业资源的难以模仿性，为企业提供长期的资源储备，因为外部要素市场并不能为企业提供所需的一切资源，企业需要经历持续的内部资源累积、外部资源补充，以优化资源组合。在激烈的市场竞争中，企业维持竞争优势的重要途径是不断完善自身的核心资源。然而，企业核心资源的积累并不是一朝一夕之事，主要通过两种形式加以实现，一种是外部合作，另一种是内部学习。

（3）配置资源。资源的配置过程和配置方式是资源整合的核心内容。企业的资源整合主要解决的是如何调动资源以提高企业运营效率，为企业创造更多的价值。资源整合可分为三种方式：稳定调整、丰富细化和开拓创造。稳定调整资源整合方式是指对企业现有能力进行微调，以维持竞争优势；丰富细化资源整合方式是指拓展和完善企业现有能力，如通过学习新技能来提升现有技能水平；开拓创造资源整合是一个独特的过程，涉及整合全新的资源，需要探索性学习来完成。

（4）自我反馈。自我反馈是对整个资源整合过程的反思和改进过程。一方面，适时地对资源配置过程进行反思，可以使管理者更加了解组织内部拥有的资源情况，以便获取相应资源，调整对资源的决策。另一方面，自我反思过程也是积累资源的过程，可促进企业加强关键资源的积累。

自我反馈过程可通过不间断的内部总结来实现。管理者可充分交换意见，对资源配置效率较高的方面予以激励，对配置过程或方式不利的方面予以改进。企业通过不断的资源配置和配置效果反馈，增加了管理者间的沟通和互动，极大提升了资源配置能力。

（5）能力的形成与提升。资源有效配置的过程也是企业能力的形成与提升过程，如市场能力、生产能力、财务能力、创新能力等方面的形成与提升。能力的形成与提升可帮助企业为顾客创造更多的价值，不同方式的资源整合带来了企业独特的能力，这些独特能力的形成可提升企业的竞争优势，为顾客带来更多的价值。

【案例分享与能力训练】

拼多多的创业故事

创始人黄峥的背景：黄峥毕业于浙江大学，之后在谷歌（Google）和百度等知名公司工作多年，积累了丰富的互联网行业经验和人脉资源。

初创阶段：2015 年，黄峥与几位合伙人共同创立了拼多多。他们以创新的社交电商模式为核心，致力于通过整合线上购物和社交分享，为用户提供低价商品。

引入资本支持：在创业初期，拼多多吸引了一些风险投资机构和知名企业的关注。2016 年，拼多多完成了数轮融资，获得了来自红杉资本、腾讯等投资者的数亿美元的融资。

农村市场的发展：拼多多在创立初期就意识到农村市场的潜力，因此将目标市场从一线城市扩展到二三线城市和农村地区。通过定位低价商品，并利用社交电商的模式，拼多多逐渐在农村市场中获得了广泛的用户认可和支持。

用户增长与品牌建设：拼多多通过口碑传播和用户分享效应，迅速扩大了用户规模。2017 年，拼多多的用户数量突破 1 亿，成为中国增长最快的电商平台之一。同时，公司也加大了在品牌建设方面的投入，注重打造用户信任和品牌价值。

上市与发展：2018 年 7 月，拼多多在美国纳斯达克交易所上市，成为中国互联网公司历史上第三大规模的首次公开募股（IPO）。上市后，拼多多继续推进战略升级，不断完善供应链、技术研发等，保持了高速增长的势头。

通过不断的创新和市场拓展，拼多多成功打造了一个独特的社交电商平台，并在中国电商市场中脱颖而出。拼多多的创业经历充满了挑战和机遇，同时也展现了创始人的智慧和韧性。

思考 1. 创业资源的获取途径有哪些？

思考 2. 创业资源的整合过程包括哪些步骤？

第五章　创业者与创业团队

【学习重点】

1. 创业者的概念
2. 创业者素质特征
3. 创业团队的5P要素

【案例导入】

刘琦开：爱拼才赢

刘琦开是一位校园里走出的总裁，2004年毕业于重庆理工大学，现任复星同浩资本创始合伙人，智基创投股份有限公司合伙人。2010年刘琦开受邀成为智基创投中国区最年轻的合伙人，2015年加盟复星集团任复星创富董事总经理，同年组建复星天使投资部，建立复星天使基金并担任管理合伙人。

当许多大学生走出校门后为找工作而发愁时，还没走出校门的刘琦开就已经是三家大公司的总裁了。他的产业既不是从父母那里继承的，也不是上天赐给的，全是自己创造的。他的事业与他的大学学业同步发展，其成功为他的同学所仰慕。他究竟是怎么做到学习、创业两不误，并成为从校园里走出来的富豪？2004年刚刚毕业的他，在接受记者专访时，依然像学生一样直率，毫无保留地叙述了他走过的每一步。

- 连续的创业

1981年12月，出生于江西井冈山，小学三年级时全家搬到了上海。

2001年，考入重庆理工大学市场营销专业。大学的第一个寒假，在重庆兼职做市场调查工作。大三寒假，到上海浦东的一家外贸公司打工。

2003年，在上海的外贸公司工作了两个月后，刘琦开成立自己的贸易公司。那年，在读大四的同时，与人合作，融资1000万元，创立了泰科股份有限公司，并任董事长兼总裁。公司主要从事钢管国际贸易。由于有在外贸公司打工的经验，再加上他的不懈努力，很快就有好几家工厂邀请刘琦开做外贸总代理。此后不久，刘琦开就为几家工厂签下数百万美元的订单。不到一年，刘琦开的公司代理的产品就出口到美国、阿根廷、英国、南非、埃及、伊朗、韩国等十几个国家与地区。

2005年5月，取“网纳百川”之意，刘琦开成立了重庆网纳科技有限公司，开通“大学人”门户网。充足的资金让人才迅速聚集在刘琦开旗下，这帮年轻人试图以自己独特的方式，成为新时代真正的“网络英雄”。

- 社会责任

2008 年，汶川地震后前往四川省广元市青川县重灾区积极实施救援。

刘琦开在学校看到很多同学为了就业而奔波苦恼，他深有感触地说：“其实我很同情他们，但是我更希望他们能够思考一些东西。想创业的同学，一定要首先问问自己，我拥有什么，我想要什么，我怎么去做。”

第一节　创业者

一、创业者的概念

创业者是指某个人发现某种信息、资源、机会或掌握某种技术，利用或借用相应的平台或载体，将其发现的信息、资源、机会或掌握的技术，以一定的方式转化、创造成更多的财富、价值，并实现某种追求或目标的人。著名经济学家熊彼特认为，创业者应具备两个层次的含义：一是具有创新能力；二是具有发现更好的能赚钱的产品、服务和过程的能力。

创业者首先必须是一个梦想追求者，他更关注来自未来的回报，而非眼前的利益。

创业者未来收益是一种投资性活动的收益，这些投资是实际的可见资本投入，更多体现在创业团队在时间和精力方面的投入。同时收益不仅体现为资金收益，还有来自价值增长的收益、人生价值和自我实现等。

从社会发展的角度来看，创立全新商业模式并取得成功的企业、那些具有引领作用并为社会提供更多就业岗位和创造社会财富的企业的创始人，也应被称为创业者。

【拓展学习】

创业者与职业经理人的区别

职业经理人是指在企业经营过程中受任经营管理企业的人，通常具备丰富的经验和强烈的责任心与领导力，工作职责是将企业资源进行适当合理的分配以实现增值，收入来自管理成果。创业者拥有企业的所有权，掌握着企业的最终命运和人员分配调动最终权。所以说，创业者和职业经理人是雇佣与被雇佣的关系。创业者的收入取决于企业的所有盈利与亏损，而职业经理人只拿走自己应得的那部分。形象地说，创业者与职业经理人最显著的区别在于创业者是 0 到 1 的突破，而职业经理人是实现 1 到 10 的过程。

二、创业者的类型

（一）按照创业动机划分

根据创业动机的不同，创业者可分为生存型创业者与机会型创业者。

生存型创业可用“逼上梁山”来形容。该类型创业者创业的动力完全来自生活所需，为了满足物质生活需要，不得已而为之。

机会型创业可用“自动自发”来形容。该类型创业者都是为了追求某个商机而开展创业活动，更多是为了满足精神需求。两者区别如表 5-1 所示。

表 5-1　生存型创业者与机会型创业者的区别

区分项	创业者类型	
	生存型创业者	机会型创业者
创业动机	满足生存所需	满足精神所需
创业目标	维持生计，小富即安	瞄准时机，不甘现状，敢于拼搏，做大做强
行业偏好	餐饮、零售、租赁、保健等	金融、保险、房地产等
风险承受能力	以安全为主，盈利为辅	以盈利为主，安全为辅

（二）按照角色与作用划分

根据创业角色与作用的不同，创业者可分为独立创业者与团队创业者。

独立创业者多是个人在工作、生活中萌生出独立创业的想法，自己出资成立公司并独立开展管理。这类创业者需要具备一定的投资能力和极强的自立精神，在创业过程中可以充分发挥主观能动性，激发其聪明才智和创新能力，可以自己选定工作和生活方式，追求自身价值，完全遵从个人意愿，进而实现自己的理想与抱负。独立创业存在较大难度和风险，一般缺乏管理经验、资金、技术，社会资源、客户开发困难，生存压力很大。

团队创业是指在创业初期，由一个才能互补、共担责任、甘愿实现共同创业目标的团队来执行创业任务。在这样的创业团队中，有带领团队成员创业的主导创业者，其他成员是参与创业者，也称跟随创业者。

与独立创业者相比，具备能力互补、资源共享优势的团队创业者，比个人单打独斗拥有更为广阔的发展和提升空间。但团队创业也存在思想认识不统一、创业过程中一旦出现分歧容易分崩离析的风险。所以，要根据创业目标来选择合适的创业模式。

（三）按照创业者做事的风格划分

根据创业者做事风格的不同，创业者可分为盲动型创业者与冷静型创业者。

盲动型创业者大多极为自信果断，容易冲动，很容易因缺乏考虑而遭遇挫折，导致创业失败。但一旦抓住机遇、正确决策，也会成就一番事业。

冷静型创业者是创业者中的精英，特点在于三思而后行，创业前深思熟虑，做好充分准备，他们或者掌握资源，或者拥有技术，一旦行动，成功概率通常很高。这类创业者有明确的梦想和目标，精力充沛、激情四射，也许并无权势背景和财富积累，仅仅依靠自身的直觉、判断、优势、坚持和号召力不懈努力，吸引更多的志趣相投的人加人团队，从而聚拢更多的优势资源，挖握更多的投资机会，凭借“打不死的小强”的韧劲，成就创业梦想。

三、创业者的素质特征

一个创业者要具备什么样的素质特征才能提高创业成功的概率呢？答案是不确定的。创业者都有不同的个性，但经研究发现，创业者身上也存在许多共性特征。

（一）创业者的心理及行为特征

（1）拥有激情。对于一个创业者来说，首先要具备的是对创业这件事情怀揣热情。创业的激情不是一时的，它伴随着整个创业过程，在漫长且艰辛的创业之路上，不是所有人都会一帆风顺，当你困惑迷茫时，回想当初是什么动力促使你创业，你会拨开云雾，重见光明。

（2）敏感好奇。敏感与好奇是创新的基础，创业者在选择创业项目时，要有新奇点和侧重点。这两点便取决于创业者的好奇心与洞察力，以便于适时地寻找机会，抓住机会，对商业机会做出快速反应。机会是留给有准备的人的，但对创业者来说，机会是留给敏感好奇的人的。很多时候，商机就摆在眼前，而我们往往视而不见，将别人眼中的平淡无奇变为自己的无限商机，是一个合格的创业者应具备的特质。

（3）情绪稳定。创业过程相当于一次冒险过程，没人能预料未来会发生什么，也没人能预料未来你的公司会走多远，即便是百年老店，若经营不善，也会面临破产倒闭的风险。面对创业路上充满的种种未知，保证良好的心态和稳定的情绪显得尤为重要。“不以物喜，不以己悲”，说的便是这个道理。创业需要极大的心理承受能力，如果你天生心理承受能力不足，是不适合创业的。罗永浩认为，创业过程中需要承受的压力和恐惧是超出想象的，它会让大部分抗压能力正常的人崩溃，所以说创业者的心理承受能力应该优于常人。

（4）敢于承担。对于创业者而言，合理合法地创办企业，保障企业和员工的生存，做出合理正确的决策等，这些都是创业者的责任。作为一个勇于冒险、敢于担当的创业者，责任和义务是要时刻铭记于心的，不能一味索取、获利，权利与义务永远是对等的。同时，敢于承担不仅是承担应尽的责任和义务，还包括对于决策后果的承担，无论公司发展如何千变万化，都要敢于面对现实，敢于接受现实，不自暴自弃，有勇有谋有担当，才能成为一名合格的创业者。

（5）诚实守信。《论语・为政》云：“人而无信，不知其可也。”说的是一个人若失去了信用，那么便无立足之地。《吕氏春秋》中写道：“君臣不信，则百姓诽谤，社稷不宁；处官不信，则少不畏长，贵贱相轻；赏罚不信，则民易犯法，不可使令；交友不信，则离散郁怨，不能相亲；百工不信，则器械苦伪，丹漆染色不贞。”自古以来，诚信作为最重要的美德之一，一直被后人传承，小到个人、家庭，大至整个社会、国家，诚信都起着至关重要的作用。作为商人，丢失诚信可谓寸步难行。不仅导致顾客利益受损，而且会丧失客流量，在诚信的同行面前更是毫无竞争力，结局注定是死路一条。因而诚实守信是每一个创业者的第一要义。

（6）勤奋好学。关于踏实勤奋走向成功的典例不胜枚举，关于勤奋的名言警句也多到可以出书。小时候，父母总告诉我们，一分耕耘，一分收获。这是为什么呢？因为并不是每个人生来就注定会成为天才，生来就定会成功。就连伟大的发明家爱迪生也是在千百次的失败实验后才发明了钨丝灯泡。成功的人总是不断学习、不断进步的，他们知道，只有用勤奋的钥匙才能打开进阶的大门，只有不断地与时俱进，才能把握机会、实现价值。

（7）吃苦耐劳。如果一个创业者只将创业挂在嘴边，那么他终将会是一个失败的创业者。如果他付诸行动，那么他会感受到创业路上的艰辛。万千世界，我们相信唯有适者才能生存。创业也是如此，敢打敢拼敢吃苦、不轻言放弃的人便是竞争中的适者。坚韧不拔的毅力会是助他穿梭于河流中的小舟；反之，丢掉这些，他会很容易迷失沼泽，半途而废。

（8）随机应变。创业是任重道远的，同时创业路上也布满了荆棘。没有人敢说自己的创业不会出现一点点意外，一切都是在预计的轨道上运行。一个好的创业者一定要具备更灵活应变的能力，以应对企业面临的各种变数，要脚踏实地，从实际出发，保持清醒的头脑来面对不同挑战，切勿一条巷子走到黑。

（二）创业者的知识特征

（1）扎实的基础知识。对于一个创业者来说，掌握工商管理、人力资源管理、财务管理、公司金融、会计学、审计学、法学、决策论等基础知识很有必要，扎实的基础知识在企业管理与运营中起着不可替代的重要作用，懂得管理知识可以更为科学有效地管理企业；懂得企业相关的法律知识可以实现守法经营……虽然说有了扎实的基础知识不一定会成为一个优秀的创业者，但优秀的创业者应该是通识之才是硬道理。

（2）精湛的专业知识。仅具备基础知识对一个创业者来说是远远不够的。如果想把企业做大做强，那么学习广博精湛的专业知识必不可少，创业者可以不是专才，但一定是通才，一定要懂得自己所在领域的专业知识，要明白“外行领导不了内行”。虽说并不绝对，但能够领导内行的创业者一定对所领导的企业专业知识有相当的了解，因为企业各方面的管理工作都与专业知识有着千丝万缕的联系，不懂专业知识，对管理工作都很难做到位，更不用说做出科学、正确的企业决策。

（3）丰富的实战经历。对创业者而言，除了要具备丰厚的理论知识外，经历的越多，经验也就越丰富。一个企业在注册、创办、经营、发展的不同阶段，都有核心的问题要处理，缺乏对这些实战过程的了解与把握，难免会走许多弯路，创业很可能遭受不必要的挫折与失败。实践才能出真知。只有经历并了解到创办与经营企业的艰辛，才会审时度势，踏踏实实走好创业的每一步。

（4）深厚的社会知识。如果说以上三点侧重考察的是智商，那么社会阅历一定是情商的代言人。对创业者来说，打交道最多的无非人和物。其中最难的就是与人打交道。社会上的人形形色色，创业者需要与企业的供货商、顾客，以及涉及资金来源、去向等众多方面的人打交道，稍有不慎，都有可能毁掉辛苦创办的企业。社会阅历可以帮助创业者学会与人交往。另外，丰富的社会阅历会给创业者带来人脉，助创业一臂之力。同时社会阅历有助于创业者用更高的眼光来分析、判断事务，也会对创业者处理事务的方式方法产生影响，实现自我提升。

（三）创业者的能力特征

（1）创新力。创新意识和创新能力是创业者综合能力的体现，包括发现一个新的问题、产生一种新的思路、建立一套新的机制、发明一项新的技术等。它是以深厚的文化底蕴、夯实的知识为基础，综合心理、智力、人格多方面相互协调配合的一种能力。当今社会，与其说是人才的竞争，不如说是人的创新力的竞争。于创业者而言，好的创新项目不仅是创业者的心血，更是盈利的利器。

（2）领导力。大多数情况下，创业靠单打独斗很难取得大的成功，团队的力量永远不容小觑。在一个团队中，卓越的领导人是团队的风向标，只有具备卓越领导才能的创业者才能带领团队获得最终的成功。一位好的领导不仅要管理好自己，更多的是管理员工、激励员工，展现人格魅力，设立完善的管理机制，强化团队沟通、提升凝聚力，产生“1+3”远大于 4 的效果。

（3）洞察力。在惜时如金的今天，对时间的把控很大程度上就是对公司发展的博弈，可能让你赚得盆满钵满，也可能让你输得一塌糊涂。这就要求一个创业者必须具备敏锐的洞察力，走在认知与时间的前沿，与时俱进，善于发现别人忽略的发光点，将一个点不断放大，不断向下延伸，发现另一片不为人知的天地。

（4）沟通力。创业是一个交流沟通的过程，无论是你的员工、客户、上游供应链还是投资人，有效的沟通可以达到事半功倍的效果。有效的沟通力往往表现在以下两方面。

①有效的口头表达能力。随着社会的进步与发展，每个人的工作节奏都在加快，如何在短时间内运用逻辑、抓住重点、直奔主题、言语巧妙而不晦涩地吸引潜在客户，让他们产生兴趣，成为很多创业者面临的重大问题。感兴趣的创业者可以试着模拟“电梯演讲”。

②有效的书面表达能力。在向投资者、顾客推荐创意想法或者某种产品时，只利用口头语言表达是不够的，必要的时候，要做出详尽的计划书和产品推荐书，或以高效简洁的演示文稿（PPT）向别人展现自己的项目，为创业计划增光添彩。

作为创新工场创办人的李开复也曾分享过对创业者素质的看法，他认为好的创业者需要具备十项能力：强烈的欲望、超乎想象的忍耐力、开阔的眼界、明势、敏锐的商业嗅觉、丰富的人脉、谋略、胆量、与他人分享的愿望、自我反省的能力。

欲望：成功创业的内在动力。欲望，实际上就是一种生活目标，一种人生理想。创业者的欲望和普通人的欲望的不同之处在于，创业者的欲望往往超出他们的现实，需要突破现在的立足点，打破眼前的樊笼才能够实现。所以，创业的欲望往往伴随着行动力和牺牲精神。这不是普通人能够做到的。

忍耐：成功创业的必要保障。“艰难困苦，玉汝于成”“筚路蓝缕”，都可以形容创业的不易。不易在哪里呢？创业需要忍受肉体上和精神上的折磨。肉体上的折磨可以挺过去，精神上的折磨才是致命的。如果有心自己创业，一定要先在心里问一问自己，面对从肉体到精神上的全面折磨，应当有一种宠辱不惊的“定力”与“精神力”。正像俞敏洪著名的“揉面定律”所说的，只有不断被社会各种各样的苦难揉搓，揉到最后，创业者才能变得越来越有韧性。

眼界：发现商机的能力。对于创业者来说，广博的见识、开阔的眼界，可以很有效地拉近自己与成功的距离，使创业活动少走弯路。开阔的眼界意味着创业者不但在创业伊始就有一个比别人更好的起步，它还会贯穿于创业者的整个创业历程，有时候甚至可以挽救企业的命运。一个创业者的眼界有多宽，他的事业就会有多大。

明势：顺应潮流，借势飞跃。明势的意思分两层，作为一个创业者，一要明势，二要明事。势分大、中、小势。大势指要跟对形势，研究政策；中势就是市场机会，市场上现在时兴什么，流行什么，可能就表明了创业的方向；小势就是个人的能力、性格、特长，创业者在选择创业项目时，一定要找那些适合自己能力、切合自己兴趣、可以发挥自己特长的项目，这样才有利于持久性的全身心投入。明势的另一层含义就是明事，“世事洞明皆学问，人情练达即文章”。创业者只有先顺应社会，才能避免在人事关系中出问题。创业者不但要明政事、商事，还要明世事、人事，这应该是其基本素质。

敏感：对商机的快速反应。创业者的敏感是对外界变化的敏感，尤其是对商业机会的快速反应。有些人的商业敏感来自耳朵，有些人的商业敏感来自眼睛，还有一些人来自自己的行路。有些人的商业感觉是天生的，更多的人是需要后天培养的。如果你有心做一个商人，你就应该像训练猎犬样训练自己的商业敏感性。

人脉：创业的助力器。很多创业者最初的创业主意是在朋友的启发下产生的，或干脆就是由朋友直接提出的。所以，这些人在创业成功后，都会更加积极地保持与从前的朋友的联系，并且广交天下友，不断地开拓自己的社交圈子。人际资源分为三种，第一种是同学资源，第二种是职业资源，第三种是朋友资源。同学资源：同学之间因为接触比较密切，彼此比较了解，友谊一般都较可靠，纯洁度更高。对于创业者来说，是值得珍惜的最重要的外部资源之一。职业资源：对创业者来说，效用最明显的首推职业资源。所谓职业资源，即创业者在创业之前，为他人工作时所建立的各种资源，主要包括项目资源和人际资源。充分利用职业资源，从职业资源入手创业，符合创业活动“不熟不做”的规律。朋友资源：朋友尤如资本金，对创业者来说是多多益善。“在家靠父母，出门靠朋友”“多一个朋友多一条路”是有道理的。

胆量：成功创业的必要基础。创业需要胆量，需要冒险，冒险精神是创业家精神的重要组成部分。敢于冒险几乎是所有创业者的共性，但需要正确理解的是，创业者绝不是野蛮的冒险者，更不是赌徒，成功的创业者不会在绝望或狂热中孤注一掷，不计后果。因而创业家的冒险迥异于冒进。

谋略：智慧决定成败。创业是一个拼体力的活动，更是一个拼心智的活动。创业者的智谋将在很大程度上决定其创业成败。尤其是在目前产品日益同质化、市场空间有限、竞争激烈的情况下，创业者不但要能够守正，更要不拘一格，出奇制胜。谋略或者说智慧，时时贯穿于创业者的每一个行动中。谋略是一种思维方式，一种处理问题的方法。

分享：形成合力的基础。作为创业者，一定要懂得与他人分享。一个不懂得与他人分享的创业者，不可能将事情做大。对一个公司而言，分享首先是内部分享，具体到公司员工，就是需要老板与员工分享。当老板舍得与员工分享时，员工的生存需要、安全需要、尊重需要都从老板这里得到了满足。员工出于感激，同时也害怕失去眼前所获得的一切，就会产生“自我实现的需要”。通过自我实现，为老板做更多的事，赚更多的钱，做更多的贡献。这样就构成了一个企业的正向循环、良性循环。分享不仅限于企业或团队内部，对创业者来说，对外部的分享有时候同样重要。对一个公司的经营者而言，不管在什么时候，对他的生意伙伴都是一句话：有钱大家赚。分享不是慷慨，对创业者来说，分享是明智。

自我反省的能力：自我反省的能力通常也是创业者需具备的重要能力。反省其实是一种学习的能力。创业既然是一个不断摸索的过程，创业者就难免在此过程中不断地犯错误。反省是认识错误、改正错误的前提。对创业者来说，反省的过程就是学习的过程。有没有自我反省的能力、具不具备反省的精神，决定了创业者能不能认识到自己所犯的错误，能不能改正所犯的错误，是否能够不断地学到新东西。

第二节　创业团队

创业者创业时需要面临的首要决策问题就是选择以个人还是以团队的方式进行创业。经研究表明，相对于个人创业，团队创业具备共担责任与目标、能力互补发展、决策更有效、工作绩效更高、应变能力更强等优势 。

一、创业团队的内涵

何谓创业团队？创业团队是指新企业创建初期，由两个或两个以上才能互补、责任共担、所有权共享、愿为共同的创业目标而奋斗，且处于新企业高层管理位置的人组成的特殊群体。创业团队的内涵可以从以下两个方面理解。

（1）特殊群体。创业团队是一种特殊群体，有别于一般团队的构成，是以创业者为核心的一群合作伙伴，是具有新价值创造与创新能力的群体。团队成员之间才能互补，团队绩效大于个人绩效。

（2）共同目标。创业团队在创业活动中有一个共同的创业目标，该目标是创业团队为之共同奋斗的理想和追求。

二、创业团队的 5P 要素

大多数创业者在初创阶段都没有成熟的团队，或者对团队缺乏清晰的认识。创业团队需要具备五个重要的组成要素，称为 5P 要素，即目标、计划、人、定位、权限（图 5-1）。

（一）目标（Purpose）

在团队建设中，有人做过一项调查，问团队成员最需要团队领导做什么，70%以上的人回答是希望团队领导指明目标或方向；而问团队领导最需要团队成员做什么，几乎 80%的人回答是希望团队成员为实现目标而努力。由此可见目标在团队建设中的重要性，它是团队所有人关注的焦点。

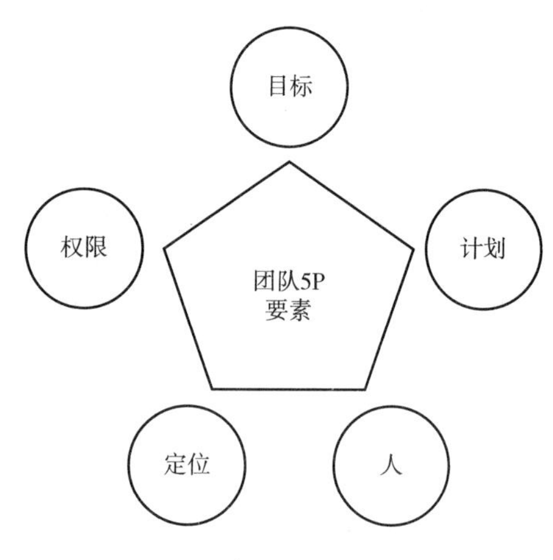

图 5-1 创业团队 5P 要素

团队目标是一个有意识地选择并能表达出来的方向，通常在创业企业的管理中以创业企业的远景、战略的形式体现。团队目标表明了团队存在的价值，能够为团队运行过程中的决策提供参照标准，同时成为判断团队进步的可行标准，而且为团队成员导航，提供合作和共担责任的聚焦点。

（二）计划（Plan）

对于初创企业而言，制订一套完善的计划尤为重要，即制订成员在不同阶段负责的工作内容以及怎样做的指导计划。发展计划远比解决聘用问题、设计控制系统、确定上下级关系或确定创始人的角色等事项更重要。发展计划明确的企业能够经受组织的混乱和创业者无能所带来的考验，因为再完善的控制系统和组织结构也无法弥补计划上的缺陷，确保企业行驶在正确的航道上是企业发展计划最大的使命。如果一个企业的发展计划有误，而且没有得到及时修正，即便是拥有强大执行力的组织队伍也终会失败。一般情况下，企业发展计划与企业的长期目标一致，能够发挥出企业的竞争优势，为企业确定出最容易获得利润的目标市场，并可分解成阶段性目标和众多子目标。只有在计划的指导下，创业团队才会一步一步地贴近目标，从而最终实现目标。

（三）人（People）

人是构成创业团队最核心的力量。在一个创业团队中，人力资源是所有创业资源中最活跃、最重要的资源。人是企业最重要的资产，也是企业可持续发展最核心的生产力。任何计划的实施最终还是要落实到人的身上。人作为知识的载体，所拥有的知识对创业团队的贡献程度将影响企业在市场中的命运。可以毫不夸张地说，在竞争激烈的市场环境中，人才决定企业命运。所以人员的选择是创业团队组建中非常重要的一个环节。在人员选择方面要考虑人员的能力如何，技能是否互补，人员的经验如何。

（四）定位（Place）

选用人才，能力固然是首要考虑因素，但一个人的能力必须与相应的职位相结合，这就是对人才的定位原则。用人不能只看能力大小，更要看其适不适合某一职位。最好能做到人尽其才，既不能大材小用，也不能小材大用。物尽其用、人尽其才是每一个创业团队都孜孜以求的用人目标，这涉及人才及岗位价值的最大化问题，与企业用人标准密切相关。

（五）权限（Power）

创业者遇到的各项事务纷繁复杂、千头万绪，任何管理者，即使是精力、智力超群的创业者也不可能独揽一切，授权是大势所趋，是明智之举，所以需要明确每个人在新创企业中担任的职务和承担的责任。授权的目的是让被授权者拥有足够的职权，能顺利地完成所托付的任务，因此，授权首先要考虑应实现的目标，然后决定为实现这一目标下属需要有多大的处理问题的权限。只有目标明确的授权，才能使下属明确自己所承担的责任，盲目授权必然带来混乱。要做好按预期成果授权的工作，必须先确定目标，编制计划，并且使大家了解它，然后为实现这些目标与计划设置职位。

创业团队中领导人的权力大小与其团队的发展阶段相关。一般来说，在创业团队发展的初期，领导权相对比较集中，创业团队越成熟，领导者拥有的权力相应越小。

三、创业团队的组建

创业团队的组建没有统一固定的模式，团队成员能够走到一起，缘于有共同的目标和价值观，创业者组建团队应依循一定的原则、步骤，从而使团队更加合理，最大限度发挥团队的作用。

（一）团队组建原则

一般来说，创业者组建创业团队时，应该需注意以下几个原则。

（1）目标明确合理原则。目标在创业团队组建过程中具有特殊的价值。目标可以帮助团队成员看清未来的发展方向，同时也可以激励创业团队勇于克服困难，确保创业成功与发展。需要注意的是，目标必须明确，这样团队成员才能清楚地认识到共同的奋斗方向是什么，同时目标必须合理可行，才能真正达到激励的目的。

（2）互补原则。创业团队成员的互补性，对于创业团队和新创企业取得高绩效具有十分重要的意义。有句话说得好，“没有完善的个人，但可以有完美的团队”。创业者之所以寻求团队合作，其目的就在于弥补创业目标与自身能力之间的差距。优秀的创业团队应该是成员优势互补的团队，包括专业知识、技能、个性特质、经验等方面实现互补。具有互补性的创业团队成员可以贡献差异化的知识、技能、资金以及关系等各类创业资源，从而帮助新创企业更好地克服创新的风险和资源的约束，产生“1+1>2”的效应。

（3）精简高效原则。为了减少创业期的运作成本，成员间配合更为默契，各成员最大比例地分享成果，创业团队人员构成应在保证企业高效运作的前提下尽量精简。

（4）动态开放原则。创业是一个充满了不确定性的过程，团队中可能因为能力、观念等多种原因不断有人在离开，同时不断有人要求加入。因此，在组建创业团队时，应注意保持团队的动态性和开放性，使真正完美匹配的人员能被吸纳到创业团队中来。

（二）组建渠道

（1）校园渠道。对于大学生而言，社会关系与人脉资源相对比较简单，同学是很重要的寻找伙伴的渠道。除了同学，校友甚至老师都可以成为项目的合伙人。

（2）兴趣社团渠道。在社会团体、俱乐部、相关公益组织中都能找到志同道合的人，并且大家的背景相对比较多元，能够满足“和而不同”的团队组建原则。

（3）专业技术或其他圈。如果是技术型或其他方向的创业，而团队中又缺少满足要求的人才，可以多参与一些相应的专业技术或其他圈内的交流活动，一方面了解现在的技术及其他方向发展状况，另一方面可以在圈内保持良好沟通，以积累人才资源。

（4）投资者。对于大学生创业者来说，投资者是打开人脉的重要渠道。通常，投资者在投资创业项目时，会专注于某一个或某几个领域，对这一领域的人员情况也相对比较熟悉。如果能够取得投资者的信任，从他手中获得联合创始人的资源，也是不错的选择。

（三）团队组建步骤

对于组建创业团队，没有一个固定不变的流程，但也可以适当遵循一些通用的步骤。

（1）识别创业机会，明确创业目标。识别创业机会是创业的起点。有了合适的创业机会，才能明确创业的总目标，并通过完成创业阶段的技术、市场、规划、组织、管理等各项工作，使企业从无到有、从起步到成熟。创业目标需要多元化的人才支撑才有可能实现。

（2）制订创业计划。创业总目标确定之后，需要加以分解，设定成若干可行的、阶段性的子目标。为实现这些目标，需要制订周密的创业计划。创业计划是在对创业目标进行具体分解的基础上，以团队为整体来考虑的计划，通过对在不同的创业阶段需要完成的阶段性任务制订计划并加以实施，最终实现创业总目标。

（3）寻找合适的创业伙伴，组建团队。招募合适的团队成员是创业团队组建最关键的一步。创业初期团队成员的招募，主要考虑以下两方面因素。

一是互补性，即考虑其与其他成员在知识、技能、经验、资源等方面的互补，以强化团队成员间的合作，保证整个团队的核心战斗力。

二是考虑适度规模，适度的团队规划是保证团队高效运转的重要因素。团队成员太少无法实现团队的功能和优势，过多又可能会产生交流障碍，或可能会分裂成许多较小的团体，从而大大削弱团队的凝聚力。一般来说，创业团队成员控制在2~12人为佳。

（4）明确职权划分。为了保证团队成员执行创业计划、顺利开展各项工作，必须在团队内部进行职权划分。即根据执行创业计划的需要，具体确定每个团队成员所要担负的职责以及相应的权限。团队成员间职权划分必须明确，既要避免职权的重叠和交叉，也要避免无人承担造成工作上的疏漏。此外，由于处于创业过程中，面临的创业环境较为复杂，会不断出现新的问题，团队成员可能会不断更换，因此创业团队成员的职权也应根据需要不断地进行调整。

（5）构建规范化的管理制度体系。创业团队管理制度体系体现了创业团队对成员的控制和激励能力，主要包括团队的约束制度和激励制度。一方面，创业团队通过约束制度（主要包括纪律条例、组织条例、财务条例、保密条例等）管理成员，避免出现不利于团队发展的行为，实现对成员行为的有效约束，保证团队的稳定秩序。另一方面，创业团队要实现高效运作需要有效的激励机制（主要包括利益分配方案、奖惩制度、考核标准、激励措施等），使团队成员清楚了解随着创业目标的实现，自身将会得到怎样的利益，从而达到充分调动成员的积极性、最大限度发挥团队成员作用的目的。

（6）团队的调整融合。完美组合的创业团队并非创业开始就能建立起来的，很多时候是在企业创立一定时间以后随着企业的发展逐步完善建成的。随着团队的运作，团队组建时在人员匹配、制度设计、职权划分等方面的不合理之处会逐渐暴露出来，这时就需要对团队进行调整融合。由于问题的暴露需要一个过程，因此团队调整融合也应是一个动态持续的过程。

第三节　创业团队管理

新创企业不仅要组建一支团队，更重要的是要加强对创业团队的管理，化解团队矛盾和防止团队组建风险，使团队能够充分发挥作用。

一、创业团队的管理策略

创业团队管理的重点是在维持团队稳定的前提下发挥团队多样性优势。创业团队的组建来自一股激情的支撑，但随着时间流逝、企业逐渐成长，权力分配、理念分歧、利益冲突等问题就会浮出水面，创业团队只有高度重视并妥善解决这些向题，才能确保团队的稳定。为此，创业团队组建后的管理就显得尤为重要。

（一）发挥多样性优势，设置好团队组织架构

互补型创业团队成员的多样性，使得团队成员在个性、特长上存在着很大差异，为此，团队管理需要承受比较大的压力。如果团队成员间缺少顺畅的沟通渠道，缺乏有效的沟通与协调，则很难达成一致的目标，会导致严重的后果。因而团队领导核心在组织和管理团队时，应当努力掌握和提高沟通与协调能力、善于倾听不同意见、求同存异、减少分歧和矛盾。

对于遵循理性逻辑组建的创业团队，创业者可对分工协作和决策程序做出明文规定，明确职责权利，落实责任，避免相互扯皮、推诿。管理的重点在于沟通协调、培养信任感、整合成员特长，以利益为中心形成团队凝聚力，以信任为中心促进团队沟通等，对于遵循非理性逻料组建的创业团队，分工要适当，因人授权、按权担责，避免过度集权、决策一致性倾向，管理的重点在于更多地整合外部资源，创业者应当注意吸纳并培养具有不同专长的核心员工，聘用外部专业顾问，增强团队的互补性等。

（二）打造团队精神

团队精神，一般是指经过精心培育而逐步形成，并为团队全体成员认同的思想境界、价

值取向和主导意识。团队精神是企业的精神支柱，是凝聚团队成员无形的共同信念和精神力量，是创业成功的基石。为打造团队精神，创业团需要做好以下三个方面工作。

1. 建立以团队理念为核心的公司愿景

真正有效的管理是能够激发人的内在动机，靠人的主观能动性进行自我管理。创业者要带领创业团队取得成功，最有效的办法是建立以团队理念为核心的公司愿景，通过愿景的力量激发创业团队成员发挥自身潜能去实现创业目标。

团队愿景和创业目标的设立，要依靠大家共同规划和设计，切实可行，使之成为团队成员的共同信念和精神力量，使团队成员有强烈的归属感与一体感，自觉地把自己的前途与团队的命运联系在一起，这也是未来企业文化的核心内容。

2. 建立以人为本的管理机制

团队要建立科学的管理机制，坚持以人为本，充分尊重人、爱护人、关心人，借助激励机制的构建，让每位成员充分参与管理、共同决策，求同存异、荣辱与共，强化团队成员的责任感，激发员工的献身精神和忠诚度。

3. 建设学习型团队

学习型团队是为完成共同的创业目标，共享信息和其他资源，在学习中实践、在实践中不断学习的组织。学习和创新是团队精神培育与企业发展的不懈动力。市场环境瞬息万变，创业过程中面临着太多的变数和风险，需要团队成员树立危机和忧患意识，不断学习和思考，学习并分享新知识、新技术、新思想，以加快知识更新，研究并找到解决新问题、新情况的新思路、新方法，从而适应变化，规避潜在风险，达到企业生存和长期发展的目的。

（三）优化团队运作机制

1. 优化创业团队决策机制

（1）坚持控制权与决策权的统一。所有权的分配本质是对公司控制权的分配，实践表明，股权比例最大的团队成员如果不拥有公司的控制权，则公司在创业初期的风险会非常大，因为股权比例成员极有可能挑战决策者的决策权威，进而引发团队矛盾和冲突。

（2）坚持民主与集中管理权的统一。团队既要保证大股东对公司的控制权，又要发挥团队集体智慧。可采取大股东“一票否决制”，但需要在公司章程和股东协议中明确对哪些特殊事务在股东会上享有否决权，以避免享有一票否决权的股东滥用职权，造成对于公司及其他股东的侵害，甚至可能引发公司僵局，造成公司股东会无法作出决议的问题。另外，不建议将公司股东会的表决方式设置为需要经过全体股东一致同意，否则会造成小股东绑架大股东的局面。

（3）处理好核心成员权责分配。当团队发展到一定规模时，各个核心成员有了大致的工作分工，创业者需要将权力下放给每位成员。但这个过程不是一蹴而就的，而是基于对每个人的了解，有的放矢地授权并赋予相应权力。权力的分配与成员本人的工作能力、性格等有较强关联，在分配前要对该成员进行全面客观的测评或考量。必须明确的是，对于团队发展到一定阶段后的核心管理层成员，不仅要赋予其权力，还应让其承担相应的职责，即这个岗位需要达到“什么样的工作目标，产出什么样的成果”等。只有在人才管理系统中明确各岗位及业务线的标准，才能更加有效、规范地推进工作。

2. 建立公平合理的股权分配机制

股权是团队成员根本利益关系的体现和行使权力的基础。公平合理的股权分配机制，关系着团队的团结稳定和公司的治理结构，也直接决定了团队的效率。所谓公平合理，就是要体现成员的贡献与其所持有的股权相匹配的原则。股权分配需要合理、透明与公平，但不一定要均等，平均分配股权并不能体现权、责、利的统一，且无助于企业的发展和团队成员积极性的发挥。通常要与成员所创造价值、贡献相匹配，主要贡献者会拥有比较多的股权，但不应该忽略没有出资但有关键技术的成员对企业的贡献。

需要注意的是，对于早期股权难以划分的问题，可以由创始人一个人代持，但要约定在一定时间后重新分配股权。对于创业之初的多人持股，股权分配与创业程中的贡献不一致的问题，即对于某些具有显著贡献的团队成员拥有股权数较低，贡献与报酬不一致的不公平现象，作为一个好的创业团队需要有一套公平弹性的利益分配机制，以此来弥补上述不公平的现象。由于贡献大小在事前只能做一个估计，而且意外和不公平的情况往往在所难免，因此必须随时做相应地增减调整。

【资料链接】

西安肉夹馍的连锁品牌“西少爷”的股权之争

西少爷的三位创始人孟兵、宋鑫、罗高景为西安交通大学的校友，他们当时想做个金融领域的搜索产品，三人注册奇点兄弟计算机科技（北京）有限公司。由于资金不足，邀请天津李德忠于2013年8月注资并给他6%的股权，此时孟兵、宋鑫、罗高景、李德忠四人的股权比例分别为37.6%、28.2%、28.2%、6%。由于IT业务不顺，他们开始寻找新的方向，决定做肉夹馍，刚开始做西少爷肉夹馍时仍在奇点兄弟计算公司名下运作。

西少爷肉夹馍开业前准备了半年，在开业前西少爷发了一篇《我为什么要辞职去卖肉夹馍》的文章，火遍朋友圈。2014年4月8日西少爷正式开业，到当天中午就卖出1200个肉夹馍，几乎卖脱销了。

随后被虎嗅等科技媒体报道，《青年报》、央视、东方卫视等权威媒体也跟进，火爆的销售业绩加上“互联网思维”的外衣，西少爷火了，客流爆发式增长，孟兵以创业明星的姿态登上各类媒体讲述创业故事。开业一周就在投资机构给出4000万元的估值，并引发投资女王徐新等的关注。

开业初期，三位创始人的分工是：罗高景负责店面运营，宋鑫负责产品研发、生产和后厨供应链管理，孟兵主要负责对外宣传、以CEO的身份去见投资人。见完投资人后，孟兵向宋鑫、罗高景提出：一是他要3倍投票权；二是组建VIE架构。

宋鑫觉得，组建VIE架构需要50万美元，早期做这件事很浪费，而且其他股东都不同意3倍投票权。但正式的投资条款中却出现了3倍投票权。孟兵的解释是：在公司决策过程中需要有一人能够保证话语权，以便于公司的管理和决策，所以提出3倍投票权。

推进2014年5月，孟兵将袁泽陆提升为合伙人。整整一个月，他们都在争论3倍投票权，最终，袁泽陆、罗高景做了让步，表示2.5倍投票权可以接受。但宋鑫表示，如果投资人要增加孟兵的投票权，并保证自己的股权不变他就同意。

2014年5月，孟兵、宋鑫、罗高景、袁泽陆四人与投资机构经纬创投、险峰华兴长青共同投资成立新的餐饮公司——奇点兄弟餐饮管理（北京）有限公司，孟兵、宋鑫、罗高景、袁泽陆、经纬创投、险峰华兴的股权比例分别为1.7%、1.28%、1.28%、0.75%、45.7%、45.7%。两家投资人占绝对大比例股权，四位合伙人只占象征性的小股权，这样的股权结构明显不合理。

投票权之事僵持不下，宋鑫于6月初回西安学习豆花的制作。孟兵称：原本计划三五天就能回来的宋鑫，却花了整整11天时间，最终也没能搞定小豆花配方。很快，宋鑫被短信要求离开西少爷。孟兵提出以27万元收购宋鑫在奇点兄弟28%的股权，让其保留0.2%的股权。并表示这27万元是宋鑫之前在公司工资的4倍，4倍的投资回报应该可以了。

当时投资机构已给西少爷4000万元的估值，宋鑫当然不会接受这样的条件，宋鑫提出将保密协议计入补偿。而孟兵则表示如果宋鑫不接受的话，就一毛钱都拿不走。

最终，宋鑫在6月中旬离开西少爷，于2014年7月注册北京林之泉餐饮管理有限公司，创立新西少爷肉夹馍，曾开了4家店，并拿到洪泰基金的投资。而孟兵也在2014年7月另外注册了奇点同舟餐饮管理（北京）有限公司，孟兵持股45%，并引入两家投资公司。从这个案例中，得到如下反思。

1. 选择合伙人

企业需要战略、管理、技术、营销……各方面的能力，一个人无法都具备，可以多人互补组合。但是创业选择合伙人必须看两点：一是价值观一致和事业方向认同；二是能力资源互补。大部分创业团队散伙分家要么是由于创始人价值观不一致或不认同而产生严重分歧，要么是某人能力或资源对公司发展未带来核心价值而被迫出局。股东之间的理念、性格及信任程度，决定了公司生死。

2. 关于股权结构

股权的平均化不可取，创始人必须有50%以上的股权，这个不容商量，任何一家公司都需要“一言堂”。许多创业朋友至少有30%的团队在天使轮或A轮融资中都出现过类似情况，所以从创业开始就要学习怎么设置股权架构、退出机制等。

3. 退出机制

宋鑫离开时，孟兵只愿意用27万元回购其28%的股权，而此时西少爷估值已达4000万元，宋鑫当然不会同意。在创立之初公司还不值钱，这时谈控制权或退出机制都容易达成一致，等公司估值高了再谈就很难改变了。在创业及投资面前，兄弟情义为小，契约和规则为大。有进入门槛，也要有退出机制；有福如何同享，有难如何同当，丑话说在前头，好话不必多说，都应该有所界定。无疑，西少爷这次创始人风波应该是所有创业者将来都要杜绝的。

3. 优化创业团队分配机制

利益分配要公平、公正，切实体现出贡献越大报酬越高，但贡献应当以团队成员在整个创业过程中的表现，而不是某一阶段的业绩为依据。此外，不同类型的员工对于利益的诉求不尽相同，因此企业的报酬体系不仅包括股权、工资、奖金等金钱报酬，还应包括个人成长机会和提高相关技能等非金钱激励。每个团队成员所看重的利益因素并不相同，这取决于个人的价值观、奋斗目标和抱负。有些成员将物质追求放在第一位，有些则希望能够获得荣誉、发展机会、能力提升等其他利益。

（四）加强核心创业者的自我管理

创业团队组建完成，如何进行管理也是对创业者的重要挑战。这不仅仅是创业者管理团队的挑战，也是创业者通过管理团队自我管理的过程。一个创业团队中，核心人物的言行在很大程度上对全体成员会有影响。

创业是一个充满挑战与机遇的过程，这就要求核心创业者有非常强的自我管理能力，包括但不限于目标管理、时间管理、人员管理、财务管理、项目管理等能力。只有不断自我学习，不断进行顺应变化的思考，才能实现团队的整体管理。

（五）构建创业团队的制度体系

创业团队制度体系体现了创业团队对成员的激励和控制能力，主要包括团队的各种激励制度、约束制度和沟通制度。首先，创业团队要通过利益分配方案、考核标准和奖励制度等激励制度，使团队成员看到随着创业目标的实现，其自身利益将会得到怎样的改变，从而达到充分调动创业团队成员积极性、最大限度发挥团队成员作用的目的。其次，创业团队要通过组织条例、财务条例、纪律条例、保密条例等各种约束制度，指导其成员避免做出不利于团队发展的行为，对其行为进行有效的约束，保证团队的稳定秩序。最后，创业团队要通过各种积极、高效的沟通制度，维护创业团队成员间的互信与合作关系。创业团队成员朝夕相处，出现矛盾和摩擦是难免的。但是，如果对这些矛盾和摩擦不及时处理，就很有可能导致创业团队成员之间的冲突，甚至是创业团队的解体。因此，必须建立有利于创业团队成员之间自由沟通的制度，使团队成员间保持相互理解、相互信任的合作关系。

【资料链接】

创业五兄弟

腾讯公司自创立以来飞速发展，创造了奇迹：从当年只有由5条电话线和8台电脑组成的局域网，到今天为4亿注册用户提供基于QQ的各种通信服务，成为全球市值名列第三位的创新型互联网企业；从当初只是五个人的创业团队、以50万元创业起步和只有一间10多平方米的办公室，到今天拥有高190多米、建筑面积8.8万平方米的腾讯大厦；2016年实现总收入604.37亿元，净利润191.94亿元，腾讯创造奇迹靠的是团队。

1998年秋天，马化腾与同学张志东合资注册了深圳腾讯计算机系统有限公司，之后又吸纳了三位股东：曾李青、许晨晔、陈一丹。这五位创始人的QQ号据说是从10001到10005。为避免彼此争夺权力，马化腾在创立腾讯之初就和四个伙伴约定：各展所长、各管一摊。马化腾是CEO（首席执行官），张志东是CTO（首席技术官），曾李青是COO（首席运营官），许晨晔是CIO（首席信息官），陈一丹是CAO（首席行政官）。直到2005年，这五个人的创始团队还基本保持这样的合作阵形，不离不弃。如今，其中四个人仍在公司一线，只有COO曾李青挂着终身顾问的虚职退休。在企业迅速壮大的过程中，要保持创始人团队的稳定合作极其不容易，工程师出身的马化腾从一开始对于团队合作的理性设计功不可没。从股份构成上来看，五个人一共凑了50万元，其中马化腾出资23.75万元，占了47.5%的股份；张志东出资10万元，占20%的股份；曾李青出资6.25万元，占12.5%的股份；其他两个人各出资5万元，各占10%的股份。

虽然主要资金都由马化腾所出，他却自愿把所占的股份降到一半以下，“他们的总和比我多一点点，不要形成一种垄断、独裁的局面。”同时，他自己又一定要出主要的资金占大股，“如果没有一个主心骨，股份大家平分，到时候也肯定会出问题，同样完蛋。”

保持稳定的另一个关键因素是团队成员的合理组合。马化腾非常聪明，但非常固执，注重用户体验，愿意从普通用户的角度去看产品。张志东是非常活跃、对技术很沉迷的一个人。马化腾技术上也非常好，但是他的长处是能够把很多事情简单化，而张志东更善于把一件事情做到完美。许晨晔和马化腾、张志东同为深圳大学计算机系的同学，他是一个非常随和、有自己的观点但不轻易表达的人，是有名的“好好先生”。而陈一丹是马化腾在深圳中学时的同学，后来也就读深圳大学，他十分严谨，同时又是一个非常张扬的人，他能在不同的状态下激起大家的热情。

如果说其他几位合作者都只是“搭档级人物”的话，只有曾李青是腾讯五位创始人中最好玩、最开放、最具激情和感召力的一个，与温和的马化腾、爱好技术的张志东相比是个“另类”。他有大开大合的性格，比马化腾更具攻击性，更像拿主意的人，或许正是这一点，导致他最早脱离团队，单独创业。

可以说，在中国的民营企业中，能够像马化腾这样，选择性格不同、各有特长的人组成一个创业团队，并在成功开拓局面后依旧保持着长期默契合作的很少见。马化腾的成功之处就在于，从一开始就很好地设计了创业团队的责、权、利——能力越大，责任越大，权力越大，收益也就越大。

二、创业团队风险及类型

（一）创业团队风险的概念

创业团队风险也称为创业团队溃散，是指在新企业创办的过程中，无论企业的商业机会是好还是坏，也无论团队成员是否密切合作，实施过程中总会遇到一些问题。

企业可能尚未成立就四分五裂，也可能在成立初期夭折或者陷入长期而烦恼的分裂冲突和争权夺利中无法自拔，这些问题即便不会摧毁一个企业，也必定会严重地损害其发展潜力。

（二）创业团队风险的类型

创业团队风险的类型，归纳起来有以下几个方面。

1. 信任缺失

在创业过程中，创业团队成员容易出现不信任，这种不信任既包括人格的不信任，即不再信任他人的人品，如认为他人“吃里爬外”“干私活”等；也包括对能力的不信任，即认为他人不能很好地完成任务。特别是创业团队的领导者，如果对其他人不信任，轻则会导致团队成员积极性的下降，重则会导致团队溃散。这种信任危机遇到利益分配、认知相左等情况时，更会使矛盾激化，很可能导致团队溃散的破坏性后果。

2. 分配不公

在整个创业过程中，团队成员都希望自己的贡献与得到的回报相匹配，希望在利益分配方面体现公平性。但是，创业团队成员所做贡献和得到的回报总是处于动态变化之中，在创业的不同阶段，创业所需的资源可能会有很大不同，每个创业团队成员所拥有的资源也会发生动态变化。这种变化将直接影响创业团队成员所做贡献的最佳组合方式，也影响着每个人对于贡献大小判断和回报的期待。创业之初，团队成员通常能够为了共同的理想和目标一起奋斗，很少计较获得什么样的回报。但是，随着事业的发展，他们会越来越关心个人所获得的回报。许多创业团队散伙就是因为在创业初期没有制订明确的利益分配方案，从而导致日后在分配利益时出现争议。

3. 个性冲突

个性是一个人区别于他人的、在不同环境中显现出来的、相对稳定的、影响人的心理特征的总和，包括需要、动机、兴趣、理想、信念、能力、气质和性格等。现在有很多创业团队是由一些因私交很好的人组成的，如朋友、同事、同学、校友、亲戚等，也有很多是通过人际关系来寻找共同创业的伙伴。在这种情况下，团队成员的性格差异和处理问题的不同态度就容易被掩盖，有些团队从表面上看，好像大家都在努力，而实际上该团队并未形成真正的团队，充其量只是几个人力量的加和而已。若团队成员间个性不一致，则造成的结果往往是“1+1<2”，这种情况很容易导致创业团队的失败。

4. 理念差异

提高团队的效率，关键在于团队成员要有一致的创业目标、创业利益、创业思路，一致的行动纲领和行为规则。但事实上，就特定的创业团队而言，关于这些问题，创业之初可能是清楚、一致的，也可能是不清楚、不一致的。在不清楚、不一致的情况下，共事一段时间之后，部分人就会发现原来大家没有共同的价值观，这时创业团队就有可能解散。

这种情况非常普遍，一个典型的例子就是联想公司的倪光南和柳传志。柳传志是一位有科技背景的企业管理者，而倪光南是一名科学家，他们的分歧是经营理念的不一致，柳传志是市场导向，而倪光南是技术导向，这一根本分歧导致了曾被誉为“中关村最佳搭档”的联想创业组合的分裂。

5. 缺乏沟通

创业团队成员间的沟通非常重要，成员之间人际关系融洽，有利于做出能被广泛理解和接受的决定，并形成合力来完成共同的任务，最终有利于提高团队绩效。相反，创业团队成员之间缺乏真诚的沟通，则会导致情感冲突和人际关系冲突。在创业过程中，由于缺乏完善的沟通渠道，特别是在创业领导者存在“家长制作风”和团队成员缺乏沟通技能的情况下，沟通不善的存在便会为团队分裂埋下隐患。

6. 失去信心

当创业团队成员遭遇重大挫折，对未来失去信心时，创业项目可能因此而终止；当找不到新项目和出路时，创业团队便会因此而解散，团队成员各奔东西。同时，在创业过程中，创业团队成员还会有更高层次的需要，如果他们认为未来无法满足这些需要，也会选择离开。特别是在竞争激烈的情况下，如果团队成员的心理抗风险能力弱，过多地考虑自身的劣势，对外部可能产生的风险估计过高，对创业团队的未来没有信心，缺乏必胜的信念，而且没有提供及时、有效的激励时，那么必然会危及团队的生存。

7. 自我膨胀

自我膨胀是指一个人表现出来的自信心超出本人的实际情况，演变成盲目自大和自负。当团队成员认为离开团队自己照样能够创业成功，不再需要其他人的配合时，就会产生甩开其他团队成员，独自创业的想法，最终可能导致创业团队分裂，特别是核心团队成员更容易因自我膨胀而“自立门户”。

8. 外部诱惑

在激烈的市场竞争中，人才的竞争更是激烈。当创业团队出现上述提到的问题，团队成员遇到更好的待遇或发展机会时，团队成员的流失现象就可能发生，尤其是掌握了核心技术和重要资源的成员流失，将会带给团队致命的损失。

三、创业团队的风险防范

从管理角度来讲，创业团队的风险是系统性风险，是可以控制的。为此，在团队组建保持创业团队的稳定性、规避团队风险的同时还需要注意以下几点。

（一）提炼创业文化

在创业期，创业团队要形成一种优秀的创业文化。可以从以下几方面入手：第一，在沟通时，能够畅所欲言；第二，在决策时，充分吸收每个成员的聪明才智；第三，在执行时，积极向上，发扬顽强拼搏的精神；第四，在分配利润时，体现公平原则。

培育优秀的创业文化，有利于培养同甘共苦的团队精神和消除外部诱惑的负面影响，有利于留住团队成员和挖掘团队成员的潜能，也有利于团队成员的长远发展，从而提升团队成员的忠诚度。

（二）加强信任管理

信任对于各方都有益。一方面，信任会对对方表现出好感和信任；另一方面，创业团队成员在感受到对方的信任后，一旦有机会就可能回馈信任。在信任交换的过程中，信任关系会得到巩固和强化，最终有利于培养团队精神。

作为信任者，不仅需要尽量表现出信任，更关键的是要让对方感受到被信任，只有让团队成员感知到更多的信任，其才更愿意回馈信任。作为被信任者，需要从产生信任感的条件加强自身的可信任度，例如强化自身能力、坚守诚信底线，表现出与人为善、助人为乐的优良品质等，让其他成员感觉值得信任。

（三）学会换位思考

换位思考是一种心理体验过程，是在人际交往过程中能够体会他人的情绪和想法，理解他人的立场和感受，并站在他人的角度思考和处理问题的能力。简单地说，换位思考就是站在对方立场进行思考。创业团队要想精诚合作，必须学会从他人的角度考虑问题，更多地为他人着想。

（四）提高沟通效果

为了达到沟通的目的，应该注意以下几个方面。

第一，要保证团队成员间沟通的及时性，进行持续不断的沟通。团队一起工作时要沟通，遇到问题和解决问题时还要沟通，有矛盾时更要沟通。

第二，在沟通时要有效互动。作为创业团队成员，对于团队中其他成员的短信、邮件等要及时回复，如果经常不回复，那么别人可能也不愿意给你发送短信和邮件了，这样就堵塞了沟通渠道。

第三，要完善沟通机制，提高沟通技巧，多考虑团队的愿景和目标，以团队合作的大局为重。

（五）加强制度建设

完善团队制度，有助于避免团队溃散，制度建设可以从以下几方面入手。

第一，以制度的形式确定所有权分配机制及利润分配方案，把最基本的责任、权力和利益界定清楚，尤其是股权、职权、表决权和分红权，此外还包括增资、扩股、融资、撤资、分工、解散等与团队成员利益密切相关的事宜，在制度设计上注重利益共享、风险共担。

第二，在薪酬制度的设计上尽量明确、具体，避免成员之间的利益冲突。

第三，加强沟通制度，包括股东会议制度、例会制度和冲突协调制度等。

四、创业团队常见问题的解决

（一）个人与团队之间的冲突

个人与团队之间的冲突实际上属于组织内部个人层面的问题。创业阶段个人与团队之间的冲突，通常是由于团队成员受到外部环境因素或者团队内部其他成员的影响，产生一些负面情绪，导致个人的行为偏离团队发展轨迹而形成的。具体表现为：个人的思维方式、表现行为与团队难以达成一致，甚至出现严重分歧或者激烈的冲突，给团队发展造成强大的阻力，如失去了创业成功的信心，对自己的发展战略或者营销策略产生怀疑，缺乏做事的激情，工作效率降低等。

此种情况的解决方案有两种。

第一种是“直接式”，即采取团队公开讨论的方式。在这种方式下，每一位成员都可以开诚布公地就冲突行为发表评论，并提出解决方案的建议，例如，个人在团队活动中喜欢与不喜欢的行为、冲突行为的危害性或者负面影响、期望产生冲突问题的个人如何调整并重新融入团队。问题解决过程中需要注意把握以下几项原则。

其一，团队成员之间的相互信任与帮助是解决一切问题的前提。

其二，问题个人要对其行为改进做出承诺，同时需要有人监督其改进过程与实效。

其三，在彼此信任的前提下，团队成员一定要有培养、等待的耐心。这就进一步要求团队成员必须充分意识到，一个完美创业团队的创建过程，其实也是创业团队成员之间不断磨合、相互帮助、共同改进的过程，出现问题是不可避免的。

第二种是“间接式”，即私下面谈。由创业团队核心领导或者负责维护团队关系的成员与表现出冲突行为的个人私下面谈，这种方式一般适用于问题并不是特别严重或者问题个人自尊心较强的情况。面谈过程中，负责面谈成员需要把握几个关键问题：了解具体的问题行为及其背后的原因；说明问题行为对团队的“破坏力”及其问题的严重性；推荐一种可替代的行为方案，或者双方商议提出对方认可的个人改进方案。

（二）团队工作因各种问题难以开展

当团队因各种问题（往往是多种问题因素的组合，包括个人与团队之间的冲突问题）导致各项工作难以进展，即出现团队“卡壳”的问题，整个团队表现为不积极、不凝聚、不信任、不作为、低效率，甚至濒临瓦解。

一般出现这种问题，实际上是整个组织层面的问题。其主要原因有：团队领导者管理不善、团队技能组合支撑力不够、创业项目遇到巨大困难、多人与团队形成冲突等，这些原因最终会导致团队多数甚至所有成员对总体方向感到迷茫、彼此不信任、低效能、不作为等严重问题的出现。

出现这种问题时，首先要做到的就是沉着冷静、积极应对，并动员组织全体成员一起面对问题、共渡难关。一旦统一思想，问题便解决了一半。接下来就是正确分析团队出现这些问题的各种原因，并在短期内抓住主要矛盾，即核心问题，然后采取相应的对策，做到有的放矢。最后是针对其他问题“对症下药”，逐个击破，从而全面、成功地解决团队工作开展中的问题。

以下是一些常见“卡壳”的原因及对策，可供创业者参考。

- 如果是团队成员认知方面的问题，不妨开展团队大讨论。一方面是再次强调创业的目标、实现目标的路径与具体的行动方案，尤其要强调统一的价值观、行为规范以及绩效目标，以便达成共识；另一方面是探究团队中潜在的个人与团队的冲突，例如一些具有隐藏性的意见分歧、观念差异、负面情绪等冲突现象，从而设法通过团队大讨论开诚布公地予以解决。
- 如果是团队成员对未来长远目标感到迷茫的问题，一方面可以考虑通过团队大讨论的方式来统一认识；另一方面，也是更加重要的一方面，是制定切合实际、可行性强的近期目标与规划，并通过短期的实际行动予以实现，从而用事实说服团队成员，并增强团队成员的信心。
- 如果是团队内部技能组合支撑力不够的问题，一方面要提升整体组织的能力，组织团队全体成员分析历史案例、学习行业标杆、参加外部考察、加强学习等，同时有针对性地重点培养个别成员，培养方式包括内部培训、外派学习等，其目的是弥补“短板”，即团队内部技能组合中的弱项；另一方面要在现有条件下优化团队结构，如调整某些角色的职责范围、进行角色轮换等，从而提高团队内部的技能组合支撑力。此外，还可以直接“除旧换新”，构建新的团队，不过一般只有在迫不得已的情况下才会采取这种方式。其主要原因是某些成员个人与团队存在严重冲突或者个人技能太弱，且已经“病入膏肓”“无可教药”，不仅会削弱团队内部的技能组合支撑力，还将成为团队成长、组织发展的巨大障碍。

第四节　企业家精神

一、企业家精神的定义

“企业家精神”是由英文单词 Entrepreneurship 翻译而来的。对于企业家精神到底是指什么，不同学者从不同角度给出了不同的定义。著名的理论经济学家熊彼特认为，企业家精神就是一种首创精神，即不断创新的精神。新古典经济学的代表人物马歇尔（Marshall）认为，企业家精神是一种包括“果断、机智、谨慎和坚定”以及“自力更生、敏捷并富有进取心”的心理特征。管理学大师德鲁克在 1985 年出版的《创新与企业家精神》中指出：“企业家精神既不是一门科学也非一门艺术，它是一门实践。”从企业发展的角度来看，除了创新因素外，任何一个充满活力和竞争力的企业背后通常都有一位杰出的企业家，如华为的任正非、联想的柳传志、海尔的张瑞敏等。从一定程度上可以说，企业成长与企业家精神密切相关。

企业家精神是一个非常广泛的概念，随着时代的变迁定义会有所不同。但一般认为：

企业家精神是指企业家在所处的社会人文环境和特定的经济制度下，在企业经营管理和市场竞争中形成的心理素质、价值取向、思维方式和精神状态。

企业家精神通过企业家具体地表现出来，体现在企业家日常的商品生产和经营活动中。企业家精神通常是优秀企业家共同的基本特征。企业家精神是一个企业管理者所具有的竞争“软实力”，是一个企业区别于其他企业的重要标志。企业家精神不仅包括个体层面的企业家精神，而且包括组织层面及社会层面的企业家精神。

个体层面的企业家精神是狭义的企业家精神，是企业家个体所具有的区别于普通人的物质，仅指企业创始人和少数管理者的精神。个体层面的企业家精神是企业家在长期生产实践活动中形成的，既有个人先天的因素，也有社会发展的印记，是自身、企业与社会共同作用的结果，是以企业家自身特有的个人品质为基础，以创新精神为核心，包括冒险精神、敬业精神、合作精神和强烈的社会责任感等在内的一种多元的精神品质。

组织层面的企业家精神主要是指一个企业或一个组织所具有的创新、进取、合作等价值观和经营理念，是个体层面的企业家精神在组织层面的延伸和拓展，属于较高层次的企业文化。组织层面的企业家精神是企业的核心能力之一，它是在企业长期发展实践中形成的，对企业的发展会产生深远的影响。组织层面的企业家精神可以帮助企业形成自身独特的企业文化，增强员工的向心力和凝聚力，形成“企业性格”，提升企业竞争的软实力。

社会层面的企业家精神是指引导地区、社会乃至整个国家创建具有企业家精神特征的文化。社会层面的企业家精神是最为广义的企业家精神，反映了整个国家和社会对于创业创新的态度，其作用在于最大限度地激发整个社会的创新、创业热情，培育经济增长点，解决就业，加快国家创新能力的形成。

【拓展学习】

以下5点阐明了新时代企业家精神的深刻内涵。

增强爱国情怀。优秀企业家必须对国家、对民族怀有崇高使命感和强烈责任感，把企业发展同国家繁荣、民族兴盛、人民幸福紧密结合在一起，才能把事业做大、把企业做强，更有意义和价值。爱国是企业家精神一以贯之的鲜明底色，企业家的爱国，最重要是体现在办好企业，争创一流，实现更好更大的发展。增强爱国情怀，把爱国精神转化为报国之行，做好做精自己的事情，办好一流企业，就是企业家精神的生动体现和最好诠释。

勇于创新。创新是引领发展的第一动力，在日趋激烈的市场竞争中，惟创新者进、惟创新者强、惟创新者胜。当前的经济转型、经济全球化和高新技术产业化更突出了中国企业家创新精神的重要性。企业家要做创新发展的探索者、组织者、引领者，勇于推动生产组织创新、技术创新、市场创新、管理创新等，用创新精神为企业的高质量发展提供不竭的重要动力源泉。

诚信守法。诚信守法是企业家应具备的基本精神素质。人无信不立，企业和企业家更是如此。诚信是市场经济的基本信条，也是市场经济的通行证。“法治意识、契约精神、守约观念是现代经济活动的重要意识规范，也是信用经济、法治经济的重要要求。企业家要做诚信守法的表率，带动全社会道德素质和文明程度提升”，这就深刻阐明了法治意识、契约精神、守约观念在现代经济活动中的重要性和必要性，构成企业家精神的重要内容。

承担社会责任。企业是社会的企业，社会为企业成长发展提供深厚土壤和滋养。企业既有经济责任、法律责任，也有社会责任、道德责任。企业的社会责任包括公共责任、道德行为和公益支持三大类。前两类是企业必须和应该承担的社会责任，包括为政府提供税收，为社会提供就业机会和为市场提供产品或服务。只有真诚回报社会，切实履行社会责任的企业家，才能真正得到社会认可，才是符合时代要求的企业家。

拓展国际视野。有多大的视野，就有多大的胸怀。视野决定人的胸襟与格局，视野越宽，格局越大，人生就越辉煌，生命就越精彩，事业就越发达。经济全球化时代，社会越来越开放，市场越来越国际化，企业家要成长、壮大，就要拓展国际视野，必须到国际市场上去锻炼，在大风大浪中经风雨、见世面、长见识，在市场历练中锤炼胆识、磨炼意志、积累经验，砥砺创新品质，不断提升利用国际国内两个市场、两种资源的能力。

二、企业家精神特征分析

彼得·德鲁克承继并发扬了熊彼特的观点。他提出企业家精神中最主要的是创新，进而把企业家的领导能力与管理等同起来，认为“企业管理的核心内容，是企业家在经济上的冒险行为，企业就是企业家工作的组织”。

世界著名的管理咨询公司埃森哲（Accenture），曾在26个国家和地区与几十万名企业家交谈。其中79%的企业领导认为，企业家精神对于企业的成功非常重要。Accenture的研究报告也指出，在全球高级主管心目中，企业家精神是组织长期生存的基因和要穴。那么，到底什么是真正的企业家精神呢?

（一）企业家首先应有工匠精神

“工匠精神”落在企业家层面，可以认为是企业家精神。第一，创新是企业家精神的内核。企业家通过从产品创新到技术创新、市场创新、组织形式创新等全面创新，从创新中寻找新的商业机会，在获得创新红利之后，继续投入、促进创新，形成良性循环。第二，敬业是企业家精神的动力。有了敬业精神，企业家才会有将全身心投入企业中的不竭动力，才能够把创新当作自己的使命，才能使产品、企业拥有竞争力。第三，执着是企业家精神的底色。在经济处于低谷时，其他人也许选择退出，唯有企业家不会退出。

（二）创新是企业家精神的灵魂

创新精神是指具有综合运用已有知识、信息、技能和方法，提出新方法、新观点的思维能力，以及进行发明创造、改革、革新的意志、信心、勇气和智慧。一个企业最大的隐患就是创新精神的消亡。创新是企业家的本质特征和重要品质，是企业家的灵魂。没有企业家的勇于创新，企业就不能打破僵化、过时的东西，开创企业乃至社会生产和生活方式的新局面；没有企业家的勇于创新，既不可能形成企业的核心能力，也不可能产生企业高效率的组织形式、管理方法和先进制度，更不能产生新的市场机会。创新必须成为企业家的本能。但创新不是“天才的闪烁”，而是企业家艰苦工作的结果。创新是企业家活动的典型特征，如从产品创新到技术创新、市场创新、组织形式创新等。创新精神的实质是“做不同的事，而不是将已经做过的事做得更好一些”。所以，具有创新精神的企业家更象一名充满激情的艺术家。

（三）冒险是企业家精神的天性

坎迪隆（Richard Cantillion）和奈特（Frank Rnight）两位经济学家，将企业家精神与风险（risk）或不确定性（uncertainty）联系在一起。没有甘冒风险和承担风险的魄力，就不可能成为企业家。企业创新风险是二进制的，要么成功，要么失败，只能对冲不能交易，企业家没有第三条道路。在美国3M公司有一个很有价值的口号："为了发现王子，你必须和无数个青蛙接吻。""接吻青蛙"常常意味着冒险与失败，但是"如果你不想犯错误，那么什么也别干"。同样，对于1939年在美国硅谷成立的惠普，1946年在日本东京成立的索尼，1976年在我国台湾成立的Acer，1984年分别在我国北京、青岛成立的联想和海尔等众多企业而言，虽然这些企业创始人的生长环境、成长背景和创业机缘各不相同，但无一例外都是在条件极不成熟和外部环境极不明晰的情况下，他们敢为人先，第一个跳出来吃螃蟹。

（四）合作是企业家精神的精华

正如艾伯特·赫希曼（Albert Otto Hirschman）所言：企业家在重大决策中实行集体行为而非个人行为。尽管伟大的企业家表面上常常是一个人的表演（One-ManShow），但真正的企业家其实是擅长合作的，而且这种合作精神需要扩展到企业的每个员工。企业家既不可能也没有必要成为一个超人（superman），但企业家应努力成为蜘蛛人（spiderman），要有非常强的"结网"的能力和意识。西门子就是一个例证，这家公司秉承员工为"企业内部的企业家"的理念，开发员工的潜质。在这个过程中，经理人充当教练角色，让员工进行合作，并为其合理的目标定位实施引导，同时给予足够的施展空间，并及时予以鼓励。西门子公司因此获得令人羡慕的产品创新记录和成长记录。

（五）敬业是企业家精神的动力

马克斯·韦伯（Max Weber）在《新教伦理与资本主义精神》中写道："这种需要人们不停地工作的事业，成为他们生活中不可或缺的组成部分。事实上，这是唯一可能的动机。但与此同时，从个人幸福的观点来看，它表述了这类生活是如此的不合理：在生活中，一个人为了他的事业才生存，而不是为了他的生存才经营事业。"货币只是成功的标志之一，对事业的忠诚和责任，才是企业家的"顶峰体验"和不竭动力。

（六）学习是企业家精神的关键

荀子曰："学不可以已"。彼得·圣吉（Pettr M. Senge）在其名著《第五项修炼：学习型组织的艺术实践》中写道："真正的学习，涉及人之所以为人此一意义的核心。"学习与智商相辅相成，以系统思考的角度来看，从企业家到整个企业必须是持续学习、全员学习、团队学习和终生学习。日本企业的学习精神尤为可贵，他们向爱德华兹·戴明（W. Edwards Deming）学习质量和品牌管理；向约琴夫·M. 朱兰（Josph M. Juran）学习组织生产；向彼得·德鲁克学习市场营销及管理。同样，美国企业也在虚心学习，企业流程再造和扁平化组织，正是学习日本的团队精神结出的硕果。

（七）执着是企业家精神的本色

英特尔总裁葛洛夫（Grove）有句名言："只有偏执狂才能生存。"这意味着在遵循摩尔定律的信息时代，只有坚持不懈、持续不断地创新，以夸父追日般的执着，咬定青山不放松，才可能稳操胜券。在发生经济危机时，资本家可以用脚投票，变卖股票退出企业，劳动者亦可以退出企业，然而企业家却是唯一不能退出企业的人。正所谓"锲而舍之，朽木不折；锲而不舍，金石可镂"。"在20世纪80年代诺基亚人涉足移动通讯，但到90年代初芬兰出现严重经济危机，诺基亚未能幸免遭到重创，公司股票市值缩水了50%。在此生死存亡关头，公司非但没有退却，反而毅然决定变卖其他产业，集中公司全部的资源专攻移动通信。坚韧执着的诺基亚成功了，如今诺基亚手机在世界市场占有率已达到35%。”

（八）诚信是企业家精神的基石

诚信是企业家的立身之本，企业家在修炼领导艺术的所有原则中，诚信是绝对不能摒弃的原则。市场经济是法制经济，更是信用经济、诚信经济。没有诚信的商业社会，将充满极大的道德风险，显著抬高交易成本，造成社会资源的巨大浪费。其实，凡勃伦（Veblen）在其名著《企业论》中早就指出：有远见的企业家非常重视包括诚信在内的商誉。诺贝尔经济学奖得主弗里德曼（Friedman）更是明确指出：“企业家只有一个责任，就是在符合游戏规则下，运用生产资源从事利润的活动。亦即须从事公开和自由的竞争，不能有欺瞒和诈欺。”

（九）服务社会是企业家应有的精神

我们每个人都是服务者，长松咨询的贾长松曾说过：“头顶着天，脸贴着地”，这就是确切地告诉我们每个人，要服务好你的每一个客户。“如果你不好好服务你的客户，别人会愿意代劳”。

三、创业者企业家精神的培育

企业家精神不是与生俱来的，需要后天培养。毋庸置疑，可能有的人身上企业家精神的品质多一些，有的人则少一些，但无论如何，企业家精神都可以通过后天的努力培养起来。

世界各国的企业家之所以能够推动经济繁荣，促进经济持续增长，其核心就是以创新为首的企业家精神作用的结果。企业家精神包含的内容有很多，可从以下几方面着重培养。

（一）创新

在竞争激烈的商业环境中，创业者是否具有创新精神事关企业的生死存亡。创业者要敏锐地把握市场所需，应用最新的科学技术，不断改进消费者所需的产品。在市场变革中下先手棋，领跑行业的发展。

（二）勤奋

古语云“业精于勤，荒于嬉”。卓越的产品品质，人性化的一站式服务，这些都需要从业者辛勤的汗水和艰辛的付出。作为企业家，勤奋是其获得成功不可或缺的关键因素。事业维艰，奋斗以成，企业家必须有顽强的拼搏精神对待各种挑战，为员工带好头、领好路，企业才有可能取得长足的发展。

（三）感恩

企业家所获得的一切成就都是社会赐予的，没有人可以独自完成复杂、艰巨的工作，企业家应当从内心感谢社会和他人给予的厚爱，只有懂得感恩的人才能不断地开拓进取，做有益于国家和人民的事，实现自我价值和社会价值的统一。

（四）仁爱

企业家要有“仁爱之心，同情之心”。企业家要爱自己的员工，热爱社会，关心弱势群体。“爱人者，人恒爱之；敬人者，人恒敬之”，仁爱是消除企业家与员工隔膜，走进员工内心世界的金钥匙。有仁爱之心的企业家才能缔造出一流的企业，服务于社会，无愧于内心。

（五）慷慨

人的社会性要求在权利与义务、索取与奉献、为人与利己面前符合国家的、集体的价值取向。财富取之于社会，也要用之于社会，财富只是企业家追求的目标之一，而不应该是唯一的目标。企业家要积极承担起应尽的社会责任，做出力所能及的贡献。

（六）正直

正直是企业家必须具备的品质之一。唯有正直的企业家才能公正地面对自己的员工和社会，不正直的人不能也做不成企业家，只有正直的企业家才能从容地面对各种诱惑和挑战，在波涛汹涌的商海中扬帆远航。

（七）慎独

所谓“修合无人见，存心有天知”，在没有监管和监管薄弱的区域，慎独是保证企业家不偏离正确方向的法宝。高级管理人员如没有慎独的品质，根本无法授之以权利，委之以重任。

【案例分享与能力训练】

《中国合伙人》

由陈可辛执导，邓超、黄晓明、佟大为主演的电影《中国合伙人》讲述了“土鳖”成东青、“海龟”孟晓骏和“愤青”王阳从20世纪80年代到21世纪大变革背景下，三兄弟为了改变自身命运，创办英语培训学校，最终实现“中国式梦想”的“草根逆袭”故事。这个故事的原型来自新东方俞敏洪、王强、徐小平三兄弟创业的故事。

讨论：

俞敏洪是一开始就找到了合伙人吗？如果没有合伙人加入他会遇到什么困难？为什么俞敏洪优先去找他的同学做合伙人？那个时候他的同学像现在这样有江湖地位吗？

思考1：创业者具备哪些素质特征？

思考2：创业团队组建的原则有哪些？

思考3：创业团队会有哪些风险？

思考4：如何应对创业团队的风险？

第六章　创业机会

【学习重点】

1. 创业机会的来源与分类
2. 创业机会的识别方法
3. 创业机会的选择路径

【案例导入】

新时代下，年轻人如何抓住创业机会

在《中国企业家》杂志社举办的“2023（第二十三届）中国企业未来之星年会”上，多家企业创始人结合其公司的发展，就当下年轻人的新创业模式进行了分享。核心观点如下：

（1）今天，投资人对公司的评判标准完全变了。一是看现金流，这家公司在不融资的情况下还能活多久；二是净利率，这家公司是不是能够持续产生经营的净利润；三是毛利率，像我们做消费品，如果毛利率太低，要么证明品牌力比较差，要么在做大自然的搬运工和供应链的输入。

（2）“农耕时代”最重要的特点就是精细化运营，公司的效率和效益变成了当今衡量公司是否健康、是否有美好未来的关键指标。

（3）每个品牌都是时代的一个缩影。例如，蒸汽时代到电气时代的转变时有了箱包，而欧洲贵族的很多东西流入美国，有了路易威登（Louis Vuitton）品牌的崛起。20世纪末，日本与美国的经济势力非常强盛，也成了街头文化、潮流文化的起源。

（4）对AI助理的三个要求。一是足够智能、懂用户的需求，对应硬件的要求是足够保护隐私，获得充足的数据；二是AI助理让用户足够信任，对硬件而言是足够的智能和较高的可靠性；三是AI助理24小时陪伴，随叫随到，无处不在，对硬件而言是达到足够长的用户时长，还需要满足最高效的人机交互效率。

第一节　创业市场机会识别

一、认知创业机会

英国著名哲学家弗朗西斯·培根（Francis Bacon）曾说：“智者创造的机会比他得到的机会更多。”在创业过程中，我们既要抓住机会，又要善于发现机会、创造机会。那么，究竟

什么是创业机会呢？影响创业机会的关键因素有哪些？该如何识别和评估创业机会呢？

（一）创业机会的定义

根据美国纽约大学教授柯兹纳（Kirzner）给出的定义，创业机会是未明确市场需求或未充分使用的资源或能力，它不同于有利可图的商业机会，其特点是发现甚至创造新的手段—目的（Means-End）［注：手段—目的理论是由心理学家米尔顿·罗克奇（Milton Rokeach）提出的，阐述了个人价值影响个人行为的方法。］手段—目的理论认为，顾客在购买产品和服务时，其出发点是实现一定的价值，为了实现这一价值需要取得一定的利益，为了实现这一利益需要购买一定的产品和服务的属性。属性包括原材料、形态、制造过程等内部属性和服务、品牌、包装和价格等外部属性。利益包括功能利益、体验利益、财务利益和心理利益等内容。价值包括归属感、爱、自尊、成就感、社会认同、享受、安全、快乐等内容。进而言之，个人价值是人们所追求的最终目标，手段是人们实现目标的方法，在市场营销范畴中，手段则表现为产品属性及由此带来的产品利益。这就形成了一个手段—目的链（Means-End-chain）——产品属性—产品利益—个人价值关系来实现创业收益，对于"产品、服务、原材料或组织方式"有极大的革新和效率的提高，且具有创造超额经济利润或者价值的潜力。

与商业机会相比，创业机会主要有以下三个特点。

一是创业机会能经由重新组合资源来创造一种新的手段—目的关系，而商业机会的范畴更广，代表着所有优化现有手段—目的关系的潜力或可能性。

二是创业机会完全是一种独特的商业机会，它往往会表现为超越现有手段—目的关系链的全盘变化甚至颠覆性变化，而商业机会只是蕴含于手段—目的关系的局部或全盘变化中。

三是创业机会具有持续创造超额经济利润或者价值的潜力，而其他商业机会只可能改善现有利润水平，这也是创业机会与商业机会的根本区别所在。

需要注意的是，实际上，创业机会与商业机会之间并不存在鲜明的界限，这里对二者加以比较说明，目的只是强调创业机会独有的价值或者利润创造特征，并突出其创新性、变革性。因此，在创业过程中，我们无须刻意去区分创业机会与商业机会，也并非只有把握创业机会才能创业，如果能把握好有利可图的商业机会也同样可以创业，并给社会创造财富，况且很多创业机会往往源于某个或某些具有巨大价值创造潜力的商业机会。

（二）机会窗口

机会窗口，也叫机会之窗，或叫机会窗，是指将商业想法推广到市场上所花费的时间，若竞争者已经有了同样的构想，并已经把产品推向市场，那么机会之窗也就关闭了。

机会经常被称为一个"窗口"，它是真实存在的，但不是永远敞开的。有的机会窗口打开时间很长，有的则非常短。一项对创业投资的研究调查发现，机会窗口的时间少于三年，新事业投资失败率高达80%以上；如果机会窗口的时间超过七年，则几乎所有投资的新事业都能获得丰厚的回收。也就是说，随着时间的推移，市场以不同的速度增长，市场变得更大，确定市场面临的难度就更大。

根据机会窗口的开启和关闭情况，可将其经历的时期划分为不同的时段（图6-1）。

其中，第一个阶段是机会窗口尚未开启的阶段，市场发展不快，前景也不明朗，创业者往往拥有先入者优势，但风险较大。第二个阶段是机会窗口开启到关闭的阶段，这时，市场进入了快速增长阶段，市场规模不断扩大，盈利稳定，但市场竞争比较激烈，进入门槛逐渐

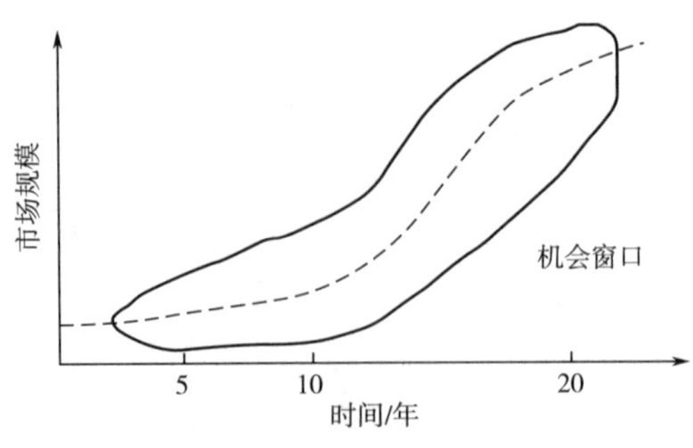

图 6-1　机会窗口时间图

提高，利润率逐渐降低。第三个阶段市场已经基本成熟，趋向稳定，市场规模增长放缓，外部企业很难再进入，机会窗口关闭。

比如，现在互联网的搜索引擎市场已经被百度、谷歌等瓜分完毕，机会窗口实质上已经关闭。这就意味着现在新创建的搜索引擎企业获得成功非常困难，除非其有异常丰富的资本支持，并具备超越竞争对手的明显优势。

创业者在机会窗口开启的哪个阶段进入市场，很大程度上决定了创业的成败。认识机会窗口可以给创业者以下启示。

第一，机会窗口敞开时间的长短对于创业成功十分关键。进入市场太早或太晚都不明智。成功的创业者往往能在机会窗口尚未开启的第一阶段就先人一步抓住它，并毫不动摇地坚持发展。

第二，市场规模和机会窗口的长度构成了风险和回报的基础。不同产业存在不同的机会窗口，动态的产业能创造市场机会。一个产业的变化越大，创造市场机会就越大，市场进一步偏离均衡状态的程度也就越大，因而适度的前瞻性是创业者必备的素质。

举例来讲，假设你在资金不是很充足的创业初期，要从事一份与花卉相关的事业，请问你会如何选择？

A. 在附近的自由市场租个摊位，摆个花摊。

B. 到附近乡村承包一个花卉大棚，创办运输花卉的物流公司。

C. 与某生物研究所合作，投资花卉培植新项目，力求提升花卉产量和知名度，获取高额利润。

在选择答案的时候，需要去判断机会窗口显示的机会。除了把握上述创业机会的特征外，还必须把握创业机会的延伸特征，如有价值、有市场、有可能。

例如，三只松鼠的创始人章燎原，敏锐地感受到中国人消费观念的变化——中国人的收入在提高，更在意自己的健康。

从线下渠道来看，之前消费者去买坚果有两个渠道：第一个是超市，坚果不是很新鲜价格也高；第二个是农贸市场，价格便宜但用户体验差。

当有一个消费升级的机会，但并没有被现有渠道很好满足的时候，就是一个巨大的机会。

三只松鼠之所以能够快速崛起，除了创始人、团队有能力外，很重要的原因就是抓住了消费升级的机会。

所以当你跟投资人沟通的时候，尤其在讲你的创业方向和模式的时候，需要想一想，创业背后是不是有一个时代的大趋势在支撑着你。

二、创业机会的来源与分类

（一）创业机会的来源

机不可失，时不再来。创业路上，我们一定要珍惜每一次稍纵即逝的机会。那么，每一个珍贵的创业机会又是如何诞生的呢？

1. 来源于环境变化

著名管理大师彼得·德鲁克曾将创业者定义为“寻找变化，并积极反应，把它当作机会充分利用起来的人”。变化就是机会，环境变化是创业机会的重要来源。尤其是在今天这个“唯一能够确定的就是不确定性”的复杂动态环境中，蕴藏着各种良机，例如，产业结构调整带来的新产业发展契机、顾客消费观念转变带来的新商机等。其变化主要包括宏观经济政策和制度变化、产业经济结构变化、社会和人口结构变化、价值观与生活理念变化、竞争环境变化、技术变革等。

2. 来源于顾客需求

公司存在的根本目的就是为顾客创造价值，无论环境是否变化，创业机会源于顾客需求都是永恒的真理。因此，创业机会必定来源于顾客正想解决的问题、顾客生活中感到非常头疼的问题、顾客新增的需求……而这一切或许是顾客明确的需求问题催生出的新创业机会，或许是被人忽略的“蓝海”市场引发的创业机会，又或许是创业者挖掘出顾客的潜在需求而产生的创业机会。

3. 来源于创新变革

每一个发明创造，每一次技术革命，通常都会带来具有变革性、超额价值的新产品和新服务，能更好地满足顾客的需求，伴随而来的则是无处不在的创业机会。一方面，创新变革者本身凭借长期积累的技术优势、创新实力，自然会产生来之不易的创业机会；另一方面，即使你不是变革者，只要善于发现机会，同样可以抓住对你来说“得来容易”的创业机会，成为受益者。例如，互联网技术革命时代，你无须进军互联网技术变革领域成为时代的弄潮者，而是完全可以通过掌握基本的互联网知识与技能、利用互联网平台，开设一个网店，成为互联网大潮中的一名普通创业者。

4. 来源于市场竞争

在分析竞争对手时，我们通常都会对自己与竞争对手之间的优势与劣势进行比较、分析，目的是采取扬长避短或者差异化的策略更好地满足顾客需求，拓展市场。因此，在市场竞争过程中，如果你能够针对竞争对手的不足，将自己的优势充分发挥出来或采取差异化的产品或服务方案，为顾客提供更具价值的产品或服务，那么，你就找到了竞争夹缝中的绝佳的创业机会。

【拓展学习】

德鲁克的七种创新机会来源

德鲁克认为有目的及有系统的创新从分析各种机会开始。他把机会细分为七种来源。前四种存在于企业或产业之内，基本上是一些“征兆”，但却是已出现改变或只需少量工作便能促成改变的可靠指示。

1. 意外的成功及失败

意外的成功是最好的创新。要开发它只需分析这种现象，因为意外的成功是一个征兆。比如，有一条产品生产线远远胜过其他产品，又或者竞争者在某个市场得到意外的成功。在这种情况下，管理层一定要找出他们成功的理由，然后考虑是否要开发这个机会及其对企业带来的后果，管理层如果要把它变成自己的机会要做什么工作？怎样去做？

意外的失败也能引出机会。比如，福特汽车公司在1957年研制成一款Edsel汽车。Edsel是基于对顾客做出的大量研究，找出他们对汽车外观及设计的偏好而设计出来的。但Edsel一推出市场就失败了，几乎没有人选购这款汽车。福特的管理层没有责怪消费者的选择“不理智”。他们认为错出在汽车业对消费者行为的一些一般假设上。福特在重新研究市场后发现了一个新的消费者“生活形式”市场，然后迅速地生产另一款设计卓越的雷鸟汽车。后来，雷鸟型号成为美国汽车业有史以来最成功的型号之一。

2. 不协调现象

不协调是一种差距、不一致的现象。这种差距存在于现实的情况跟人们的假设不符，无论是好的或是坏的差距，都是一种变动征兆。它意味改变已经发生，或可以主动造就改变的发生。德鲁克把它归纳为下列三种不协调。

(1) 经济成果与产业的不协调。如果市场对某种货物或服务的需求正在稳定增长，该产业的经济成效理应随之稳定增长。在市场大势推动下，这个产业内的企业应该容易出现盈利。如果这种企业没有盈利，那就出现经济成果不调和的情况。

这种情况往往出现在整个产业之内，也为一个小而高度聚集的新企业、新制造过程，或新的服务带来一个创新的大好机会。开发一个不调和现象的创新者可以预期在一段较长时间内不会有大量竞争者出现。固有的从业者需要一段时间才会发现他们正面对一位新的竞争者。

小型炼钢厂的兴起是开发不调和现象的一个例子。美国大型炼钢厂要在小型炼钢厂兴起之后才真正了解产业内发生的改变。在我国，现在的产业内有哪些不调和现象是可以开发的？

当一个产业的管理层对产业的实际情况发生误解，然后做出错误的假设，企业的努力就会被引导往错的方向发展。他们把资源放在不会产生结果的地方，把真正的机会忽略了，让创新者有机可乘。

比如，20世纪50年代时被认为正在迅速没落的航运业。当时业内一般假设是一艘船最大开支存在于船从A点到B点的旅途中。航运业尽很大努力制造更快、更有效率，需要更少船员的货轮。但有一位创新者认为这种假设是错的。航运最大的成本是船泊在港内，等待装卸货物的时候。这个发现带来集装箱及集装箱轮船，将整体成本减低了60%，自此航运业重新迅速增长。

（2）产业认知的价值与顾客认知的价值的不协调。在所有不协调的情况中，这种是最普遍的。生产或供货商一般都不能正确认知顾客买的是什么。他们假设生产商的价值等同顾客的价值，但其实顾客的指望往往与生产商有很大的差别，顾客认为自己购买的往往与生产商认为的不一样。

在这种情况下生产商可能认为顾客的行为“不理智”，但这中间其实存在创新的机会。能创新的生产商便能掌握这些潜在的机会。

这方面的例子有很多。其中之一是爱德华·琼斯（Edward E. Jones），一家财经服务公司。他们利用华尔街一般财经服务公司对顾客价值观点的误解，成为全美最大的财经服务公司之一。

（3）流程内逻辑上的不协调。这是在一项流程内不协调之处，尤其是消费者使用产品时的不协调。

3. 基于流程需要的创新

这种创新源于寻找一个现存流程内较弱或缺少的一环。如果消费者认为有需要，或觉得有“较好的方法”，这种创新将被消费者乐意接受。

4. 产业或市场结构的改变

这种改变一般来自顾客偏好、口味的改变或新的价值观。另外，个别产业的迅速增长也是产业结构改变的可靠指针。20 世纪 70 年代，日本汽车制造业利用当时燃油价格大幅度上涨的机会，用小型及耗油量低汽车打入美国市场，令他们从消费者喜好的改变中增加汽车销量。

5. 人口的改变

德鲁克认为人口统计要素的改变（年龄、教育、可支配收入、地域上的转变等）是预测未来最可靠的指针之一，也为创新带来机会。中国的人口老龄化趋势，家庭可支配收入的变化，均可为创新带来大量机会。

6. 观念及意义的改变

意外成功及失败背后藏匿着人们在观念上的改变。福特汽车公司雷鸟型汽车的成功及 Edsel 汽车的失败被归结于人们观念上的改变。汽车市场当时一般以顾客收入划分，但在顾客选购汽车时，顾客们却以个性化特征来选购汽车。在这种情况下寻找创新机会须把握时机做出准确判断。例如，创新者需要判断人们的观念是否真正发生变化，还是一种短期的潮流。中国的消费者是否正经历观念方面的改变。

7. 新知识

新知识虽可成为创新机会的来源，但却需要较长时间。新的知识要变成科技需要很长的时间，然后再需要一段时间才发展成产品，进入市场。知识型的创新的特点是他们不会基于一个单一的因素而产生，很多时候他们的出现是集中了几种不同的知识而成。

（二）创业机会的分类

根据以上环境变化、顾客需求、创新变革、市场竞争等各类创业机会来源，我们可以将创业机会分为以下三种类型。

第一种是问题型创业机会，指基于顾客现有需求、尚未解决的问题而产生的着眼于实际的创业机会。

第二种是趋势型创业机会，指基于环境动态变化、对顾客潜在需求预测而产生的着眼于未来的创业机会。

第三种是组合型创业机会，指基于环境变化、顾客需求、创新变革、市场竞争等多种因素，为创造顾客新价值而产生的，且通常是由多项技术、产品或者服务组合而成的创业机会。

根据手段—目的理论中二者关系的明确程度，我们又可以将创业机会分为另外三种类型。

一是识别型创业机会，指创业者可直接通过手段—目的链轻松辨识出的创业机会，其前提条件是市场中的手段—目的关系相当明显。

二是发现型创业机会，指还需要创业者去发掘，较难辨识的创业机会，其背景条件是手段或目的任意一方的状况处于未知状态。

三是创造型创业机会，指完全要靠创业者创造，几乎无法辨识的创业机会，其根本原因在于手段和目的皆处于不明朗的状态。不过，在这种情况下，对于创业者的机会识别能力也比较高。

三、识别创业机会的关键因素

综合上述创业机会的内涵及其来源，我们认为创业机会的识别过程是指基于创业者特征，以及环境变化等因素，创业者从现有的产品、服务、原材料和组织方式等层面进行差距分析与判断，找出改进或者创造手段—目的关系的可能性，最终形成新的产品、新的服务、新的原材料，以及新的组织方式。

其中的创业者特征是指创业愿望、认知能力与创业技能、先前经验、社会关系网络、创造性；环境变化主要指宏观经济政策和制度变化、产业经济结构变化、社会和人口结构变化、价值观与生活理念变化、竞争环境变化、技术变革。

创业者特征及环境变化构成了影响创业机会识别的关键因素，具体内容如下。

（一）创业愿望

阿里巴巴创始人马云说过："我觉得创业者首先要有一个梦想，这很重要，如果你没有梦，为做而做，别人让你做是做不好的……"创业愿望是创业的原动力，只有拥有强烈的创业愿望，创业者才有可能更多、更有效地发现和识别市场的机会。反之，再好的创业机会也会与创业者失之交臂。

（二）认知能力与创业技能

很多人认为，多数创业者有"第六感"，比别人更灵敏，能够帮助其看到别人错过的机会。事实上，这种能力最终取决于个人或者团队的认知能力与创业技能，其中包括创业者所积累的行业知识、创业经验等。一般来说，在某个领域经验丰富的人士，相对于外围人士来说，更加具有商业敏感度，而并非"当局者迷，旁观者清"。据国内外研究和调查显示，与创业机会识别相关的能力主要有远见与洞察能力、信息获取与分析能力、环境变化及技术发展趋势预测能力、模仿与创新能力、社会关系建立与维护能力、行业或者创业领域知识与经验储备能力等。

（三）先前经验

严格地讲，先前经验也是决定个人认知能力、创业技能的重要因素之一，因为大多数创业者的创业能力都是基于先前经验而不断成长的。

但是，考虑到该因素对创业机会识别的影响程度较高，故单独提出作为影响创业机会识别的关键因素之一。而且，该因素还涉及一个非常重要的概念，即“走廊原理”——创业者一旦创建企业，就开始了一段旅程，在这段旅程中，通向创业机会的“走廊”将变得清晰可见，也就是说，特定产业中的先前经验有助于创业者识别出创业机会。走廊原理强调经验和知识对于个体发现和把握创业机会的重要性，个体在特定领域的经验和知识存量越多，就越容易看到并把握该领域内的创业机会，从而实施创业活动。

（四）社会资本

创业者的社会资本是与创业者个人及组织所建立的各类社会关系连接在一起形成的一系列资源，实际上是创业者各类社会关系资源价值的集中体现。创业者的社会关系网络包括政府、金融机构、高校、专业支持机构、商业合作伙伴、朋友、家庭、同事等。社会资本通常与人力资本、财务资本相提并论，对创业活动产生的影响也越来越大，备受创业研究与实践者关注。有关研究发现，社会关系网络是个体识别创业机会的主要来源，其中的“强联系”与“弱联系”相比较，前者的信息转化率相对较高；但是相对于前者而言，后者更有助于个体识别更多的创业机会。

“强联系”是部分社会关系网络成员之间建立起来的信任及情感的联系；“弱联系”是指经济特征不同的个体之间发展起来的一种松散的联系。强联系基于信任与情感联系，能够促使信息有效地传递，使创业者更好地获得信息，从而更容易将所获信息转化为可能的创业机会；弱联系虽然表现出松散性、缺乏信任或情感基础，但是因为其分布范围较广，比强联系更能充当跨越社会界限的桥梁，超出强联系群体范畴，去获得来自不同群体、不同网络而又难以得到的高价值信息和相关资源，从而拓展创业者的信息获取渠道，丰富创业者的信息获取量，大大增强创业机会的可识别性。

（五）创新思维

创业的本质就是创造。而创业机会的识别过程也要求创造新的手段—目的关系，最终形成新的产品、新的服务、新的原材料，以及新的组织方式，其本身就是一个不断反复的创造性思维过程。可见，创新思维对于创业机会识别及其后续创业活动十分重要。例如，从纷繁复杂的信息中，你有没有可能挖掘出客户的需求，并提出具有创意性、产生新价值的产品或者服务解决方案，取决于你的创新思维能力。如果缺乏一定的创新思维能力，即使你获取了高价值信息甚至明确了客户的新需求，恐怕也难以识别出蕴藏其中的创业机会。

（六）创业环境

环境的变化是创业机会的重要来源，因此创业环境必定会对创业机会的识别产生巨大影响。创业环境是创业过程中多种因素的组合，包括宏观经济政策与制度、产业结构、人口环境、技术环境、自然环境、市场环境、创业价值观等。例如，创业型经济发展的政策倾向、人们生活方式的改变、市场竞争环境的公平性，都会对创业机会的识别产生较大程度的影响，甚至会影响创业者的创业积极性。

【资料链接】

“蹦迪袜”是什么？义乌“95后”小伙发现新商机：一个月卖出了3万多双

“我不允许我的员工开不起车，买不起房”，来自义乌宝娜斯袜业工厂的“95后”总监吴同，因为立下了这个霸气十足的目标在网上火了。

更火的是他所研发的“蹦迪袜”，在淘宝上成为爆款，单个店铺月销量可达3万条，单月搜索增幅高涨200%。

“蹦迪袜”是什么？在义乌这个全球最大的丝袜产业带，通过“工厂内部创业”的年轻人们，正引领着丝袜产业新趋势。

1. 穿着蹦迪袜去酒吧做测试

1995年出生的吴同，是宝娜斯袜业工厂的“内部创业者”。4年前，“宝娜斯”将生意从线下搬到线上，开设了天猫店，吴同成为工厂的一名电商运营人员。

4年后，他在工厂老板的鼓励下实现“工厂内部创业”，结合淘宝所展现出来的新趋势，打造出多款丝袜爆款，也让“宝娜斯”成为义乌知名的爆款制造厂。

吴同说自己跟别人最大的不同，就是敏锐的趋势洞察能力。吴同在淘宝后台数据中发现，JK风、ins风、黑色丝袜等关键词的搜索量爆增，单个词一天的搜索次数就超过4000次，吴同意识到，如果能结合这几个关键词开发出一款丝袜，有可能会引领新的趋势。

根据这些搜索关键词，吴同和他的团队在研发设计时，加上了字母、钻石、网袜等流行元素，因为这些丝袜在灯光照耀下会显得特别亮，适合穿去酒吧、夜店，便顺势打造了“蹦迪袜”的概念。

依托工厂建立起来的快速反应机制，两款不同的“蹦迪袜”只用了10天时间就完成了设计、打样等一系列上架流程。

吴同说，为了达到最佳的效果，出样后真的拉着团队去酒吧，测试袜子在灯光下的效果，“比如字母袜，第一版发现字母太大，穿出来显得很笨拙，在灯光下特别明显；而钻石的密度，多了少了都影响穿着效果，就必须反复试穿。”直到最后一天测试，有个年轻顾客跑去问吴同身边的女同事，腿上这款丝袜是哪里买的，吴同才觉得有戏了。

在淘宝上架后第一天，就卖出了一千多双，第一个月卖出了三万多双。

2. 从淘宝新趋势发现商机

2020年，吴同在淘宝上卖出去的袜子近3亿元，相当于一年卖出了两千多万双。创下这个销售数字，吴同感叹，在新趋势的研究上，纯粹的“天马行空”是没有价值的。

2018年一款“QQ裤”让吴同意识到跟着大数据所呈现的消费趋势是打造爆款的必备前提。小个子丝袜、菠萝丝袜、脚型丝袜、功能船袜，加上“空姐灰”火了，他们就研发了不同的多款灰色丝袜，成为丝袜的流行风向标。

“这两天我们从淘宝上又发现了一款不错的产品，以提花为主，现在看来有很火的趋势。我们正在加紧研发，估计马上就可以上线了。”吴同透露。

如今，除了丝袜，吴同开始把成功经验复制到更多的品类如内衣、内裤、棉袜、船袜等，实现全品类发展。

在给团队下关键绩效指标（KPI）的同时，吴同还给自己下了KPI，4年之内给团队里的核心成员每人在义乌买一套房。“作为我的员工，我不允许他们开不起车，买不起房。”吴同说。

四、创业机会的识别方法

在创业机会识别过程中，首先应该具备两个条件。

一是“要能够发现价值”，即获取高价值的商业信息，而这种信息往往是他人难以接触到的。这主要是从信息获取渠道及个人创业愿望两个方面来理解的。例如，拥有有助于获取信息的工作或者生活圈子、具备优越的社会资本条件、时刻保持创业警觉以及强烈的创业愿望、有利于创业者获取他人难以接触到的高价值信息。

二是“要能够分析价值”，即分析出商业信息的价值所在并做出准确的判断与决策。当然，影响信息分析能力的因素有创业者个人或者团队的智力结构与先前经验、创新思维能力、创业者是否拥有乐观的心态、创业者是否具备敏锐的洞察力等。

以上二者缺一不可，如果能够发现价值信息却不会分析、处理和运用，所获信息将变得一文不值；如果只具备强大的信息分析与处理能力，而没有价值信息来源，也只能是“巧妇难为无米之炊”。

常用的创业机会识别方法有四种，即市场调研发现机会、系统分析发现机会、问题导向发现机会与创新变革获得机会。

（一）市场调研发现机会

这里的市场调研主要强调一手资料获取与二手资料获取两个方面。

一手资料是通过与顾客、供应商、代理商等面对面沟通，获取鲜活的一手资料与信息，了解现在发生了什么，以及未来将要发生什么。二手资料是通过各类媒体、出版物、数据库，获取你想要的资料与信息，了解通过面对面沟通形式可能无法触及的一些信息。

获得这些一手资料与二手资料后，要对这些资料进行分类并编码，便于自己随时查询与使用。尤其是针对自己的某个特定想法时，可以精准地通过现有的市场调研数据来发现可能的创业机会。

水滴石穿，非一日之功；冰冻三尺，非一日之寒。调研、分析、记录想法，再调研分析……这是一个日积月累、厚积薄发的过程。例如，瑞士最大的音像书籍公司的创始人说，他就有一个这样的笔记本，当记录到第200个想法时，他坐下来，回顾所有的想法，然后开办了自己的公司。

（二）系统分析发现机会

在市场经济发展日渐成熟的当下，那种“野蛮生长”方式也能生存、处处是顾客与商机（市场不饱和）的时代已经一去不复返了，现实中更多的企业往往是在“夹缝中求生存，变化中寻商机”。因此，如今绝大多数的创业机会都需要通过系统的分析才能够得以发现。我们唯一要做的就是，借助市场调研的方式，从企业的宏观环境（政治、社会、法律、技术、人口等）与微观环境（细分市场、顾客、竞争对手、供应商等）的变化中寻找新的顾客需求和新的商机，这已经成为当今时代创业机会识别最常用、最有效的方法之一。

（三）问题导向发现机会

问题导向是指，你的创业机会识别源于一个组织或个人面临的某个问题或明确的需求，这可能是创业机会识别最快速、最精准、最有效的方法，因为创业的根本目的是为顾客创造新的价值，解决顾客面临的问题。在这个过程中，常用的方法就是不断与顾客沟通，不断汲取顾客的建议，基于顾客的需求创造性地推出新的产品或者服务。当然，在此基础上进行市场调研、系统分析，就有的放矢，显得更为科学、严谨。不过，在问题导向发现机会的过程中，要注意把控问题的难易度，不可不切实际地探寻问题解决方案，那样只会徒劳无获。

（四）创新变革获得机会

通过创新变革获得创业机会的方式在高新技术、互联网行业中最为常见。这种创业机会识别过程中，通常是针对目前明确的或者未来潜在的市场需求，探索相应的新技术、新方法、新知识或新模式，或者是利用已有的某项技术发明、商业创意来实现新的商业价值，而且一旦获得成功，创业者凭借其具有变革性、超额价值的新产品或者新服务很容易在市场中处于压倒性的主导地位。但是，任何新生事物的成长都是要经历艰难曲折的，与其他任何方式相比，创新变革的方式难度更大，风险系数也更高。因为新技术或者新知识能否真正满足顾客的需求，尚需经历市场的考验，只有对其稳定性、先进性有了十足的把握，才能称得上获得了真正的创业机会，而且新技术的发明通常需要大量持续的资金、人力与物资投入，这个过程往往也是极其漫长与艰难的。

【资料链接】

创业机会识别工具表

哈佛大学的经济学家熊彼特认为真正有价值的创业机会来源于外部变化，这些变化使人们可以做以前没有做过的事情，或使人们能够以更有价值的方式做事。表 6-1 是识别机会的两种方法和过程，首先，我们应当充分利用大环境分析（PESTL 模型）观察分析外部的变化信息，并通过比较发现信息变化的趋势，识别并抓住趋势中有价值的创业机会。其次，在解决问题的过程中，衍生出新的创业机会。

表 6-1 创业机会识别表

方法	维度	原有 PESTL 模型分析结论	最新 PESTL 模型分析结论	变化信息分析得出发展趋势	识别发展趋势中有价值创业机会
观察趋势法（PESTL 模型）	P 政治				
	E 经济				
	S 社会				
	T 技术				
	L 法律				
解决问题	·基于以上分析，识别创业机会，把握创业机会，寻找解决创业问题过程衍生的新的创业价值 ·识别衍生创业价值，把握创业机会				

第二节　创业机会评价

【拓展学习】

蒂蒙斯的创业机会评价体系

成功识别创业机会，即对创业机会进行科学、理性、系统的评价，是创业活动成功的起点和基础。蒂蒙斯创业机会评价体系，能够科学深入地评价创业项目的可行性及其价值性，从提出至今已经帮助了很多创业导师和创业者筛选了许多优质的创业机会。

美国百森学院蒂蒙斯（Timmons）教授的创业机会评价体系，涉及行业和市场、经济因素、收获条件、竞争优势、管理团队、致命缺陷问题、个人标准、理想与现实的战略差异等八方面的53项指标。通过定性或量化的方式，创业者可以利用这个体系模型对行业和市场问题、竞争优势、财务指标、管理团队和致命缺陷等做出判断，来评价一个创业项目或创业企业的投资价值和机会。

第一维度行业和市场

1. 市场容易识别，可以带来持续收入
2. 顾客可以接受产品或服务，愿意为此付费
3. 产品的附加价值高
4. 产品对市场的影响力大
5. 将要开发的产品生命长久
6. 项目所在的行业是新兴行业，竞争不完善
7. 市场规模大，销售潜力达到1000万至10亿元
8. 市场成长率在30%~50%甚至更高
9. 现有厂商的生产能力几乎完全饱和
10. 在5年内能占据市场的领导地位，达到20%以上
11. 拥有低成本的供货商，具有成本优势

第二维度经济因素

12. 达到盈亏平衡点所需要的时间在1.5~2年
13. 盈亏平衡点不会逐渐提高
14. 投资回报率在25%以上
15. 项目对资金的要求不是很大，能够获得融资
16. 销售额的年增长率高于15%
17. 有良好的现金流量，能占到销售额的20%~30%
18. 能获得持久的毛利，毛利率要达到40%以上
19. 能获得持久的税后利润，税后利润率要超过10%
20. 资产集中程度低

21. 运营资金不多，需求量是逐渐增加的
22. 研究开发工作对资金的要求不高

第三维度收获条件

23. 项目带来的附加价值具有较高的战略意义
24. 存在现有的或可预料的退出方式
25. 资本市场环境有利，可以实现资本的流动

第四维度竞争优势

26. 固定成本和可变成本低
27. 对成本、价格和销售的控制较高
28. 已经获得或可以获得对专利所有权的保护
29. 竞争对手尚未觉醒，竞争较弱
30. 拥有专利或具有某种独占性
31. 拥有发展良好的网络关系，容易获得合同
32. 拥有杰出的关键人员和管理团队

第五维度管理团队

33. 创业者团队是一个优秀管理者的组合
34. 行业和技术经验达到本行业内的最高水平
35. 管理团队的正直廉洁程度能达到最高水准
36. 管理团队知道自己缺乏哪方面的知识

第六维度致命缺陷问题

37. 不存在任何致命缺陷问题

第七维度个人标准

38. 个人目标与创业活动相符
39. 创业家可以做到在有限的风险下实现成功
40. 创业家能接受薪水减少等损失
41. 创业家渴望创业这种生活方式，而不只是为了赚大钱
42. 创业家可以承受适当的风险
43. 创业家在压力下状态依然良好

第八维度理想与现实的战略差异

44. 理想与现实情况相吻合
45. 管理团队已经是最好的
46. 在客户服务管理方面有很好的服务理念
47. 所创办的事业顺应时代潮流
48. 所采取的技术具有突破性，不存在许多替代品或竞争对手
49. 具备灵活的适应能力，能快速地进行取舍
50. 始终在寻找新的机会
51. 定价与市场领先者几乎持平
52. 能够获得销售渠道，或已经拥有现成的网络

53. 能够允许失败

蒂蒙斯创业机会评价体系的局限性如下。

(1) 评价主体要求比较高。蒂蒙斯的创业机会评价指标体系是目前为止最全面的创业机会评价指标体系，其主要是基于风险投资商的风险投资标准建立的，与创业者的标准还存在一定的差异。虽然这些评价标准经常被风险投资家使用，但是创业者们也可以通过关注这些问题而受益。

对该评价体系的运用要求使用者具备敏锐的创业嗅觉、清晰的商业认知、丰富的管理经验和系统的行业信息，要求比较高。如果直接给初次创业者或大学生创业者来做创业机会自评，效果不会太好。即使如此，仍然不影响该评价体系作为创业者的项目选择与评价的参考标准。

(2) 蒂蒙斯指标体系维度有交叉重复问题。该指标体系的各维度划分不尽合理，存在交叉重叠现象，且维度划分标准不够统一。例如，在竞争优势、管理团队、创业家的个人标准和理想与现实的战略性差异这四个维度中，都存在“管理团队”的评价项目。再如，行业与市场维度中的第 11 项“拥有低成本的供货商，具有成本优势”，与竞争优势维度中的第 1 项“固定成本和可变成本低”存在包含关系与重叠问题。这会直接影响使用者的评价难度和考量权重，在一定程度上影响了机会评价指标的有效性。

(3) 指标体系缺乏主次，定性定量混合，影响效度。蒂蒙斯指标体系另外一个比较明显的缺点是指标多而全，但主次不够清晰；其指标内容既有定性评价项目，又有定量评价项目，而且这些项目中有交叉现象。一方面，评价指标太多，使用不够简便。另一方面，在运用其对创业机会进评价时，实际上难以做到对每个方面的指标进行准确量化并设置科学的权重，实践效果不够理想。

一、创业机会的评估准则

所有的创业行为都来自绝佳的创业机会，创业团队与投资者均对创业前景寄予极高的期待，创业者更是对创业机会在未来所能带来的丰厚利润满怀信心。但是，时常有悲剧发生。为了尽可能地避免这样的情况，创业者首先应该以比较客观的方式进行评估，评估的准则有以下两种。

一种是市场评估准则，包括以下六个方面。

(1) 市场定位。评估创业机会的时候，可由市场定位是否明确、顾客需求分析是否清晰、顾客接触通道是否流畅、产品是否持续衍生等来判断创业机会可能创造的市场价值。创业带给顾客的价值越高，创业成功的机会就越大。

(2) 市场结构。对创业机会的市场结构进行六项分析：进入障碍、供货商、顾客、经销商的谈判力量、替代性产品的威胁和市场内部竞争的激烈程度，由此可知该企业在未来市场中的地位，以及可能遭遇竞争对手反击的程度。

(3) 市场规模。市场规模大者，进入障碍相对较低，市场竞争激烈程度也会略微下降。若要进入的是一个十分成熟的市场，那么利润空间会很小，不值得再进入；若是一个成长中的市场，只要时机正确，必然会有获利的空间。

(4) 市场渗透力。对于一个具有巨大市场潜力的创业机会，市场渗透力评估将是非常重要的。创业者应该选择在最佳的时机，也就是市场需求正要大幅增长之际进入市场。

（5）市场占有率。一般而言，要成为市场的领导者，需要拥有20%以上的市场占有率，市场占有率若低于5%，则这个新企业的市场竞争力显然不高，自然也会影响未来企业的价值。尤其是对于高科技产业而言，新企业必须拥有位列市场前几名的能力，这样才比较有投资价值。

（6）产品的成本结构。从物料与人工成本所占比重的高低、变动成本与固定成本的比重，以及经济规模产量大小，可以判断企业创造附加价值的幅度以及未来可能的获利空间。

另一种是效益评估准则，包括以下四个方面。

（1）合理的税后净利。一般而言，具有吸引力的创业机会，至少能够创造15%以上的税后净利。如果创业预期的税后净利是在5%之下，那么这就不是一个很好的投资机会。

（2）达到损益平衡所需的时间。合理的损益平衡时间应该在两年之内，如果三年还未达到，恐怕就不是一个值得投入的创业机会了。当然，有的创业机会确实需要经过比较长的耕耘时间，通过前期投入，创造进入障碍，保证后期的持续获利，可将前期投入视为投资，这样才能容忍较长时间的损益平衡时间。

（3）投资回报率。考虑到创业面临的各种风险，合理的投资回报率应该在25%以上，而15%以下的投资回报率是不值得考虑的创业机会。

（4）资本需求。资本需求量较低的创业机会，比较受投资者欢迎，资本额过高其实并不利于创业成功，甚至还会带来稀释投资回报率的负面效果。

通常，知识越密集的创业机会，对资金的需求量越低，投资回报率反而会越高。因此在创业开始的时候，不要募集太多资金，最好通过盈余积累的方式来创造资金，而比较低的资本额，将有利于提高每股盈余，还可以进一步提高未来上市的价格。

二、创业机会的筛选方法

发现具有吸引力的机会是创业成功的基石，选择良好的创业机会，创业就成功了一半。但创业者如何才能确定所拥有的创业机会是否具有发展前景。众所周知，80%以上的创业最后都以失败告终。成功与失败之间，除了存在不可控的运气因素外，显然还存在着一些必然因素。创业之初就决定了未来的成败。因此，创业者如果能在创业之前，对创业机会进行精心的分析、判断和筛选，无疑能提高创业的成功率。下面分别介绍几种评价创业机会的方法。

第一种是定性评价方法。创业机会的定性评价方法一般包括以下五大步骤。

（1）判断新创企业的产品或服务为消费者所能创造的价值与可能存在的问题。

（2）分析新创企业的产品或服务在目标市场投放的风险，进行机会窗分析。

（3）在新创企业的产品或服务的生产过程中是否能保证足够的生产批量和可以接受的产品质量。

（4）估算新创企业的产品或者服务的初期投资额，确定要使用何种融资渠道。

（5）在更大的范围内，考虑新创企业的风险程度，以及如何控制和管理这些风险因素。

第二种是定量评价方法。大卫·贝奇（David Becky）教授在《创业学》一书中提出了四种目前公认有效的评价创业机会的定量分析方法。

（1）标准打分矩阵方法。标准打分矩阵方法是选择对创业机会有重要影响的因素，由专家组对每一个因素进行最好（30%）、好（20%）、一般（10%）三个等级的打分，最后求出每个指标下各个创业机会的加权平均分，从而对不同的创业机会进行筛选。其中，创业机会评价指标的选取非常关键，每个创业机会都有不同的影响因素。表6-2列出了其中10项主要的评价因素，在实际使用时可以根据具体情况选择其中的全部或者部分因素来进行评估。

表6-2　标准打分矩阵

标准	专家评分			
	最好（30%）	好（20%）	一般（10%）	加权平均分
易操作性	8	2	0	2.8
质量和易维护性	6	2	2	2.4
市场接受性	7	2	1	2.6
增加资本的能力	5	1	4	2.1
投资汇报	6	3	1	2.5
专利权状况	9	1	0	2.9
市场的大小	8	1	1	2.7
制造的简单性	7	2	1	2.6
广告潜力	6	2	2	2.4
成长的潜力	9	1	0	2.9

注　加权平均分是通过计算专家的选择率以及各级权重相乘然后相加得出，如对于“易操作性标准”，加权平均分（2.8）= 8×30%（最好）+2×20%（好）+0×10%（一般）。

以一个生产企业的创业机会为例来分析标准打分矩阵方法，如表6-3所示。

表6-3　生产企业创业机会标准打分矩阵方法

标准	专家评分			
	最好（30%）	好（20%）	一般（10%）	加权平均分
技术水平				
产品质量				
产品安全性				
生产规模				
产品性价比				
市场潜力				
市场可接受性				
投资收益				
融资能力				
竞争状况				

续表

标准	专家评分			
	最好（30%）	好（20%）	一般（10%）	加权平均分
广告潜力				
创业团队情况				

（2）威斯汀豪斯（westinghouse）方法。威斯汀豪斯方法是一种通过计算和比较各创业机会的优先级来进行机会筛选的方法。计算公式为

$$Y_i = \frac{P_{i1} \times P_{i2} \times \overline{S_i} \times (p_i - c_i) \times l_i}{C_i},\ i = 1,\ 2,\ \cdots,\ n$$

其中，Y_i 为第 i 个创业机会的机会优先级；P_{i1} 为第 i 个创业机会的技术成功概率，以百分比表示；P_{i2} 为第 i 个创业机会的商业成功概率，以百分比表示；$\overline{S_i}$ 为第 i 个创业机会的平均年销售数；p_i 为第 i 个创业机会的预期产品销售价格，c_i 为第 i 个创业机会的单位产品生产成本；l_i 是第 i 个创业机会的投资生命周期，即可以预期的年均销售额保持不变的年限；C_i 是第 i 个创业机会的总成本，即预期的所有投入，包括研究、设计、制造和营销费用。Y_i 越高，第 i 个创业机会的成功率越大。

（3）珀泰申米特（potentionmeter）方法。珀泰申米特法可以通过让创业者来填写针对不同因素的不同情况，预先设定好权值的选项式问卷方法，来快捷地得到特定创业机会的成功潜力指标。对于每个因素来说，不同选项的得分可以从−2 分到+2 分，通过对所有因素得分的加总得到最后的总分，总分越高说明特定创业机会成功的潜力越高。只有那些最后得分高于 15 分的创业机会才值得创业者进行下一步的策划，低于 15 分的都应被淘汰，如表 6−4 所示。

表 6−4　珀泰申米特法

因素	得分（−2~2）	因素	得分（−2~2）
对于税前投资回报率的贡献		从创业到销售额高速增长的预期时间	
商业周期的影响		市场试验的时间范围	
预期的年销售额		投资回收期	
为产品制定高价的潜力		销售人员的要求	
生命周期中预期的成长阶段		占有领先者地位的潜力	
进入市场的容易程度			

该方法与标准打分矩阵方法都需要根据创业机会的情况选择评价因素或者标准来打分，从而根据分值对创业机会进行筛选。但由于创业机会的很多因素具有模糊性，难以评价，同时创业机会的时效性导致创业者没有太长的时间来评估，因此大部分的创业者都是凭借商业警觉性、先前经验以及人际关系网络来评价创业机会的。

（4）贝蒂（batty）选择因素方法。贝蒂选择因素方法是通过设定的 11 个选择因素来对

各创业机会进行评估的，如表6-5所示。一般来说，如果某个创业机会只符合11个选择因素中的6个及以下，这个创业机会就应该放弃；反之，如果某个创业机会能够满足7个及以上因素，则该创业机会具有很大的成功概率。

表6-5　贝蒂的选择因素法

选择因素	是否符合	选择因素	是否符合
这个创业机会在现阶段是否只有你一个人发现了		你的产品是否是一个高速成长的产品家族中的第一个成员	
初始的产品生产成本是否可以承受		你是否拥有一些现成的初始用户	
初始的市场开发成本是否可以承受		是否可以预期产品的开发成本和开发周期	
产品是否具有高利润回报的潜力			
是否可以预期产品投放市场和达到盈亏平衡点的时间		是否处于一个成长中的行业	
		金融界是否能够理解你的产品和顾客对它的需求	
潜在的市场是否巨大			

第三节　创业机会的选择

一、选择的影响因素

不是所有的创业机会对创业者都有同等的价值。因为，创业者资源有限，不可能追逐所面临的每一个创业机会，必须选择那些回报潜力最大并有能力利用和利用好的机会。在选择创业机会的过程中，需考虑以下因素。

（一）创业机会的大小

评价创业机会的大小，需要正确地回答下列问题：

（1）市场规模的大小。

（2）我能得到多大的市场份额。

（3）可能有多少毛利，即收入减去成本，为此要分析产品或服务的价格和成本。

（4）这个创业机会可以开发多长时间，为此要分析顾客的兴趣会保持多长时间，在新竞争者进入之前有多长时间可以利用。

（二）需要多少投资

要有效地开发这个创业机会需要多少投资？这影响创业者是否有能力去开发这个机会。需要回答以下问题：

（1）什么是当前最迫切的资本需求及其规模，即现在创办企业需要在人员、经营性资产、法定费用等方面投资多少？

（2）要长期、持续地开发这个创业机会未来需要追加多少投资？

（3）有无办法获得所需要的资本？

（4）如果机会真如所期望的那么大，有足够的能力去开发吗？

（5）如果没有独立开发的能力，有可能找到合作开发的对象或有利可图地将新创企业出售吗？

（6）开发这个创业机会需要什么特殊人才，是否容易得到及是否有能力将其留下来？

（三）回报

创业者创业的目的是获取回报，为此在选择创业机会时要分析以下问题：

（1）将产生多少利润？创业活动持续多长时间？

（2）回报的吸引力如何？即与其他的投资选择比较怎么样？什么是其机会成本？

（四）风险

机会是与风险并存的，高收益往往伴随着高风险。因此，在选择创业机会时要考虑风险因素，为此要回答以下问题：

（1）关于创业机会大小的假设其可靠性如何？为此要分析市场数据的准确性、所考虑的竞争者及其产品的全面性。

（2）如果所提供的产品或服务不如期望的那样对顾客有吸引力怎么办？

（3）如果竞争者实际上的反应比假设的更强烈怎么办？所采取的营销战略如在价格、销售网点、目标顾客等方面是否特别敏感？易遇到竞争对手的强烈反击吗？

（4）考虑到如发生出人意料的变化时所采取的对策和调整方法了吗？其可能性和代价有多大？是否愿意接受这个代价？

（5）创业成功在多大程度要依赖外部资源（如风险投资）？这些外部资源是否容易得到？得到这些外部资源的条件是否可以接受？

（6）如果收益没有达到预期的要求会对现金流产生怎样的影响？该采取什么应对措施？

（7）投资者退出的可能性和退出方式如何？

创业者在选择创业机会时不能应用单一要素和绝对标准，必须综合考虑各种要素并采用相对标准，在对各种创业机会进行相互比较之后再作出选择，即将创业机会按优劣程度进行排序，择其优。

二、创业机会选择路径

（一）选择擅长领域

比尔·盖茨说："做自己最擅长的。"每个创业者都应该选择自己最擅长的创业项目，做自己最擅长的事，匹配自己的"比较优势"。创业时，不能盲目跟风，选择的项目与自己过去的从业经验、技能、特长和兴趣爱好越吻合，内在和持久的动力及成功的可能性就越大。对于连续创业者来说，经验非常重要，如果总结好每次失败的教训，下次创业成功的概率会增大。

（二）选择利基市场

按照菲利普·科特勒（Philip Kotler）在《营销管理》中的定义，利基是"更窄地确定某些群体"，这是一个小市场，并且它的需要没有被服务好，或者说"有获取利益的基础"（这种有利的市场位置叫 Niche，译为"利基"）。市场利基者获得的是"高边际收益"，而密集市场营销者获得的只是"高总量收益"。在确定利基市场后，要用更加专业化的经营最大限度地获取收益，从而在强大的市场缝隙中寻求商机。在复杂多变的商业环境里，如果创业企业能够在一个他人"看不到"的市场缝隙里发展，遭受的市场阻力会小很多，容易成功。创业者要学会在市场中寻找可以盈利的缝隙，从而建立起自己独特的、极具吸引力的比较优势。市场利基的获得，要在目标市场研究后，对投资项目的外部宏观环境、行业竞争结构、市场结构、竞争态势等方面进行深度分析，做好市场细分和市场定位，制订战略规划和优化的创业方案。

（三）选择新兴市场

现在是"快鱼吃慢鱼"的时代，对于刚刚进入市场的创业者来说，做到最优是不可能的，但可以做最快、最独特的市场"填补者"。当你能够在新兴市场开辟出新兴市场的独特优势时，就可以获得该领域的先占优势。就站在市场的制高点，握有主动权，利润率比较高。相反，如果畏首畏尾，不敢尝试创新，等看到别人成功后才步人后尘，以图分一杯羹，注定不会有很大的市场突破。所以，想要成功创业，就要敢于抢占兴市场的先发优势与市场发展空间。

（四）选择细分行业

要在产品同质化、市场白热化的竞争中胜出，创业者用市场细分方法，依据消费者的需要和欲望、购买行为和购买习惯等方面的差异，依据需求选定产品市场范围，列举潜在顾客的基本需求；分析潜在顾客的不同需求，移去潜在顾客的共同需求；划分"单项"市场进一步分析细分市场特点；测量各细分市场的市场容量（含潜在顾客的数量），从而找到与创业资源匹配的细分市场。选择什么行业/产业项目非常重要，首先，不同产业的利润率差异较大。例如，零售业利润率通常只有6%~8%；而咨询业的利润率则高达150%左右。其次，不同产业的创业门槛差异较大。以制造业与网络服务业为例，目前制造企业的平均资本需求比较高，尽管实行"认缴制"，无须前置资本验资（企业工商注册"新政"后，实行注册资本认缴制），但网络服务业等公司的资本需求较低。如果企业不能调动足够的能力跨越产业门槛，那么该产业无论利润如何高、市场如何大，创业者都要谨慎涉足。最后，不同产业的创业资源整合要求差异较大。商业运营中，可以利用产业特殊知识、创业机会和产品竞争属性（有价值的差异性、稀缺性及需求强度）产生产品差异化竞争优势，产品竞争优势会产生产品利润；可以利用上游新要素形成的创业机会，进行产品差异化；可以利用产业特殊知识、创业机会和产品竞争属性，找到最适合的投入产业及适合的利基产业。新创立的、小的、资源弱势的、竞争地位劣势的企业，要善用聚焦战略创造竞争优势，聚焦在一个地区、一个细分市场、一个价值活动、一个功能、一个产品线上集中优势资源进行商业突破。

（五）选择技术创业

创业离不开技术支持，某些创业的技术是资本，也是发展的原动力。创业者，可以借助他人或自身某项技术实现技术型创业。技术变革产生的创业机会，主要源自科技突破和变迁。技术上的任何更新或升级换代或重新组合，都可能给创业者带来某种创业机会。

一是新技术的迭代。新技术替代旧技术，随着旧技术的淘汰和新技术完全占领市场而暂时出现创业机会。

二是技术新功能的实现。原有技术的升级或组合产生的新功能、新应用，无疑会给创业者带来新的创业机会，如互联网的迅速发展伴随着一系列与网络有关的创业机会的涌现。

三是新技术的新问题。新技术带来的新问题，即在带来某种新的市场满足的同时，也会带来某些新的问题，这就会迫使创业者为了消除新技术的某些不利影响而再开发新技术并使其商业化。当然，不是每个创业者的创业都要基于技术，技术创业只是一个方向，需要时刻关注技术变革对创业的影响。

（六）选择创意/创新项目

任何好的项目和好的企业都是做出来而不是想出来的，就是把自己的创意/创新变成现实。很多创意/创新，在普通人甚至在风险投资者眼里，都是异想天开，是一些看似疯狂的事情。然而，独特的创业者，不会忽视创意/创新的想法或可能的商业价值，把创意/创新变成了现实，成就了很多知名企业，如顺丰速运集团创始人——王卫。

【拓展学习】

创业机会评价中的一些特殊问题

1. 避开灰色产业

灰色产业一般是触及法律边缘的产业。就目前的法律制度来看，灰色产业往往对社会存在一定的隐患，但是又没有确切的法律依据，无法对其进行约束管理。

互联网诞生于20世纪70年代，是20世纪末蓬勃发展起来的新生事物，表现出勃勃生机，极大地推动了信息的传播，促进了生产力的发展。然而，“科技是把双刃剑”的箴言，也在互联网上体现得淋漓尽致。借助互联网，灰色产业发展出了形形色色的产业，充斥着互联网的各个层面，严重地影响了互联网的正常健康发展。

例如，2009年CCTV-2的《经济半小时》专题报道了网络“网上水军”的灰色产业链。随着时间推移，网络水军进一步发展，形成数量更多、形式更高级的网络公关公司。这些公关公司可以组织成千上万的“水军”进行话题炒作、舆论引导，已成为一个操作流程非常成熟的行业。例如，在网上看到的消息、新闻，特别是论坛里的很多能调动人气的热点帖、热点话题，以及“网络红人”等，这些有很多可能是不真实的，只是公关公司策划和操纵出来的所谓的“热点”。

作为创业者，在选择创业项目时，应该避开灰色产业。尽管这些行业能带来不错的收入，但是其存在违法、潜在违法风险或政策不明朗的问题。换言之，灰色产业就是明天可能会覆灭的行业，考虑到创业的成本以及发展的可持续性，创业者也应该规避灰色产业，主动承担社会责任，确保每一个行业的健康发展。

2. 警惕大型互联网公司抢占市场

很多人说中国互联网行业是个险恶的江湖，虽然中国的互联网巨头们没有古龙在系列小说《七种武器》里描写的青龙会那么“邪恶”，但“人在江湖漂，难免会挨刀”。创业公司在与巨头们相遇之时，他们往往也会对创业公司采取或阴柔或凶狠的打压或进攻手段。当巨头试验了一段时间产品和市场后，觉得时机成熟就会开始进行大面积推广，这时的推广力度之大、资金投入之巨，往往令创业公司咋舌。

面对大型互联网公司抢占市场，在创业初期我们就需提前准备。创业前期应该避开在巨头产品网格的中心进行正面竞争，建议选择在巨头核心业务的周边，或者选择能够破坏对方商业模式的产品。具有破坏性的产品即使被巨头关注，也很难被模仿或者打压，因为这种模仿将对巨头已经形成的商业模式造成破坏。例如，360杀毒软件，采取了免费的模式，即使其他当时规模大得多的杀毒软件厂商看到也无法跟进，因为这将破坏他们自己的商业模式。

3. 提防其他公司复制产品

当产品被其他创业公司盯上，或者被巨头公司看上时，他们可能以相同的定位，复制并推出产品。这时我们应该如何应对挑战呢？

(1) 不要怕被抄。一款好的产品有自己的形、神、髓，大部分的抄袭只能抄到第一层，也就是“形”，非常厉害的团队可以抄到“神”，即产品的用户体验和数据分析，而没有人能够抄走产品的“髓”，即这支产品团队的人所拥有并赋予产品的文化和精神内涵。

(2) 正确判断产品价值和竞争优势。例如，相对IM（即时通信，实时传讯）这样的产品，具体应如何判断自己产品黏性的强弱。产品黏性分为四个层次，从下往上越来越深入，分别为：①是否大众和高频；②是否存在有价值的账号和数据；③是否形成了人/人、人/机之间的网格和口碑；④是否跟实际生活形成强交互，能够从优势转换为壁垒。

(3) 不要害怕产品竞争。在网络游戏中，跟终极敌方对手（大BOSS）过招之前是需要提前练级的。在商业竞争中也是同样的道理。所以，作为创业公司不仅不能逃避竞争，而且要有意识地选择对手，要跟小型、中型甚至大型的对手不断过招，磨炼团队、磨炼产品。经过多次竞争的产品团队，拥有更好的勇气，更好的信心，反而是那种没有经过真正竞争的团队，本来还不错，壮大了之后一旦面对压力，内部管理一下就如一盘散沙。例如，UC产品团队曾经跟航海家、OPERA、3G等不同的对手都先后交过手，最后遇到真正的互联网巨头的时候，团队表现出来的状态其实并不紧张。

【资料链接】

狂卖12.6亿！“中国鞋王”为何被年轻人疯狂追捧？

“得年轻人得天下”，这是很多企业的共识。对于时尚鞋服品牌更是如此。在这个市场，以年轻人为主体的客户群体无疑是消费的主力军。不同于众多被新兴品牌刷屏的消费领域，在时装鞋类领域，占据更大流量的仍是大众耳熟能详的成熟企业。最值得一提的就是“鞋王”百丽国际（以下简称“百丽”），至今它仍是中国最大的时尚鞋服品牌和零售集团之一。

百丽为何能让一波又一波的年轻人为其买单？

1. 连续4年行业第一，Z世代同比增长69%

从2018年到2021年的“618”购物节，百丽在线上已经连续4年行业第一，线下也在持续增长。在其他购物节节点，例如妇女节、双11，百丽也稳居行业第一。在这些以年轻化群体为主要力量的电商节，百丽表现得如此强悍，其实是在意料之中。论年轻化的表达和玩法，百丽完全不输其他新锐或网红品牌。一直以来，如何“聚焦年轻人”都是百丽的重要课题。

以2021年“618”购物节为例，百丽在直播领域当中的表现就很好体现了它在年轻人心中的位置。最具说服力的是百丽的自播成绩。在淘系店铺自播行业TOP10中，百丽旗下品牌占据 8 个席位，包揽前 5 名，BELLE 蝉联第一。

这些成绩背后是百丽自播的精细化创新运营的结果，例如，跨店连麦、总裁驾到、店长在线送福利等特色玩法，提高自播创新心智 & 成交渗透；品牌联合直播宠粉专场强势圈粉，持续吸引高价值人群流量；大牌新品持续亮相，深度渗透年轻潮流人群；购物金、会员券等高价值权益激励用户放肆购好货。

而在达人直播方面，百丽也升级加码，联手淘系顶流达人打造 2 个千万级爆款。不仅在直播领域处于领先，百丽在引领行业趋势上也有着自己的年轻化打法，很懂得拉近与年轻人的距离。

最可感知的一点就是，百丽会赋予产品人格化的名称，通过 nickname 的表达方式，强化某一品类。例如，银河一字带凉鞋、小轻星透气老爹鞋、浪漫星辰仙女凉鞋、利落通勤高跟凉鞋……通过 nickname 这样形象化、场景化的描述，百丽让客户对原本毫无个性的品类产生更明确的认知，从而更准确地解决自身需求。

紧随潮流，以及引领潮流，让百丽在年轻化群体中的影响力持续增长。截至 2021 年 6 月 20 日，百丽集团的天猫鞋业人群资产突破 2.84 亿元，GenZ 人群同比增长 69%，新锐白领同比增长 39%。这其中，BELLE 品牌天猫旗舰店粉丝近 1000 万，官方微信公众号“百丽 VIP”粉丝已超 500 万，TATA 天猫旗舰店粉丝近 700 万、TEENMIX 有 600 多万粉丝、STACCATO 有 400 多万粉丝……这些都将是日后推动线上持续增长的一大动力。

很明显，如此大的粉丝基础不可能是一日之功。更关键的是，百丽在过去几年做了什么。

2. 更尖叫的产品，更强烈的品牌共鸣

百丽能获得年轻人的支持，有一个重要原因，那就是百丽在品牌层面下了大功夫。年轻人真正去支持某个品牌，必然和品牌的理念、文化息息相关。那么品牌理念和文化，怎样才能和年轻人产生联系甚至共鸣呢？

（1）更尖叫的产品。产品是百丽与客户最直接、最有效的沟通桥梁。在日新月异的今天，百丽是怎么做到不断推出让人尖叫的产品，满足年轻化群体的需求的？百丽有一个叫“订补迭”模式的产品模式，首单占 40%，补货占 30%，迭代占 30%，实现多次迭代，月月上新。这就确保了百丽能及时满足客户对多场景、个性化、新鲜感的需求。

在研发过程中，百丽也会注意注入新元素，激发用户的潜在需求，做到引领潮流。2020 年，BELLE 品牌推出的鲸鱼鞋就是一个很好的例子。BELLE 以高温发泡的高弹分子颗粒为材料，在提供高弹性的同时以中底结构实现减震效果，给予用户 Q 弹柔软的裹足感；在产品外观设计方面，鲸鱼鞋采用了六种不同配色，也满足了不同用户的时尚偏好。

除此之外，百丽依托近 2 万家终端实体门店，采集并构建了领先世界的、拥有数百万真人脚型数据的足型数据库。基于此，百丽在线上和线下全渠道推出了定制服务。通过更人性化的产品，可以把脚太小或太大、太宽等买鞋难的痛点客户变成黏性客户。

（2）重塑品牌力，和目标客户做有效沟通。在产品之外，百丽在品牌的内涵、形象、传播等方面，也根据年轻人的需求、喜好做了很大升级。

第一，迭代品牌内涵，更符合年轻人的审美和态度。最明显的就是对主品牌 BELLE 的升级。在视觉形象上，将原来的百丽红 Logo 升级成为简洁利落的全黑酷雅 Logo，Slogan 也从“百变，所以美丽”变成了“BE COOLEGANCE，百变所以美丽”，更符合年轻人的审美和态度。同时在对外形象上，通过官宣李宇春为新代言人，也让消费者感知 BELLE 不断创新、改变的品牌内涵。

除了 BELLE，百丽旗下其他品牌如 STACCATO、TATA、TEENMIX、BASTO、SENDA 等都进行了品牌内涵迭代和形象升级。73Hours 的升级门店中，有的甚至还能提供购物、咖啡、美发、美甲一站式的时尚体验。

这些升级卓有成效。BELLE 深圳某购物中心旗舰店，在升级为第七代新形象店后，首次超越同区域、同量级的非新形象店，销售额同比提升 71%。

第二，年轻化的品牌表达和传播方式，和年轻人玩在一起。用户对品牌的认可，无法一蹴而就，需要品牌能持续地和年轻化群体保持有效沟通。这一点，最关键的是基于用户需求和喜好，持续带来新鲜感。因此可以看到，百丽旗下品牌与众多年轻人喜爱的潮流、个性、艺术的 IP 都有过合作联名。

例如，BELLE 与超级 IP 航海王联名，以“无疯不做浪”为主题，首破次元壁跨界出圈，另外，还与海绵宝宝推出联名款；STACCATO 携手中国航天推出联名款登天系列，不仅是对航天精神的诠释与创想，也是 STACCATO 产品设计理念的延展与焕新；TATA 与韩国潮牌查尔斯桃心联名，强化品牌“爱”的 DNA；73Hours 与故宫宫廷文化、敦煌研究院推出联名系列，并于儿童节携手泡泡玛特 BUNNY 推出联名鞋款……

在社交媒体的传播上，不论是品牌自媒体还是网红种草，百丽也能玩得风生水起。

例如鲸鱼鞋的新品上市营销，在首发日，BELLE 推出话题#百丽鲸鱼鞋高弹才好玩#话题阅读量达 2 亿；线下则在深圳、上海、成都、杭州、济南等城市分别打造 12 场 BELLE 鲸嬉快闪店，线上线下联动，刺激用户原创（UGC）内容传播及直接下单转化。

第三，丰富品牌矩阵，满足多元化需求。百丽一直在丰富自己的鞋履品牌阵容，在拥有十多个品牌的基础上，轻奢鞋履品牌 73Hours 于 2018 年加入，2021 年获得百余年全球知名运动品牌 Champion 的鞋履和配饰中国独家授权合作等等。结果自然不言而喻——百丽满足了更多不同场景、不同人群的需求。

百丽国际执行董事、鞋类事业部及新业务事业部总裁盛放说：“我们原来是一个传统的女士时装鞋公司，我们很少有运动鞋的产品，到 2020 年春夏，我们的运动类产品的销售已经占到整个女鞋销售的 30%以上。我们快速适应了市场变化，顾客也能感受到。”

当然，对于百丽来说，要真正走进年轻人的内心，仅仅这些还远远不够。

3. 怎么让年轻人更爱逛百丽？

百丽不仅是个时尚品牌集团，更是一个强大的零售集团，这是百丽的传统优势，甚至可以说是立身之本。不论何时，服务都是百丽的核心竞争力之一。服务的好坏，也是衡量百丽是否年轻的关键指标。如今，年轻人不仅对产品，对服务全流程也往往有着更高或更个性化的要求。

第一，年轻人在哪，百丽就在哪，让用户能更便捷地获得优质服务。布局直播业务就是一个标志性动作。早在 2016 年，百丽就开始试水直播。2018 年，百丽发力直播，将其升级为集团战略性业务。

第二，在靠近年轻人方面，针对线下渠道，百丽大力发展了新兴渠道，尤其是购物中心和奥特莱斯。目前，百丽在新兴渠道的布局规模和门店数量占比，都在快速增长。

第三，落实到具体的服务，则离不开百丽的专业、成建制、直面顾客的一线队伍。百丽的店员能通过数字化工具，为客户提供全场景的服务和体验。例如，可以根据客户需求，实现快速跨店调拨货品，如果店铺没有客户的尺码，店长能够在手机上查到周边三公里之内其他店铺的库存，马上做出调拨的行动，或通过系统按客户要求进行配送。

第四，在完成全国货品库存打通和店铺间结算打通的前提下，百丽还开展了其他个性化服务。例如 STACCATO 尝试在任意一个实体门店直播，全国门店均可联动共享该场直播资源，销售本店在店商品，满足客户在直播间购买新品、尖货的需求。

简而言之，在品牌层面，通过焕然一新的内涵、形象和表达内容，百丽极大拉近了自己与年轻化群体的距离，甚至与其产生共鸣。但更关键的永远是与时俱进的产品和服务，这是真正打动客户，实现路转粉的核心路径。

“聚焦年轻人”不是件容易的事，毕竟年轻化群体更具个性化，需求更难以琢磨，对品质、设计等也普遍有着更高要求。即将“三十而立”的百丽，结合自身优势，自我迭代，不断聚焦在年轻群体的变化和需求，在战略层面上推进年轻化，在产品、品牌、服务等战术上形成系统化变革。年轻化带来的显著的变化使百丽的线上和线下两大增长曲线变得越加稳健。

当然，对于大多数企业而言，想要永远地聚焦客户无疑极其困难。敢于自我刷新，企业才会有强悍的生命力。

【案例分享与能力训练】

备受投资人关注的创业赛道

2023 年是充满机遇和挑战的一年。随着科技的发展和创新，许多行业都将迎来新的变革和机遇，同时也将面临着新的挑战和风险。作为投资人，他们将如何应对这些变化？投资哪些赛道，成为备受关注的话题。

在过去的几年里，科技行业一直是投资人的重点关注领域。随着人工智能、大数据、物联网等新技术的发展，科技行业的市场规模和影响力不断扩大，吸引了众多资本的关注。但除了科技行业，投资人也更加关注其他领域的发展。其中，前沿科技、先进制造、新能源与绿色经济、新商业和生命科学五大赛道，是投资人重点关注的领域。

一、前沿科技赛道

前沿科技是指当前科技发展的前沿领域，包括人工智能、新材料、量子计算、区块链、5G 通信等。这些领域的技术创新和应用，对于未来经济社会的发展和人类社会的进步具有重要意义。在前沿科技赛道中，人工智能是当前最热门的领域之一，包括机器学习、深度学习、自然语言处理等方面。随着科技的发展和社会的需求，前沿科技赛道的范围和内容也在不断扩展和更新。因此，对于企业和投资机构来说，关注和参与前沿科技赛道的研究和创新，将是未来发展的重要方向。

二、先进制造赛道

先进制造是指以提高制造业的技术水平和效率为目标，通过技术创新和产业升级来推动制造业发展的一系列行业和领域，包括光伏、半导体、工业自动化、智能制造等多个细分领域。在中国，先进制造赛道已成为国家重点支持的战略性新兴产业，受到政府的大力支持。

政府通过政策引导、资金支持、税收优惠等方式，鼓励企业加强技术研发、提高产品质量、优化生产流程，推动制造业向高端化、智能化、绿色化方向发展。在全球范围内，先进制造已成为各国竞相发展的重点领域，各国都在加大对该领域的投入和支持力度。先进制造的发展不仅可以提高制造业的技术水平和效率，还可以带动相关产业的发展，为经济发展注入新的动力。

三、新能源与绿色经济赛道

新能源与绿色经济是当前全球经济发展的重要方向之一。随着全球气候变化和环境保护意识的不断提高，新能源和绿色经济成为各国政府和企业的重要战略方向。新能源是指利用太阳能、风能、水能、地热能等清洁能源来代替传统的化石能源，包括太阳能光伏、风能发电、水电、核电等。绿色经济则是指在经济活动中，尽可能地减少对环境的污染和破坏，实现经济发展与环境保护的协调发展。

在新能源和绿色经济赛道上，各国政府和企业都在积极探索和推进。中国是新能源和绿色经济发展的重要推动者，在新能源领域取得了一系列重大成果，如大规模推广光伏发电、建设特高压输电网等。此外，中国还大力推进绿色经济发展，如推广节能减排技术、发展清洁能源等。

四、新商业赛道

新商业赛道的前景非常广阔。随着科技的不断进步和人们生活水平的提高，消费者对于高品质、个性化、智能化产品和服务的需求不断增加。同时，新技术的应用也为商业模式创新带来了更多的可能性，比如人工智能、大数据、区块链、云计算等技术的应用，为企业提供了更加精准的客户分析、更高效的供应链管理和更安全的数据保护等方面的支持。在新商业创业赛道中，一些热门的领域（包括智能家居、医疗健康、教育科技、文化创意等）前景非常广阔，但同时也面临着激烈的竞争。创业者需要具备创新思维、市场敏锐度和团队协作能力，才能在这个领域中获得成功。

五、生命科学赛道

随着人们对健康和生命质量的重视，生命科学领域的创业机会越来越多，生命科学创业赛道也被投资人普遍看好，基因编辑和基因治疗领域的创业机会也越来越多，比如基因检测、基因编辑、基因治疗等。此外，随着人口老龄化和健康意识的提高，生物医药领域的创业机会也越来越多，比如生物制剂、生物传感器、生物芯片等。医疗器械也是一个庞大的市场，比如医疗影像设备、手术机器人、智能医疗设备等。健康管理、生命科学研究等也备受瞩目。

思考：针对2023年这些备受投资人关注的五大创业赛道，如果你正在这些赛道创业，或者准备参加这些赛道的竞赛，你觉得要想抓住创业机会并能处于“风口”的中心，你是要快马加鞭，加速融资？还是应该加速打磨产品，争取早日成为赛道中的TOP1？或者你还有哪些想法？

第七章　创业风险

【学习重点】

1. 创业风险的内涵与来源
2. 大学生创业的主要风险
3. 创业风险防范的途径

【案例导入】

创业老兵自述：经历三次创业失败，我学会了什么

当谈论起初创企业的极端情况时，曾三次担任创始人、投资者和纽约科技生态系统顾问的杰夫·沃尔德（Jeff Wald）可谓是饱经风霜，拥有他自己独到的见解。

- 从自身寻找失败的原因

沃尔德说："失败已经成为一种时尚。我们生活在一种创新和不断发展的文化中，这的确需要失败。但我要把失败和脆弱区分开。我们混淆了将失败归结为市场的想法，认为这样做会让自己变得脆弱，而事实并非如此。谈论你的创业公司是如何失败的，或者你的产品是如何失败的，这与深入探讨创业失败给你带来的感受，或者你作为一个领导者是如何失败的是两码事。你真的需要让自己走出这个误区。"

谈论失败和变得真正脆弱的区别在于：脆弱必然是个人的，而失败不是。不要把两者混为一谈。

沃尔德是第一个承认自己在职业生涯的大部分时间里都避免了这种真正的脆弱的人。以他第一家初创公司的失败为例。这家公司的共同创始人问题来自有争议的法律纠纷，这些纠纷导致公司倒闭，迫使沃尔德自掏腰包偿还投资者的损失。他说："我做的第一件事就是根本不去谈论这件事——多年来，我从未以任何方式、任何形式承认自己的失败、抑郁、孤立和其他一切负面情绪。"

沃尔德继续把这些负面情绪藏在心底——直到事态发生了转变。该公司在新领导层的领导下进行了改革，并最终被 Buddy Media 收购（后者随后被 Salesforce 收购）。"突然之间，我的职业生涯发生了巨大变化，我从经常逃避变成了承认说'哦，我的第一家初创公司，经过各种坎坷，它被卖掉了'，当然这并不完全是实话。直到后来，当我的事业走得更远，我的新创业公司 WorkMarket 取得成功的时候，我才有信心披露更多实际发生的事情，以及它所造成的损失"沃尔德说。

分享创业失败、市场失败和公司亏损的故事，并不一定是一种真正的脆弱性练习，尤其是当有一个后续的成功可以依靠的时候。他说："我只是在故事圆满结束后才会很自然地提

起 Spinback，因为那时对我来说并没有什么坏处。考虑到我现在的处境，每个人都会自然而然地把失败视为通往成功的垫脚石。因此，尽管我更愿意直言不讳，但谈论公司倒闭的失败并不会让我变得脆弱。这是一个抽象的层面，在这个讨论中我仍然是安全的。但是谈论随之而来的个人的抑郁和无力应对失败的挫败感则更容易让人变得脆弱。”

因此，就需要把视线放在当下，而不是拘泥于过去。“把失败的故事放在过去的背景中，虽然很有帮助，但对我来说，这并不是什么大的勇气。我们需要把对话带到下一个层次。更好的方法是在你与之斗争的时候谈论它，在现在时表现出自己的弱点。当脆弱真的能伤害你的时候，才是真正能解决它的时候”沃尔德说。

提起你过去是如何失败的是一回事，尤其是在你成功之后。而谈论你仍在努力解决的问题，并表现出任何一种现在所存在的弱点则是另一回事。

- 寻找成功和失败的真正意义

围绕科技行业成功与失败的更广泛讨论并没有帮助沃尔德打开心扉，让自己直面世界。

他说：“有一种观点认为，真正成功的公司是那些增长速度达到三位数的公司。我们真正庆祝的不是成功，而是超级成功。仅仅成为一只独角兽（市值超过 10 亿美元的公司）是不够的，你需要成为一只十角兽（市值超过百亿美元的公司）。这种文化把货币收入的结果推崇到如此极端的程度，并把达到这种程度的人神化。当你处在（我觉得应该是处在这样的文化里但是却没有获得成功才对）这种文化中，如果你没有‘成功’，你就会开始质疑自己的能力。”

当 WorkMarket 被安德普翰（ADP）收购时，沃尔德曾亲身经历过这种情况。尽管他对这笔交易感到十分满意，但他承认，超级成功的范例给他带来了压力。“我原本以为人们会夸我说，‘你的公司竟然能获得一个九位数的收购金额。这是千分之一或万分之一的概率啊。这太令人难以置信了’。相反，我的很多谈话都是‘嗯’或者‘你为什么不坚持等待一个更高的结果?’我清楚地知道这是一个不可多得的机会，我为此感到自豪，但这并没有阻止别人对我的质疑，也没有阻止我在内心讲述我如何才能建立一家更有价值的公司。”

对沃尔德而言，这种对收购金额的痴迷，未能真正反映出出售的成功本质。沃尔德表示：“ADP 是一家了不起的全球公司。他们把我们构建的所有东西，从安全性和合规性到用户体验都提高了一个档次，使其在企业化规模上运行。这让 WorkMarket 变得更加强大，也让我成为一个更好的创始人。那怎么可能不算是成功呢?”

尽管对失败的一种正常的恐惧反应可能是一种竞争优势，能够增强创始人的动力，但他发现，围绕失败的论述同样被扭曲了。“我们听到和读到的失败都是引人注目的，通常涉及欺诈、渎职或不道德行为。无论是 Fyre Festival 还是 Theranos，唯一能引起我们注意的就是哗众取宠。我们对其他小规模的成功和失败听得还不够多。这些极端的例子影响了我们对成功和失败真正含义的理解——我们慢慢失去了对现实的掌控。”

创业者错过了有关他们工作的至关重要的相关背景和水平设置。你可能会觉得自己的失败比实际情况更具灾难性，或者你所获得的成就没有为成功扫清障碍。千万别信那些话。

为了获得足够的背景知识，让你的观点保持新鲜和直击要害，可以参考沃尔德的三个策略：

一是打开你的交流之门。创造与其他创始人见面和交谈的空间。不要把你对行业成功或失败的理解仅仅建立在你在 TechCrunch 上读到的东西上。依靠你的人际网络，不要闲聊，多和那些真正的创始人交流心得。

二是在指导初创公司发展中自我警醒。花时间和那些刚刚起步的创业者在一起是至关重要的。它能帮助你记住自己创业的开始，同时也能帮助他们前进发展。无论他们是在种子期后开始创业，还是仍在构思创意，这都提醒我们，作为创业者，我们都在朝着怎样的方向努力。

三是看到销售背后的真正意义。钱不重要，这是一个我可以告诉自己和他人的故事。我并不是说销售不是一个更好的故事，但不要让自己被这个故事所左右。如果成功了，那是最好。如果没有，你也要保有多试几次的勇气。

不要只是阅读有关行业神话的书籍——从你身边的创始人那里汲取灵感。你需要从惨烈的竞争里听到那些能帮助你继续前进的故事。

- 妥善处理与合伙人的关系

在许多初创企业中，联合创始人之间的争斗和冲突是紧张关系的一个巨大来源，但这是一个我们听不到太多细节的部分，尤其是在律师和通信团队开始介入的时候。但这是沃尔德在 Spinback 和 WorkMarket 中都遇到的两次挑战。

他说：“在 Spinback 的时候，两位联合创始人互相起诉，而我只是个旁观者。WorkMarket 却完全不同，我的联合创始人是世界上最好的纯创业人士之一。我和他一起在我们公司工作了四年，最终创造了一个伟大的成果。但逐渐地，我们深入了这家拥有 60 名员工的公司，处理着数千万美元的收入。它在我们两个舒适区之外。我们有非常不同的风格，在以如此高的速度跑了这么长时间之后，我们在处理事情的方式上终于产生了分歧。我不知道我是否会把另一位创始人的失败归因于深入公司生活，但当他离开公司时，那种感觉肯定就像分手一样。”

尽管一开始就没能选择正确的联合创始人，或者后来没能保持健康的工作关系是创业公司最大的杀手之一，但围绕如何横向发展的具体细节进行坦诚的讨论是极为罕见的。沃尔德认为，在某种程度上，许多其他初创企业的死亡原因仍然超出了创始人的控制范围，而且更容易去个性化。

“共同创始人关系的破裂不是一个数学问题。通常没有明确的对错之分。但更重要的是，还有其他一些失败的方式可能看起来更光荣。你可以从事技术工作，做任何你应该做的事情，但你仍然可能出错。你的竞争对手可能会超过你，或者没有足够的客户。但是，如果你给公司创造了每一分价值，带来了每一种资源，每周都超负荷工作，你会有这样一种感觉，你可以毫无愧疚、昂首阔步地离开。”沃尔德说。

就像展示脆弱的技巧一样，糟糕的联合创始人关系属于个人领域，而不是企业，因此，面对这种关系要痛苦得多。沃尔德说：“承认自己做得不好，无法和睦相处，这很难。理论上，这种失败是最容易避免的。但这需要建立相互的信任。而建立信任的关键因素之一就是彼此之间的脆弱。如果你愿意表现出自己的脆弱，并建立这种信任，这些关系就没有理由不奏效。但很多人，包括我自己，都没能做到这一点，于是创始人之间就产生了芥蒂，并最终走向崩裂。”

联合创始人关系是 100%掌控这些人。理论上，这种失败是最容易避免的。但这需要建立信任，而信任反过来又需要表现出脆弱性。两者都不容易，而且都容易被忽视。

从一开始就建立信任和一致是至关重要的，但这需要允许冲突的发生。如今，当联合创始人来找沃尔德寻求天使投资时，他会用一个关键问题来探究他们之间的关系有多牢固，以及他们是否愿意变得脆弱。“我喜欢问‘你们吵架了吗?’，如果他们说‘不’，我就会对这项投资产生犹豫。”

沃尔德说：“我们都是不同的人，拥有不同的观点。这将造就一家更强大的公司。如果你有良性的冲突，你会得到一个更好的答案，因为每个人都在互相推动。如果你把所有事情都掩盖起来，或者被群体思维左右，这就会带来一些危险的隐患。事实上，如果你们认识一段时间了，或者至少在这个想法上有过密切的合作，那么很有可能你们已经了解了对方。所以这个问题有两个方面：你是否已经表达了你所发现的问题并解决了它们。你是否会在投资者面前变得脆弱，并与他们分享，而不是掩盖问题或假装一切都很完美。”

如果沃尔德决定与另一位联合创始人合作创办一家新企业，他会更清楚自己想要发掘的品质。“我想找的是那些我认为具有成长型思维的人，一个愿意变得脆弱，愿意与人真正交谈的人。如果他们能够分享他们真正失败的时刻，分享他们感到不安或羞愧的事情，那么我毫不怀疑我们将能够建立信任和健康的冲突。”沃尔德说。

- 创业者需要听取关于失败的建议

“当你回首往事时，你会感激生命中的这段时光。这将是一次形成性格的经历。”

作为一名创始人，当面对这些挑战时，沃尔德听到了无数不同版本的善意建议。虽然他当时会同意这个建议的实质内容，但这并不是他当时想要或需要听到的。

以下是他现在对创业者说的关于失败的话——他希望有人能告诉他：

- 你不是唯一失败的那个人

回首往事，我想听到你说的是：我不认为你是唯一一个走这条路的人，我并不特别。这不是要你假装没有失败，但一旦你有时间修整，就哪里跌倒从哪里爬起来。你的投资者、顾问、导师和朋友都会在那里为你提供帮助。

失败并不代表你是谁。这是一个学习的过程，是你所经历过的。从概率的角度来看，你下一次更有可能成功。

- 你应当付出最大努力

我觉得，我们的投资者没有接受我们也许会失败的风险。正因为如此，我把手伸进自己的口袋，把钱还给了他们。我今天可能也会这么做。但这种冲动背后一个值得探索的动机是，我不确定创业者承担每一份额外的重量和压力是否都是应该的。

我会对我的创始人说：我给你们钱，也祝你们好运。我会尽我所能帮助你，但你不欠我任何东西，除了你最大的努力。我做的这个决定是基于你很可能会失败这一事实。但如果你成功了，我将获得非常棒的回报，我愿意进行这种交易。如果你们最终失败了，但付出了一切努力，我要确保你们明白，我会再次投资你们。

如果你的公司失败了，你不需要补偿投资者。你不欠他们什么，除非你真的没有努力过。

- 把失败当作老师

对沃尔德来说，失败是一位无价的老师，但这只是因为他花时间去挖掘失败的教训。他说：“失败可能发生在你身上，你可能从中学到一些东西。但这不是通过渗透作用来实现的，它需要大量的集中精力并花费时间来发掘。”

第一节　创业风险内涵与来源

在市场经济环境中，所有企业都是在风险中建立与经营的，企业面临的风险可谓无处不在。

对于企业而言，风险存在于企业创建与经营管理的各个方面。美国小企业管理局的资料显示，小微企业在开业后 6 年内的存活率为 40%。导致这一现象的主观原因主要有两个：一是企业创建者属于首次创业的通常比较多，对企业的经营管理等方面缺乏实战经验；二是企业规模小，对风险的抵御能力相对于大企业来说会比较弱。当然，大企业在经营管理过程中也会遇到很多的不确定因素。为了更好地面对这些不确定因素，规避风险、化解风险，需要对创业风险进行一个较为准确的概念界定。

一、创业风险的内涵

风险主要是指不确定性，这里的不确定性主要包括两个方面：一方面是指某一不确定性事件发生的可能性；另一方面则是指这一不确定性事件发生以后可能带来的后果。简单来说，风险主要就是某一不确定性事件发生的可能性和后果的组合可能会产生的影响，发生损失的可能性越大风险越大，可以用不同结果出现的概率来描述。结果可能是好的，也可能是坏的，坏结果出现的概率越大，风险就越大。

当创业机会面临某种损失的可能性时，这种可能性及引起损失的状态便被称为机会风险。例如，创业机会常常面临政策不利变化带来的损失、技术转换失败带来的损失，以及团队成员分歧带来的损失等，表明创业机会中有种种风险存在。

二、创业风险的来源

创业环境的不确定性，创业机会与创业企业的复杂性，创业者、创业团队与创业投资者的能力与实力的有限性，是创业风险的根本来源。研究表明，由于创业的过程往往是将某一构想或技术转化为具体的产品或服务的过程，在这一过程中，存在着几个基本的、相互联系的缺口，它们是上述不确定性、复杂性和有限性的主要来源。也就是说，创业风险在给定的宏观条件下，往往直接源于这些缺口。

（一）融资缺口

融资缺口存在于学术支持和商业支持之间，是研究基金和投资基金之间存在的断层。其中，研究基金通常来自个人、政府机构或企业研究机构，它既支持概念的创建，还支持概念可行性的最初证实；投资基金则将概念转化为有市场的产品原型，这种产品原型有令人满意的性能，可以对其生产成本有足够的了解并且能够识别其是否有足够的市场。创业者可以证明其构想的可行性，但往往没有足够的资金将其商品化，从而给创业带来一定的风险。通常，只有极少数基金愿意鼓励创业者跨越这个缺口。例如，富有的个人专门进行早期项目的风险投资，政府资助计划等。

（二）研究缺口

研究缺口主要存在于仅凭个人兴趣所做的研究判断和基于市场潜力的商业判断之间。当一个创业者最初证明一个特定的科学突破或技术突破可能成为商业产品基础时，它仅仅停留在创业者自己满意的论证程度层面。然而，在将预想的产品真正转化为商业化产品（大量生产的产品）的过程中，在寻求从市场竞争中生存下来的过程中，需要大量复杂且可能耗资巨大的研究工作（有时需要几年时间），从而形成创业风险。

（三）信息和信任缺口

信息和信任缺口存在于技术专家和管理者（投资者）之间。也就是说，在创业中，存在两种不同类型的人：一是技术专家，二是管理者（投资者）。这两种人接受不同的教育，对创业有不同的预期、信息来源和表达方式。技术专家知道哪些内容在技术层上是可行的，哪些内容是根本无法实现的。在失败类案例中，技术专家要承担的风险一般表现在学术上及声誉上可能受到的损害，甚至没有经济上的回报。管理者（投资者）通常比较了解将新产品引进市场的程序，但当涉及具体项目的技术部分时，他们不得不依靠技术专家。如果技术专家和管理者（投资者）不能充分信任对方，或者不能够进行有效的交流，那么这一缺口将会变得更大，带来更大的风险。

（四）资源缺口

资源与创业者之间的关系就如颜料、画笔与艺术家之间的关系。没有了颜料和画笔，艺术家即使有了构思也无法实现。创业也是如此。没有所需的资源，创业者将一筹莫展，创业也就无从谈起。在大多数情况下，创业者不一定也不可能拥有所需的全部资源，这就形成了资源缺口。如果创业者没有能力弥补相应的资源缺口，要么创业无法起步，要么则在创业中受制于人。

（五）管理缺口

管理缺口是指创业者并不一定是出色的企业家，不一定具备出色的管理才能。创业活动主要有两种：一是创业者利用某一新技术进行创业，创业者可能进行创业活动主要有两种：一是创业者利用某一新技术进行创业，他可能是技术方面的专业人才，但却不一定具备专业的管理才能，从而形成管理缺口；二是创业者往往有某种“奇思妙想”，可能是新的商业点子，但在战略规划上不具备出色的才能，或不擅长管理具体的事务，从而形成管理缺口。

【资料链接】

“百信鞋业”神话缘何破灭

17岁时，温州人李忠文到天津做学徒，学习做鞋。后来羽翼渐丰的李忠文辞了原来的老板，借了4000元，和哥哥两人开始在天津打江山。经过几年的打拼，李忠文推出“百信鞋业”的品牌，打出了“平民化，低成本，低价位”的旗号，提出“鞋业超市”的概念。“百信鞋业”（以下简称“百信”）对外号称“国内第一家鞋业连锁企业”。他全新的经营模式、超低的商品价格，引来好评如潮，慕名而来的顾客挤满了门店，“百信鞋业”在很短的时间内赚取了丰厚的利润。从1997年到2000年，短短的4年时间，“百信鞋业”在全国40多个城市开了80家连锁店，旗下拥有2.8万名员工，总资产达到30多亿元。这时候的李忠文已经不仅是个亿万富翁，他已经成为社会名流，被誉为“中国鞋王”。

就在“百信”表面上顺风顺水发展的时候，灾难也在慢慢逼近。首当其冲的便是诚信危机。

1. 失信于供货商

“百信”在经营上采取“赊销”的办法，这种运作模式，很好地缓解了公司资金紧张的局面，但同时也潜伏着巨大的危险。“百信”在发展初期，信誉比较好，与供货商约定在1周之内结账，遇到特殊情况也不会超过15天，因此“百信”与供货商之间达成了双赢互利的合作关系。供货商不但不担心能不能收回货款的问题，而且许多慕名而来的供货商更是争着向“百信”供货。自身信用就是“百信”当时经营壮大最大的资本。但是随着李忠文的信心爆棚，短时间内开出几十家店，而且单店面积越来越大，这些店铺占压了大量的资金，这使“百信”的资金始终处于极度紧缺的状态，开始对供货商失信。公司结款的期限越来越长，从1个月一次发展到3个月、6个月一次。

2. 失信于消费者

“百信”鞋业过于注重低价而导致劣质的商品流入市场，给消费者留下不良印象。“百信”鞋业也从最初深受老百姓欢迎的“平民化”鞋店变成了“麻烦”鞋店。各地的“百信”鞋业不断接到消费者的投诉，而有些问题没有得到妥善解决的消费者又诉诸当地媒体，问题一经报道，造成的负面影响难以估量。由此，“百信”销售额急剧下降，使本已紧张的资金链进一步绷紧。

3. 失信于政府

2000年，武汉市国税局在对“百信”调查中发现，“百信”鞋业武汉连锁店通过隐瞒销售、使用自印发票、现金结算货款等手段，有意偷逃税款17.6万元，马上责令其限期补交，并处以1万元罚款。而各地的“百信”分公司也频频被发现有类似行为，这一现象逐渐引起了国家税务总局的注意。2001年5月，“百信”鞋业沈阳（东北）分公司因涉嫌偷逃税款被国家税务总局查处。6月初，沈阳市委书记张行湘亲自批文，要求市内工商、税务等部门联合对“百信”的问题进行调查。6月23日，调查组突然进入“百信”东北分公司的办公室进行核查。随后，武汉、郑州、长沙等地的“百信”分公司也因涉嫌偷逃税款被国家税务总局查处。一场席卷“百信”全国市场的风雨由此扑面而来。

第二节　主要的创业风险类型

一、创业风险类型

（一）按风险来源的主客观性分类

按风险来源的主客观性划分，创业风险可分为主观风险和客观风险。主观创业风险指在创业阶段，创业者的身体与心理素质等主观方面的因素导致创业失败的可能性；客观创业风险指在创业阶段，客观因素导致创业失败的可能性，如市场的变动、政策的变化、竞争对手的出现、创业资金的缺乏等。

（二）按风险影响的范围分类

按风险影响程度的范围，创业风险可分为系统风险与非系统风险。系统风险是源于创业者或创业企业之外的，由创业环境变化带来的风险，诸如商品市场风险、资本市场风险等，创业者或创业企业无法对其进行控制或施加影响；非系统风险是创业者或创业企业本身的商业活动和财务活动引发的风险，如团队风险、技术风险和财务风险等，可以通过一定的手段进行预防和分散。

（三）按照风险的可控程度分类

按照风险的可控程度，创业风险分为可控风险和不可控风险。可控风险是指在一定程度上可以控制或部分控制的风险，如财务风险、团队风险等；不可控风险是指创业者或创业企业无法左右或控制的风险，如上述的系统风险等。

（四）按创业的过程分类

按照风险在创业过程中出现的环节，创业风险可分为机会的识别与评估风险、团队组建风险、确定并获取创业资源风险、准备与撰写创业计划风险和创业企业管理风险。机会的识别与评估风险是指在机会识别和评估过程中，信息缺失、推理偏误、处理不当等各种主客观因素影响，使得创业面临方向选择和决策失误的风险；团队组建风险是指在团队组建过程中，团队成员选择不当或缺少合适的团队成员导致的风险；确定并获取创业资源风险是指存在资源缺口，无法获得所需资源，或获得资源成本较高给创业活动带来的风险；准备与撰写创业计划风险是指创业计划的准备与撰写过程中各种不确定因素的存在，或制订者自身能力的限制导致的创业风险；创业企业管理风险是指管理方式、企业文化的选取与创建，发展战略的制定、组织、技术、营销等各方面管理中存在的风险。

（五）按风险内容的表现形式分类

按照创业风险内容的表现形式，可将创业风险分为机会选择风险、环境风险、人力资源风险、技术风险、市场风险、管理风险和财务风险等。

（1）机会选择风险是指创业者由于选择创业而放弃自己原先所从事的职业，所丧失的潜在晋升或发展机会的风险。

（2）环境风险是指创业活动所处的社会、政治、经济、法律环境等变化或意外灾害导致创业者或企业蒙受损失的可能性。如战争、国际关系变化或有关国家政权更迭、政策改变，宏观经济环境发生大幅度波动或调整，法律法规的修改，创业相关事项得不到政府许可，以及合作者违反契约等给创业活动带来的风险。

（3）人力资源风险是指人的因素对创业活动的开展产生不良影响或偏离经营目标的潜在可能性。创业者自身的素质和能力有限，创业团队成员的知识和技能水平不匹配，管理过程中用人不当，关键员工离职等是人力资源风险的主要诱因。

（4）技术风险是指技术方面的因素及其变化的不确定性而导致创业失败的可能性，如技术成功的不确定性，技术前景、技术寿命的不确定性，技术效果的不确定性，以及技术成果转化的不确定性等，都会带来技术风险。

（5）市场风险是指市场情况的不确定性导致创业者或创业企业损失的可能性。市场风险包括产品市场风险和资本市场风险两大类。市场供给和需求的变化、市场接受时间的不确定性、市场价格变化、市场战略失误等会给创业活动带来一定的市场风险。

（6）管理风险是指管理运作过程中的信息不对称、管理不善、判断失误等影响管理水平形成的风险。管理风险可能由管理者素质低、缺乏诚信、权力分配不合理、家族式管理不规范或决策失误等引起。

（7）财务风险是指创业者或创业企业在理财活动中存在的风险。对创业所需资金估计不足、难以及时筹措创业资金、创业企业财务结构不合理、融资不当、现金流管理不力等可能会使创业企业丧失偿债能力，导致预期收益下降，造成一定的财务风险。

二、大学生创业的主要风险

大学生创业过程中面临的风险主要有自身因素的原因及社会环境方面的影响，具体来说，主要包括以下因素。

（一）创业心态

心态不成熟，难以承受挫折。眼高手低、纸上谈兵是大学生最常见的创业风险。大学生长期待在校园里，对社会缺乏了解，更缺少创业经验，其创业想法往往因一时创业激情而起，大学生易把创业问题简单化、理想化，对创业过于自信，对困难估计不足，认为自己学历高、成绩好、获得过各种奖励，动手创业就能成功。

还有些大学生过分夸大创业困难，过高估计创业压力，过低估计自身价值，妄自菲薄，没有信心和勇气面对创业，根本不愿意动手尝试。另外，有的大学生由于没有经受过挫折的考验，心理承受能力和自我调节能力较差，创业受挫后易产生强烈的挫折感，忧心忡忡，胆怯心虚，不能正确认识自己的创业优势，甚至把自身的长处看成短处，在创业竞争中信心不足，自我设限，错失许多机会，严重影响了创业的成功。

（二）项目风险

项目选择盲目，缺乏针对性。创业项目选择风险是指在创业初期因选择的创业项目不当，导致企业无法盈利而难以生存的风险。

大学生创业激情高，但容易盲目选择项目，多数大学生没有进行前期市场调查和绩效分析，看到别人干什么自己也跟着模仿，缺乏针对自己特长及资源的调查分析，企业形态选择盲目。例如，加盟连锁经营型创业模式虽可以直接享受知名品牌的影响，复制他人的成功经验，并能获得资源支持，降低经营成本，但也存在着虚假宣传、交纳高额加盟费，甚至以合法形式掩盖非法目的等不良现象的风险，大学生创业者一旦被天花乱坠的宣传语所迷惑，没有收集资料，也不进行实地考察和市场分析，就盲目选择加盟连锁创业模式，而不考虑自己的实际情况，那么企业发展的风险就会较大，从而影响创业的成功。

（三）资金风险

融资渠道单一，企业发展缺乏动力。资金风险是指因资金不能适时供应而导致创业失败的可能性。

对于新创企业，资金缺乏是最为普遍的问题，如果创业者不能及时解决这个问题，非常容易导致创业夭折。例如，巨人集团因为修建巨人大厦时 1000 万元的资金缺口而轰然崩塌；辉煌一时的新疆德隆集团，因短短几年内一下子进入十几个产业，总负债高达 570 亿元，酝酿了巨大的资金风险，2004 年年初，德隆集团资金链开始断裂，建造在沙滩上的堡垒顷刻间分崩离析。

可见，资金风险对于初创企业来说往往是致命的。因此，快速、高效地筹措到资金是创业成功的重要因素。

大学生长期生活在校园里，没有资金来源，更无资金积累，再加上大学生交往对象多为处境相同的学生，社会关系简单，人际交往单一，很少能够从同学处筹措到创业资金，并且刚出校门的大学生想轻松地从银行贷到资金也十分困难。目前，大学生创业的资金更多的是靠父母、亲戚的帮助，融资渠道单一，资金来源不稳定，资金数额较小，创业之初资金的局限性为后期的企业发展埋下了隐患。企业创办起来后，缺少发展资金会造成企业的现金流中断，不能支持企业的正常运作，使企业发展停滞不前甚至倒闭，从而造成创业失败。

（四）法律风险

大学生由于社会经验不丰富，法律观念不强，维权意识淡薄，在创业开始时乃至整个过程中都有可能深陷法律陷阱，这将会对企业造成致命的打击。例如，个人合伙制企业投资者要承担无限连带责任，如果企业对他人的人身造成损害或对财产造成损失，企业不但要以自身财产赔偿对方损失，在企业财产不足以赔偿对方损失时，投资合伙人还要以个人财产赔偿对对方造成的损失。

所以，大学生创业选择合伙制企业模式时一定要慎重考虑。再有，大学生创业者在与客户签订合同时不注意审查对方的主体资格，不调查、了解对方的信用、履行合同的能力及还债能力等情况，往往会造成合同无效、对方无力履行合同甚至钱款或货物被骗等情况发生。在权利受到侵害时，大学生创业者维权意识淡薄，不是通过法律途径来解决，更多的是托人情、找关系，私下解决，法律风险极大。

（五）市场风险

市场风险是指市场主体从事经济活动所面临的盈利或亏损的可能性和不确定性。

（1）市场需求量。如果产品的市场需求量较小或者产品在短期内不能为市场接受，那么产品的市场价值就无法实现，投资就无法收回，从而造成创业夭折。

（2）市场接受需要时间。一个全新的产品，打开市场需要一定的过程与时间，如果初创企业缺乏雄厚的财力进行营销策划，产品为市场所接受的过程就会更长，因而不可避免地出现产品销售不畅，前期投入难以回收，从而给初创企业资金周转带来极大困难。

（3）市场价格。产品价格超出了市场的承受力，就很难为市场所接受，技术产品的商业化、产业化就无法实现，投资也就无法收回。当某种新产品逐渐被市场接受和吸纳时，其高额的利润会吸引来众多的竞争者，可能会造成供大于求的局面，导致价格下跌，从而影响高新技术产品创新的投资回报。

（4）市场战略。一项好的高新技术产品，如果没有好的市场战略规划，在价格定位、用户选择、上市时机、市场区域划分等方面出现失误，就会给产品的市场开拓造成困难，甚至功亏一篑。

（六）管理风险

（1）管理者风险。一个优秀的创业者，可以不具备精深的技术知识，但必须具备这样一些素质：具有强烈的创新精神与创业意识，不墨守成规、人云亦云；具有追求成功的强烈欲望，富于冒险精神、献身精神，有忍耐力；具有敏锐的机会意识和高超的决策水平，善于发现机会、把握机会和利用机会；具有强烈的责任感和自信心，敢于在困境中奋斗、在低谷中崛起。

一些大学生创业者虽然技术出类拔萃，但理财、营销、沟通、管理方面的能力普遍不足。发达国家初创企业的成功经验之一，就是技术专家、管理专家、财务专家、营销专家的有机组合，形成团队的整体优势，从而为初创企业奠定坚实的组织基础。那种由技术所有者包揽一切、集众权于一身的家长式管理，往往由于管理水平、管理模式等方面的问题，导致创业夭折。

（2）决策风险。无论是政治、军事还是商业，因决策失误而造成失败的事例实在是太多了。对于大学生创业者而言，绝不可以根据自己的喜怒哀乐或不切实际的个人偏好而做出决策。不进行科学的分析，而仅凭个经验或运气的决策方式都可能导致惨痛的失败。

管理者决策水平的高低对初创企业的成败影响巨大，据美国兰德公司统计，世界上破产倒闭的大企业中，85%是因企业家决策失误造成的。

（3）组织和人力资源风险。组织和人力资源风险是指由于初创企业的团队分歧、组织结构不合理、用人不当所带来的风险。初创企业的迅速发展如果不伴随着组织结构、用人机制的相应调整，往往会成为初创企业潜在危机的根源。

现代企业越来越重视团队的力量。团队的力量越大，产生的风险也越大。一旦创业团队的核心成员在某些问题上产生分歧不能达到统一时，就极有可能会对企业造成强烈的冲击。事实上，做好团队的协作并非易事，特别是在处理与股权、利益相关联的事情时，很多初创时关系很好的伙伴大都闹得不欢而散。

中国企业家调查系统第十届企业家成长与发展调查对3539位企业经营者的问卷调查结果表明："企业经营者最容易出现的问题"中，"用人不当"仅次于排在第一位的"决策失误"。用人不当已经成为制约企业发展的重要因素。

（七）技术风险

技术风险是指在企业技术创新过程中，因技术因素导致创业失败的可能性。

（1）技术成功的不确定性。创新技术从研究开发到实现产品化、产业化的过程中，任何一个环节的技术障碍，都将使产品创新前功尽弃，归于失败。很多初创企业，在技术产业化实施的过程中，屡试屡败，其中的原因是多方面的。当用血汗赚来的资金或以家产抵押来的创业资金将要耗尽，却还没有生产出合格的产品时，企业将面临极大的风险。

（2）技术前景、技术寿命的不确定性。如果赖以创业的技术创新不能够实现产业化，或不能在高新技术寿命周期内迅速实现产业化，不能收回初始投资并取得利润，则必然造成创业的夭折。

（3）技术效果的不确定性。一项高技术产品即使能成功地开发和生产，但若达不到创业前所预期的效果，也会造成大的损失甚至导致创业夭折。

20世纪70年代，著名的美国杜邦公司曾对一种被称为"Corfam"的皮革替代品进行产品开发并上市销售。预测和试穿的成功，使杜邦公司决策层非常乐观，他们希望"Corfam"不仅能一帆风顺地上市，而且能像公司曾经发明的尼龙一样，成为世界性的畅销商品，引发鞋面用料的革命，再现杜邦公司的辉煌。然而，最终的结果却大大出乎人们的意料——"Corfam"的产品开发亏损了近1亿美元，这成为杜邦公司历史上罕见的一次失败。

【资料链接】

亏损2亿元到年销30亿元，54岁创业的李建全，将全棉时代做成大生意

真正的主将，总是能在企业遭遇艰难和路径分歧的时候，挺身而出，给团队带来信念和方向。54岁开始二次创业的李建全十年磨一剑，用品质和口碑破解了一个又一个“死局”，将“一朵棉花”盘活成一门年营收达30亿元，全国拥有230家门店的大生意。李建全将自己第一次创业的原因归结为“养家糊口”，而第二次创业他则希望打造一个“让中国人为之骄傲的民族品牌”。

全棉时代的故事要从其棉柔巾的核心技术——全棉水刺无纺布的研发开始讲起。当年的李建全，是中国第一批外贸出口人，于1991年创办稳健医疗，凭借医用敷料用品的OEM生产起家，出口至欧、美、日，成为中国最大的医用敷料出口企业。但一个世界级的难题是，医用手术纱布会带纱头或绒毛，很容易遗留在体内，导致后遗症（目前，该问题已不存在）。李建全自己就是受害者，手术后的部位，至今一到雨天就疼。能不能做出不带绒毛的无纺纱布呢？

1096天，2156次实验，消耗537吨棉花之后，2005年，李建全带领团队终于成功研发了全棉水刺无纺布技术，并获得专利。但没想到的是，因为技术超前，缺乏认证标准，产品在医疗市场应用受阻。因为这种新式的“无纺布”尚未获得欧盟的认证许可，根本无法打入海外医疗市场。无奈之下的李建全开始转变市场方向。这时候的他才发现，国内的卫生间厂家对这种产品很感兴趣。而且，过去棉花大多数被用在做衣服、被子上，在日用品上用得比较少，但其实棉花在舒适性上非常有价值。也就是说，日用消费棉制品蕴含着巨大的商机。

2009年，李建全正式入局民用市场，全棉时代由此诞生。第一年，李建全一口气开了20多家店，亏了3000多万元；第二年又接着开了17家店，接近4000多万元。第三年，还继续开，再30家店……2010年、2011年、2012年、2013年，这四年，李建全开了八九十家店，关了20多家店，累计亏损近两亿元。

屡屡碰壁的李建全这时候开始改变打法。他先是摒弃大扩张的打法，改为聚焦大型购物中心，以300~500平方米的大店模式自营，打造统一的高端品牌形象。随后开始将业务聚焦起来，把母婴市场作为重点突破口，推出了婴童和孕产服饰等产品。

除此以外，为了打造良好口碑和服务质量，李建全还始终坚持在线上线下保证产品的品质、价格一致性，从来不会打价格的利差去忽悠消费者。几顿操作后，全棉时代迎来新生，逐步从众多同行中脱颖而出。2012年，其线上销售额达2000万元；2013年，其线上销售额达7000万元。

在品牌和产品受到越来越多人的了解和认可后，全棉时代的线下渠道也顺势发力，业绩迎来了转机。2014年，全棉时代销售额接近4亿元，实现了转亏为盈。更为关键的是，在母婴领域大获成功后，李建全还持续求新，在用户和产品类型上寻求双突破。一是请来新生代偶像王俊凯代言，使产品年轻化；二是逐步弱化母婴标签，把业务扩大开来。

目前，全棉时代最小存货单位（SKU）达2万个，已经形成“全棉全品类”业态，其消费群体年龄集中在25~35岁，其中女性用户占到85%。从连年亏损到转亏为盈，再到如今年盈利近30亿元，全棉时代力克重重困难，成功地完成了自己的突围。

十年时间，李建全是如何做到的呢？说到底，其实就一句话，一定要让消费者感受到你是真诚的、实在的。在刚做电商时候，全棉时代请来一位运营专家来授课，专家建议跟随一些品牌的做法，将线上线下产品和定价做得不一样，如将线上产品包装做漂亮一点，质量差一点，价格定高一点后再来打折。

李建全痛斥这种观点，认为这完全是在欺骗消费者。他还说："一个企业或者一个品牌，不管你赚不赚钱，即使你亏本，也不能在消费者那里丧失信用。"如果要论李建全为何取得如今成就的话，这一点可能就是最核心的一点了。

第三节　创业风险的防范

创业企业在各个不同的成长阶段，都会面临不同的风险，这就需要创业者及其团队有效控制和防范风险，尽量将风险减小到一定的范围内。所谓创业风险的防范，是指创业者及其团队在创业过程中会遇到各种风险，创业者需要对这些风险进行识别、分析，并在此基础上做好有效防备措施、解决风险，将创业风险所带来的损失降到最低。

一、创业风险防范的重要性

创业风险的防范对于整个创业过程都有着非常重要的意义。有效地防范创业风险，可以实现创业目标、减轻经济压力、保持竞争优势、规范企业管理。

第一，有利于提高企业的生产经营能力，实现创业目标。绝大多数创业者创业之初的目的都在于获得盈利，而对创业过程中的风险进行防范，则是企业获得持续、稳定收益的重要保证。风险防范可以在最大程度上减小风险所带来的损失，帮助企业达成盈利的目标。

第二，有利于提高企业效率，减轻企业经济负担。防范风险可以为企业发展扫清障碍，减少创业者及其团队在解决风险上所浪费的时间，提高效率。同时，为了应对风险，企业除了要花费精力思考如何解决风险，势必还需要投入一定的财力和物力，这也会给企业增加经济负担。相反，如果能够做到有效防范风险，那么其经济压力也会相对减小。

第三，有利于保持企业的竞争优势，稳固市场地位。风险防范是多方面的，由于现在几乎所有企业都会把相关信息存储在计算机上，因而现代企业普遍面对的一个风险为企业核心秘密的泄露。从一定意义上来说，对这方面风险的防范则可以防止其秘密的泄露，从而保持企业的竞争优势，稳固市场地位。

第四，有利于规范企业管理，使得企业尽快步入正轨。对风险的有效防范从一定程度上可以理解为企业管理水平的提高，或者说，当一个企业管理水平提高时，它的风险防范能力自然也随之提高。风险管理能够促进企业决策科学化、合理化，降低决策所带来的风险和损失，使得企业的管理走向规范化，从而加快整个企业步入正轨的进程。

二、创业风险防范的途径

在创业的不同时期，创业者及其管理团队往往会面临不同的风险。而不同时期的创业风险，则需要通过不同的方法来加以防范。

（一）创业项目选择的风险防范

在创业最开始的时候，创业者首先要面临的是如何选择创业项目的问题。在这一过程中，如果创业者对市场需求和同行业竞争者没有一个很好的了解而盲目地选择了一个本身前景黯淡的行业，那么接下来不管创业者如何努力，哪怕已经处于这个行业的顶端，那么相对于其他的热门创业项目来说，创业者所获得的收益也将是较低的。因而，在创业项目选定之前，创业者应该充分地搜集信息，了解这个行业的发展现状，并对其前景做出较为精确的可行性评估。在创业初期所面临的风险要远远高于其他阶段。稍有不慎，创业还未成功就有可能被扼杀在摇篮里，这就需要创业者拥有敏锐的洞察力。

经过大量的实证研究，人们发现在项目选择方面存在着一些基本原则。首先是市场原则，也就是说创业者在选择创业项目时，应该以满足市场需求为前提，选择那些市场需求量大、发展前景较为广阔的产业或项目。其次是效益原则，要讲求投资项目有较高的投入产出比，有一定的回报率。再次是政策原则，创业者应该顺应时代潮流，选择那些国家产业政策鼓励、支持的产业或项目，回避国家产业投资明确限制的项目。最后是优势原则，应该选择那些自己熟悉并拥有资源优势的项目，充分利用当地的资源优势和本身所具有的优势而不盲目追求社会经济热点，从而避免决策失误，浪费劳动与投资。

（二）创业团队组建的风险防范

创业者在创业过程中往往不会选择孤军奋战，在选定创业项目之后，就需要寻找合作伙伴，打造创业团队。关于创业伙伴，最基本的选择办法是选择那些自己了解的人一起创业，大家彼此之间相互了解，这样就可以减少磨合的时间，提高效率。

首先，应该选择那些不太计较且心思缜密的人。在创业过程中，创业团队的成员之间难免会存在一些分歧，如果对于一些鸡毛蒜皮的小事都斤斤计较，那么必然难成大事。但是不计较并不意味着什么事都“差不多就行”，创业风险无处不在、时刻都有，通常心思缜密之人能及时发现从而做到有效防范，粗枝大叶之人往往会疏忽潜在的风险。其次，创业团队应当有一个核心人物能够把握大局，做到当机立断，这样才能更好地做出决策解决风险。最后，在创业团队中，各成员之间的关系应该明确。朋友关系、家族关系不应带到公司中，即便企业中有这样的关系存在，仍然应该奖罚分明，在做出决策时不受裙带关系的羁绊。

另外，对于刚建立起来的团队，成员之间往往心思各异，创业者还需要建立共同愿景。一方面，可以通过塑造积极向上、团结拼搏的企业文化，使得团队成员在潜移默化中受到影响，发自内心地认为自己是这个团队的成员，自身利益与团队利益是一致的，从而共同为企业目标的实现付出努力。另一方面，可以通过多样化的管理手段来加以解决，如激励、批评、授权、建议等。在企业内部，设定一个科学、行之有效的绩效考评办法，绩效考评应当与成员的工作量与付出成正比。当企业成员顺利达成目标，完成或超额完成目标后就会得到一定的奖励，从而能够激励企业成员努力完成自己的任务。没有完成绩效目标时，可以通过适当的惩罚以促使其努力达成目标，但是需要注意的是，对于那些虽未达成目标但是又确实为此付出努力的员工，应该在情绪上加以安抚，以免其进行下一次任务时仍然带着完不成任务的消极情绪。

（三）创业机密泄露的风险防范

完成了创业项目选择和组建合作伙伴之后，公司就正式开始进入运营环节，下一步要防范的就是如何保护企业的商业秘密，防止秘密泄露所带来的风险。在当今社会，市场竞争激烈，企业的核心秘密一旦泄露，就可能给企业带来致命的打击。在当今互联网时代，几乎所有企业都会将自己的信息存储到计算机里，信息化、网络化办公平台为企业工作提供了极大的便捷，但是也潜伏着危机。除了自身的操作失误和黑客入侵这两个最常遇到的问题之外，企业还可能面临着系统稳定性的问题，这就需要企业在创业之初就选择一个比较不错的系统，并且不断对其进行升级、更新。通常，面对这种风险，企业可以选择一个优秀的软件供应商来防止风险的发生。当然，企业也可以自己来进行开发创新，使用自己研发的系统。

除了这些客观因素以外，还有主观因素带来的泄密风险，即员工的职业道德问题。一方面，企业可以在一开始就选择那些素质较高的人成为自己的员工，这样一来就能够在很大程度上避免商业秘密泄露的风险。与此同时，企业还应该对员工加强教育，提高其职业道德素养。

另一方面，可以通过产权保护来保护企业秘密。首先是商标注册。商标是企业重要的无形资产，具有独占性。企业商标一旦注册完成，其他企业就不能使用，否则就是侵权。企业一旦确定了自己的商标，就应该及时注册，以防止被其他企业冒用。其次是申请专利。专利权是一种专有权，这种权利具有独占的排他性。非专利权人要想使用他人的专利技术，必须依法征得专利权人的同意或许可。企业一旦有创新的技术出现，就应该及时申请专利，以保护自己的知识产权。最后是签订保密协议。签订保密协议是企业对自己的商业秘密进行保护的常用手段之一。这不仅仅针对企业员工，同时还包括所有知悉企业秘密的人。我国《合同法》规定，当事人在签订合同过程中知悉的商业秘密，无论合同是否成立，均不得泄露或不正当使用。这样一来企业的商业秘密就穿上了法律保护的防护衣，能够时刻提醒当事人不得触犯法律，这也就大大减小了当事人泄露秘密的可能性。

（四）创业人才匮乏及流失的风险防范

创业人才是创业企业最为核心的资源，是决定创业企业成败的关键因素。在企业的初创阶段，往往存在着人才匮乏的情况，未解决这个问题可以采取如下两种策略：一是加强对现有人才的培养工作。对于企业内部有实力的员工，要对他们的优势、特长进行开发，从而培养出能够在企业中担当大任的领军人物。可以在企业内部建立相关的培养机构进行培训、教育，也可以送至专门的人才培养机构、高等院校进修学习。二是注意引进新的人才。即使企业已经拥有很多有能力的人，也不能因此放慢人才引进的步伐。只有时刻关注并引进人才，新老员工之间才能进行有效的更新迭代，才可有效避免人才脱节的状况。

需要注意的是，创业企业往往实力还不够强大，给予人才的福利和待遇很难与实力强劲的大公司相比，优秀人才很可能被竞争对手挖墙脚，因此存在较高的人才流失风险。为防范这种风险，创业企业除了尽可能提高人才的物质待遇外，还应更多地采用非物质激励的手段。如给予人才更大的工作自由度和才华施展空间，让其充分享受工作带来的成就感和荣誉感，同时赋予人才更大的权力和责任，让其产生强大的使命感和责任感，从而通过事业来留住优秀人才。

（五）创业财务风险防范

财务风险也是风险规避中需要密切关注的风险之一。在创业的任何时期，创业资金都有着非常重要的作用。尤其在创业之初，如果没有或缺乏创业资金的支持，创业活动几乎就可以宣告死亡。引发财务风险有很多种可能性，如创业者由于自身经济限制而需要举债或贷款，如果举债或贷款的数额巨大，那么企业就会面临不能及时归还的财务风险；如果举债方式不合理，如借高利贷进行创业，那么也会给企业带来灭顶之灾；另外，负债结构的不合理也是一大风险，如短期负债和长期负债所占比重的不合理等。总之，引起财务风险有很多可能性，如何有效规避财务风险非常值得创业者深思。

对于财务风险，可以通过以下几方面途径加以解决。首先，需要建立财务风险预防机制，明确各方的责任。风险预防机制的建立可以使创业团队及成员居安思危，工作时更加小心谨慎，避免做出错误决策，同时在筹资时应当充分考虑到企业的债务偿还能力。也就是说，企业在负债经营过程中，“负债”需要有个度，不能超过企业偿还能力。其次，应该采取适宜的借款策略，进行多方经营，从而增加利润。企业在借款时，应充分考虑自身是否能够如期还债，资金的去向是否能够创造高于债务的利润，明白哪笔债款可以借，哪笔债款不能借。借了债款有资金进行生产经营活动以后，企业则需要考虑将资金投入哪个项目中才能以最少的成本获得最多的盈利。企业应可以考虑多方投资，降低亏本的风险。但需要注意的是，多方经营一定要在企业承受能力范围之内，可以考虑发展一个主业的同时兼顾几个副业，要突出主业，防止过度扩张可能导致的更大风险。最后，要考虑到企业的持续融资能力，建立起快速融资渠道。企业必须根据自身的风险承受能力，对各种融资方式进行权衡，选择那些能够用最少的投资获取最大收益的方案，同时保证融资的可持续性和资金的顺畅周转，从而有效控制财务风险。

（六）创业运营管理风险防范

企业创建以后，创业者要面临的最大问题是管理风险。这是企业日常生产经营过程中必不可少的一个重要环节。在企业创建以后，如何控制成本、如何确保质量、如何提高生产效率、如何打造自己的品牌等，都是企业应该考虑的问题。为解决企业管理过程中所面临的风险，创业者首先要做的是建立一个有效的团队，并将自己的权力适当下放到管理层和一线员工。一方面，创业者自身精力有限，不可能对每件事的每个细节都了解得非常详细，下层管理者以及一线的员工相对于创业者来说，对产品和服务的生产与销售反而会更加了解；另一方面，创业者的知识与能力是有限的，他们能够成功创业自有其过人之处，但是一旦涉及一些生产或者管理专业领域的问题，难免会有所欠缺。其次，授权也可以帮助企业员工获得更多的满足感，从而使员工更加努力地去完成领导分派的任务。在授权过程中，创业者需要明白哪些权力可以下放而哪些权力不可以，对于那些核心问题应该经过慎重的思考与讨论后决定，这样一来可以避免由于自身的考虑不周或是下属对于企业所处宏观环境的不熟悉而导致决策失误带来的损失。此外，还可以通过完善组织架构、规范公司章程来规避管理风险。

由于管理活动是人的活动，而人的活动是主观行为，难免会带有主观情绪，这就可能会带来管理风险。因而，为了更好地实现企业既定的目标，就需要制定相应的规章制度来规避风险。同时，由于企业外部环境处于不断变化之中，组织架构和公司章程也都应该是动态变化的。创业者不能奢求一步到位，固定不变的制度不能更好地为企业带来收益，反而会成为阻碍企业发展的风险因素。通常来说，企业可以委托专业的咨询公司来设计组织架构，但是由于咨询公司作为第三方对企业自身的情况可能很难有透彻的了解，这时就需要企业内部人员一起加入组织架构的设计中，这样才能在足够专业的基础上充分结合企业自身的实际情况，设计出最高效的组织架构。当然，制度条件不能仅仅局限于组织架构，公司内部的规章制度也非常重要。再者，应该在组织内部建立一个风险责任机制。

众所周知，风险在创业过程中无处不在，创业者及其团队不可能对每一个可能发生的风险都做到防范，但是如果将每个方面的风险精确到个人，那么每个人需要防范的风险就比较有限了，这样也就能在一定程度上降低风险发生的概率，从而降低风险带来的损失。这与授权有相似之处，但是又不完全相同。授权授予的主要是权力，有权必有责，权力的下放伴随着一定的责任。将风险防范精确到个人以后，下一步就需要对风险可能带来的损失以及损失的程度进行估计了，例如，一笔投资一旦失误，那么会给企业带来多大的损失？此外，还要对风险进行积极的预防，提早对可能发生的风险进行防范，一旦某个环节出现问题，要积极采取补救措施，将损失降到最低。最后，对于那些无法规避的风险，还应该学会风险的转移，如将风险转嫁给保险公司，通过项目外包来降低风险，通过“利益共享，风险共担”来降低自身所要承担的风险。

【拓展学习】

VUCA 时代的成功法则

有一种流行说法，杀死行业老大的不会是老二，更可能是外来者。这句话虽然有些片面，不可否认的是，我们身处的世界变化越来越快，知识边界不断被突破，信息的超饱和不断打破暂时达成的平衡局面。VUCA（中文发音一般为“乌卡”）时代早已到来。

- 什么是 VUCA

VUCA 是指组织将处于“不稳定”（volatile）、“不确定”（uncertain）、“复杂”（complex）和“模糊”（ambiguous）状态。

VUCA 的概念最早是在 20 世纪 90 年代来描述“冷战”结束后的越发不稳定的、不确定的、复杂的、模棱两可和多边的世界。在 2001 年 9 月 11 日恐怖袭击事件发生之后，这一概念和首字母缩写才真正被确定。随后，“VUCA”被战略性商业领袖用来描述已成为“新常态”的、混乱的和快速变化的商业环境。

在《世界是平的》一书中托马斯·弗里德曼（Thomas L. Friedman）指出，当今世界改变的速度已与过去不同，每当文明经历一个颠覆性的技术革命，都给这个世界带来了深刻的变化。过去数年很多遭受失败的高科技公司给我们敲响了警钟：它们现在面对着无法回避甚至无法预测的挑战，但是缺乏适应这些挑战所必需的领导、灵活性和想象力。不是因为它们没有意识到这些问题，也不是因为它们不够精明，而是因为变化的速度超过了它们。

VUCA 时代的变化经常呈现跳跃性和震荡性，会产生很多破坏性的现象，比如信息爆炸、突发事件频繁、资源紧缺、员工投入度低等，给组织带来更多的管控风险，很多组织不能及时调整方向，没有及时适应新的环境，因为错误的假设而迷失，因为错误的航标而消失。

- 不稳定

V＝volatility（不稳性）是变化的本质和动力，也是由变化驱使和催化产生的。

特点：挑战本身与维持的时长是未知并且不稳定的，但是并非难以理解。相关信息通常是现成的。

举例：一场自然灾害使得供应链脱节，继而导致产品价格波动。

做法：勤于闲时，将资源投入预备力上，例如，保持库存和储备人才。这些措施通常意味着大额的花销，但是投资应与风险程度匹配。

- 不确定性

U＝uncertainty（不确定性）缺少预见性，缺乏对意外的预期和对事情的理解和意识。

特点：尽管缺乏额外信息，事件的基本因果关系已知。具备变革的可能性，但不一定成功。

举例：竞争者的新产品发布悬而未决，业务与市场的未来不够明朗。

做法：将资金投入信息的搜集、分析，并分享你的所得。这一做法与组织结构变革相结合时效果最佳，如用信息扩大分析网络，降低不确定性。

- 复杂性

C＝complexity（复杂性）企业为各种力量，各种因素，各种事情所困扰。

特点：这种情况包括许多相互连通的变量，有些信息是现成的，或能预测到。但想清晰地梳理其复杂程度与本质并非易事。

举例：生意遍布多个国家，每个国家的监管环境千差万别，关税体系以及文化价值观也各不相同。

做法：重组、聘用或培养专业人士，积累重组资源，应对复杂性。

- 模糊性

A＝ambiguity（模糊性）对现实的模糊，是误解的根源，各种条件和因果关系混杂。

特点：因果关系往往是不清晰的。没有先例可供参考，你面对的是“不确定中的不确定”。

举例：决定将业务拓展到未成熟的市场或新兴市场，或在主营业务范围之外开发新产品。

做法：试验。理解因果关系需要不断提出假设，确保你能够从中得到教训，并将成果广泛应用到实际中。

- VUCA 在商业

宝洁公司（Procter & Gamble）首席运营官罗伯特·麦克唐纳（Robert McDonald）借用一个军事术语来描述这一新的商业世界格局：“这是一个 VUCA 的世界。”并指出，宝洁获得成功的原因就是学习的能力，以及保持学习的能力。无论是公司还是个人都需要不断的成长，不断的进步。

VUCA 中每个元素的深层含义是用来提高 VUCA 的预见性和洞察力的战略意义，以及要提高组织和个人在企业中的行动力。

这些 VUCA 特点因素描述了企业在展望他们当前和未来的状态的情景，表明了企业在制定政策或计划时的边缘性。这些因素使我们制订计划或者向未来展望的时候变得微不足道。VUCA 更鼓励企业或者个人具备以下能力：

（1）预期改变条件的事情；

（2）明白事情和行为的结果；

（3）鉴别各个变量之间的内在关联；

（4）为现实的各种情况和改变做准备；

(5) 明白各种相关的机会。

• VUCA 的应对

时下的商业、军事、教育、政府等各种机构，VUCA 提供了一种实用的意识和方法。VUCA 背后是为人们建立了一个预期、演化、准备以及干预的学习模式。

面对 VUCA，每个人和组织的能力可以用以下几个标准来给出：

(1) 对洞察力的知识储备；

(2) 对各种结果时刻准备；

(3) 过程管理和资源系统；

(4) 有效的影响力模型的建立；

(5) 恢复系统和修补措施。

事实上，VUCA 所提倡的能力根据公司不同的价值观、预期目标的不同而不同。

【资料链接】

60 天实现逆袭：在行业寒冬中扭亏为盈的旅游创业公司

2020 年，全球旅游业迎来行业寒冬。

• 2020 年几乎没有业绩，现在该怎么办?

到 3 月底，全球经济陷入停滞，旅游业出现了大规模裁员。挪威航空和 SAS 解雇了 90% 的员工。万豪集团安排了数万名员工进行休假。

投资公司 Inovia 的合伙人 Patrick Pichette 开始担心投资的公司。Pichette 在 2008 年全球经济危机期间担任谷歌首席财务官，拥有应对危机的丰富经验，Pichette 后来又担任了 Twitter 董事长。他知道，为了生存，风险投资公司支持的初创企业需要采取迅速果断的行动。

4 月 1 日和 5 月 13 日，Pichette 分别召集初创公司与 Inovia 的 CEO 和 CFO 召开了会议。

Inovia 合伙人、Snaptravel 董事会成员 Chris Arsenault 表示："我们告诉他们，他们需要筹集足够的资金，确保在 2021 年 12 月之前都能发放工资。在充满不确定的时期，制订计划是无用功。唯一能做的就是以 30 天为一个周期，为未来 90 天作打算，每周进行一次现金管理。"

• 在充满不确定的时期，如何实现盈利

Fazal 和 Shi 听从了 Inovia 的建议，制订了一个能够尽快盈利的方案。与他们以前经营业务的方式相比，这是一个重大变化。

在此之前，Snaptravel 像大多数有风投支持的初创公司一样，采取激进的增长方式，在追求用户增长的同时不断亏损，仍力求在全球范围内扩大业务。

Fazal 和 Shi 已经把他们的历程记录在了一个关于如何盈利的 10 步行动手册中。他们的第一步行动是，解决燃眉之急，与酒店合作伙伴协商旅客退款问题。之后，他们专注于成本分析，取消了所有对收益没有直接贡献的项目。完成这一步，他们的工作量减半，并且为公司制定了明确的方向。

此次行业寒冬导致了大规模的失业，Snaptravel 的两位创始人也采取了裁员措施。Fazal

和Shi不愿透露裁员人数，但是他们表示，会给受影响的员工付2倍的离职费、延长福利并授予期权。在加拿大应急薪资补贴项目（CEWS）的帮助下，留下的员工没有减薪，而且增持了10%的普通股。

Fazal和Shi也需要开拓新的业务，来替代Snaptravel在行业寒冬之前主营的旅游类型产品，以确保有收入来源。他们将目光放在现有客户上，思考客户如何增加支出。

利用具有预测功能的人工智能，Snaptravel加快了与用户偏好相匹配的酒店优惠套餐信息推送，通过他们发起的对话，预订量增加了25%。他们发现，个性化的对话式相关内容的及时推送，能让顾客感觉Snaptravel很了解他们的需求，并且创造了以前不存在的需求。

Fazal和Shi还发现，顾客愿意支付费用成为VIP，享受特殊福利并让礼宾人员代理复杂的预订流程，顾客愿意为此给小费，以感谢酒店为他们节省的旅行费用。

Fazal说："在行业寒冬之前，我们没有盈利，但是行业寒冬出现后却盈利了。我们在5月公布了第一笔利润，且自7月1日以来一直在增长，每周预订量与行业寒冬之前持平。"

酒店业也开始稳步复苏。愿望清单和国际商务旅行等高级预订已经没有了需求，但是说走就走和周边长租目的地却成为游客们的首选。新的旅游群体正在出现，其中包括想要独处空间的自驾游人群，想与他人保持社交距离的家庭，以及需要休息的长途通勤工作者。

- 这是最坏的时代，也是最好的时代

尽管行业寒冬期间愁云惨淡，但是Snaptravel采取的措施让公司更加灵活，更有能力实现远大的目标。今年4月，在Inovia与初创公司的会面中，Arsenault问Snaptravel的创始人："你们以后不会再有机会作出如此彻底的改变了，你们想将Snaptravel做成什么样的公司?"

Fazal回答说："我们想成为旅游业的柠檬水，具有极强的可塑性，成为一个由人工智能驱动的电商平台，颠覆传统行业。"

现在，Snaptravel正在进行招聘，但他们不会重新雇佣被解雇的员工。

他们加大了对机器学习和数据分析的投资力度，招聘工程师，提升Snaptravel的对话能力和敏锐嗅觉。

Snaptravel在行业寒冬期间的重大转变，给Arsenault留下了深刻的印象，他准备带头投入更多资金。

【案例分享与能力训练】

创业型公司安身立命的根本

今天，越来越多的人加入创业"大军"中。《精益创业》中这样定义创业型公司：创业型公司是在高度不确定的状态下，对产品或服务进行创新的一个组织或一个机构。百度百科中给出的解释则是：高成长性与高风险性并存的创新开拓性公司。

其实，多数创业公司都面临着共同的"生存"挑战，即缺钱、缺人脉、缺资源。这些公司往往抱着先"活"下去的心态，却忽略了前期的品牌建设。实际上，创业型公司可以先对自身和定位进行梳理。

第一步是确认核心消费者，明确自身优势，以此作为突破口。例如，在技术、产品或营销等层面拥有优势。以国货美妆品牌珂拉琪为例，其紧紧抓住"Z世代"注重颜值消费这一特点，确定了核心消费人群。然后以“唇釉”这一单品切入，以百元以下的定价，仅以一个爆款产品在激烈的市场环境中为品牌带来充分的记忆点，合理的定价成功进入年轻消费者的视野。在营销方面，珂拉琪根据小红书、抖音等不同品牌特性，制订营销推广方案，通过时下年轻人关注的“图文、短视频”等方式触及消费者，与消费者形成有效种草与互动。

如今，有越来越多的新消费品牌崛起，他们大多抓住了潜在消费群体的需求，仅以一款单品成功打入市场的案例不在少数。创业公司只有了解自身的优势，找到自己的“卖点”与“立足点”，才能更好地向市场推广自己，也才能更好地获得稳健发展的资金、资源与人脉。

第二步是建立团队，量入为出。无论是多厉害的领头人，都少不了一支能打仗的团队。在认清自身优势后，只有组建团队并进行合理的分工配置，梦想才可能落到实处。在招聘时，初创团队可以根据自身需求，对所需的“队员”进行需求画像，同时初始团队需要有目标的认同感。对于实力和规模尚不够强大的初创公司，一定要谨记“量入为出”。

第三步是结识更多创业者，搭建多元渠道。很多创业公司在初期，遇到种种问题时免不了“埋头”苦想，而创业带来的巨大压力和重重问题，容易成为限制创始人拓展资源的阻碍。创业是万里挑一的选择，在这条路上一样需要志同道合的伙伴。这些伙伴既是公司携手并进的同事，也是在各行各业的创业者。或许一次活动或一次创业比赛，就有机会让创始人打开眼界，认识更多“同行”。同时，高质量的创业人群，也容易碰撞出更多火花，创业者之间的连结更容易打开宽广的人脉，甚至接触到有意向的投资人。这样一来，创业初期所需要的人脉、资金、资源或许都可以一并解决。

思考 1：对创业型公司来说，什么最重要？

思考 2：不同的说法，给出同一个线索，即“不确定性”和“高风险性”，那么创业型公司的风险体现在哪儿？如何尽早“化解”风险？

思考 3：可以到哪里去结识高质量创业人群？去哪里寻找更多开阔视野的机会？

第八章　创业企业设立

【学习重点】

1. 企业的含义
2. 创业企业的几种组织形式
3. 创业企业组织形式的选择

【案例导入】

把灯泡卖进世博会

四川师范大学的王博豪18岁就拥有一项国家专利，19岁投资办厂，当别的同学在为毕业后找工作头疼的时候，他的LED灯泡已经成功卖进上海世博会。

● 专利在手，不如自主创业

王博豪，个子不高，稚气的脸上挂副眼镜，初次见面很难把他和“成都市锦江区登峰节能环保灯厂董事长”这样一个头衔联系在一起。他的专利是LED节能环保灯。说起发明的过程，颇有些误打误撞的味道。“高二那年，家里灯泡坏了，妈妈换灯泡的时候烫到了手，灯泡掉下来伤到了我。”当时他就想：灯泡为什么这么热？如果不发烫，能不能节约很多能量呢？

王博豪从小就是个科学迷，从小到大，家里的玩具全部被他拆卸过，甚至连电视机、小霸王学习机等都逃不过他的“魔掌”。为了寻找解决方案，王博豪查阅了很多资料，做了很多次试验，最后终于成功研制出的一种特别的LED节能环保灯。

高三那年，他的发明获得了国家“实用新型专利证书”。随后，北京一家研究所给他寄来专利合作转化通知，对方出手大方，欲出5000万元收购他的专利技术。5000万元啊，毕竟不是一个小数目，说不动心那是假的。在反复思量数天后，小小年纪的王博豪作出决定——拒绝收购。专利在手，他要自己创业。

● 销路不畅，险些血本无归

2007年，王博豪人生中发生了两件大事：一是他考上了四川师范大学外事学院；二是他从亲朋好友那里筹集到了第一笔创业资金30万元，他租了个小房子，开始拥有自己的灯泡装配工厂，也就是“成都登峰节能环保灯厂”。王博豪和几个同学亲自动手装配灯泡，当时头脑发热，也没做任何市场调研就装了10万只。几个月过去了，10万只灯泡只卖出去1000只。面对白茫茫的一堆灯泡，王博豪欲哭无泪，这时他才意识到，创业原来没有自己想象中那么容易。

● 参加比赛，创业路上借东风

上大学期间，王博豪所在的学校组织“挑战杯”全国大学生课外学术科技作品竞赛，王博豪凭借自己的发明获得了金奖，2009 年 11 月，他的创业团队参加了四川省高校毕业生创业大赛，一举夺得了一等奖，并获得了 10 万元奖金。

创业大赛让更多人知道了王博豪和他的 LED 灯，有了媒体的宣传，不少客户不请自来。同时，成都市大力实施创业带动就业，针对市民创业、特别是大学生创业出台了一系列的优惠措施。受益于这些优惠政策，王博豪的公司不仅入驻了锦江区大学生创业园，享受了相关优惠政策，还在成都团市委的帮助下，得到了银行 100 万元的信贷额度支持。

● 低碳包装，灯泡卖进世博会

虽然他做的是“低碳”生意，但在哥本哈根世界气候大会之前他还不知道“低碳”为何物。在了解“低碳”的发展前景之后，他决定主打环保牌，对产品进行品牌包装。不久前，上海世博会也采购了他的产品。

王博豪希望，以后能在新希望集团旁边建立登峰集团总部，因为他的奋斗目标就是像刘永好那样，把登峰打造成一个享誉国际的民族品牌。

第一节　创业企业的组织形式

如果创业者已经为创业做好了充分准备，就可以考虑开始创业了，创业需要设立企业，且需要决定采用何种企业组织形式。

一、企业的含义

通常所说的企业，一般是指从事生产、流通或服务等活动，为满足社会需要，实行自主经营、自负盈亏、自担风险、独立核算，具有法人资格的或其他基本经济单位。

企业的存在需要具备一定的要素条件，一般来说，创办一个企业需要具有的要素有以下几方面：

一是拥有一定数量、一定技术水平的生产设备和资金；

二是具有开展一定生产规模和经营活动的场所；

三是具有一定技能、一定数量的生产者和经营管理者；

四是从事社会商品生产、流通等经济活动；

五是自主经营、独立核算；

六是生产经营活动的目的是获取利润。

这些基本要素中最本质的要素是，企业的生产经营活动要获取利润。对于这一点，国内外许多企业家都有评述。一种观点直言不讳地认为，企业是以获取利润为目的的经济组织；另一种观点认为，企业需要利润，同时又必须承担某些社会责任，为社会提供服务，否则企业就不可能取得生存和发展。追求利润不是企业的唯一目的，利润只是为社会提供服务的合理报酬，是服务的结果。因此，企业要把为社会提供服务作为自己的宗旨。后一种看法体现了企业的伦理道德思想，具有企业家的战略眼光，在追求利润的同时更讲求企业生产经营之道，代表了当今企业的发展趋势。

二、我国企业的主要组织形式

选择合适的企业组织形式是创业过程中非常重要的一环，不同企业的组织形式意味着不同的启动条件，作为创业者有必要对创业资源进行分析，确定最合适的企业组织形式。

我国企业的组织形式主要有个人独资企业、合伙企业、公司制企业三种。公司制企业又分为有限责任公司和股份有限公司。

（一）个人独资企业

个人独资企业，是指依照《中华人民共和国个人独资企业法》在中国境内设立，由一个自然人投资，财产为投资人个人所有，投资人以其个人财产对企业债务承担无限责任的经营实体。

1. 设立个人独资企业应当具备的条件

（1）投资人为一个自然人（法官、检查官、警察、公务员、现役军人不能作为投资人）；

（2）有合法的企业名称；

（3）有投资人申报的出资，出资额自愿申报，不需要出具验资证明，但需要明确是以个人财产出资还是以其家庭财产作为个人出资；

（4）有固定的生产经营场所和必要的生产经营条件；

（5）有必要的从业人员。

【拓展学习】

个人独资企业申请设立提交的文件

（1）投资人签署的个人独资企业设立申请书；

（2）投资人身份证明；

（3）企业住所证明；

（4）国家工商行政管理总局规定提交的其他文件。

从事法律、行政法规规定须报经有关部门审批的业务的，应当提交有关部门的批准文件。

委托代理人申请设立登记的，应当提交投资人委托书和代理人身份证明或者资格证明。

2. 个人独资企业的基本特征

（1）在组织结构形式上，个人独资企业是由个人创办的独资企业，其投资者是一个自然人。国家机关、国家授权投资机构或国家授权的部门、企业、事业单位等都不能作为个人独资企业的设立人。

（2）在责任形态上，投资者个人以其个人财产对企业债务承担无限责任。投资人若以家庭共同财产作为个人投资的，以家庭共有财产对企业债务承担无限责任。这是个人独资企业区别于有限责任公司和股份有限公司等企业形式的基本特征。

（3）在性质上，个人独资企业是非法人企业。个人独资企业没有独立的资产，企业的财产就是投资人的财产，企业的责任就是投资人的责任。个人独资企业虽然不具备法人资格，但能够以自己的名义从事民事活动。

【拓展学习】

个人独资企业的经营形式与从事的行业

经登记机关核准登记，个人独资企业的经营形式一般有自产自销、代购代销、来料加工、来样加工、来件装配、零售、批发、批零兼营、客运服务、货运服务、代客储运、装卸、修理服务、咨询服务等。代理销售、连锁经营是新产生的经营方式。

个人独资企业是私营企业，对于私营企业，国家对其从事的业务行业做了相关规定，可以从事的行业有工业、商业、交通运输业、建筑业、饮食服务业、修理业、科技咨询以及文化娱乐业等。国家有关法律、行政法规规定，私营企业不得从事下列行业：军工业、邮电通信业、铁路运输业、金融保险业等。

3. 个人独资企业的优缺点

（1）优点。独资企业是企业制度序列中最初始和最古典的形态，也是民营企业主要的企业组织形式。其主要优点如下。

一是创业制约因素较少。企业的外部法律法规等对企业的经营管理、决策、进入与退出、设立与破产的制约较小。创立便捷，注册条件宽松，注册资本少。开设、转让、关闭企业手续简单，一般仅需向工商登记即可。

二是企业资产所有权、控制权、经营权、收益权高度统一。创业者在企业经营管理上有很大的自由度和灵活性，企业的经营数据可保密，既有利于保守与企业经营和发展有关的秘密，也有利于业主个人创业精神的发扬。

三是只需要缴纳个人所得税，税后利润全部归创业者所有。企业创业者自负盈亏和对企业的债务负无限责任成为强硬的预算约束。企业经营好坏同业主个人的经济利益乃至身家性命紧密相连，因而，创业者会尽心竭力地把企业经营好。

（2）缺点。虽然独资企业有如上的优点，但它也有比较明显的缺点。

一是难以筹集大量资金。因为一个人的资金终归有限，以个人名义借贷款难度也较大。因此，独资企业限制了企业的扩展和大规模经营。

二是投资者风险巨大。企业作为投资者的创业者要对企业全部债务负无限清偿责任，不仅要以其出资对企业承担责任，还要以个人的其他财产承担无限清偿责任。因此当企业经营出现问题，出现资不抵债时，法律强制用个人财产来清偿，有可能使创业者倾家荡产，带来业主承担风险过大的问题。从而限制了业主向风险较大的部门或领域进行投资的活动。这对新兴产业的形成和发展极为不利。

三是企业连续性差。企业的存续年限受限于投资者的寿命，若投资人死亡且继承人放弃继承企业，以及投资人个人及家属知识和能力的缺乏，都可能导致企业破产。

（二）合伙企业

合伙企业，是指自然人、法人和其他组织依照《中华人民共和国合伙企业法》在中国境内设立的，由各合伙人订阅合伙协议，共同出资、合伙经营、共享收益、共担风险，并对合伙企业债务承担无限连带清偿责任的经营性组织。合伙制企业有普通合伙企业和有限合伙企业两种设立形式。

普通合伙企业由普通合伙人组成，合伙人对合伙企业债务承担无限连带责任。以专业知识和专门技能为客户提供有偿服务的专业服务机构，可以设立为特殊的普通合伙企业。特殊普通合伙企业规定了有限责任合伙，即是谁致错（强调故意致错）谁承当无限责任，其他合伙人只承当有限责任，如果是非故意带来的债务，由全体合伙人承当无限连带责任。

有限合伙企业由普通合伙人和有限合伙人组成，不体现谁致错谁承当的责任理念，并且不区别是否是故意带来的债务。债务承担规定固定为普通合伙人对合伙企业债务承担无限连带责任，有限合伙人以其认缴的出资额为限对合伙企业债务承担责任。

1. 设立合伙企业应当具备的条件

（1）有两个以上合伙人。合伙人为自然人的，应当具有完全民事行为能力；有限合伙企业由两个以上五十个以下合伙人设立，法律另有规定的除外。有限合伙企业至少应当有一个普通合伙人。

（2）有书面合伙协议。合伙协议应当载明以下事项：合伙企业的名称和主要经营场所的地点；合伙目的和合伙经营范围；合伙人的姓名或者名称、住所；合伙人的出资方式、数额和缴付期限；利润分配、亏损分担方式；合伙事务的执行；入伙与退伙；争议解决办法；合伙企业的解散与清算；违约责任。

有限合伙企业合伙协议除上述事项外，还应当载明以下内容：

普通合伙人和有限合伙人的姓名或者名称、住所；执行事务合伙人应具备的条件和选择程序；执行事务合伙人权限与违约处理办法；执行事务合伙人的除名条件和更换程序；有限合伙人入伙、退伙的条件、程序以及相关责任；有限合伙人和普通合伙人相互转变程序。

（3）有合伙人认缴或者实际缴付的出资。可以用货币、实物、知识产权、土地使用权或者其他财产权利出资，也可以用劳务出资。合伙人以实物、知识产权、土地使用权或者其他财产权利出资，需要评估作价的，可以由全体合伙人协商确定，也可以由全体合伙人委托法定评估机构评估。合伙人以劳务出资的，其评估办法由全体合伙人协商确定，并在合伙协议中载明。

（4）有合伙企业的名称和生产经营场所。合伙企业名称中应当标明“普通合伙”字样。特殊的普通合伙企业名称中应当标明“特殊普通合伙”字样。有限合伙企业名称中应当标明“有限合伙”字样。

（5）法律、行政法规规定的其他条件。

【拓展学习】

合伙企业申请设立需要交的文件

（1）全体合伙人签署的设立登记申请书；

（2）全体合伙人的身份证明；

（3）全体合伙人指定的代表或者共同委托的代理人的委托书；

（4）合伙协议。

2. 合伙企业的基本特征

（1）有二个以上合伙人，并且都是具有完全民事行为能力，依法承担无限责任的人。

（2）有书面合伙协议，合伙人依照合伙协议享有权利，承担责任。

（3）普通合伙人以货币、实物、土地使用权、知识产权或者其他属于合伙人的合法财产及财产权利出资，也可以用劳务出资。有限合伙人不得以劳务出资。

（4）有关合伙企业改变名称、向企业登记机关申请办理变更登记手续、处分不动产或财产权利、为他人提供担保、聘任企业经营管理人员等重要事务，均须经全体合伙人一致同意。

（5）合伙企业的利润和亏损，由合伙人依照合伙协议约定的比例分配和分担，合伙协议未约定利润分配和亏损分担比例的，由各合伙人平均分配和分担。

（6）普通合伙人对合伙企业债务承担无限连带责任，有限合伙人以其认缴的出资额为限对合伙企业债务承担责任。

【拓展学习】

常见的合伙企业所处行业

合伙企业的数量不如个人独资企业和公司制企业多，一般在广告、商标、会计师事务所、法律事务所、股票经纪人、零售商业等行业较为常见。

3. 合伙企业的优缺点

（1）优点。

一是提高了筹资能力和信用能力。合伙企业可以由众多合伙人共同筹集资金，同时，合伙人共负偿债责任，且至少有一个负无限责任，使债权人的利益受到更大保护，也减少了银行贷款的风险，理论上来讲，在这种无限责任的压力下，更能提升企业信誉，因而使企业的筹资能力和信用能力均有所提高。

二是提高了经营水平与决策能力。合伙企业能够让更多投资者发挥优势互补的作用，比如技术、知识产权、土地和资本的合作，并且相比个人独资企业，合伙企业人投资者人数较多，大家共同出力谋划，集思广益，其经营水平与决策能力自然优于个人独资企业。

（2）缺点。

一是无限责任的风险性。普通合伙人对于企业的债务负无限责任，当企业经营失败时，如果其他合伙人无力赔偿他们应当承担的那一部分债务，合伙人还负有连带清偿责任，有义务用自己的财产予以出资补足，直至偿清全部债务为止。这就使合伙人面临相当大的风险。

二是合伙企业的稳定性较差。合伙制企业是依据合伙人之间的协议建立的，每当退出或死亡一位合伙人、接纳一位合伙人，都必须重新谈判并建立一种全新的合伙关系。而谈判与新型人情关系的建立都很复杂，因而在新旧合伙人更换时很容易使企业夭折。

三是易形成决策上的延误，合伙企业的所有合伙人都有权代表企业从事经营活动，重大决策需所有合伙人参加。如果意见分歧，很容易造成决策上的延误，影响企业的有效经营。

（三）有限责任公司

有限责任公司（简称“有限公司”，在英美称为封闭公司或私人公司），是指依照《中华人民共和国公司法》在中国境内设立的，由五十个以下的股东出资设立，股东以其所认缴的出资额为限对公司承担有限责任，公司法人以其全部资产对公司债务承担全部责任的经济组织。有限责任公司包括国有独资公司以及其他有限责任公司。这里主要介绍其他有限责任公司相关知识。

1. 设立有限责任公司应当具备的条件

（1）股东符合法定人数；

（2）有符合公司章程规定的全体股东认缴的出资额；

（3）股东共同制定公司章程；

（4）有公司名称，建立符合有限责任公司要求的组织机构；

（5）有公司住所。

【拓展学习】

申请设立有限责任公司需要提交的文件

（1）公司法定代表人签署的设立登记申请书；

（2）全体股东指定代表或者共同委托代理人的证明；

（3）公司章程；

（4）股东的主体资格证明或者自然人身份证明；

（5）载明公司董事、监事、经理的姓名、住所的文件以及有关委派、选举或者聘用的证明；

（6）公司法定代表人任职文件和身份证明；

（7）企业名称预先核准通知书；

（8）公司住所证明；

（9）国家工商行政管理总局规定要求提交的其他文件。

法律、行政法规或者国务院决定规定设立有限责任公司必须报经批准的，还应当提交有关批准文件。

2. 有限责任公司的基本特征

（1）有限责任公司是企业法人，公司股东以其出资额为限对公司承担责任，公司以其全部资产为限对公司债务承担责任。

（2）有限责任公司的股东人数有严格限制。我国《公司法》规定有限责任公司由五十个以下股东出资设立。

（3）有限责任公司股份转让受到一定限制，向股东以外的人转让股权，应当经其他股东过半数同意。在同等条件下，其他股东有优先购买权。

（4）有限责任公司的注册资本为在公司登记机关登记的全体股东认缴的出资额，不能向社会公开募集公司资本，不能发行股票。

（5）除法律、行政法规以及国务院决定对有限责任公司注册资本实缴、注册资本最低限额另有规定外，有限责任公司注册资本采用认缴制，无最低注册资本限额要求。

【资料链接】

认缴制下，公司注册资本为多少合适?

开公司，注册资本既不能过多，也不能过少。

新的公司注册制度下，注册公司不再需要验资，对注册资本大小也没有限制，就会有很多创业者以为，注册资本随便写，想写多少写多少，其实这种想法是非常错误的。那注册资本到底为多少才最好呢?

1. 注册资本太少，会影响业务开展

比如两个股东经过商量，决定注册资本为1元，从法律上来讲，1元的注册资本没有任何问题，但试想一下，如果你拿着营业执照去签订合同，你的合作伙伴看到你公司的注册资本为1元，会不会质疑你公司的经营能力?还可能会和你签订合同吗?

2. 注册资本太多，承担风险/责任大

注册资本太少了不好，那么把注册资本写很多，写1亿元，如何?工商局不需要验资报告，注册资本为1亿元，注册没有任何问题，但注册下来后问题就来了，因为注册资本是股东对公司的投资额，股东要以投资额为限对公司的债务承担责任。

实行注册资本认缴登记制度，并非注册资本不用缴纳。认缴制是政府不再收取验资证明而已，是从过去的政府监督转变为股东监督，认缴文件具有法律效力，是要负法律责任的。认缴制之后，对于股东未依公司章程规定实际缴付注册资本的，仍应依法律和章程规定承担民事法律责任。

如果有股东未依公司章程或股东会约定按时缴付注册资本，已按时缴足注册资本的股东以及公司本身均可向未按时缴足注册资本的股东追究未出资的民事责任。

如果公司发生债务纠纷或依法解散清算，当资不抵债时，未缴足注册资本的股东应先缴足注册资本，并以其认缴的出资额为限承担民事法律责任。

注册资本越多，则承担的责任越大。举个简单的例子，比如一家注册资本为100万元的公司，A占70%股权，所以需要出资70万元。后来公司经营不善，欠了1000万元的外债。那么A最多只需用70万元的出资额来承担责任，超出的部分就和A没有关系了。但如果这家公司的注册资本是1000万元，A依旧占70%的股权，那么A就要承担700万元的责任!

还有一个小的考虑：印花税缴纳的问题。每年年底，企业要按实收资本和资本公积缴纳万分之五的印花税。实收资本、资本公积更类似于法律上的“实缴资本（股本）”。大多公司都实行认缴制，所以初始时非实缴到位。随着时间的推移，实缴会逐步到位，注册资本等于实缴资本（会计上的“实收资本”和“资本公积”），印花税最终“缴满”。例如一家科技类公司的注册资本是100万元，如果企业完成实缴，那么，企业的印花税将是500元。因此，注册资本过多，也会造成印花税过高的问题。

所以，注册资本并不是越多越好，大部分互联网创业者走的是股权融资的路子，最重要的是股权比例，而不是注册资本。根据自己的实际情况设定一个合理的注册资本，才是最理智的选择。

3. 有限责任公司章程应当载明的事项

（1）公司名称和住所。

（2）公司经营范围。

（3）公司注册资本。

（4）股东的姓名或者名称。

（5）股东的出资方式、出资额和出资时间。

（6）公司的机构及其产生办法、职权、议事规则。

（7）公司法定代表人。

（8）股东会会议认为需要规定的其他事项。

股东应当在公司章程上签名、盖章。

4. 有限责任公司的优缺点

（1）优点。

①有限责任公司设立条件、组织机构和设立程序较为简单和灵活。有限责任公司一般具备股东符合法定人数，有公司章程，有符合公司章程规定的全体股东认缴的出资额，有公司名称及符合要求的组织机构等条件，登记即可。

②股东人数少，容易协调，较为稳定。我国《公司法》规定有限责任公司股东人数为 50 人以下，股东人数较少，股东之间容易协调。股东向股东以外的人转让股权，需要经过其他股东过半数同意且老股东有优先购买权，因而股东的流动性较低。

③公司机构精干，股权集中，有利于增强股东的责任感。有限责任公司的股东人数比较少，有时仅有 2 个或者更少，而股东人数较少或者规模较小的有限责任公司可以不设董事会。人数少，股权较为集中，股东利益与企业利益联系紧密，因而利于增强股东的责任感。

④股东承担有限责任，股东风险小。有限责任公司的股东以其出资额对公司债务承担有限责任，公司以其全部财产对其债务承担责任。

⑤公司账目无须向公众公开披露，可保证股东的封闭经营，公司机密不容易泄露。

（2）缺点。

①由于股东人数受最高限额的控制，企业发展规模受限制。有限责任公司只有股东集资方式筹集资金，股东人数有限，又不能公开发行股票，不利于大量集中资本，因此筹集资金的范围和规模一般都比较小，难以满足大规模生产经营活动的需要，因而企业发展受到限制。

②股权转让不容易，股东股权的转让受到严格限制，因而资本流动性较差，不利于通过股权转让的方式规避风险。有限责任公司的出资转让不像股份转让那样自由，《公司法》规定，股东向股东以外的人转让股权，应当经其他股东过半数同意。经股东同意转让的股权，在同等条件下，其他股东有优先购买权。对股东而言，这样的规定不利于其投资的流动和增强投资的变现能力，故股东投资风险相对较高。

③对债权人利益保护较差。首先，公司自有资本较少，抗风险能力较差，且全体股东均负有限责任，当严重亏损时破产的可能性较大，从而导致债权人利益受到损害。其次，由于缺乏社会公众的监督，难免会出现个别股东滥用公司形式、不当地逃避责任和风险而损害公司债权人利益的做法。

【资料链接】

"揭开公司的面纱"

公司的有限责任制度是公司制度得以确立的基石，其核心含义是公司人格独立、财产独立、责任独立，公司的股东仅以出资额为限对公司债务承担责任。超出出资额的，即使有再多的公司债务也不应当再让股东承担了，此为法定的责任限制。但是，为了防止恶意利用这一制度而故意损害公司债权人利益的行为，如公司是债务人，但公司股东为了逃废债务而把公司的资产转移，或将个人财产与公司财产高度混同等，从而不当逃避责任和风险，损害债权人的利益，为实现法律上的制约，法律上设计出一种补救制度，即法人人格否定制度，又称为"揭开公司的面纱"。公司法人人格否定制度，是指在特定的法律关系中，债务人公司的股东滥用公司法人人格独立实施了损害公司债权人的行为，而使公司债权人合法权益受到侵害时，公司债权人可以直接请求该股东偿还公司债务，此即揭开公司表面上人格独立、财产独立的面纱。

《公司法》第二十条规定：公司股东滥用公司法人独立地位和股东有限责任，逃避债务，严重损害公司债权人利益的，应当对公司债务承担连带责任。按照该规定，股东承担连带责任的要满足以下条件：

1. 股东实施了滥用公司法人人格和股东有限责任的行为，以逃废债务。如"一套班子、两块牌子"，财产混同、业务混同。

2. 严重损害公司债权人利益。这是衡量法人人格能否适用的一个客观标准，又是一个弹性较大的条款，由法官自由裁量。

3. 在债权人利益受损害与滥用公司法人人格独立、财产独立、责任独立的行为之间，存在因果关系。债权人必须要证明这种因果关系的存在。

4. 承担连带责任的股东在主观上适用一般过错责任原则。

5. 股东所承担的应当是补充连带责任，即先以公司财产清偿债权人债务，公司财产不够的，方由股东承担。承担责任的股东仅为实施了滥用公司法人人格和公司有限责任行为的股东，未实施这一行为的股东不承担连带责任。

（四）股份有限公司

股份有限公司（又称股份公司，在英美称为公开公司或公众公司），是指其全部资本分为等额股份，股东以其所持股份为限对公司承担责任，公司以其全部资产对公司的债务承担责任的企业法人。

股份有限公司的设立，可以采取发起设立或者募集设立的方式。

发起设立，是指由发起人认购公司应发行的全部股份而设立公司。

募集设立，是指由发起人认购公司应发行股份的一部分，其余股份向社会公开募集或者向特定对象募集而设立公司。

1. 设立股份有限公司应当具备的条件

（1）发起人符合法定人数。

（2）有符合公司章程规定的全体发起人认购的股本总额或者募集的实收股本总额。

（3）股份发行、筹办事项符合法律规定。

（4）发起人制订公司章程，采用募集方式设立的经创立大会通过。

（5）有公司名称，建立符合股份有限公司要求的组织机构。

（6）有公司住所。

【拓展学习】

股份公司申请设立需要提交的文件

（一）公司登记申请书；

（二）创立大会的会议记录；

（三）公司章程；

（四）验资证明；

（五）法定代表人、董事、监事的任职文件及其身份证明；

（六）发起人的法人资格证明或者自然人身份证明；

（七）公司住所证明。

以募集方式设立股份有限公司公开发行股票的，还应当向公司登记机关报送国务院证券监督管理机构的核准文件。

资料来源：《公司法》第九十二条

2. 股份有限公司的基本特征

（1）股份有限公司是独立的企业法人，其股东对公司债务负有限责任，公司以其全部资产为限对公司债务承担责任。

（2）股份有限公司的发起人人数不得少于法律规定的数目，《公司法》规定，设立股份有限公司，应当有2人以上200人以下为发起人，其中须有半数以上的发起人在中国境内有住所。

（3）股份有限公司采取发起设立方式设立的，注册资本为在公司登记机关登记的全体发起人认购的股本总额。在发起人认购的股份缴足前，不得向他人募集股份。股份有限公司采取募集方式设立的，注册资本为在公司登记机关登记的实收股本总额。股份有限公司注册资本没有最低限额要求。

（4）股份有限公司的全部资本划分为等额的股份，通过向社会公开发行的办法筹集资金，任何人缴纳股款后都可以成为公司股东，没有资格限制。

（5）股东的股份可以自由转让，但不能退股；发起人认购的股份，发起人持有的本公司股份，自公司成立之日起一年内不得转让。公司董事、监事、高级管理人员在任职期间每年转让的股份不得超过其所持有本公司股份总数的25%；所持本公司股份自公司股票上市交易之日起一年内不得转让。

（6）公司账目须向社会公开，以便于投资人了解公司情况，进行选择。

（7）公司设立和解散有严格的法律程序，手续复杂。

3. 股份有限公司章程应当载明的事项

（1）公司名称和住所。

（2）公司经营范围。

（3）公司设立方式。

（4）公司股份总数、每股金额和注册资本。

（5）发起人的姓名或者名称、认购的股份数、出资方式和出资时间。

（6）董事会的组成、职权和议事规则。

（7）公司法定代表人。

（8）监事会的组成、职权和议事规则。

（9）公司利润分配办法。

（10）公司的解散事由与清算办法。

（11）公司的通知和公告办法。

（12）股东大会会议认为需要规定的其他事项。

4. 股份有限公司的优缺点

（1）优点。

①股份有限公司便于广泛收集社会闲散资金，迅速积累大量资金，有利于公司的快速成长。股份有限公司的资本划分为若干股份，将较大的投资额化整为零，使更多的人有能力投资，投资人可以根据自己的资金能力认购一股或若干股，从而大大加快了公司资金的积累速度，利于提升企业成长速度。

②风险由所有股东共同分担，利于分散经营风险。股份有限公司拥有众多股东，由于大多股东股份金额较小，因此众多股东中每个人实际拥有的股份数占公司资本的比例很少，而股东以其拥有的股份金额对公司承担责任，抗风险压力较小。对于公司来说，一旦公司经营亏损，其风险可以由所有股东共同分担，也利于分散公司的经营风险。

③股份有限公司以发行股票的方式公开募集资本，股票具有较高程度的流通性，能够自由转让和交易，便于快速变现，利于通过股权转让的方式规避投资风险。

（2）缺点。

①股份有限公司设立条件、程序比较严格、复杂，发起人设立责任比较重，审批环节多，不仅易出纰漏而且在检查中不易发现问题所在。

②大多数中小股东对公司缺乏责任感，影响公司抗风险能力。由于股份分散、转让自由，公司股东流动性较强，不容易控制。公司经营状况好，投资者就多；公司经营不佳，股东便会抛售股票，转移风险，会使暂时遇到经营困难、有可能扭亏为盈的公司因股票价格暴跌失去抗风险能力，对公司渡过难关、顺利发展造成严重阻碍。

③股份公司规模较大，灵活性差，工作效率也受到一定影响。股份公司发展到一定规模后，受其人员数量增加、机构部门增多、工作流程繁杂等影响，决策灵活性以及工作效率较有限责任公司有所降低。

④公司的商业秘密及账务信息保密性差。由于公司上市后依法应定期向公众公开其经营和财务状况，并需要及时、全面地提供可能对公司证券的买卖活动及价格有重大影响的相关信息，会使公司的商业秘密及财务信息泄露。

【拓展学习】

有限责任公司与股份有限公司的主要区别见表8-1。

表8-1　有限责任公司与股份有限公司的主要区别一览表

不同点	企业形式	
	有限责任公司	股份有限公司
设立条件不同	设立有限责任公司，应当具备下列条件： 1. 股东符合法定人数； 2. 有符合公司章程规定的全体股东认缴的出资额； 3. 股东共同制定公司章程； 4. 有公司名称，建立符合有限责任公司要求的组织机构； 5. 有公司住所	设立股份有限公司，应当具备下列条件： 1. 发起人符合法定人数； 2. 有符合公司章程规定的全体发起人认购的股本总额或者募集的实收股本总额； 3. 股份发行、筹办事项符合法律规定； 4. 发起人制订公司章程，采用募集方式设立的经创立大会通过； 5. 有公司名称，建立符合股份有限公司要求的组织机构； 6. 有公司住所
设立方式不同	股东出资	发起设立或者募集设立
股东（发起人）人数不同	50个以下股东	有2人以上200人以下为发起人，其中须有半数以上的发起人在中国境内有住所
股权表现形式不同	有限责任公司中股东的股权证明是出资证明书，出资证明书不能转让、流通	股份有限公司中股东的股权证明是股票，即股东所持有的股份以股票的形式来体现。股票是公司签发的证明股东所持股份的凭证，可以转让、流通
注册资本不同	在公司登记机关登记的全体股东认缴的出资额	发起设立：注册资本为在公司登记机关登记的全体发起人认购的股本总额。在发起人认购的股份缴足前，不得向他人募集股份。募集方式设立：注册资本为在公司登记机关登记的实收股本总额
公司章程载明事项不同	有限责任公司章程不同条款包括： 1. 公司注册资本； 2. 股东的姓名或者名称； 3. 股东的出资方式、出资额和出资时间； 4. 公司的机构及其产生办法、职权、议事规则	股份有限公司章程不同条款包括： 1. 公司设立方式； 2. 公司股份总数、每股金额和注册资本； 3. 发起人的姓名或者名称、认购的股份数、出资方式和出资时间； 4. 董事会的组成、职权和议事规则； 5. 监事会的组成、职权和议事规则； 6. 公司利润分配办法； 7. 公司的解散事由与清算办法； 8. 公司的通知和公告办法

续表

不同点	企业形式	
	有限责任公司	股份有限公司
股东（发起人）未足额出资的责任不同	股东不按照规定缴纳出资的，除应当向公司足额缴纳外，还应当向已按期足额缴纳出资的股东承担违约责任	股份有限公司成立后，发起人未按照公司章程的规定缴足出资的，应当补缴；其他发起人承担连带责任
股权（份）转让与难易程度不同	有限责任公司股东向股东以外的人转让股权，需经其他股东过半数同意。其他股东半数以上不同意转让的，不同意的股东应当购买该转让的股权；不购买的，视为同意转让。经股东同意转让的股权，在同等条件下，其他股东有优先购买权。 有限责任公司中，股东转让自己的出资有严格的要求，受到的限制较多，比较困难，因而股权的流动性差，变现能力弱	股份有限公司股东转让其股份，需在依法设立的证券交易场所进行或者按照国务院规定的其他方式进行。 股份有限公司的股票公开发行，股东转让自己的股份比较自由，不受限制，上市公司股票则流动性更高，融资能力更强
公司回购股权（份）不同	有下列情形之一的，对股东会该项决议投反对票的股东可以请求公司按照合理的价格收购其股权： 1. 公司连续五年不向股东分配利润，而公司该五年连续盈利，并且符合《公司法》规定的分配利润条件的； 2. 公司合并、分立、转让主要财产的； 3. 公司章程规定的营业期限届满或者章程规定的其他解散事由出现，股东会会议通过决议修改章程使公司存续的	公司不得收购本公司股份。但是，有下列情形之一的除外： 1. 减少公司注册资本； 2. 与持有本公司股份的其他公司合并； 3. 将股份奖励给本公司职工； 4. 股东因对股东大会作出的公司合并、分立决议持异议，要求公司收购其股份的
信息公开要求不同	有限责任公司的生产、经营、财务状况，只需按公司章程规定的期限向股东公开，供其查阅，无须对外公布，财务状况相对保密	股份有限公司，要定期公布财务状况，上市公司要通过公共媒体向公众公布财务状况，相比更难操作，公司财务状况也难以保密，更容易涉及信息披露、内幕交易等问题

三、创业企业组织形式的选择

不同企业的组织形式有不同的优势、劣势，创业者必须了解每种组织形式的优劣势，从而选择一种适合的企业组织形式。一般选择企业组织形式时宜从以下几个方面加以考虑。

（一）拟投资的行业

创业者要对自己所投资的行业有了解。在创业之初，首先需要避免对特定产业、行业领域设立企业组织形态的相关规定不了解就盲目选择企业组织形态，这样可能导致企业设立申请无法获批，造成企业设立成本增加。对于一些特殊的行业，法律法规明确规定了只能采取特殊的组织形式，创业者需要对涉及企业组织形态的相关法律法规进行深入了解，在选择企业组织形式时严格遵守法律法规政策，确保企业形式与法律法规政策相符合。例如，《律师法》规定律师事务所的组织形式只有合伙所、个人所和国资所三种组织形式；对于银行、保险等行业，法律规定必须采用公司制的企业组织形式；近来非常热门的私募股权基金，法律只允许选择公司制和合伙制。所以，创业者首先要了解所要进入的行业是否属于法律限制组织形式的行业。对于有法律强制性规定的行业，只能按照法律的要求选择组织形式，如果法律对拟投资的行业没有明确限制，那么可以结合通常做法中考虑的因素以及创业者的特殊要求来确定企业组织形式。

（二）创业者对风险的承担能力

商业环境中存在着各种各样的经营风险，企业采用何种组织形式，与其今后面临风险所需要承担的责任是息息相关的。公司制企业组织形式最诱人的地方就是“有限责任”，这种组织形式将投资的创业者的个人财产与投资到公司的财产进行了分离，以其作为出资额的财产为限承担责任，从而大大降低了创业者的投资风险，激发了创业者投资的热情。对于普通合伙企业和个人独资企业，企业主需要对企业承担无限责任，选择这两种组织形式，创业者所必须承担的风险不限于目前的投资额，还包括企业主的个人财产。相对于公司制，采用这两种组织形式进行创业的风险比较大，尤其是风险的不可控制性。《合伙企业法》中规定了一种新的组织形式，即有限合伙企业，是由普通合伙人与有限合伙人组成的合伙企业的组织形式，是由普通合伙人承担无限责任，有限合伙人以其出资额为限承担责任的企业形式。有限合伙企业形式将创业资金丰富者与资金缺乏者、风险承担能力强者与承担能力弱者结合起来，从而实现了风险的可控性。

创业者自身的风险承担能力是创业者必须考虑的因素之一，企业组织形式与创业者日后承担的风险息息相关。因此企业注册时应根据自身的情况，选择契合自身创业发展的企业组织形式。

（三）对税收因素的考虑

不同的企业组织形式所缴纳的税不同，因此选择企业组织形式时需要考虑税负问题。根据我国税法规定，个人独资企业和合伙企业的生产经营所得计征个人所得税，公司制企业既要缴纳企业所得税，又要在向股东分配利润时为股东代扣代缴个人所得税。因此从税负筹划的角度，选择个人独资企业和合伙企业税负更低。需要注意的是，我国政府会根据实际情况制定一些税收优惠政策，因此需要创业者及时了解税收优惠政策。例如，涉及小微企业或者高新技术产业等国家政府支持的行业会实行税收优惠，可能出现公司制企业税收更低一些的情况。而且，企业后期的税务管理筹划、股权构架筹划等问题都会因为组织形式的不同而有所不同。因此，企业在注册时应该从多方面进行考虑，以选择适当的企业组织形式。

（四）创业者对经营期间的考量

企业作为法律主体，是有寿命的，企业的寿命长短会影响到创业者的投资预期。个人独资企业，一旦投资人死亡且无继承人或者继承人决定放弃继承，企业就只能解散，因此个人独资企业寿命可能较短；合伙企业由合伙人组成，人合性较重，也面临着同样的问题，除非不断吸收新的合伙人，否则合伙人的死亡、自身经济状况的变化、破产等都将造成企业解散，因此合伙企业寿命也是有限的。个人独资企业与合伙企业的这种经营期间的不确定性，会影响到创业者或者投资者预期，也不适合大规模投资。

而对于公司制的企业来说，除非出现法定解散事由或者股东决议解散外，原则上是可以永续存在的。西方国家中历经几百年的公司也是有的，这也是某些企业选择公司制组织形式的原因之一。

（五）公司的控制和管理方式

公司组织形式的选择与创业者倾向于个人决策还是协商合作有关。各国公司法大多规定公司设立董事会作为公司的经营决策和执行机关，此为集权化管理制度。但如果公司的投资成员众多，每件事项皆须获得全体投资人（股东会）的决议通过，不但会影响时效，也不现实。因此必须设置一个管理中枢，由股东选出少数人代表股东大众处理一般事务，甚至由董事会选任单一的专业经理人处理日常事务。集权化与分工化的管理是公司制组织的特色，公司制企业均有一个正式的管理架构；而合伙企业无集权式管理的设计，原则上每个合伙人都享有平等的权利，在管理上是“均权”的。

（六）企业对资本和信用的需求程度

虽然通常投资人有一定的资本，但一般来说，如果资金不够充足，又不想使事业的规模太大，或者扩大规模受到客观条件的限制，适宜采用合伙或有限公司的形式；如果所需资金巨大，并希望经营的事业规模宏大，适宜采用股份制；如果开办人愿意以个人信用作为企业信用的基础，且不准备扩展企业的规模，则适宜采用独资的方式。

（七）权益转移的自由度

理论上，股份有限公司尤其是上市公司股东持有的股份可以自由转让，即所谓的股份的流通性。但在实务上，这个原则也有例外，例如发起人所持有的股份在一定期间内不得转让，此外，股份公司的高管人员转让股份也受到一定限制。一般来讲，公司股东所享有的权益转移自由程度较合伙关系下的合伙人高。

综上所述，创业者选择企业组织形式时需要综合考量。如果对拟投资的行业、出资人责任大小、税负、企业存续期限、公司控制与管理方式 、对资本和信用的需求程度、股份转移自由度等因素缺乏综合考量，就很容易导致选择的企业组织形式不适合经营发展。所以，在设立企业之前必须充分考虑各种因素，以做出正确的选择。

第二节　创业企业创办过程

企业注册登记是开始创业的第一步，首先需要了解注册公司的流程，明确需要做的准备及注册的步骤、需要花费的时间。我国自 2016 年 10 月 1 日起正式实施“五证合一、一照一码”登记制度，五证合一后公司的营业执照、组织机构代码证、税务登记证、社会保险登记证和统计登记证一次性全部完成办理，大大节省了办理证件所需要花费的时间，同时也提高了工商管理部门的办事效率。

一、开办新企业步骤

下面主要介绍公司制企业五证合一后的注册步骤。一般来说，企业开办步骤如图 8-1 所示。

图 8-1　公司制企业注册步骤

（一）准备开办企业需要提交的资料

以下以公司制企业为例，需要准备的资料如下。

1. 企业名称预先核准通知书

企业名称预先核准通知书通过工商核名方可取得。首先公司要提供4~5个名字供工商行政管理局检索核准。

公司名称一般由四部分组成：行政区划、字号、行业（非必填项）、组织形式，如鞍山（行政区划）+宝得（字号）+钢铁（行业）+有限责任公司（组织形式）。

要取一个市场上没有出现过的公司名。一般来说，很难准备一个名字就通过，至少需要准备四个甚至十几个名字供工商局检索核准，一旦工商局选中就无法再变更（当然，如果对工商局选中的备选名字不满意，可以重新提交验名申请）。准备好企业名称后，需要到工商局领取一张“企业（字号）名称预先核准申请表”，填写准备采用的公司名称，由工商局上网检索是否有重名，如果没有重名，则可以使用这个名称，就会核发一张“企业（字号）名称预先核准通知书”。因此，为节约时间，建议团队一起商量，多取一些名字供工商局检索核准。

【拓展学习】

企业名称四个部分内容说明

1. 行政区划

名称的行政区划一般表述为所在城市，如“鞍山”或“鞍山市”。行政区划也可以在名称中间使用，但应加上括号，如蓝天（鞍山）科技有限公司、蓝天科技（鞍山）有限公司。

企业名称也可以不使用行政区划。申请设立登记时，如名称不使用行政区划，则需要到工商行政管理总局申请办理。

2. 字号

字号是用来区别与企业拟从事主要业务相同的其他企业名称的标志，也就是商号。字号应由两个以上符合国家规范的汉字组成。

字号是公司名称中最重要、最核心的元素，就像给孩子起名字一样，说一个朗朗上口、传播力强、寓意深远的字号是公司成功的第一步也毫不夸张。做统计调查会发现，没有哪个伟大公司的名称是很难听的。

3. 行业（经营特点）

名称中的行业主要用来表述经营特点，是指拟要从事的主要经营项目，如以经营服装为主的行业可表述为“商业”“服装”“贸易”等；以技术开发为主的行业可表述为“科技”“技术”“科技开发”等；以经营餐饮为主的行业可以表述为“餐饮”“酒楼”“饭馆”等。

在选择拟从事的行业时，应参照国家统计局印发的《国民经济行业分类》确定。

4. 组织形式

组织形式体现了企业的性质。公司制企业一般应表述为“有限公司”“有限责任公司”“股份公司”“股份有限公司”。

2. 公司登记（备案）申请书

填报公司登记（备案）申请书，内容如资料链接所示。

【资料链接】

公司登记（备案）申请书见表 8-2。

表 8-2　公司登记（备案）申请书

<table>
<tr><td colspan="4">□基本信息</td></tr>
<tr><td>名　　称</td><td colspan="3"></td></tr>
<tr><td>名称预先核准文号/注册号/统一社会信用代码</td><td colspan="3"></td></tr>
<tr><td>住　　所</td><td colspan="3">________省（市/自治区）________市（地区/盟/自治州）________县（自治县/旗/自治旗/市/区）__________乡（民族乡/镇/街道）______________村（路/社区）__________号</td></tr>
<tr><td>生产经营地</td><td colspan="3">________省（市/自治区）________市（地区/盟/自治州）________县（自治县/旗/自治旗/市/区）__________乡（民族乡/镇/街道）______________村（路/社区）__________号</td></tr>
<tr><td>联系电话</td><td></td><td>邮政编码</td><td></td></tr>
<tr><td colspan="4">□设立</td></tr>
<tr><td>法定代表人姓　　名</td><td></td><td>职　　务</td><td>□董事长　□执行董事　□经理</td></tr>
<tr><td>注册资本</td><td>________万元</td><td>公司类型</td><td></td></tr>
<tr><td>设立方式（股份公司填写）</td><td colspan="3">□发起设立　　　　□募集设立</td></tr>
<tr><td>经营范围</td><td colspan="3"></td></tr>
<tr><td>经营期限</td><td>□________年　□ 长期</td><td>申请执照副本数量</td><td>________个</td></tr>
<tr><td colspan="4">□变更</td></tr>
<tr><td>变更项目</td><td colspan="2">原登记内容</td><td>申请变更登记内容</td></tr>
<tr><td></td><td colspan="2"></td><td></td></tr>
<tr><td></td><td colspan="2"></td><td></td></tr>
<tr><td></td><td colspan="2"></td><td></td></tr>
<tr><td></td><td colspan="2"></td><td></td></tr>
<tr><td></td><td colspan="2"></td><td></td></tr>
<tr><td></td><td colspan="2"></td><td></td></tr>
<tr><td></td><td colspan="2"></td><td></td></tr>
</table>

续表

<table>
<tr><td colspan="5">□备案</td></tr>
<tr><td rowspan="2">分公司
□增设□注销</td><td>名　　称</td><td></td><td>注册号/统一社会信用代码</td><td></td></tr>
<tr><td>登记机关</td><td></td><td>登记日期</td><td></td></tr>
<tr><td rowspan="2">清算组</td><td>成　　员</td><td colspan="3"></td></tr>
<tr><td>负 责 人</td><td></td><td>联系电话</td><td></td></tr>
<tr><td>其　他</td><td colspan="4">□董事　□监事　□经理　□章程　□章程修正案　□财务负责人　□联络员</td></tr>
<tr><td colspan="5">□申请人声明</td></tr>
<tr><td colspan="5">本公司依照《公司法》《公司登记管理条例》相关规定申请登记、备案，提交材料真实有效。通过联络员登录企业信用信息公示系统向登记机关报送、向社会公示的企业信息为本企业提供、发布的信息，信息真实、有效。

法定代表人签字：　　　　　　　　　　　　公司盖章

（清算组负责人）签字：　　　　　　　　　　年　　月　　日</td></tr>
</table>

除以上内容外，还需提供法定代表人信息，董事、监事、经理信息，股东（发起人）出资情况，财务负责人信息，联络员信息并填写相应表格，内容如资料链接所示。

【资料链接】

法定代表人信息，董事、监事、经理信息，股东（发起人）出资情况，财务负责人信息，联络员信息见表8-3~表8-7。

表8-3　法定代表人信息

<table>
<tr><td>姓　　名</td><td></td><td>固定电话</td><td></td></tr>
<tr><td>移动电话</td><td></td><td>电子邮箱</td><td></td></tr>
<tr><td>身份证件类型</td><td></td><td>身份证件号码</td><td></td></tr>
<tr><td colspan="4">（身份证件复印件粘贴处）</td></tr>
<tr><td colspan="4">法定代表人签字：　　　　　　　　　　　　年　　月　　日</td></tr>
</table>

表 8-4 董事、监事、经理信息

姓名______ 职务______ 身份证件类型______ 身份证件号码__________ （身份证件复印件粘贴处）
姓名______ 职务______ 身份证件类型______ 身份证件号码__________ （身份证件复印件粘贴处）
姓名______ 职务______ 身份证件类型______ 身份证件号码__________ （身份证件复印件粘贴处）

表 8-5 股东（发起人）出资情况

股东（发起人）名称或姓名	证件类型	证件号码	出资时间	出资方式	认缴出资额（万元）	出资比例

表 8-6 财务负责人信息

姓　名		固定电话	
移动电话		电子邮箱	
身份证件类型		身份证件号码	
（身份证件复印件粘贴处）			

表 8-7　联络员信息

姓　　名		固定电话	
移动电话		电子邮箱	
身份证件类型		身份证件号码	
（身份证件复印件粘贴处）			

注　联络员主要负责本企业与企业登记机关的联系沟通，以本人个人信息登录企业信用信息公示系统依法向社会公示本企业有关信息等。联络员应了解企业登记相关法规和企业信息公示有关规定，熟悉操作企业信用信息公示系统。

3. 指定代表或者共同委托代理人授权委托书

填写指定代表或者共同委托代理人授权委托书，内容如资料链接所示。

【资料链接】

指定代表或者共同委托代理人授权委托书

申请人：________________

指定代表或者委托代理人：________________

委托事项及权限：

1. 办理________________（企业名称）的

□名称预先核准 □设立 □变更 □注销 □备案 □撤销变更登记

□股权出质（□设立 □变更 □注销 □撤销）□其他________手续。

2. 同意□不同意□核对登记材料中的复印件并签署核对意见；

3. 同意□不同意□修改企业自备文件的错误；

4. 同意□不同意□修改有关表格的填写错误；

5. 同意□不同意□领取营业执照和有关文书。

指定或者委托的有效期限：自　　年　月　日至　　年　月　日

指定代表或委托代理人或者经办人信息	签　　字：
	固定电话：
	移动电话：
（指定代表或委托代理人、具体经办人身份证明复印件粘贴处）	

（申请人签字或盖章）

年　　月　　日

4. 股东决定

填写股东决定，内容如资料链接所示。

【资料链接】

×××有限责任公司股东决定

根据《×××有限责任公司章程》第　条、第　条、第　条规定，股东×××决定：

一、委派　　　为×××有限责任公司执行董事兼经理（法定代表人）。

二、委派　　　为×××有限责任公司监事。

三、委托　　　办理相关设立事宜。

此决定自××××年×月×日起生效。

股东（签字）：

××××年×月×日

5. 股东签署的公司章程

按照工商局提供的“公司章程”样本，根据实际情况进行修改，章程的最后由所有股东签名。以一人有限公司为例，公司章程内容如资料链接所示。

【资料链接】

××××有限公司章程

依据《中华人民共和国公司法》及有关法律、法规的规定，由自然人股东×××一人出资设立×××有限公司（以下简称“公司”），特制定本章程。

第一章　公司名称和住所

第一条　公司名称：×××有限公司。

第二条　公司住所：×××市×××区××××××。

第二章　公司经营范围

第三条　公司经营范围：××××××。

第三章　公司注册资本

第四条　公司注册资本：人民币××万元。公司实行注册资本认缴制，股东以其认缴的出资额为限对公司承担法律责任，股东认缴出资××万元人民币，已缴×万元人民币，承诺余额××万元人民币于××××年××月××日前缴齐。

第五条　由股东决定，公司可以增加或减少注册资本。公司减少注册资本时，必须编制资产负债表及财产清单，并自作出减少注册资本决定之日起十日内通知债权人，且于三十日内在报纸上公告。债权人自接到通知书之日起三十日内，未接到通知书的自公告之日起四十五日内，有权要求公司清偿债务或者提供相应担保。

公司减资后的注册资本不得低于法律规定的最低限额。

第六条　公司变更注册资本，要依法向公司登记机关办理变更登记手续。

第四章　股东的姓名、出资方式、认缴出资额和出资时间

第七条　自然人×××为公司股东。出资方式：货币；认缴出资额：××万元人民币；认缴出资时间：××××年××月××日。

第八条　公司成立后，应向股东签发出资证明书。

第九条　经股东决定，股东可以将其全部或者部分股权依法转让他人。

第十条　股权转让后，公司应签发或更改出资证明书。同时，向公司登记机关办理变更登记。

第五章　股东的权利和义务

第十一条　股东享有如下权利：

(1) 决定公司的经营方针和投资计划；

(2) 委派或免除公司执行董事、监事并决定其报酬事项；

(3) 决定聘任或解聘公司经理；

(4) 审查批准执行董事的报告；

(5) 审查批准监事的报告；

(6) 审查批准公司的年度财务预算方案、决算方案；

(7) 审查批准公司的利润分配方案和弥补亏损方案；

(8) 对公司增加或者减少注册资本作出决定；

(9) 对发行公司债券作出决定；

(10) 对公司合并、分立、解散、清算或者变更公司形式作出决定；

(11) 修改公司章程；

(12) 公司终止后，依法分得公司的剩余财产；

(13) 公司章程规定的其他职权。

第十二条　股东承担以下义务：

(1) 遵守公司章程；

(2) 按期缴纳所认缴的出资；

(3) 依其所认缴的出资额承担公司的债务；

(4) 在公司办理登记注册手续后，股东不得抽回投资。

第六章　公司的机构及其产生办法、职权、议事规则

第十三条　公司不设董事会，设执行董事一名，由股东委派产生。

第十四条　执行董事任期三年，任期届满，由股东决定是否可以连任。

第十五条　执行董事对股东负责，行使下列职权：

(1) 执行股东的决定；

(2) 向股东报告工作；

(3) 决定公司的经营计划和投资方案；

(4) 制订公司的年度财务预算方案、决算方案；

(5) 制订公司的利润分配方案和弥补亏损方案；

(6) 制订公司增加或者减少注册资本以及发行公司债券的方案；

(7) 制订公司合并、分立、变更公司形式、解散的方案;

(8) 决定公司内部管理机构的设置;

(9) 根据经理的提名决定聘任或者解聘公司副经理、财务负责人及其报酬事项;

(10) 制定公司的基本管理制度;

(11) 代表公司签署有关文件。

第十六条 公司设经理一名,由股东聘任产生。

第十七条 经理任期三年,任期届满,由股东决定是否可以连任。

第十八条 经理对股东、执行董事负责,行使下列职权:

(1) 主持公司的生产经营管理工作,组织实施执行董事的决议;

(2) 组织实施公司年度经营计划和投资方案;

(3) 拟订公司内部管理机构设置方案;

(4) 拟订公司的基本管理制度;

(5) 制定公司的具体规章;

(6) 提请聘任或者解聘公司副经理、财务负责人;

(7) 决定聘任或者解聘除应由股东和执行董事聘任或者解聘以外的负责管理人员;

(8) 股东授予的其他职权。

第十九条 公司设监事一名,由股东委派产生。

第二十条 监事任期三年,任期届满,由股东决定是否可以连任。

第二十一条 监事对股东负责,行使下列职权:

(1) 检查公司财务;

(2) 对执行董事、经理行使公司职务时违反法律、法规或者公司章程的行为进行监督;

(3) 当执行董事、经理的行为损害公司的利益时,要求执行董事、经理予以纠正;

(4) 向股东提出提案;

(5) 依照《公司法》的规定,对执行董事、高级管理人员提起诉讼;

(6) 公司章程规定的其他职权。

第二十二条 公司执行董事、高级管理人员不得兼任公司监事。

第七章 公司法定代表人

第二十三条 执行董事为公司的法定代表人。

第二十四条 执行董事任期届满,或在任期内辞职,在股东委派的新的执行董事就任前,原执行董事仍应依照法律、行政法规和公司章程的规定,履行执行董事职务。

第八章 财务、会计、利润分配及劳动用工制度

第二十五条 公司应当依照法律、行政法规和国务院财政主管部门的规定建立公司的财务、会计制度,并应在每一会计年度终了时制作财务会计报告,财务会计报告应经会计师事务所审计。

第二十六条 公司利润分配按照《公司法》及有关法律、法规、国务院财政主管部门的规定执行。

第二十七条 劳动用工制度按国家法律、法规及国务院劳动部门的有关规定执行。

第九章　公司的解散事由与清算办法

第二十八条　公司的营业期限为十年，从《企业法人营业执照》签发之日起计算。

第二十九条　公司有下列情形之一的，可以解散：

(1) 公司章程规定的营业期限届满或者公司章程规定的其他解散事由出现；

(2) 股东决定解散；

(3) 因公司合并或者分立需要解散；

(4) 依法被吊销营业执照、责令关闭或者被撤销；

(5) 人民法院依照《公司法》的规定予以解散。

第三十条　公司解散时，应依《公司法》的规定成立清算组对公司进行清算。清算结束后，清算组应当制作清算报告，报股东或者有关部门确认，并报送公司登记机关，申请注销公司登记，公告公司终止。

第十章　附　则

第三十一条　公司章程中的高级管理人员，是指本公司的经理、副经理、财务负责人和公司章程规定的其他人员。

第三十二条　公司根据需要或涉及公司登记事项变更的可修改公司章程，修改后的公司章程不得与法律、法规相抵触，修改公司章程应由股东作出决定。修改后的公司章程应送原公司登记机关备案，涉及变更登记事项的，同时应向公司登记机关做变更登记。

第三十三条　公司登记事项以公司登记机关核定的为准。

第三十四条　公司章程条款如与国家法律、法规相抵触的，以国家法律法规为准。

第三十五条　本章程由股东制定。

第三十六条　本章程一式三份，股东持一份，公司留存一份，并报公司登记机关备案一份。

自然人股东（签字）：

××××年××月××日

6. 住所（经营场所）证明

（1）自有房产提交产权证复印件，并提交原件核对。

（2）未办理产权证的商品房提交商品房买卖合同及商品房预售许可证复印件，商品房买卖合同提交原件核对。

（3）租赁房屋提交租赁协议原件及出租方的产权证复印件。

（4）出租方为宾馆、饭店的，还应提交宾馆、饭店的营业执照复印件。

（5）以上不能提供产权证复印件的，提交能够证明产权归属的其他房屋产权使用证明复印件。

7. 申请市场主体住所（经营场所）登记告知单

申请市场主体住所（经营场所）登记告知单内容如资料链接所示。

【资料链接】

申请市场主体住所（经营场所）登记告知单

申请人应当遵守国家关于市场主体住所（经营场所）管理的有关规定；申请人对提交住所（经营场所）文件的合法性、真实性负责；住所（经营场所）依法应当取得批准的，经许可审批后凭许可审批文件经营。

申请人签字（盖章）：

年　　月　　日

8. 住所（经营场所）承诺书

住所（经营场所）承诺书内容如资料链接所示。

【资料链接】

住所（经营场所）承诺书

________________工商行政管理局：

用于申请设立（变更）市场主体的住所（经营场所）不是非法建筑、危险建筑、被征收房屋。不属于有禁止性规定的特定行业市场主体住所（经营场所）。

特此承诺。

承诺人签字（盖章）：

年　　月　　日

注：(1) 设立登记时的承诺人为公司股东发起人、投资人、合伙人、经营者。

(2) 变更登记时的承诺人为企业、个体工商户、农民专业合作社。

(3) 承诺人为自然人的由本人签字；自然人以外的加盖公章。

9. 企业登记信息数据补充表

企业登记信息数据补充表内容如资料链接所示。

【资料链接】

企业登记信息数据补充表见表8-8。

表8-8　企业登记信息数据补充表

注册号：

企业名称			
企业电子邮件		传真号码	
住所行政区划		是否投资性公司	□是　□否
企业类型		是否经纪人	□是　□否

续表

主要产品		是否农业经纪人	□是 □否
主要经营类别		是否广告企业	□是 □否
特定分类		是否小煤矿	□是 □否
重（热）点行业		是否保密	□是 □否
特殊行业		是否改制	□是 □否
行业门类		所在地	□城镇 □农村
经营期限		执照副本数	
吸纳下岗失业人员就业人数		从业人数	
吸纳高校毕业生就业人数		章程备案	
个人独资企业出资方式		行业代码	

非公党建

党员（预备党员）人数		党组织建制	
党组织组建方式		党组织组建时间	
法定代表人（负责人、投资人、执行事务合伙人）是否党员		党建联络人姓名	
法定代表人（负责人、投资人、执行事务合伙人）是否党组织书记		党建联络电话号码	

企业、投资人签字盖章： 年 月 日

注 1. 此表适用于个人独资企业、合伙企业、公司制企业、非公司制企业及其分支机构登记时收集登记信息；

2. 设立登记时，必填此表，此表与设立登记申请书等材料合并装档；

3. 变更登记时，如此表所列信息有变动时，填写此表，没有变动，不需填写此表；

4. 此表可根据企业类型及登记需要，对上述内容选择填写；

5. 此表是各种登记材料中无法体现，而需录入微机中企业基本信息的依据；

6. 设立登记时由全体投资人或股份公司全体董事签字盖章，变更登记时由企业盖章。

10. 股东的主体资格证明或者自然人身份证件复印件

（1）股东为企业的，提交营业执照复印件。

（2）股东为事业法人的，提交事业法人登记证书复印件。

（3）股东为社团法人的，提交社团法人登记证书复印件。

（4）股东为民办非企业单位的，提交民办非企业单位证书复印件。

（5）股东为自然人的，提交身份证件复印件。

（6）其他股东提交有关法律法规规定的资格证明。

11. 有关批准文件或者许可证件复印件

（1）法律、行政法规和国务院决定规定设立有限责任公司必须报经批准的，提交有关的批准文件或者许可证件复印件。

（2）公司申请登记的经营范围中有法律、行政法规和国务院决定规定必须在登记前报经批准的项目，提交有关批准文件或者许可证件复印件。

12. 企业印章刻制确认表

企业印章刻制确认表内容如资料链接所示。

【资料链接】

企业印章刻制确认表见表 8-9。

表 8-9 企业印章刻制确认表

企业名称			
企业类型		注册号	
下列印章需持公安机关《印章刻制备案证明》到取得印章刻制业特种行业许可证的印章承制企业刻制，请确认刻制数量			
企业法定名称章	数量	1 枚（只允许刻制 1 枚）	
合同专用章	数量	□枚	
财务专用章	数量	□枚	
发票专用章	数量	□枚	
法定代表人（负责人）个人名章	数量	□枚	
经办人签字： 年 月 日	法定代表人（负责人）签字： 年 月 日		

注 企业类型、注册号不需填写。

（二）提交材料办理营业执照

办理营业执照可选择线上和线下两种方式提交资料（视不同城市工商管理部门具体要求）。部分城市线下提交材料需要提前在工商网上预约，需 5 个工作日左右（多数城市不需要提前预约），再到工商行政管理局提交材料。此外，为提高注册效率，也有联合其他部门采用现场联合办公形式办理的情况。有些城市申请人可以通过互联网登记系统填写联合申请书，大大节省了现场办理需要花费的时间成本，只需准备相关材料提交工商局登记部门，由登记部门统一受理，真正实现了“一表申请”“一门受理”，所需时间为 3~5 个工作日。

（三）领取营业执照并刻章备案

新创公司，有三个章是必备的，即企业法定名称章（公章）、财务专用章和法定代表人个人名章（私章）。拿到营业执照后，需要携带营业执照原件、法定代表人身份证原件，到指定部门刻章备案。

如果公司在近期有对外开发票的计划，那么还应当刻制发票专用章。由于合同专用章可由公章代替，所以对于初创公司而言，合同专用章不是必需的。

【拓展学习】

各种章的用途

1. 公章

公章又称为行政章，在所有印章中具有最高的法律效力，除特殊规定外（如发票必须加盖发票专用章），均可用公章代替其他章。凡是以公司名义发出的信函、公文、合同、介绍信、证明或其他公司材料均可使用公章。因此，公章的使用范围最广。

2. 财务专用章

财务专用章又称财务印鉴章，用途是办理单位的会计核算和银行结算业务。印章尺寸大小由各市、县税务局确定。

3. 发票专用章

发票专用章主要用于公司购买和开具发票。根据《发票管理办法》，发票上只能加盖发票专用章，如果加盖其他印章，发票需要作废重开。需要特别强调的是，发票专用章和财务专用章不同，发票专用章只用于与发票有关的业务。如果公司暂时不打算开具发票，则暂时无须刻制发票专用章。

4. 合同专用章

在合同上加盖合同专用章是指合同当事人经过协商，在达成的书面合同上各自加盖本公司的合同专用章的行为。合同专用章主要在对外签订合同时使用，可以公章代替合同专用章。

5. 法定代表人私章

法定代表人私章是企业法定代表人的个人名章。法定代表人私章在大多数时候可以代替法定代表人签字，常用于税务申报、开具支票等业务。

（四）银行卡开户

公司办理银行账户分为“基本存款账户（基本户）”“一般存款账户”“专用存款账户”与“临时存款账户”。注册新公司必须要开立“基本户”，“基本户”主要用于办理转账结算和现金收付及现金支取等业务。开立银行“基本户”的具体流程如下：

（1）首先选定开户银行，可提前“预约”开户银行的经理。

（2）携带法人身份证原件及复印件、营业执照原件及复印件、公章及私章，填写开户的材料并加盖相应印章。

（3）携带已填好的开户资料及上述证件、印章到对公窗口进行办理。

（4）办理后一周，携带经办人身份证及公司公章，即可领取“银行开户许可证”。

（五）税务报到

一般来说，税务报到按以下流程：

（1）先去银行开户，并签订扣税协议。银行开户后，须立即进行税种核定，不然企业易被纳入经营异常名录，间接性危害法定代表人个人信用。

（2）到税务报到，填写公司的基本信息。

（3）报到后，持扣税协议找税务专管员办理网上扣税，办理后核定缴纳税种（一般是营业税和附加税）并与税务局签订网上扣税协议。

（4）购买发票。

税务报到需要提交法人身份证原件、营业执照副本原件、公章、法人私章、法人及所有股东身份证复印件、网上扣税协议、开户许可证复印件。

税务报到必须严谨、及时，以避免不必要的麻烦。

企业取得营业执照之后，无须到工商局报到，但需要报送信用信息年度报告，无须与工商局联系，企业自行在本省工商局建立的“国家企业信用信息公示系统”填报，填报时限是每年的6月30日前。如果超过填报时限仍未报送年度报告的，会被工商部门列入经营异常名录，并予信用负面评价，政府部门和银行等机构会对经营异常名录里的公司采取限制措施。

二、公司注册需要注意哪些问题

在公司注册时有很多必须留意的难题，如果没有做好充分的提前准备，在申请办理的全过程中会走许多的弯路，以下是一些公司注册时必须留意的问题，应该在公司注册时多加留意，以便顺利完成企业登记注册。

（一）挑选适合自身的公司类型

按企业的资本构成、企业的责任形式和企业在法律上的地位，企业划分为独资企业、合伙企业、公司制企业（包括有限责任公司、股份有限公司）。现阶段，90%以上的公司类型为有限责任公司，而个人独资企业或合伙企业因投资人担负无限连带清偿责任，选择的偏少。

（二）独特项目审批

不同行业的注册条件是有所不同的，有些企业需要前置审批之后才能注册登记，而有些企业则需要取得后置审批之后才能开展活动。

1. 前置审批与后置审批的含义

前置审批是指在工商营业执照登记之前应当取得的相关审批项目同意书或相关证件，如《食品卫生许可证》《采矿许可证》等。

后置审批是指企业注册以后，经营范围涉及国家法律、行政法规规定的专项审批项目，企业须按审批的项目开展经营活动，如建筑行业的相关资质证等。

2. 前置审批和后置审批的相同点

均是在企业登记注册的过程中，根据企业经营的行业和范围不同，须经过相关行业的主管部门的审批，并取得相应批复同意或发放相关证件的项目。

3. 前置审批和后置审批的区别

前置审批项目是指市人民政府公布的需要进行前置审批的项目；后置审批项目是指不属于市人民政府公布的前置审批项目，且法律、法规规定需要进行专项审批的项目，其为了提高商事登记的效率、促进商事活动的迅速开展，采取先行商事登记而后进行理应前置审批的审查，代表了前置审批制度改革的方向。

对于企业来说，办理前置审批的流程可以说是相当复杂的，经过的审批部门很多，所以在注册公司的时候，尽量不要选择需要前置审批的经营范围。据了解，很多许可证件已经改前置为后置了。

（三）公司注册详细地址

公司必须有自己的场所，注册地址就是在公司营业执照上登记的“公司住址”。不同的城市对注册地址的要求也不一样，具体应以当地工商局要求为准。各地对注册地址的要求，主要分为以下几类：

（1）只允许写字楼、商铺等商业地产注册公司，如北京。

（2）允许民居也能注册的，如深圳、广州，以及一些沿海经济比较开放的地方。

（3）居于两种之间的，如上海、北京。上海只允许商业地产注册公司，但实质上政府作为第三方特批了很多经济园区、开发区，这些开发区能够为公司提供合法注册地址。北京也有部分集中办公区，创业公司可以租用集中办公区进行注册。

（四）银行卡开户

需要注意的是：

（1）开户前需登录“国家企业信用信息公示系统”查询有无公司信息，可以查询到公司信息才可办理开户。

（2）可提前准备一些现金，因开户过程中需要支付开户费，开户费具体金额根据开户银行而定。

（3）法人需要到现场办理，如法人在异地不能到现场办理，部分银行允许法人通过其他方式验证，如微信视频，或法人在异地的银行先开户验证，再委托经办人员携带本人身份证原件及法人身份证原件及材料办理开户。

（4）委托经办人开户时，需提前告知法人开户的具体时间，并将公司的信息及经办人信息发给法人，以便银行跟法人核实资料。

（五）税务报到

新办公司基本上都会涉及税务报到的问题，国税报到时间为公司成立后当月，延迟报到则要缴纳罚金。地税报到时间为允许公司成立后次月办理。

公司注册看起来简单，实际上其中有很多细致入微的难题必须留意。

第三节　创业企业的组织结构

为确保实现公司的经营目标，优化管理流程，有效利用企业资源，发挥资源的最大效用，应当规范企业管理机构设置，强化各部门管理职能，以提高企业整体运营效率。为此，需要建立规范有序、精干高效、管理科学、运转协调，符合现代企业制度需要的组织机构。

企业组织机构反映的是一个组织系统中各组成部门之间的组织关系。从组织最高层扩展到最低层，澄清管理的上下层级关系及各部门的管理职责等问题。

一、一般组织结构设计原则

（一）明确指挥系统

指挥系统是指组织中各阶层的每一个人均有上级，且每一个人均负责向上级报告。任何一个组织，只有明确其指挥系统，整个组织才能运转起来。指挥系统的明确，规定了组织中信息沟通的路径和方式。组织中的任何人，若其意见沟通违反了指挥系统，将给组织带来混乱。越级指挥或越级上报都会引起被越级之人员的不满。明确指挥系统，是组织有效运转起来的先决条件。

（二）责、权、利相统一

责、权、利相统一的原则，是适合任何组织阶层的管理原则。责、权、利关系中有两个核心内容，一是职权关系，二是责、权、利三者之间的关系。管理中的权力，是指为了达到组织目标进行行动或指挥别人行动的权力。现代组织往往强调授权，但不能毫无保留地完全授权，授权仅表示被授权者代替授权者行使所授权力而已。

责、权、利三者之间必须是协调、平衡、统一的。权力是责任的基础，有了权力才有可能负起责任；责任是权力的约束，有了责任权力拥有者在运用权力时就必须考虑可能产生的后果，才不至于滥用权力。利益的大小决定了管理者是否愿意担负责任和接受权力的程度，利益大责任小的事情谁都愿意去做；相反，利益小责任大的事情人们很难愿意去做，即使做了，其积极性也会受到影响。组织中的某一层，特别是高层，责、权、利没有得到统一，则整个组织将是危险的。

（三）精干、高效

精干原则要求部门化必须合理，根据管理的需要尽可能减少部门的设置数量，因为部门的数量越多，协调与控制这些部门的上级部门也越多，整个组织结构就会变得庞大。精干原则要求各个部门的人员配置必须合理。违反精干原则，一是会使管理费用升高，经济性降低；二是管理层次多、人员臃肿，造成工作相互推诿，管理效率必然很低。效率，对于公司组织的生存和发展是至关重要的。保证公司组织的高效运转需要一些条件，首先，精干是前提；其次，各部门应该有明确的职责范围和权限，建立良好的信息传递、沟通渠道以及各种协调方式。

以上所述的组织结构设计的一般原则对于几乎所有的公司组织都是重要的。然而，对于那些技术、环境变化很大且动态性较强的公司组织，部分原则需要突破，所以现代组织结构设计原则需要转为动态的。

二、动态的组织结构设计原则

（一）知识与职权的结合

现代组织由于分工细致，越来越强调职权与知识的结合，参谋的作用将越来越重要。参谋人员可能由过去仅仅处于咨询地位而变为拥有赞同性职权甚至职能性职权。职能性职权将发挥强制磋商的作用。例如，在这种情况下，制造行业的技术专家将有机会影响下级主管能否向上级主管提出有关制造过程的议案。而赞同性职权则意味着直线主管的决策需要获得多数参谋人员的支持才能生效。

（二）适应性与创新性

现代企业制度越来越显示出动态的特质。公司组织结构更多会受环境、公司规模、技术特性等因素的影响，这些因素发生变化就会对公司组织结构提出变化的要求。因此，对于任何一个公司，其组织结构对外界必须有一定的适应性。

三、企业组织结构形式

（一）直线制组织结构

直线制是一种最早也是最简单的组织形式。它的特点是企业各级行政单位从上到下实行垂直领导，下属部门只接受一个上级的指令，各级主管负责人对所属单位的一切问题负责。厂部不另设职能机构，一切管理职能基本上由行政主管自己执行（图 8-2）。

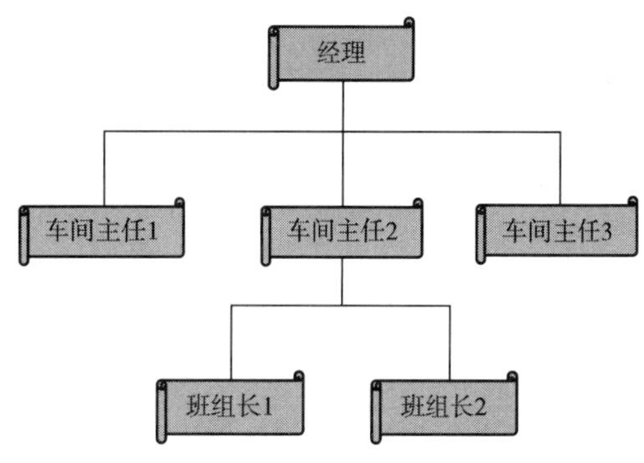

图 8-2　直线制组织结构图

直线制组织结构的优点是：结构比较简单，责任分明，命令统一。其缺点是：要求行政负责人通晓多种知识和技能，亲自处理各种业务。在业务比较复杂、企业规模比较大的情况下，把所有管理职能都集中到最高主管一个人身上，其显然是难以胜任的。因此，直线制只适用于规模较小、生产技术比较简单的企业，对生产技术和经营管理比较复杂的企业并不适宜。

（二）职能制组织结构

职能制组织结构，是指各级行政单位除主管负责人外，还相应地设立一些职能机构，如在经理之下设立职能机构和人员，协助经理完成职能管理工作。这种结构要求行政主管负责人把相应的管理职责和权力交给相关的职能机构，各职能机构有权在自己的业务范围内向下级行政单位发号施令。因此，下级行政负责人除了接受上级行政主管人员指挥外，还必须接受上组各职能机构的领导（图 8-3）。

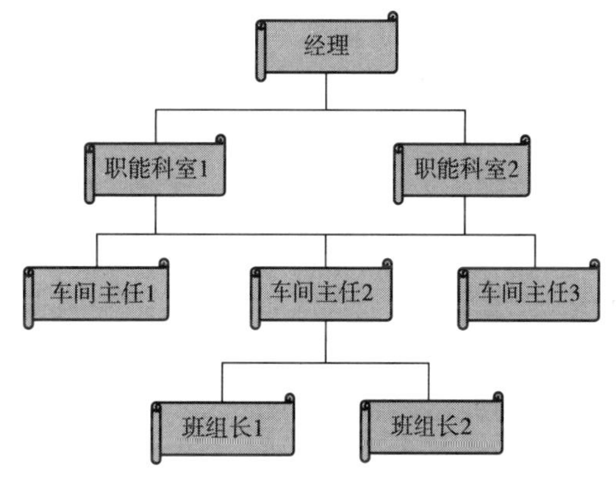

图 8-3　职能制组织结构图

职能制的优点是：能适应现代化工业企业生产技术比较复杂、管理工作比较精细的特点；能充分发挥职能机构的专业管理作用，减轻行政主管负责人的工作负担。但缺点也很明显：妨碍了必要的集中领导和统一指挥，形成了多头领导，不利于建立和健全各级行政负责人和职能机构的责任制，在中间管理层往往会出现有功大家抢、有过大家推的现象；另外，在上级行政领导和职能机构的指导和命令发生矛盾时，下级会无所适从，影响工作的正常进行，容易造成纪律松弛、生产管理秩序混乱。由于这种组织结构形式的缺陷明显，现代企业一般都不采用。

（三）直线职能制组织结构

直线职能制，或称超级参谋制，是以权力集中于高层为特征的组织结构。绝大多数企业都采用这种组织结构形式。直线职能制组织结构把企业管理机构和人员分为两类，一类是直线领导机构和人员，按命令统一原则对各级组织行使指挥权；另一类是职能机构和人员，按专业化原则，从事组织的各项职能管理工作。直线领导机构和人员在自己的职责范围内有一定的决定权和对所属下级的指挥权，并对自己部门的工作负全部责任。而职能机构和人员是直线指挥人员的参谋，不能直接对部门发号施令，只能进行业务指导。该组织结构基本特征是：企业的生产经营活动，按照功能划分为若干个职能部门，每一个部门又是一个垂直管理系统，每个部门或系统由企业最高领导直接进行管理（图 8-4）。

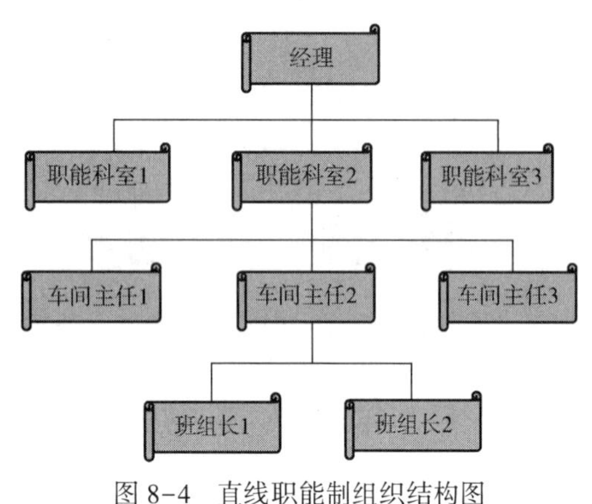

图 8-4　直线职能制组织结构图

直线职能制的优点是：既保证了企业管理体系的集中统一，又可以在各级行政负责人的领导下充分发挥各专业管理机构的作用。其缺点是：职能部门之间的人员不能很好地协作与配合，职能部门的许多工作要直接向上层领导报告请示才能处理，这一方面加重了上层领导的工作负担，使他们陷于日常经营活动，疏于考虑企业长远的发展战略；另一方面导致办事效率低，管理成本上升。为了克服这些缺点，可以设立各种综合委员会，或建立各种会议制度，以协调各方面的工作，起到沟通作用，帮助高层领导出谋划策。

（四）事业部制组织结构

事业部制是一种高度（层）集权下的分权管理体制，是分级管理、分级核算、自负盈亏的一种形式，即一个公司按地区或产品类别分成若干个事业部。从产品的设计、原料采购、成本核算、产品制造，一直到产品销售，均由事业部及所属工厂独立负责经营，公司总部只保留人事决策、预算控制和监督大权，并通过利润等指标对事业部进行控制。也有的事业部只负责指挥和组织生产，不负责采购和销售，实行生产和供销分立，但这种事业部正在被产品事业部所取代。还有的事业部按地区、按照特定的地理位置对企业的活动和人员进行分类（图 8-5）。

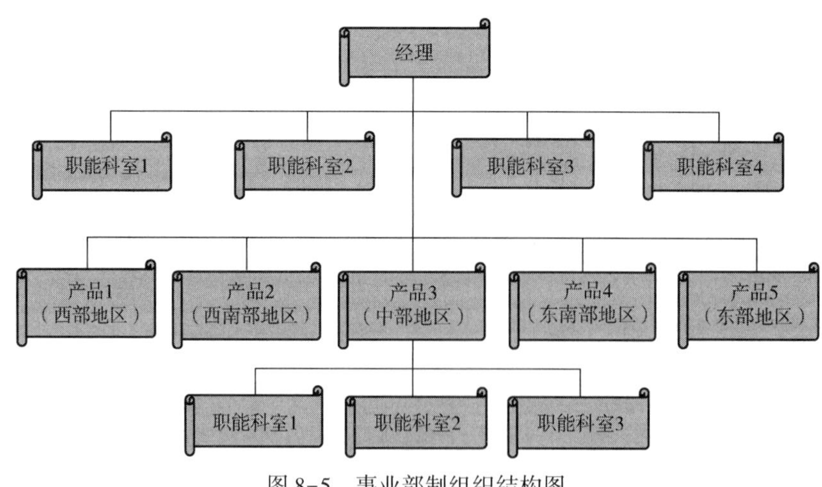

图 8-5　事业部制组织结构图

事业部制结构的优点是：权力下放，有利于高层领导集中精力研究企业的大政方针和战略问题；各事业部独立核算，能充分发挥事业部的积极性、主动性和创造性；各事业部之间的竞争有利于提高公司的整体效率；便于培训管理人才。其缺点是：容易造成机构重叠、管理人员膨胀、管理费用增加、忽视整体利益等。

（五）矩阵式组织结构

矩阵式组织结构是介于职能式与项目式之间的一种项目管理组织结构形式。它是由职能部门系列和完成某一临时任务而组建的项目小组系列组成，从而同时实现了事业部制与职能制组织结构特征的组织结构形式。矩阵式组织结构也可以称为非长期固定性组织结构。在矩阵式项目组织结构中，参加项目的人员由各职能部门负责人安排，而这些人员在项目工作期间，工作内容上服从项目团队的安排，人员不独立于职能部门之外，是一种暂时的、半松散的组织结构形式，项目团队成员之间的沟通不需通过其职能部门领导，项目经理往往直接向公司领导汇报工作（图 8-6）。

矩阵式结构的优点是：同时具备事业部制与职能制组织结构的优点；兼有职能式和产品式（项目式）职能划分的优点，而职能式职能划分与产品式职能划分的优缺点正好互补；加强了横向联系，专业设备和人员得到了充分利用，实现了人力资源的弹性共享；具有较大的机动性，促使各种专业人员互相帮助、互相激发、相得益彰；适用于大型组织系统。其缺点是：成员位置不固定，有临时观念，有时责任心不够强；人员受双重领导，有时不易分清责任，需要花费很多时间协调，从而降低了人员的积极性。

矩阵结构适用于一些重大攻关项目。企业可用其来完成涉及面广的、临时性的、复杂的重大工程项目或管理改革任务。特别适用于以开发与实验为主的单位，如科学研究，尤其是应用性研究单位等。

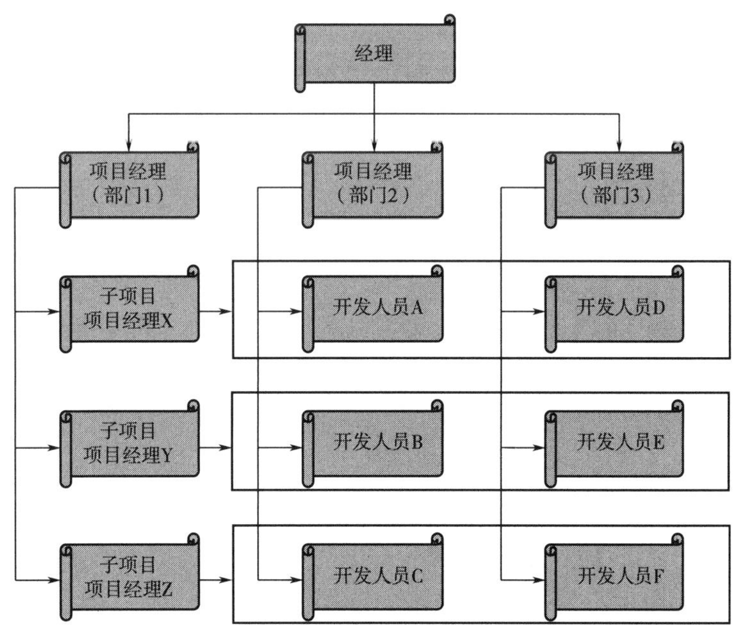

图 8-6 矩阵式组织结构图

（六）现代公司治理结构

现代公司治理最重要的特征是企业的所有权与经营权分离。体现在治理结构上，即公司法人治理结构，按照《公司法》的规定由四个部分组成：

（1）股东会或者股东大会，由公司股东组成，体现的是所有者对公司的最终所有权。

（2）董事会，由公司股东大会选举产生，对公司的发展目标和重大经营活动作出决策，维护出资人的权益。

（3）监事会，是公司的监督机构，对公司的财务和董事、经营者的行为发挥监督作用。

（4）经理层，由董事会聘任，是经营者、执行者。

公司法人治理结构的四个组成部分，都是依法设置的，它们的产生和组成、行使的职权、行事的规则等，在《公司法》中都有具体规定，所以说，公司法人治理结构是以法制为基础，按照公司本质属性的要求形成的（图 8-7）。

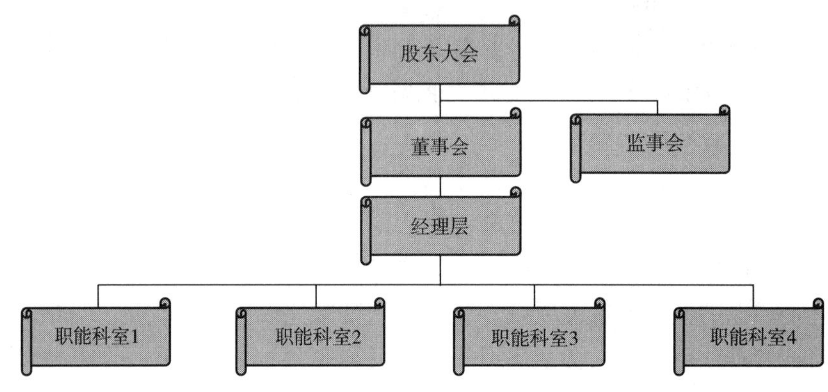

图 8-7　现代公司治理结构图

（七）H 型——控股企业或控股集团组织结构

H 型组织结构又被称为控股型组织结构或控股公司结构，是组织内实行分权治理的一种结构形式。控股型结构是在非相关领域开展多元化经营的企业所经常用的一种组织形式。由于经营业务的非相关或弱相关，大公司不对这些业务经营单位进行直接管理和控制，而代之以持股控制，其下属子企业具有独立的法人资格。这样，大公司便成为一个持股公司，受其持股的企业单位不但对具体业务有经营自主权，而且保留独立的法人地位。

控股型结构是建立在企业间资本参与关系的基础上的。由于资本参与关系的存在，一个企业（通常是大公司）会对另一企业持有股权。这种股权可以是绝对控股（持股比例在 50%以上）、相对控股（持股比例不足 50%但可对另一企业的经营决策产生实质性的影响）和一般参股（持股比例很低且对另一企业的经营活动没有实质性的影响）。基于这种持股关系，持有那些企业单位股权的大公司便成了母公司，被母公司控制和影响的各企业单位则成为子公司（指被绝对或相对控股的企业）或关联公司（指仅被一般参股的企业），子公司、关联公司和母公司一道构成了以母公司为核心的企业集团（图 8-8）。

控股企业的类型：

（1）投资下属企业，负责购买和出售业务。

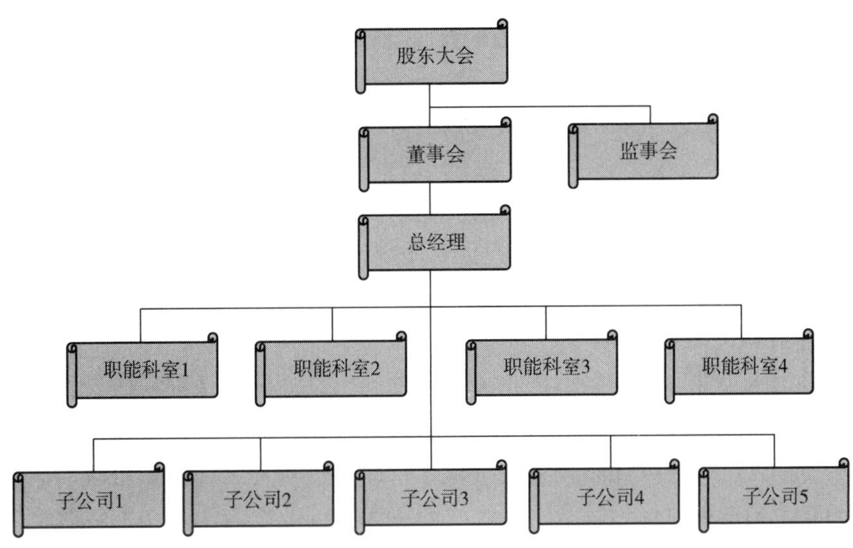

图 8-8　H 型——控股企业或控股集团组织结构图

（2）只拥有下属企业的股份，不控制或较少控制下属企业。

（3）母企业有自己的业务，其作用仅限于作出购买或出售下属企业的决策，很少参与企业产品或市场战略研究。

（八）虚拟企业

20 世纪 90 年代以来，面对不断变化的市场，企业为求得生存与发展必须具有高度的柔性和快速反应能力。为此，现代企业向组织结构简单化、扁平化方向发展，于是产生了能将知识、技术、资金、原材料、市场和管理等资源联合起来的虚拟企业。组织的虚拟化，既可以是虚拟经营，也可以是虚拟的办公空间。1993 年，约翰·伯恩（John Byrne）将虚拟企业描述成企业伙伴间的联盟关系，是指一些相互独立的企业（如供应商、客户，甚至竞争者）通过信息技术连接的暂时联盟，这些企业在诸如设计、制造、分销等领域分别为该联盟贡献出自己的核心能力，以实现技能共享和成本分担，其目的在于建立起某种特定产品或服务的世界一流竞争能力，把握快速变化的市场机遇，它既没有办公中心，也没有组织结构图，没有等级制度，也没有垂直体系。

在虚拟组织平台上，企业间的创新协作可以实现优势互补、风险共担。在网络环境下，企业用虚拟组织的形式组织生产与研发工作，可以适应全球化竞争的态势，更好地满足消费者的多变需求，使企业快速发展。

第四节　创业企业相关法律及法律风险

一、创业企业相关法律

对于创业者来说，必须了解和遵守国家有关的法律法规及条例，如自主创业的优惠政策，

《中小企业促进法》《合同法》《劳动合同法》《反不正当竞争法》《产品质量法》，以及各种知识产权法、税法等。

（一）创业政策

创业企业无论是在注册成立阶段还是在后续的经营过程中，均需要遵循相关的法律法规，守法经营。

国家为推动就业工作，鼓励以创业带动就业，出台了一系列创业优惠政策，如《中小企业促进法》，2018 年又发布了《国务院关于推动创新创业高质量发展打造“双创”升级版的意见》。

1. 税收优惠政策

国家为鼓励自主创业，促进中小企业进一步发展，设立了一系列税收优惠政策，免除其应缴的全部或部分税款，或按照缴纳税款的一定比例给予返还等，以减轻新办企业税收负担，但不同行业、不同人群的税收优惠政策略有差异。此外，各地区、各省市政府为积极响应国家号召，也颁布了当地税收优惠政策。因此，创业者在创业之前学习相关税收优惠政策对企业的创办及发展有着重要的意义。

2. 大学生创业优惠

随着大学生就业压力的不断加大，为鼓励接受过高等教育的大学生群体提升自主创业的热情，国家针对大学生群体颁布了一系列创业优惠政策，在大学生创业如注册、贷款、运营管理等各方面出台了一系列支持政策。各省市为配合落实国家政策，也结合当地实情颁布了许多各地区独有的政策支持大学生创业，这些也需要大学生创业者在创业之前多加了解。

（二）企业应熟悉并遵循的相关法律

企业设立时不同组织形式的选择涉及的相关政策包括《个人独资企业法》《合伙企业法》《公司法》。

企业注册完成之后要按照法律规定办理相应的会计和税收事务。因此，创业者需要了解《会计法》《企业会计准则》《小企业会计准则》等法律法规，自行建立会计制度、进行会计核算，也可以委托记账公司等专业机构办理会计事务。创业企业还需要建立健全税收记录，依法纳税；也可以委托外部专门的记账公司或会计公司代理纳税业务。

创业企业还应按照《商标法》《专利法》《著作权法》等的规定，保护好企业的知识产权、尊重他人的知识产权。

企业创办阶段如果涉及融资租赁业务或者借款业务的，还需要遵循《合同法》等的规定，保护企业的合法权益。

企业在劳动用工方面，还必须遵循《劳动法》《劳动合同法》《劳动争议调解仲裁法》及相关配套法规和规章。

二、创业企业法律风险

创业企业法律风险是每个创业者都不愿意承担的，那么创业者在创业过程中需要注意哪些法律风险呢？

一般来说，创业者在创业过程中最有可能涉嫌刑事犯罪，面临的刑事犯罪风险情形通常有以下几种。

（一）虚开增值税专用发票

涉税行为是企业者无法避开的领域，但是传统的偷税漏税并非风险最大的法律行为，因为其一般具有行政处罚的强制程序，即只要经税务机关依法下达追缴通知后，补缴应纳税款并缴纳滞纳金，一般不予追究刑事责任。但是虚开增值税专用发票与偷税漏税不同，这是刑法中非常严重的犯罪行为，且入刑标准非常低，虚开数额在 1 万元以上，或者致使国家税款被骗数额达 5000 元以上即构成犯罪，因此，也成了非常容易触碰的红线。

虚开增值税专用发票是指违反发票管理法律、法规，为他人虚开、为自己虚开、让他人为自己虚开、介绍他人虚开增值税专用发票的行为。实践中，只要开票方与受票方票、物、款三者无法对应一致，就很有可能涉嫌虚开。另外，值得注意的是，介绍他人虚开的行为也构成犯罪。实践当中，介绍虚开的人往往不拿或者只拿非常少的比例作为回报，但是本罪并不以盈利多少来认定，最终仍然是算虚开的增值税专用发票的数额，这种认定导致介绍者刑期与开票方、受票方一样，非常严重。总之，涉及增值税专用发票的行为一定要严格把关，做到不去买增值税专用发票，也不帮忙虚开增值税专用发票、不介绍增值税专用发票，在走账的情形下，多留心，保持货、款、票三者一致，这样才能够抵制风险。

【资料链接】

虚开发票是犯罪

温州“忽悠大王”林春平虚开增值税发票案被判无期徒刑。2011 年 9 月至 2012 年 5 月，为赚取 4%~6%的开票手续费，林春平指使员工（被告人）从事相关虚开环节，向全国各地计 315 家受票公司虚开增值税专用发票共计 1266 份，价税合计金额为 5.2 亿余元，税额 7600 多万元。

（二）侵犯公民个人信息

侵犯公民个人信息是指违反国家有关规定，向他人出售或者提供公民个人信息。本罪是一种对合行为，有人非法提供，就有人非法获取。公民个人信息应当是“与公民个人密切相关的、其不愿被特定人群以外的其他人群所知悉的信息”。入刑标准：情节严重，具体标准尚无。

非法获取、提供公民个人信息案是近些年来企业及员工经常触犯的、风险非常大的一种行为。很多创业者仍然按照老思路对企业进行宣传，通过购买他人信息进行地毯式信息轰炸，结果不慎触碰法网。由于本罪是一种对合行为，有人非法提供，就有人非法获取，所以往往一拉一大串，参与者很难幸免。同时，本罪并没有明确的入罪标准，只要认定情节严重就应该予以处罚，但是对于何为情节严重，并未给予解释。

所以，创业者初期在宣传自己企业品牌的时候，一定要注意合规，特别是对于公民个人信息的收集，方法要恰当，手段要合法，切勿操之过急，误入法网。

【资料链接】

判决首例侵犯公民个人信息案

上海市黄浦区检察院以被告人张某某、姚某某涉嫌侵犯公民个人信息罪，向黄浦区人民法院提起公诉。该案系《刑法修正案（九）》取消出售、非法提供公民个人信息罪和非法获取公民个人信息罪罪名，统一合并为侵犯公民个人信息罪罪名后，黄浦法院受理的首起该罪案件。被告人张某某发现某购物网站平行权限漏洞，通过QQ联络方式向案外人眭某某购买攻击网站的恶意程序，借此非法进入该网站后台管理系统，获取订单信息12503条，并将其中8866条信息通过网络贩卖给被告人姚某某，获利人民币5359元；姚某某收购上述信息后又在网络上加价出售给他人牟利。经审理，两被告人均构成侵犯公民个人信息罪，分别被判处有期徒刑一年九个月，罚金人民币5万元和有期徒刑一年六个月，罚金人民币2万元；扣押的作案工具予以没收，被告人的违法所得予以追缴。这是上海黄浦法院对《刑法修正案（九）》实施后首例侵犯公民个人信息案作出的判决。

（三）商业贿赂

商业贿赂是指经营者以排斥竞争对手为目的，为争取交易机会，暗中给予交易对方有关人员和能够影响交易的其他相关人员以财物或其他好处的不正当竞争行为，是贿赂的一种形式，但又不同于其他贿赂形式。针对商业贿赂，《反不正当竞争法》第7条规定：经营者不得采用财物或者其他手段进行贿赂以销售或者购买商品。在账外暗中给予对方单位或者个人回扣的，以行贿论处；对方单位或者个人在账外暗中收受回扣的，以受贿论处。经营者销售或者购买商品，可以以明示方式给对方折扣，可以给中间人佣金。经营者给对方折扣、给中间人佣金的，必须如实入账。入刑标准：非国家工作人员受贿标准为5000元，对非国家工作人员行贿标准为1万元。

企业公关是公司的常见行为，但是公关需谨慎，千万不要突破法律途径而变成了商业贿赂。商业贿赂就如同毒瘤一样，会破坏市场经济，导致不公平竞争，最终引起腐败。

我国打击商业贿赂不可谓不严，光行贿类犯罪就有四个，但是商业贿赂就如同病苗一样，不断蔓延。创业者需要注意的是，不要将公关行为与牟取不正当利益混在一起；同时在数量上需要予以重视，正常馈赠不会构成犯罪，但是礼物如果价值太大会带来不必要的麻烦。另外，企业需要重视员工手册及企业合规方面的问题，做到细致、合法，杜绝员工背着企业进行商业贿赂，一旦发现员工存在商业贿赂等情况，需要立即处理，表明态度，以免留下后患。对于行贿者而言，法律规定在追诉前主动交代，可以减轻处罚或者免除处罚，所以该规定为救命稻草，应谨慎把握。

【资料链接】

中山市威盛医疗设备有限公司商业贿赂案

2005年，原总经理陆磊获悉东凤医院准备通过招投标方式采购一台进口全新螺旋CT机，遂向该院院长陈均南推荐西门子螺旋CT机，并许诺如采购该设备并交由广州某公司代理进口，将给予陈均南好处费。陈均南答应了陆磊的要求。2006年5月，陆磊将人民币52万元送给陈均南。2007年11月，陆磊被以行贿罪判处有期徒刑两年，缓刑三年。2008年1月，陈均南被以受贿罪判处有期徒刑四年，赃款予以没收。

（四）非法集资

《关于取缔非法金融机构和非法金融业务活动中有关问题的通知》规定，非法集资是指单位或者个人未依照法定程序经有关部门批准，以发行股票、债券、彩票、投资基金证券或者其他债权凭证的方式向社会公众筹集资金，并承诺在一定期限内以货币、实物以及其他方式向出资人还本付息或给予回报的行为。为依法惩治非法吸收公众存款、集资诈骗等非法集资犯罪活动，最高人民法院会同中国银行业监督管理委员会等有关单位，研究制定了《关于审理非法集资刑事案件具体应用法律若干问题的解释》，该司法解释自 2011 年 1 月 4 日起施行。入刑标准：非法吸收公众存款罪 20 万元以上，集资诈骗 10 万元以上。

资本是企业的血液，企业发展需要资本，就如同人的生存需要血液一样。融资是企业的常见行为，但是融资中刑事法律风险也非常大。非法集资在刑法中并不是一个罪名，而是一类行为的统称，刑法中有诸多罪名规制非法集资行为，其中最为常见的是非法吸收公众存款罪和集资诈骗罪。其中集资诈骗罪的行为也表现为非法吸收公众存款，区别就在于主观上是否有诈骗的故意。

实践中非法集资与民间借贷在一定行为上是重合的，但是超过了一定范围后，就会构成犯罪。根据我国法律规定，非法吸收公众存款的行为应该包含如下四性：一是非法性，未经有关部门依法批准或者借用合法经营的形式吸收资金；二是宣传性，通过媒体、推介会、传单、手机短信等途径向社会公开宣传；三是允诺性，承诺在一定期限内以货币、实物、股权等方式还本付息或者给付回报；四是公众性，向社会公众即社会不特定对象吸收资金。符合上述四性就构成非法吸收公众存款。集资诈骗之所以在处罚力度上大于非法吸收公众存款，区别就在于其主观上具有诈骗的故意，通过一系列手段将他人财产非法据为己有，最高刑罚可以判处死刑。因此，创业者在融资渠道上需要非常谨慎，不要误入非法集资的法网中，并且在资金链断裂后不要逃跑，最好主动投案，否则极有可能变为集资诈骗。

【资料链接】

济南孙某涉嫌合同诈骗出逃境外案

2017 年，济南市公安局历下分局立案侦办孙某涉嫌合同诈骗案。经查，2017 年 5—10 月，孙某利用虚假的房屋买卖合同和车辆文件骗取他人借款 250 万元港币；以低价购买高档汽车为由，骗取他人 277 万元人民币，上述款项用于偿还其个人债务。2017 年 10 月，孙某出逃塞尔维亚。2019 年 9 月，历下区人民检察院对其批准逮捕，历下公安分局层报公安部发布红色通报；当月，塞尔维亚警方将其抓获，我方及时提出引渡请求；2020 年 9 月，塞方同意引渡，公安部组织成立押解工作组，在我驻外机构的大力支持下，冒着疫情风险，克服重重困难，历经 30 小时行程 1 万余公里，于 2020 年 9 月 20 日将孙某押解回国。经法院审理，2021 年 4 月判处孙某有期徒刑十一年零六个月。

（五）非法经营

企业的经营行为，主要是指从事某项能够为自己带来利益的活动。按理说，正常经营的企业一般不会有非法经营罪的刑事风险，但是非法经营罪在我国刑法中属于小口袋罪，很多行为都可能不幸落入法网。

按照法律的规定，非法经营罪一般是指违反国家规定、未取得经营方面的行政许可而从事的扰乱市场经营秩序的行为，包括非法经营烟草，非法经营食盐，非法经营证券、期货、保险，非法出版，等等。一般而言，非法经营罪需要是违反了前置法，未获得审批、许可而经营的行为。创业者在经营中，应该注意的是自己经营的内容，特别在企业经营的某些特殊项目上是否有行政许可，如有超出自己经营范围的情形，则多向有关部门咨询请示，做好相关的尽职调查。入刑标准：情节严重，不同犯罪行为标准不同。典型行为：非法经营烟草，非法经营食盐，非法经营证券、期货、保险，非法出版，等等。

【资料链接】

香烟的非法经营案

2021年7月30日，来宾市公安局在“昆仑·2021”专项行动新闻通报会上，向媒体公布了该局与来宾市烟草专卖局联合侦办的部级督办“7·10”销售假私烟案件办理情况。办案人员在侦查、抓捕来宾一家族式的非法经营卷烟团伙的过程中，牵出一个非法经营卷烟特大网络案件，除了在来宾抓获一家族5人团伙之外，还在防城港市抓获了另一个家族式团伙，目前，该案已有21人被依法逮捕，其中5人已被判刑。这也是全国破获此类案件抓获犯罪嫌犯人最多的案件之一。

除上述“五宗罪”外，常见的刑事犯罪风险还有在企业设立中虚报注册资本、虚假出资、抽逃出资等行为；在生产经营中生产、销售普通伪劣商品，诈骗，合同诈骗等行为；在知识产权中假冒注册商标、假冒专利、侵犯著作权、侵犯商业秘密等行为。

如何防范刑事法律风险？一般来说，可以通过逐步完善创业公司的法律风险防控体系来防范。

（1）加强公司全体员工法律风险防范意识。创业者必须了解一些必要的法律知识，具有“守法经营”的法律理念。尤其是公司的“高管们”，要有这样一种意识——公司经营活动是受方方面面的法律规范所约束的。公司亦可以定期对经营管理人员乃至全体员工举办法律风险防范方面的培训。

（2）自查公司在创业、经营期间是否做到合法合规。围绕公司经营发展的核心业务，合理预见潜在的法律风险，防患于未然。特别是发现并分析已经存在的法律问题，并及时采取补救措施，尽快提出改正的解决方案。

（3）建立法律顾问制度。建立法律顾问制度是创业公司做好法律风险防范与控制的重要保障。法律顾问除了在公司决定重大经济事项、订立重要合同、处理重大经济纠纷时提出法律意见、解决法律问题之外，更要加强对公司刑事违法可能性的审查，全面发挥法律顾问的重要作用。

（4）积极面对已发生的刑事案件。刑事案件一般可分为公安部门的侦查阶段、检察院的审查起诉阶段、法院的审判阶段三个阶段。创业者如真的因涉嫌刑事犯罪被公安机关立案侦查，应该尽快聘请律师，积极地与律师商定辩护策略，维护自身合法权益。而聘请律师的时间在新《刑事诉讼法》实施后，被提前到了自犯罪嫌疑人第一次讯问或采取强制措施之日起。

在机遇与风险并存的时代，创业公司只有采取积极措施，有效地防控民商事、刑事法律风险，把一切经营活动纳入法治化的轨道，才能使公司持续、稳健发展。

【案例分享与能力训练】

你该如何选择新的企业组织形式

张某经营一家化工厂，多年来一直坚持独资经营，身兼所有者与经营者的重要角色。现张某年事已高，想从管理岗位上退下来，将事业留给自己的子孙。

面对企业规模的不断扩大、业务的不断拓展，也为便于子孙经营管理，规避风险，张某想在退下来之前对企业的组织形式进行变更，为此，他提出了两种变更方案：一种方案考虑将该独资企业转为公司制经营，并将公司的股份分配给自己的子孙；另一种方案考虑将该独资企业转变为合伙经营企业，由子孙合伙经营。同时张某提出以下目标：

1. 权益结构：两个儿子各自拥有30%的股份或份额，四个孙子各分配10%的股权或份额。

2. 管理：化工厂对生产经营管理要求较高，而自己的子孙没有经营管理能力，他希望将企业交给原来的副厂长李某经营管理。

3. 所得税：希望采用的组织形式能够尽可能减少应缴纳的税款。

4. 风险承担：经营化工厂风险较高，一旦发生事故，赔偿额度无法估量，故张某希望发生意外风险的时候，他子孙的财产不受任何影响。

思考：根据张某提出的目标，结合所学知识，请分析并帮助张某选择适合的企业组织形式。

第九章　创业企业战略管理

【学习重点】

1. 企业战略管理的内涵
2. 企业环境分析的方法
3. 企业战略的层次
4. 企业总体战略

【案例导入】

海尔——企业战略成功案例

一、名牌战略（1984—1991 年）

1. 质量为先，产量次之

改革开放初期，家电市场供不应求，买一台冰箱甚至要人上托人，很多企业面对这样的市场机会，忙于引技术、扩大生产线，片面追求产量。海尔没有盲目上产量，而是严抓质量，把质量看作高于产量的大事。

2. 实施全面质量管理制度

1985 年，一位用户反映海尔冰箱质量问题，张瑞敏让员工用大锤亲自砸毁 76 台有缺陷的冰箱，砸醒全员质量意识。这把大锤已被中国国家博物馆正式收藏为国家文物，文物收藏编号为国博收藏 092 号。海尔是中国最早实施全国质量管理的企业之一。

3. “要么不干，要干就干第一”

海尔在实施全面质量管理过程中提出“要么不干，要干就干第一”，争创一流品牌意识已融入海尔每位员工的骨髓中。“要么不干，要干就干第一”，不仅引导着海尔走向事业发展的顶峰，也深深地影响着几代中国创业者。

二、多元化发展战略（1991—1998 年）

1. 兼并战略

20 世纪 90 年代，市场经济进一步活跃，一些企业面临着生存危机，国家鼓励企业间的兼并重组，海尔积极利用这一市场机会，选择市场中的优质资源进行兼并，先后兼并了国内十八家企业。兼并战略使海尔快速迈上多元化发展之路。

2. “海尔文化激活休克鱼”

海尔首先用海尔的文化影响被兼并的企业，让被兼并企业实现“软着落”。哈佛大学曾把“海尔文化激活休克鱼”写入教学案例，还邀请张瑞敏参加案例的研讨。

三、国际化战略（1998—2005年）

1.“走出去、走进去、走上去”的“三步走”战略

中国加入世界贸易组织（WTO），给中国企业国际化带来发展机遇，海尔是首批抓住机遇的企业之一。海尔走出去的目的，不仅是为创汇，还是要创立中国自己的品牌。海尔提出“走出去、走进去、走上去”的“三步走”战略，按先难后易的思路，首先进入发达国家，并创立品牌，再顺势进入发展中国家。

2.“设计、制造、营销”的“三位一体”本土化模式

进入海外市场后，本土化是重要战略，不本土化无法扎根海外市场。为了适应这一市场特点，海尔在海外建立起“设计、制造、营销”的“三位一体”本土化策略。

四、全球化品牌战略（2005—2012年）

1. 创造互联网时代的全球化品牌

互联网加速了全球经济一体化，国际化和全球化之间是逻辑递进的关系。海尔在国际化过程中，通过扩大企业自身的资源优势创造国际品牌。面对互联网时代经济的进一步全球化，企业的战略是将全球的资源为我所用，创造本土化主流品牌。在此过程中，海尔整合了全球的研发、制造、营销资源，创立了全球化品牌，驱动自身发展全球化。

2.“以用户为中心卖服务”

互联网时代，个性化的需求成为一种常态，同时也带来营销的碎片化，海尔这一时期的市场策略转变为确立“以用户为中心卖服务”的市场运营思路，实行用户驱动的“即需即供”市场战术。

3.“人单合一”商业模式

这个阶段，海尔提出了“人单合一”商业模式：“人”指员工，“单”指用户价值，“合一”指员工的价值实现与所创造的用户价值合一。每个员工都应直接面对用户，创造用户价值，并在为用户创造价值中实现自己的价值。员工不是从属于岗位的，而是因用户而存在，有“单”才有“人”。

五、网络化战略（2012—2019年）

1. 互联网时代的平台型企业

2018年2月27日，“海尔COSMOPlat国家级工业互联网+智能制造集成应用示范平台发布会”在青岛召开，会上正式宣布海尔COSMOPlat获批“基于工业互联网的智能制造集成应用示范平台”，成为全国首家国家级工业互联网示范平台。

2. 网络化企业战略适应网络化市场

互联网颠覆了传统经济的发展模式，市场和企业开始更多地呈现出网络化特征。在海尔看来，网络化企业发展战略的实施路径主要体现在企业无边界、管理无领导、供应链无尺度三个方面，即大规模定制，按需设计、按需制造、按需配送。

第一节　企业战略管理概述

《辞海》对战略的释义，一泛指对全局性的高层次的重大问题的筹划与指导，如国家战

略、国际战略等；二也称军事战略，是对战争全局的筹划与指导。将战略概念与思想应用于企业管理，便形成了企业战略。

一、企业战略的内涵

（一）企业战略的概念

企业战略是指企业为了适应未来环境的变化、寻求长期生存和不断发展而制定的总体性和长远性的谋划。

认识企业战略要具有时间观念和系统观念：第一，企业战略的着眼点是未来而不是现在，要在正确认识过去的基础上，高瞻远属，谋划未来的发展趋势；第二，企业战略关心企业组织的全局、长期、整体、基本性问题，是系统性考虑企业的发展，不局限于企业局部和眼前利益。

企业战略具有不同类型、层次和结构，是企业各种战略的统称。从类型上看，有单一战略和多元化战略；从层次上看，有公司战略、业务战略和职能战略；从结构上看，包括企业战略的制定和实施等阶段和步骤。因此，企业战略是一个复杂的系统，其研究角度和重点不同，得出的企业战略的内容也会不同，但都有利于掌握理解企业战略内涵。

（二）企业战略的特征

企业战略具有如下特征：

1. 全局性

企业战略是以企业全局为研究对象，根据企业总体发展的需要而制定的企业总体目标，规划企业总体活动。

2. 长远性

企业战略着眼于企业的未来而不是现在，是为了谋求企业未来较长时期的利益而不是眼前利益而进行的统筹规划。虽然这种决策以企业外部环境和内部条件的当前情况为出发点，并且对企业当前的生产经营活动有指导、限制作用，但是都是为了更长远的发展，是长期发展的起步。

3. 纲领性

企业所确定的战略目标和发展方向，是一种原则性和概括性的纲领，也是对企业未来的一种粗线条的设计。它是对企业未来成败的总体谋划，而不纠缠于现实具体的细枝末节。战略不在于精细，而在于洞察方向。它为企业指明了未来发展的方向，是企业全人员行动的纲领。要把它变成企业的实际行动，需要经过一系列的展开、分析和具体化的过程。

4. 抗争性

竞争是市场经济不可回避的现实。面对竞争，企业需要对内外部环境进行分析，明确自身的资源优势，为在竞争中战胜对手，应对外界环境的威胁、压力和挑战，制订一整套行动方案。企业战略是针对竞争对手制定的，具有直接的对抗性，有别于那些不考虑竞争、单纯为改变企业现状、以提高管理水平为目的的行动方案和管理措施等，是一具有“火药味”的而非“和平”状态下的计划。企业制定企业战略的目的，就是要在优胜劣汰的市场竞争中战胜对手，获得竞争优势，赢得市场和顾客，使自己立于不败之地。

5. 风险性

企业战略考虑的是企业的未来，而未来往往具有不确定性，因而战略制定必然带有一定的风险性。战略制定的风险性要求战略决策者必须有胆有识，能深入研究市场、准确预测行业发展趋势、客观设立远景目标、合理配置企业资源、科学选择战略形态，从而制定出能正确引导企业健康、快速发展的战略目标。反之，如果设立的目标过于理想化或对行业的发展趋势预测偏差过大，制定的战略就会出现较大偏差，从而产生管理误差，甚至带来企业破产的风险。

6. 相对稳定性

由于经营战略规定了企业的发展目标，具有长远性，所以只要战略实施的环境未发生重大变化（即使有些变化，也是预料之中的），企业经营战略中所确定的战略目标、战略方针、战略重点、战略步骤等就应保持相对稳定，不应该朝令夕改。但在处理具体问题、不影响全局的情况下，也应该有一定的灵活性。

二、企业战略管理的内涵

（一）企业战略管理的概念

战略管理是指对企业战略实施过程的管理。具体来说，是依据企业的战略规划对企业的战略实施加以监督、分析和控制，特别是对企业的资源配置与事业方向加以约束，最终促使企业顺利达成企业目标的过程管理。

（二）企业战略管理的特点

1. 战略管理具有全局性

企业的战略管理所管理的是企业的总体活动，所追求的是企业的总体运营效果。虽然这种管理也包括企业的局部活动，但是这些局部活动是作为总体活动的有机组成在战略管理中出现的。具体地说，战略管理不是强调企业某一事业部或某一职能部门的重要性，而是通过制定企业的使命、目标和战略来协调企业各部门的活动。在评价和控制过程中，战略管理重视的不是各个事业部或职能部门自身的表现，而是它们对实现企业使命、目标、战略贡献的大小。这也使战略管理具有了综合性和系统性的特点。

2. 战略管理的主体是企业的高层管理人员

由于战略决策涉及一个企业活动的各个方面，虽然它需要企业上层、下层管理者和全体员工的参与和支持，但企业高层管理人员介入战略决策是非常重要的。这不仅是由于他们能够统观企业全局，了解企业的全面情况，而且更重要的是他们具有全局视野及对战略实施所需资源进行分配的职权。

3. 战略管理涉及企业大量资源的配置问题

企业的资源包括人力资源、实体财产和资金，或者在企业内部进行调整，或者从企业外部筹集。在任何一种情况下，战略决策都需要在相当长的一段时间内致力于一系列的活动，而实施这些活动需要大量的资源作为保证。因此，需要为保证战略目标的实现对企业的资源进行统筹规划、合理配置。

4. 战略管理从时间上来说具有长远性

战略决策是企业对未来较长时期（一般为 5 年以上）内，就企业如何生存和发展等统筹规划。从这一点来说，战略管理也是面向未来的管理，战略决策要以经理人员所期望或预测将要发生的情况为基础。在迅速变化和竞争性的环境中，企业要取得成功必须对未来的变化采取预应性的态势，这就需要企业作出长期性的战略计划。

5. 战略管理需要考虑企业外部环境中的诸多因素

现今的企业都存在于一个开放的系统中，它们影响着这些因素，但更通常的是被这些不能由企业自身控制的因素所影响。因此在未来竞争的环境中，企业要占据有利地位并取得竞争优势，就必须考虑与其相关的这些环境因素，包括竞争者、顾客、资金供给者、政府等，以使企业的行为适应不断变化的外部力量，从而使企业能够继续生存下去。

三、企业战略的层次

一般来说，企业战略分为三个层次，即总体战略、经营战略和职能战略，通常大企业制定三个层次的战略，而中小企业因没有相对独立的经营单位，不必要分为三个层次（图 9-1）。

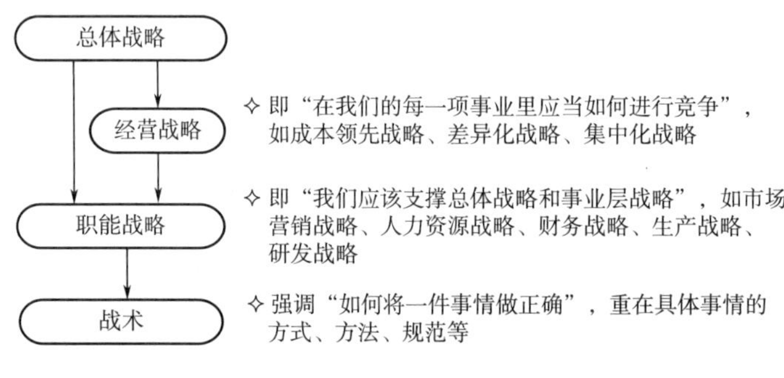

图 9-1　企业战略层次

（一）总体战略

总体战略又称为公司层战略，既是企业最高层次的战略，也是企业整体的战略总纲，对应的主体是公司最高管理层。在存在多个经营单位或多种经营业务的情况下，企业总体战略主要是指集团母公司或者公司总部的战略。总体战略的目标是确定企业未来一段时间的总体发展方向，协调企业下属各个业务单位和职能部门之间的关系，合理配置企业资源，培育企业核心竞争能力，实现企业总体目标。它主要强调两个方面的问题：一是“应该做什么业务”，即从公司全局出发，根据外部环境的变化及企业的内部条件，确定企业的使命与任务、产品与市场领域；二是“怎样管理这些业务”，即在企业不同的战略事业单位之间如何分配资源以及采取何种成长方向等，以实现公司整体的战略意图。

（二）经营战略

经营战略又称为经营单位战略、业务单位战略或者竞争战略、事业层战略，所对应的决策层为业务单位的主管和辅助人员。现代大型企业一般都同时从事多种经营业务，或者生产多种不同的产品，有若干个相对独立的产品或市场部门，这些部门即事业部或战略经营单位。由于各个业务部门的产品或服务不同，所面对的外部环境（特别是市场环境）也不相同，企业能够为各项业务提供的资源支持也不同，因此，各部门在参与过程中所采取的战略也不尽相同，各经营单位有必要制定指导本部门产品或服务经营活动的战略，即事业层战略。事业层战略是企业战略业务单元在公司总体战略的指导下，经营管理某一特定的战略业务单元的战略计划，具体指导和管理经营单位的重大决策和行动方案，既是企业的一种局部战略，也是公司战略的子战略。处于战略结构体系中的第二层。事业层战略着眼于企业中某一具体业务单元的市场和竞事状况，相对于总体战略有一定的独立性，同时又是企业战略体系的组成部分。事业层战略主要回答在确定的经营业务领域内，企业如何展开经营活动；在一个具体的、可识别的市场上，企业如何构建持续优势等问题。其侧重点在于以下几个方面：贯彻使命、业务发展的机会和威胁分析、业务发展的内在条件分析、业分发展的总体目标和要求等。对于只经营一种业务的小企业，或者不从事多元化经营的大型组织，事业层战略与公司总体战略是一回事。其所涉及的决策问题是在既定的产品与市场领域，在什么样的基础上开展业务以取得顾客认可的经营优势。

（三）职能战略

职能战略是根据公司的组织架构不同而具体划分的战略，是为贯彻、实施和支持公司总体战略与经营战略而在企业特定的职能管理领域制定的战略。其目的是更好地配置公司内部的有效资源，主要回答某职能的相关部门如何卓有成效地开展工作的问题，重点是提高企业资源的利用效率，使企业资源的利用效率最大化。主要包括营销战略、财务战略、生产战略、研发战略、人力资源战略、信息安全战略等，内容比经营战略更为详细、具体，作用是使总体战略与经营战略的内容得到具体落实，并使各项职能之间协调一致。

公司总体战略、经营战略与职能战略一起构成了企业战略体系。在企业内部，企业战略管理各个层次之间是相互联系、相互配合的。企业每一层次的战略都为下一层次战略提供了方向，并构成下一层次的战略环境；每层战略又为上一层战略目标的实现提供了保障和支持。所以，企业要实现其总体战略目标，必须将三个层次的战略有效地结合起来。

四、企业的愿景、使命和战略目标

企业的愿景、使命与战略目标，是企业存在和发展的本质目的。其中：企业使命要解决的问题是我们的业务是什么，我们为什么存在？企业愿景要解决的问题是我们想成为什么样的企业？企业战略目标要解决的问题是愿景与使命所预期达到的具体成果是什么？

（一）企业愿景

企业愿景是根据企业使命，在汇集企业每个员工个体心愿基础上形成全体员工共同心愿的美好远景，它能激发强大的力量，使每个员工能够归属于一项重要的任务事业，它是企业战略的重要组成部分。企业愿景是一幅关于公司未来发展的蓝图，详细地反映了公司在技术和顾客方面的重点、所追求的区域市场和产品市场、所致力于培养的能力以及管理努力创造一个怎样的公司等问题。

企业愿景实际上是为企业描述未来的发展方向。愿景是个人或群体所渴望的未来的“状态”，回答的是企业将成为一个什么类型的公司、要占领什么样的市场、具有什么样的发展能力等问题。对任何一个组织来说，有没有共同的愿景，或者说愿景能不能得到员工的认同，是企业领导者领导能力的体现，也是提高企业凝聚力的关键。

企业在很长时间跨度内，提出和制定具有创业精神并且清晰的企业愿景是一项很艰巨的任务。它要求企业凭借直觉和创造力，洞悉企业现有业务中将要发生的变化以及将要出现的市场机会，客观地对待所要面临的市场环境、竞争环境、技术环境、管理环境以及社会环境，客观地对待自身的资源和能力，理性地分析自身所需要采取的措施，提出一个可行的并且具有吸引力的企业愿景，进而规划企业的行动、激活企业的战略。

企业愿景是企业管理哲学中最核心的内容，是对企业最终期望达成的状态的描述，由企业核心理念、未来展望两部分组成。企业核心理念是企业存在的根本原因，是企业的灵魂、精神和凝聚力，是激励员工永远进取的永恒的东西。未来展望代表企业追求和努力争取的东西，随着企业经营环境的改变而改变。

未来展望由未来10~30年的远大目标和对目标的生动描述构成。远大目标必须用生动形象的语言加以描述，才能激起员工的热情和激情，才能得到员工的认同，才能使员工完全投入。

（二）企业使命

德鲁克（Drucker）认为，企业使命就是阐明企业的根本性质与存在的目的或理由，说明企业的经营领域、经营思想，为企业战略目标的制订提供依据。其是在企业愿景的基础之上，进一步明确企业在社会经济活动领域中的经营范围、内容和层次，是对企业在社会经济活动中的身份或角色的描述。

企业使命是指企业在社会经济发展过程中所应担当的角色和责任，是指企业的根本性质和存在的理由，说明企业的宗旨、哲学、原则，揭示企业长远发展的前景，为企业战略目标的确定与战略制定提供依据。战略不能脱离企业使命，企业使命是企业发展的重要因素。明确企业使命就是确定企业实现愿景目标必须承担的责任和义务。

企业使命包括两个方面的内容，即经营哲学和企业宗旨。

所谓经营哲学，是一个企业为其经营活动方式所确立的价值观、态度、信念和行为准则，是企业在社会活动及经营过程中起何种作用和如何起作用的一种反映。经营哲学的主要内容通常由处理企业经营活动中的指导思想、基本观点和行为准则构成。

所谓企业宗旨，是指企业现在、将来从事什么样的事业活动，以及应成为什么性质的企业或组织类型。

有效的企业使命应具有以下特征或构成要素。

（1）用户。即回答企业的用户是谁。例如，蒙牛乳业使命：强乳兴农，愿每一个中国人身心健康。

（2）产品或服务。即回答企业的主要产品或服务项目是什么。例如，正大集团使命：成为世界厨房，做人类能源的供应者，提供“生命之食品”“精神之食品”“生活之便利”。

（3）市场。即回答企业在哪些地域竞争。例如，永和大王（台湾）使命：进一步完善快速服务的中式连锁餐厅管理模式，确立永和大王中式快餐连锁企业的领导地位，秉承“学习、进取、开拓、成长”的理念，最终成为大中华圈、亚洲乃至全球的国际化品牌。

（4）技术。即回答公司的技术是否是最新的。例如，数据控制公司使命是依据其经营范围为微电子和计算机产业，其两个主要业务领域为计算机硬件和计算机升级服务，具体服务范围为计算、信息、教育和金融。

（5）对生存、增长和盈利的关切。即回答企业是否努力实现业务的增长和是否具有良好的财务状况。例如，华为公司使命：聚焦客户关注的挑战和压力，提供有竞争力的通信解决方案和服务，持续为客户创造最大价值。

（6）经营理念。即回答企业的基本信念、价值观、志向和道德倾向是什么。例如，上海通用使命：依靠一支训练有素、富有使命感和团队精神的员工队伍，贯彻精益管理原则，注重不断学习和积极创新，安全地为顾客提供世界级的高质量产品和服务，使上海通用汽车成为面向 21 世纪、国内领先、国际上有竞争力的汽车公司。

（7）自我认识。即回答企业最独特的能力或最主要的竞争优势是什么。例如，格兰仕公司使命：我们的企业、市场和质量等一切企业实力要素以及每一个环节部门、工序，都要精益求精，永创第一，永争第一。

（8）对公众形象的关切。即回答企业是否对社会、社区和环境负责。例如，中国移动通信使命：创无限通信世界，做信息社会栋梁。

（9）对雇员的关心。即回答企业是否视雇员为宝贵的资产。例如，长虹电子集团公司使命：质量第一、用户至上；以市场为导向，一切服从于市场、一切服务于市场，得消费者心者得市场；以人为本，关心人、理解人、尊重人，科学与严格相统一；竞争最终是人才的竞争，人力资源是公司的最宝贵财富；激励自己，挑战现实，创一流企业。

上述基本要素是绝大多数企业所共同关注与重视的，企业使命表达的范围一般都在上述要素所涉及的内容里。因此，可把上述要素作为确定或评价企业使命表达的参考指标。

（三）企业战略目标

战略目标是企业使命和愿景的具体化，是对企业的经营目的、社会使命的进一步阐明和界定，也是对企业在既定领域开展经营活动所要达到水平的具体描述。

战略目标既包括经济目标，也包括非经济目标；既包括定性目标，也包括定量目标。尽管如此，各个企业需要制定目标的领域却是相同的，所有企业的生存都取决于同样的一些因素。

德鲁克在《管理的实践》一书中提出了八个关键领域的目标：

（1）市场方面的目标。应表明本公司希望达到的市场占有率或在竞争中达到的地位。

（2）技术改进和发展方面的目标。包括对改进和发展新产品、提供新型服务内容的认知及措施。

（3）提高生产力方面的目标。有效地衡量原材料的利用，最大限度地提高产品的数量和质量。

（4）物质和金融资源方面的目标。获得物质和金融资源的渠道及对其的有效利用。

（5）利润方面的目标。用一个或几个经济目标表明希望达到的利润率。

（6）人力资源方面的目标。人力资源的获得、培训和发展，管理人员的培养及其个人才能的发挥。

（7）职工积极性发挥方面的目标。对职工激励、报酬等方面采取的措施。

（8）社会责任方面的目标。注意公司对社会产生的影响。

从定量的角度来说，企业的战略目标一般包括以下内容。

（1）盈利能力。用利润、投资收益率、每股平均收益、销售利润等来表示。

（2）市场。用市场占有率、销售额或销售量来表示。

（3）产品。用产品线或产品的销售额和盈利能力、开发新产品的完成期来表示。

（4）资金。用资本构成、新增普通股、现金流量、流动资本、回收期来表示。

（5）生产。用工作面积、固定费用或生产量来表示。

（6）研究与开发。用花费的货币量或完成的项目来表示。

（7）组织。用将实行变革或将承担的项目来表示。

（8）人力资源。用缺勤率、迟到率、人员流动率、培训人数或将实施的培训计划数来表示。

（9）社会责任。用活动的类型、服务天数或财政资助来表示。

（10）生产率。用投入产出比率或单位产品成本来表示。

一个企业并不一定在以上所有领域都规定目标，并且战略目标也并不局限于以上十个方面。在企业使命和企业功能定位的基础上，企业战略目标也可按以下四个方面内容展开，即市场目标、创新目标、盈利目标和社会责任目标。

（1）市场目标。一个企业在制定战略目标时最重要的决策是企业在市场上的相对地位，它反映了企业的竞争地位。企业所预期达到的市场地位应该是最优的市场份额，这就要求其对顾客、目标市场产品或服务、销售渠道等进行仔细分析。

（2）创新目标。在环境变化加剧、市场竞争激烈的社会里，创新概念受到重视是必然的。创新作为企业的战略目标之一，可使企业获得生存和发展的生机和活力。在每一个企业中，基本上存在着三种创新：制度创新、技术创新和管理创新。为树立创新目标，战略制定者一方面必须预计达到市场目标所需的各项创新，另一方面必须对技术进步在企业的各个领域中引起的发展作出评价。

（3）盈利目标。这是企业的一个基本目标，企业必须获得经济效益。作为企业生存和发展的必要条件和限制因素的利润，既是对企业经营成果的检验，又是企业的风险报酬，也是整个企业乃至整个社会发展的资金来源。盈利目标的达成取决于企业的资源配置效率及利用效率，包括生产资源、人力资源、资本资源的投入、产出目标。

（4）社会责任目标。当代企业越来越多地认识到自己对用户及社会的责任。一方面，企业必须对本组织造成的社会影响负责；另一方面，企业还必须承担解决社会问题的部分责任。企业日益关心并注意塑造良好的社会形象，既为自己的产品或服务争得信誉，又促进组织本身获得认同。企业的社会目标反映企业对社会的贡献程度，如环境保护、节约能源、参与社会活动、支持社会福利事业和地区建设活动等。

（四）企业愿景、企业使命与企业战略目标的关系

愿景、使命、战略目标三者既有联系，又有区别。

愿景是企业期望发展成为的样子（有可能成为的样子）。使命是企业存在的理由、企业的经济身份或角色、企业对社会和利益相关者的承诺。战略目标是公司近年（3年、5年、10年）的主要工作方向，也称为中长期规划或中长期目标。

从时间的角度来看，使命说的是当下的角色；战略目标是对限定时间内的工作方向或工作成果的描述；愿景是企业最终期望发展成为的形象，是更为远期的目标。

同时，三者又有联系：使命描述了企业存在的理由，愿景描述了未来企业期望成为的样子，战略则成了从现实通向愿景的阶段性阶梯。

愿景、使命与战略目标的关系，参见表9-1。

表 9-1　愿景、使命与战略目标关系

项目	愿景	使命	战略目标
描述重点	期望企业发展成什么样子	企业存在的理由	中长期定性及定量的目标
描述内容	描述一个鼓舞人心的追求	描述一个持久的追求	描述近期可看到的方向
指导对象	为内外部人员提供指导	为内外部人员提供指导	主要为外部人员提供指导
时间跨度	未来 20~30 年	当前	未来 3~5 年

第二节　企业环境分析

一、企业外部宏观环境分析（PEST 分析法）

PEST 分析是指宏观环境的分析，宏观环境又称一般环境，是指影响一切行业和企业的各种宏观力量。对宏观环境因素进行分析，不同行业和企业根据自身特点，分析的具体内容会有差异，但一般都应对政治（Political）、经济（Economic）、技术（Technological）和社会（Social）四大类影响企业的主要外部环境因素进行分析，故称为 PEST 分析法，如表 9-2 所示。

表 9-2　典型的 PEST 分析

政治（包括法律）	经济	社会（包括文化）	技术
环保制度	经济增长	收入分布	政府研究开支
税收政策	利率与货币政策	人口统计、人口增长率与年龄分布	产业技术关注
国际贸易章程与限制	政府开支	劳动力与社会流动性	新型发明与技术发展
合同法、消费者保护法	失业政策	生活方式变革	技术转让率
雇佣法律	征税	职业与休闲态度、企业家精神	技术更新速度与生命周期
政府组织/态度	汇率	教育	能源利用与成本
竞争规则	通货膨胀率	潮流与风尚	信息技术变革
政治稳定性	商业周期的所处阶段	健康意识、社会福利及安全感	互联网的变革
安全规定	消费者信心	生活条件	移动技术变革

PEST 分析法是战略外部环境分析的基本工具，通过对政治、经济、社会和技术四个方面因素进行分析，从总体上把握宏观环境，并评价这些因素对企业战略目标和战略制定的影响。

（一）政治法律环境

政治法律环境包括一个国家的社会制度，执政党的性质，政府的方针、政策、法令等。

政治环境主要包括政治制度与体制、政局、政府的态度等；法律环境主要包括政府制定的法律、法规。

不同的国家有着不同的社会性质，不同的社会制度对组织活动有着不同的限制和要求。即使社会制度不变的同一国家，在不同时期，由于执政党的不同，其政府的方针特点、政策倾向对组织活动的态度和影响也是不断变化的。

当政治制度与体制、政府对组织所经营业务的态度发生变化时，当政府发布了对企业经营具有约束力的法律、法规时，企业的经营战略必须随之调整。法律环境主要包括政府制定的对企业经营具有约束力的法律、法规，如《反不正当竞争法》《环境保护法》以及各种税法外贸法规等，政治、法律环境是经济环境密不可分的影响因素。处于竞争中的企业必须仔细研究政府和商业有关的政策和思路，如研究国家的税法、《反垄断法》以及取消某些管制的趋势，同时了解与企业相关的一些国际贸易规则、知识产权法规、劳动保护和社会保障等。这些相关的法律和政策能够影响到各个行业的运作和利润。

1. 具体政治法律影响因素

企业和政府之间的关系、《环境保护法》、外交状况、产业政策、《专利法》、政府财政支出、政府换届、政府预算、政府其他法规。

2. 对企业战略有重要意义的政治和法律变量

政府管制、特种关税、专利数量、政府采购规模和政策、进出口限制、税法的修改、《专利法》的修改、劳动保护法的修改、《公司法》和《合同法》的修改及财政与货币政策。

3. 重要的政治法律变量

执政党性质、政治体制、经济体制、政府的管制、税法的改变、各种政治行动委员会、专利数量、《专利法》的修改、《环境保护法》、产业政策、投资政策、国防开支水平、政府补贴水平、反垄断法规、与重要大国关系、地区关系、对政府进行抗议活动的数量/严重性及地点、民众参与政治行为等。

4. 主要分析的问题

（1）政治环境是否稳定？

（2）国家政策是否会改变法律，从而增强对企业的监管并收取更多的赋税？

（3）政府所持的市场道德标准是什么？

（4）政府的经济政策是什么？

（5）政府是否关注文化与宗教？

（6）政府是否与其他组织签订过贸易协定，如欧盟（EU）、北美自由贸易区、东盟等？

（二）经济环境

经济环境是指影响企业生存和发展的社会经济状况和国家经济政策。社会经济状况包括经济要素的性质、水平、结构、变动趋势等多方面的内容，涉及国家、社会、市场等多个领域。国家经济政策是国家履行经济管理职能，调控国家宏观经济水平、结构，实施国家经济发展战略的指导方针，对企业经济环境有着重要的影响。企业的经济环境主要由社会经济结构、经济发展水平、经济体制和宏观经济政策等四个要素构成。

社会经济结构指国民经济中不同的经济成分、不同的产业部门以及社会再生产各个方面在组成国民经济整体时的相互适应性、量的比例及排列关联的状况。主要包括五方面的内容，即产业结构、分配结构、交换结构、消费结构、技术结构，其中最重要的是产业结构。

经济发展水平是指一个国家经济发展的规模、速度和所达到的水准。反映一个国家经济发展水平的常用指标有国民生产总值、国民收入、人均国民收入、经济发展速度、经济增长速度。

经济体制是指国家经济组织的形式。经济体制规定了国家与企业、企业与企业、企业与各经济部门的关系，并通过一定的管理手段和方法调控或影响社会经济流动的范围、内容和方式等。

宏观经济政策是指国家、政党制定的一定时期促进国家经济发展目标实现的战略与策略，包括综合性的全国经济发展战略和产业政策、国民收入分配政策、价格政策、物资流通政策、金融货币政策、劳动工资政策、对外贸易政策等。

企业的经济环境分析就是对以上的各个要素进行分析，运用各种指标准确地分析宏观经济环境对企业的影响，从而制定出正确的企业经营战略。

构成经济环境的关键要素包括国内生产总值（GDP）的变化发展趋势、利率水平、贷款的可得性、可支配收入水平、居民消费（储蓄）倾向、政府预算赤字、消费模式、劳动生产率水平、汇率、证券市场状况、不同地区和消费群体间的收入差别、价格波动、通货膨胀程度及趋势、失业率、居民可支配收入水平、汇率水平、能源供给成本、市场机制的完善程度、市场需求状况、外国经济状况、进出口因素等。由于企业是处于宏观大环境中的微观个体，经济环境决定和影响其自身战略的制定，经济全球化还带来了国家之间经济上的相互依赖，所以企业在各种战略的决策过程中还需要关注、搜索、监测、预测和评估本国以外其他国家的经济状况。

（三）社会文化环境

社会文化环境是指企业所处的社会结构、社会风俗和习惯、信仰和价值观念、行为规范、生活方式、文化传统、人口规模与地理分布等因素的形成和变动。

社会文化环境包括一个国家或地区的居民教育程度和文化水平、宗教信仰、风俗习惯、审美观点、价值观念等。文化水平会影响居民的需求层次；宗教信仰和风俗习惯会禁止或抵制某些活动的进行；价值观念会影响居民对组织目标、组织活动以及组织存在本身认可与否；审美观点则会影响人们对组织活动内容、活动方式以及活动成果的态度。

社会文化因素包括人口规模、年龄结构、人口结构比例、性别比例、特殊利益集团数量、人口出生/死亡率、人口流动性、社会保障计划、人口预期寿命、人均收入、生活方式、平均可支配收入、对政府的信任度、购买习惯、对道德的关切、教育状况、对退休的态度、对质量的态度、污染控制、对能源的节约、社会活动项目、社会责任、对职业的态度、宗教信仰状况等。其中，人口规模直接影响一个国家或地区市场的容量，年龄结构则决定消费品的种类及推广方式。

人口因素对企业战略的制订有重大影响。例如，人口总数直接影响社会生产总规模；人口的地理分布影响企业的厂址选择；人口的性别比例和年龄结构在一定程度上决定了社会需求结构，进而影响社会供给结构和企业生产；人口的教育文化水平直接影响企业的人力资源状况；家庭户数及其结构的变化与耐用消费品的需求和变化趋势密切相关，因而影响到耐用消费品的生产规模等。对人口因素的分析可以使用以下一些变量：离婚率、出生和死亡率、人口的平均寿命、人口的年龄和地区分布、人口在民族和性别上的比例变化、人口和地区在教育水平和生活方式上的差异等。

每一个社会都有其核心价值观，它们常常具有高度的持续性，这些价值观和文化传统是历史的沉淀，通过家庭繁衍和社会教育而传播延续，因此具有相当的稳定性。而一些其他价值观是比较容易改变的。每一种文化都是由许多亚文化组成的，由有共同语言、共同价值观念体系及共同生活经验或生活环境的群体所构成，不同的群体有不同的社会态度、爱好和行为，从而表现出不同的市场需求和不同的消费行为。

企业进行社会文化环境因素分析时主要关注：

（1）信奉人数最多的宗教是什么？

（2）这个国家的人对于外国产品和服务的态度如何？

（3）语言障碍是否会影响产品的市场推广？

（4）这个国家的男人和女人的角色分别是什么？

（5）这个国家的人长寿吗？老年阶层富裕吗？

（6）这个国家的人对于环保问题是如何看待的？

（四）技术环境

技术要素不仅仅包括那些引起革命性变化的发明，还包括与企业生产有关的新技术、新工艺、新材料的出现和发展趋势以及应用前景。在过去的半个世纪里，最迅速的变化发生在技术领城，高新技术公司的崛起改变着世界和人类的生活方式。同样，技术领先的医院、大学等非营利性组织，也比没有采用先进技术的同类组织具有更强的竞争力。

技术环境除了要考察与企业所处领城的活动直接相关的技术手段的发展变化外，还应及时了解：

（1）国家对科技开发的投资和支持重点。

（2）该领域技术发展动态和研究开发费用总额。

（3）技术转移和技术商品化速度。

（4）专利及其保护情况等。

二、企业外部行业环境分析

任何一个企业都会在某一行业内生存、发展，行业环境对企业发展的影响比其所在的宏观环境影响更为直接，影响程度也更大。企业如何在所在行业内生存与发展，或者企业是否需要退出本行业，以及企业是否进入某一行业发展，这些战略问题都需要进行行业环境分析。

对于行业环境分析，通常采用美国著名的战略管理学者波特（Porter）的五力模型进行分析。可以从潜在进入者、替代品、购买者、供应商与现有竞争者五个方面来分析行业竞争的强度（图 9-2）。

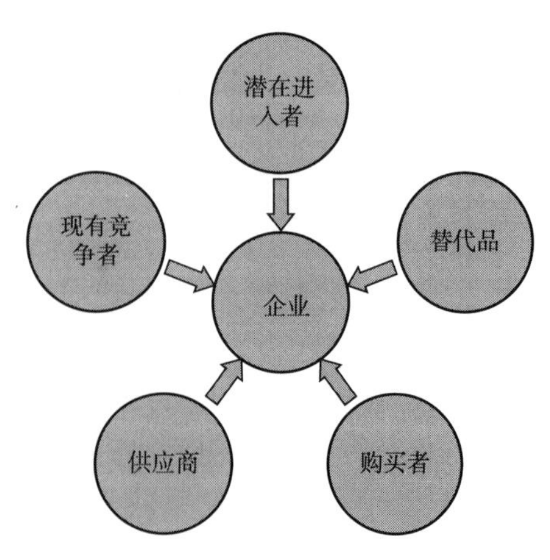

图 9-2　波特五力模型分析

潜在进入者的进入会减少或降低市场集中程度，激发现有企业间的竞争，并且瓜分原有的市场份额。替代品作为新技术与社会新需求的产物，对现有行业的“替代”威胁的严重性可能十分明显，但几种替代品长期共存的情况也很常见，替代品之间的竞争规律是价值高的产品获得竞争优势。购买者、供应商讨价还价的能力取决于各自的实力，如卖（买）方的集中程度、产品差异化程度与资产专用性程度、纵向一体化程度以及信息掌握程度等。产业内现有竞争者的竞争，即一个产业内的企业为市场占有率而进行的竞争，通常表现为价格竞争、广告战、新产品引进以及增进对消费者的服务等方式。

（一）潜在进入者的威胁

潜在进入者是指行业外随时可能进入行业内成为竞争者的企业，也叫新进入者。可以是一个新办的企业，也可以是一个实施多元化经营战略的企业。潜在的行业新进入者是促进行业竞争的一种重要力量，这些新进入者大都拥有新的生产能力和某些必要的资源，期待能建立有利的市场地位。一方面，新进入者加入该行业，会带来生产能力的扩大，带来对市场占有率的要求，这必然引起与现有企业的激烈竞争，使产品价格下跌；另一方面，新加入者要获得资源进行生产，从而可能使行业生产成本升高。这两方面都会导致行业的获利能力下降，严重的话还有可能危及这些企业的生存。

潜在进入者对本行业威胁的大小取决于该企业进入该行业需要克服的障碍和付出的代价，以及进入该行业后原有企业的反应强烈程度。潜在进入者需要克服的障碍也称为行业的进入壁垒。潜在进入者能否进入本行业受进入壁垒高低的影响。

进入壁垒的高低主要取决于以下因素。

（1）规模经济。规模经济是指在固定成本变化不大的情况下，产品单位成本随产量的增加而下降。如果大规模生产可以产生显著的成本优势，那么新进入者就必须达到一定规模，否则单位成本将限制其获利能力。如果行业内原有企业的生产都已达到相当大的规模，当新进入者以较小的规模进入该行业时就会处于成本上的劣势，表现为价格竞争和获利能力上缺乏竞争力；若以较大规模进入该行业则将面临市场变化、价格竞争等方面的威胁，其经营风险可能会更大。

（2）经营特色。如果行业内现有企业已经树立了良好的企业形象和品牌知名度，并已取得了用户的广泛信任，那么，新进入者要想在短期内树立起良好的企业形象、取得同样的效果就要付出相当大的代价。甚至新进入者要有充分的心理和物质准备，在一开始进入该行业时可能要承受一定的亏损。

（3）投资规模。通常进入一个新的行业的投资都需要比初始进入者大得多，除了要建设厂房、购买机器设备等固定资产投资外，还要培训职工、招聘技术和管理等方面的人员，进行广告促销宣传、开拓市场、研究与开发等，所有这些工作都需要较多的资金投入。如果项目资本需求很高或企业为了竞争需要进行大量投资时，就会形成一种进入壁垒，会影响潜在进入者进入本行业的数量。如果进入新行业所需投资过大，对小企业来说无疑是一种难以逾越的障碍，只有那些有足够财力的大企业才有可能进入任何行业。在需要巨额资本投入的领域里，过高的费用限制了可能的进入者。当然，有时企业也可以从资本市场上获得资金，但由于资金用于进入新的行业有较大的风险，所以潜在进入者要支付风险溢价，这对原有行业内的企业而言是一种优势。

（4）资源供应。若行业内现有企业已与原材料及技术供应渠道建立了良好稳定的供应关系，那么，新进入者的进入壁垒就相当高。因此，新进入者在进入该行业之前要做好资源供应方面的调查，研究供应渠道关系及各供应商可能的合作行为。

（5）分销渠道。为了销售产品，新进入者必须有分销渠道，这也构成了一道进入壁垒。由于现有的有利的销售渠道已被行业内原有企业占用，而新企业为了使这些销售渠道接受自己的产品，有可能需要付出较高的代价，如压低价格、共同分担广告费用等，这些无疑都会降低新企业的利润。

如果某种产品的批发和零售渠道有限，而现有竞争者和这些渠道的联系很紧密，则新进入者进入该行业的壁垒就很高。由于现有企业和销售渠道有长期合作关系，并提供高质量服务，所以它们之间联系紧密，甚至某分销渠道可能基于某种特殊关系只为某特别的制造商服务，这时对于新进入者而言，为进入销售渠道而形成的进入壁垒就会变得异常之高，以至于新企业不得不创建一个全新的分销渠道，这样无疑会增加其进入行业的难度。

（6）经验曲线。若行业内现有企业已掌握了某种技术诀窍，积累了丰富的生产经验，工人操作熟练、废品率低，造成产品成本较低，这种成本因素也会构成新进入者的进入壁垒。

（7）政府政策。国家对有些行业颁布许可证（如医药、食品、邮电、通信设备等），或对某些原材料进行严格控制，都会对新进入者形成较高的进入壁垒。

（8）原有企业的反应。若行业中的原有企业的预期报复强烈，那么，潜在进入者的进入壁垒就较高。

（二）替代品的威胁

替代品是指那些与本行业产品具有相同或相似功能的产品。如木糖醇可以替代食糖，洗衣液可部分替代洗衣粉。替代产品的价格如果比较低，它投入市场后就会使本行业产品的价格上限只能处在较低的水平，就会限制本行业的收益。来自替代品的压力主要有以下三个方面因素。

（1）替代品的盈利能力。如果替代品具有较大的盈利能力，那么生产替代品的企业会对本行业原有企业形成较大的竞争压力。通常替代品有足够的能力把本行业的产品价格约束在一个较低的水平上，使本行业企业在竞争中处于不利地立。

（2）生产替代品的企业所采取的战略模式。如果生产替代品的企业采取迅速扩张的发展战略，那么替代品就会对本行业构成巨大的威胁。

（3）用户的转换成本。用户在改用替代品的过程中，其转换成本越小，则替代品对本行业的竞争压力越大；反之，替代品对本行业的竞争压力越小。

（三）购买者的讨价还价能力

购买者对本行业的竞争压力的影响表现为要求产品价格更低廉、质量更好，提供更多的售后服务，他们会利用各企业间的竞争施加讨价还价的压力。购买者的竞争力量需要视具体情况而定，但主要由以下三个因素决定：购买者所需产品的数量、购买者转而购买其他替代品所需的成本、购买者各自追求的目标。购买者可能要求降低购买价格，需求高质量的产品和更多的优质服务，结果是使行业的竞争者们相互竞争、残杀，导致行业利润下降。来自购买者的讨价还价的压力主要取决于以下九种因素。

（1）购买者的集中程度。如果本行业产品集中供应给少数几个购买者，而且购买者购买数量占本行业产量的比例很大，那么购买者讨价还价的能力就会增加。这少数几个购买者会对本行业形成较大的压力。

（2）本行业产品的标准化程度。本行业生产的产品的标准化程度越高，用户在购买产品时的选择余地就越大，购买者讨价还价的能力就会大大增加。

（3）购买者从本行业购买的产品在其成本中所占的比重。如果购买者购买的本行业产品所支付的价格在其产品生产成本中占的比重很大，购买者在购买时对价格、质量等问题就会更为敏感和挑剔，就会激发强烈的讨价还价欲望。

（4）转换成本。购买者转向购买其他行业产品的转变费用越低，其选择余地就越大，对本行业形成的讨价还价压力也就越大。因为购买者的转移将大大减少本行业产品的销售量，甚至威胁本行业的生存和发展，此时用户的讨价能力就大大增强了。

（5）价格敏感性。如果购买者盈利能力较低，那么购买者在购买本行业产品时对价格就会特别敏感，必然形成购买者强烈的讨价还价动机。他们会千方百计地压低购买费用，要求降低价格，因为购买者不加大讨价还价的力度，其盈利能力就会大大减弱。

（6）购买者后向一体化的可能性。如果购买者有可能实现后向一体化，以保证原料供应的稳定性，则意味着购买者已经有了一定的原料供应保障，它对本行业其他企业的依赖性就会大大降低，那么购买者对本行业的讨价还价能力自然会提高。

（7）本行业产品对购买者产品质量的影响程度。如果本行业产品对购买者产品的质量有至关重要的影响，那么购买者对本行业产品的价格就不会很敏感，其讨价还价的动机就不会很强烈，对本行业的企业构成的讨价还价压力就较小。

（8）购买者掌握行业信息的程度。如果购买者获得本行业的经营信息很及时、很准确且来源广泛，那么购买者对本行业内的企业就构成了较大的讨价还价压力。因为购买者可以充分利用有利的信息提高其讨价还价的能力。

（四）供应商的讨价还价能力

对某一行业来说，供应商竞争力量的强弱，主要取决于供应商行业的市场状况以及他们所提供物品的重要性。供应商的威胁手段一是提高供应价格，二是降低相应产品或服务的质量，从而使下游行业利润下降。来自供应商的讨价还价的压力主要取决于以下七种因素。

（1）供应商的集中程度。如果供应商集中程度较高，即原材料的供应由少数几家公司控制，而本行业集中程度较差，出现少数几家公司供给行业中众多分散企业的局面，则供应商通常会在价格、质量和供应条件上对企业施加较大压力。

（2）供应品的可替代程度。若存在合适的替代品，即使供应商强大，它们的竞争能力也会受到牵制。

（3）本行业对供应商的重要性。如果本行业是供应商的重要用户，供应商的命运和本行业密切相关，则来自供应商的压力就较小；反之，供应商会对本行业施加较大的压力。

（4）供应品对本行业生产的重要性。如果供应品对本行业的生产起着关键性作用，则供应商的讨价还价能力会提高。

（5）供应品的特色和转换成本。如果供应品具有特色并且转换成本很大时，则供应商讨价还价的能力就会增强，会对本行业施加较大的压力。

（6）供应商前向一体化的能力。如果供应商有可能前向一体化，形成垄断，就会增强对本行业的竞争压力。

（7）本行业内的企业后向一体化的可能性。如果本行业内的企业有可能后向一体化，形成垄断，就会降低对供应商的依赖程度，从而减弱供应商对本行业的竞争压力。

（五）行业中现有竞争者之间的竞争

任何行业内的企业之间会为增强各自的盈利能力而展开竞争。这种竞争力量是企业所面对的最强大的一种力量，这些竞争者根据自己的一整套规划，运用各种手段（价格、质量、造型、服务、担保、广告、销售网络、创新等），力图在市场上占据有利地位和争夺更多的消费者，对行业造成了极大的威胁。现有企业之间的竞争激烈程度通常取决于以下七个方面的因素。

（1）竞争者的多少及力量的对比。一个行业内企业数量越多，行业竞争就会越激烈。因为行业中的每个企业都想改善其不利的竞争地位，而且都会认为自己的行动不会引起业内其他企业太大的反应，从而导致竞争趋于激烈。如果一个行业内企业数量不多，即行业是高度集中的，当行业中每个企业的实力相差无几时，行业内的竞争会很激烈；但当各企业的实力有相当大的差距时，行业内各企业之间的竞争就不会很剧烈。这是因为，高度集中的行业内如果存在企业实力差距较大的情况，说明行业所面对的市场还有较大的发展空间，各企业都有各自满意的市场，都在致力于本企业的经营和发展。但是，从发展的态势看，这种相安无事的状态不会保持太久，一旦各企业的实力逐步接近，行业的竞争必然趋于激烈。

（2）市场增长率。当行业的市场增长率低时，行业内的企业必然面对激烈竞争的局面。因为在这种情况下，不能获得较高市场占有率的企业就没有竞争优势，就可能被淘汰，行业的竞争程度可想而知。

（3）固定费用。如果行业内的企业在经营中表现出的固定费用较高，就会迫使行业内企业尽量充分利用其生产能力，以求充分发挥固定资产的作用。尤其当生产能力利用不足时，企业宁愿降低产品价格，以增加销售量，保持生产规模，也不愿让生产设备闲置，因而必然导致行业内企业之间竞争加剧。

（4）存储费用。如果行业内各企业产品的储存费用较高或产品不易保存，各企业都会急于把产品销售出去，在这样的经营环境中，也会使行业内各企业之间的竞争加剧。

（5）产品特色与用户的转换费用。如果用户从购买一个企业的产品转到购买另一个企业的产品时使用新产品的转换费用较低，那么用户的转移行为对本行业的获利必然产生不利的影响，此时行业内原有企业必然竭尽全力留住用户，会导致行业内各企业之间竞争激烈。反之，如果用户的转变费用较高，行业内各企业产品各具特色，用户对具有特色的产品依赖性很强，就很难施加讨价还价的压力，那么行业内各企业之间的竞争就不会剧烈。

（6）行业内生产能力。如果由于行业的技术特点和规模经济的要求，行业内企业生产能力大幅度提高，将导致一段时间内行业的总体生产能力过剩，这必然导致各企业之间的竞争加剧。

（7）企业退出壁垒。退出壁垒是指企业退出某个行业时要付出的代价，包括：

①资产处置。是指企业退出行业时，将蒙受巨大的财产损失。

②退出费用。是指企业退出行业经营后，要支付大量的人员安置费、处理库存物品的损失费等多种费用。

③无形资产损失。无形资产损失包括企业的社会形象及原有品牌的损失、企业的信用损失、购销渠道的损失等。

④心理因素。企业的各级管理者，尤其是决策者，不愿作出退出行业的决策，因为这会大大地降低其在职业经理人市场中的价值和竞争地位。另外，企业员工也不愿意失去多年为之辛勤劳作的企业。

上述因素构成了企业的退出壁垒。由于退出壁垒高，即使经营遇到困难，在各种因素的压力下，企业也不愿轻易退出行业，这就会使行业内竞争加剧。而且，这类企业的存在往往会加剧行业的竞争程度，因为它们为了维持经营，通常会采取非常规经营手段，容易打乱行业的经营规则，导致行业的竞争处于无序状态。

三、企业内部环境分析

（一）企业资源及其构成

企业资源分为有形资源、无形资源、人力资源。一般在企业发展初级阶段，有形资源很重要；随着企业的发展，无形资产越来越重要。

1. 有形资产

有形资源是可见的、能量化的资源，如货物、资金、厂房、机械设备、办公室等。企业的有形资产包括实物资产与资金资产。有形资产一般可以从企业的财务报表中查到，但考虑某项有形资产的战略价值时，不仅要看到会计科目上的数目，而且要评价其产生竞争优势的竞争力。这是因为，一项账面价值很高的实物资源其战略价值可能并不大。实物资源的战略价值不仅与账面价值有关，还取决于企业所处的地理位置、设备的类型和先进程度、能否适应输入要素和产品的变化、企业利用这些资源的整合能力等。

在评估有形资产的战略价值时，应注意是否有机会更经济地利用现有资源以及怎样才能使现有资源有效地发挥作用。事实上，企业可以通过多种方法增加有形资产的回报率，如采用先进的技术和工艺提高资源的利用率；通过与其他企业的联合，尤其是与供应商和客户的联合充分地利用资源。实际上，由于不同的企业掌握的技术不同，人员素质也有差异，他们对拥有资产的利用能力也不同，因而同样的有形资产在不同的企业中会表现出不同的战略价值。

2. 无形资产

无形资源是根据企业的历史长期积累下来的，没有实物形态的资产，如专利、版权、商标、关系、质量、品牌。企业的信誉、知名度与市场形象，具有先进性、独创性和独占性的技术，企业的经营管理能力以及企业文化等都属于无形资产的范畴。无形资产是企业在长期的经营实践中逐步积累起来的，是以前投入大量有形资产换来的。由于无形资产的不可见性和隐蔽性，人们往往忽略其战略价值。实际上，无形资产同样事关企业的生存与发展，其作用是有形资产不可替代的。下面就无形资产的以下方面加以说明。

（1）企业的信誉、知名度与市场形象。在产品和服务质量相同的条件下，或在产品与服务质量不易于直观辨识的情况下，企业的信誉、知名度与市场形象往往是企业竞争力的最重要来源。这是因为，信誉与知名度高、市场形象好的企业不仅其产品和服务容易被消费者接受，可以卖出更好的价钱，并且可以在融资、信贷等方面得到方便与优惠。

（2）具有先进性、独创性和独占性的技术。企业一旦拥有了某种专利、版权和商业秘密，就可以凭借这些无形资产建立自己的竞争优势，华为、联想、海尔等企业都是这方面的典型例子。企业所拥有的技术能否成为重要的无形资产，除了与其先进性和独创性有关外，还与其是否易于转移有密切的关系。如果某项技术易于被模仿，或者主要由单个容易流动的人员所掌握，那么该项技术的战略价值将大大降低；反之，如果某项技术很难被模仿，或者必须与其他技术方法一起使用才能发挥其应有的作用，而这些技术方法又分别控制在很多人手中，那么该项技术作为一种无形资产的战略价值就高得多。

3. 人力资源

人力资源主要是指组织成员向组织提供的知识、技能和决策能力等，通常把这些能力称为人力资本。大量的研究发现，那些能够有效地利用人力资源的组织总是比那些忽视人力资源的企业发展得更快，是人的进取心和掌握的技术创造了企业的繁荣。在技术飞速发展和信息化加快的知识经济时代，人力资源在企业中的作用越来越突出。

在环境迅速变化的条件下，如果一个企业想要适应这种变化并利用新的机会求得发展，更重要的不是考查其雇员过去和现在具有怎样的能力与业绩，而是评估他们是否具有挑战未来的信心、知识和能力。近年来，许多企业开始对其成员进行更广泛、更细致的知识、技巧、态度和行为测评，越来越多的企业认识到在评估其人力资源状况时不仅要考查其成员的专长和知识，而且要评价他们的人际沟通技巧和合作共事能力。

（二）企业的能力

单独的一种企业资源并不能产生实际的生产力，真正的生产力来自各种资源的组合。企业能力是指整合企业资源，使价值不断增加的能力。一般而言，资源本身并不能产生竞争能力和竞争优势，竞争能力和竞争优势源于对多种资源的特殊整合。企业的竞争优势源于企业的核心竞争力，核心竞争力又源于企业能力，而企业能力源于企业资源。在人们识别、判定一个企业的核心竞争力之前，首先要弄清一个企业的基本能力状况，即企业对资源的利用能力。资源利用率很大程度上取决于企业将它们整合的能力即在整个价值链活动中使资源不断增值的能力。

1. 企业能力的含义

企业能力是指企业有效配置资源，发挥其生产和竞争作用的能力，来源于企业有形资源、无形资源和组织资源的整合。企业能力是指企业在生产、技术、销售、管理和资金等方面力量的总和。企业的竞争力来源于企业的组织能力，而组织能力只能来源于企业在市场竞争中学习、积累的相关知识和能力，并将其嵌入企业组织中，体现在企业的运作程序上。

2. 企业能力的分类

企业要根据自身的实际情况，对其能力进行分类，以便于系统地掌握企业的能力状况。在分类的基础上，通过对企业能力进行评价明确企业的优势和劣势。企业能力可分为职能领域的能力和跨职能领域的综合能力两大类。职能领域的能力包括市场营销能力、财务管理与资本运作能力、人力资源开发与管理能力、组织能力、研发能力、制造和生产能力、管理信息系统开发与集成能力等。跨职能领域的综合能力则包括学习能力、创新能力、战略谋划能力、整合力和领导力等。各种能力说明见表 9-3。

表 9-3　企业能力说明一览表

项目	企业能力类型	具体内容
职能领域的能力	市场营销能力	· 敏锐的市场意识 · 准确的市场定位和恰当的促销 · 渠道构建、控制和管理 · 有效的分销和物流体系 · 品牌创建、维护与提升
	财务管理与资本运作能力	· 健全的财务管理体制 · 良好的现金流 · 较强的偿付能力 · 资本运作能力
	人力资源开发与管理能力	· 有效的、广泛的、持续的员工培训 · 有效的激励体系
	组织能力	· 融洽的管理气氛 · 高效的组织运行 · 较高的战略管理水平
	研发能力	· 快速的产品革新 · 独到的工艺 · 较强的基础研究
	制造和生产能力	· 敏捷制造、柔性生产 · 精密制造 · 复杂制造
	管理信息系统开发与集成能力	· 完整的信息管理体系 · 信息分析和加工 · 电子商务
跨职能领域的综合能力	学习能力	· 良好的学习氛围 · 企业通过实践进行学习的能力 · 自适应能力
	创新能力	· 创新意识和创新氛围 · 奇思妙想，标新立异，特立独行，大胆创意 · 有效的创新组织和管理
	战略谋划能力	· 全球视野 · 对形势、局势、趋势、态势、大势的精准研判 · 审时度势的决断力
	整合力	· 系统集成能力 · 有效的战略联盟 · 与上下游之间建立良好关系，供应链的整合能力 · 对资源的发现、整合、调度和优化能力 · 自组织能力

续表

项目	企业能力类型	具体内容
跨职能领域的综合能力	领导力	·变革管理、危机管理、不确定性管理与驾驭 ·健康的企业文化，充满活力的工作氛围 ·跨文化领导力，分布式领导

通常，企业能力首先体现在职能领域。以国内企业为例，华为研发能力强、海尔制造能力强、蒙牛营销能力强等等。但是，企业应该更加注重提升自身跨职能领域的综合能力，特别是学习能力和创新能力。在知识经济时代，企业是创造知识的组织，是技术创新的主体，不断创新是企业发展的不竭源泉和终极动力。

3. 企业能力分析

对企业基本能力状况的分析，可从企业生产经营所必需的各项功能的角度分别进行。在评估企业的资源使用和控制能力时，经常使用的是企业的研发能力、财务能力、生产管理能力和营销能力的分析。

（1）研发能力分析。研发能力是企业的一项十分重要的能力。其主要包括以下几个方面。

①科研与开发能力分析。科研与开发能力是指企业是否有能力根据自己的发展需要开发和研制新产品，是否有能力改进生产设备等生产工艺。企业的科研开发能力和水平由企业科技队伍的现状和变化趋势来决定。如果没有这样的人员，并且不能在短期内找到这样的人才，企业就需要考虑和高等院校或科研单位合作，以解决技术开发和技术改造的问题。

②科研与开发组合分析。企业的科研与开发在科学技术水平方面有四个层次：科学发现、新产品开发、老产品改进和设备工艺技术改造。一个企业的科研与开发水平处于哪个层次或是哪个层次的组合，由企业的科研与开发能力决定。企业的科研与开发能力决定着企业在科研、开发方面的长处和短处，也决定着企业开发的方向。一个好的科研或开发部门，应该能够根据企业战略的要求和自身研发实力决定选择哪一个或哪几个科研层次并有效组合。

③企业科研成果与开发成果分析。企业已有的科研成果与开发成果是其能力的具体体现，如技术改造、新技术、新产品、专利以及其商品化的程度、给企业带来的经济效益等。

④科研经费分析。企业的科研设施、科研人才和科研活动要有足够的科研经费予以支持，应根据企业的财务实力作出预算。决定科研预算经费的方法一般有按照总销售收入的百分比计算、根据竞争对手的状况制定、根据实际需要确定三种。

（2）财务能力分析。要分析判断一个企业的经营能力，首先必须分析该企业的财务状况，因为企业的财务报表和资料记录了企业经营的整个过程和取得的绩效水平。分析企业财务状况广泛使用的方法是财务比率分析。财务比率分析通常从两个方面进行：一是计算本企业有关财务比率，并与同行业中的竞争对手进行比较或与同行业的平均财务比率进行比较，借以了解本企业同竞争对手或同行业一般水平的财务状况和经营成果的差距；二是将计算得到的财务比率同本企业过去的财务比率和预测的未来财务比率相比较，借以测定企业财务状况和经营成果在一个较长时间内的变动趋势。

财务比率分析评价体系主要由五大类指标构成：收益性、安全性、流动性、成长性和生产性指标。分别计算出五类指标并画出雷达图，就能够清楚、直观、形象地揭示企业的财务及经营状况的优势和劣势。这对于制定正确有效的企业战略具有十分重要的意义。

（3）生产管理能力分析。生产是企业的基本功能，是厂商为客户提供价值的基础。企业的生产包括将投入品转变为产品或服务并能够为消费者带来价值和效用的所有活动。在不同的行业，由于各自的特点不同，企业生产所涉及的投入品、物质转换过程及产出品也不相同。在绝大多数行业，企业生产经营的大部分成本发生于生产过程中，因此生产管理能力的高低决定着公司战略的成败。而生产管理的首要任务是开发和管理一个有效的生产体系。美国管理学者罗杰·施罗德（Roger Schroeder）认为，生产管理主要包括五种功能或决策领域：生产过程、生产能力、库存、人力和质量。

（4）营销能力分析。一个企业营销能力的强弱往往体现在其产品竞争能力、销售活动能力、新产品开发能力和市场决策能力等四个方面。

①产品竞争能力分析。所谓产品竞争能力分析，是对企业当前销售的各种产品的市场地位、收益性、成长性、竞争性和结构性等方面进行分析，分析结果可为改进产品组合和开发新产品指明方向。

产品市场地位分析：产品市场地位通过市场调查判断企业产品的知名度、美誉度和产品形象，以及测量该产品的市场占有率进行分析。其中，市场占有率是产品市场地位的重要标志，也是企业最重要的战略目标之一。企业应分品种、分地区、分时期进行统计并与竞争对手进行比较，以便发现问题、查找原因。另外，当企业竞争的关注焦点由市场份额增长转向市场质量提高时，还要特别注意忠诚客户的比率（以市场份额中忠诚客户的百分比来衡量）。

产品收益性分析：产品收益性的高低直接决定企业的效益，因此企业应确立高收益的产品组合。

产品成长性分析：产品成长性分析通常是把企业最近几年的销售量或销售额按时间顺序画成曲线，以观察其增减和变化趋势，通常采用的指标包括销售增长率和市场变化率。

产品竞争性分析：产品竞争性分析，重点分析与企业有竞争关系的产品在质量、外观、包装、商标、价格和服务等方面所具有的优劣势。

产品结构性分析：产品结构又称产品组合，分为宽度结构和深度结构，宽度结构是指产品的系列结构，深度结构是指同一系列的规格结构。产品结构分析的目的是发现优势产品和弱势产品，找出产品结构不合理的地方，进而改进产品组合，为保持和提高产品竞争力奠定基础。具体可运用波士顿矩阵等方法进行分析。

②销售活动能力分析。销售活动能力分析是指在产品竞争力分析的基础上，以重点产品和销路不畅产品为分析对象，对销售组织、销售绩效、销售渠道、促销活动等方面进行分析，以判断企业销售活动的能力、存在的问题及问题存在的原因，从而为制定战略提供依据。

销售组织分析：销售组织分析内容主要包括销售组织机构分析：对人员编制、业务分工、责任权限、管理方式等方面进行分析；销售人员素质分析：对销售队伍结构、业务能力、专业资格、培训教育、综合素质等方面进行分析；销售管理分析：对销售计划、统计报表、顾客档案、市场调查、销售激励、薪酬制度等方面进行分析。

销售绩效分析：销售绩效分析主要分析销售计划完成率、地区发展状况以及销售活动效率等内容。

销售渠道分析：销售渠道分析主要包括销售渠道结构分析：分析企业直接销售和间接销售的各种形式，绘制销售渠道结构图，计算各个渠道的销售构成比例和利润贡献度，分析现有渠道结构的合理性；中间商管理分析：依据与各中间商交易额的大小及交易额增长的高低，从中间商的重要性、成长性两个方面进行分类和评价，以确定今后需重点管理、扩大交易的中间商，进行重点扶持；销售渠道管理分析：分析企业的渠道整合和渠道管理方针，重点分析企业与中间商之间的合作关系是否有利于双赢和共同发展。

促销活动分析：促销活动分析主要是评价企业开展促销活动的方法、内容和效果，如促销经费占销售额的比例是否适度、促销组合是否合理、促销活动对提高产品知名度及扩大销售的贡献如何等等。

③新产品开发能力分析。包括开发计划、开发组织、开发过程、开发效果分析。

④市场决策能力分析。市场决策能力分析是以产品市场竞争力分析、销售活动能力分析的结果为依据，对照企业当前实施的经营方针和经营战略，发现企业在市场决策中存在的不当之处，评估、判断企业领导者的市场决策能力，并探讨企业应采取的中长期经营策略，以提高企业领导者的决策水平，促进企业持续成长和发展。

（5）企业能力的比较分析。通过与其他企业，特别是本行业领先企业的具体对比，评价自身的能力和发展情况。企业能力的比较分析是战略分析方法中的重要工具，主要经过四个阶段的分析。

①弄清楚企业需要改进的活动和功能。

②找到在这些活动和功能方面领先的企业。

③与这些企业接触，包括访问企业高层，与管理人员、工人等交谈，分析他们做得如此出色的原因。

④应用学到的东西重新修订企业的目标，重新设计工作程序，并改变对企业有关功能和活动的期望。

（三）企业核心竞争能力

企业的资源和能力是企业竞争所必需的基础，但并不是所有的资源和能力都能为企业带来竞争优势，它们必须满足一定的条件和要求，企业核心竞争能力就是为了描述这种独特能力提出的一个重要概念。

1. 企业核心竞争能力的含义

企业核心竞争能力决定竞争优势，它并不是企业内部人、财、物的简单叠加，而是能够使企业在市场中保持和获得竞争优势且别人不易模仿的能力。企业核心竞争能力是建立在企业核心资源基础上的企业技术、产品、管理、文化等综合优势在市场上的反映，是企业在经营过程中形成的不易被竞争对手效仿，并能带来超额利润的独特能力。在激烈的竞争中，企业只有具有核心竞争能力，才能获得持久的竞争优势，保持长盛不衰。

正确理解企业的核心竞争能力，需要注意企业竞争能力和核心竞争能力是两个既有联系又有区别的概念。在英文中，竞争能力是 competitive power，而核心竞争能力是 core competence。通常来讲，企业的竞争能力是指企业功能领域上的竞争能力，其具体形式可以表现为企业的营销竞争能力、品牌竞争能力、技术竞争能力等。这些竞争能力只是企业活动在某一方面、某一领域的竞争能力，是一种相对的优势，而其稳定性相对较差，导致企业竞争能力的大多数因素在各企业之间具有可比较性和可计量性。而且，决定企业竞争能力的许多因素是可以通过市场获得的，或者可以通过模仿其他企业形成。而企业的核心竞争力是处于企业核心地位的，使竞争对手在一段较长时期内难以超越的竞争能力，能使企业保持长期稳定的竞争优势，往往难以直接比较和直接计量。每个企业在市场竞争中生存，都或多或少具有一定的竞争能力，但未必具有自己的核心竞争能力。核心竞争能力的形成又依赖于企业所拥有的各种竞争能力，企业核心竞争能力构建的过程就是以企业的一般竞争能力为基础，并对其进行整合，使其上升为更高层竞争能力的过程。所以，核心竞争能力的形成要经历企业内部资源、知识、技术等的积累、整合过程，可以成为企业竞争能力中最具有长远性和决定性影响的内在因素，通常存在于竞争能力的"知识"层面的最里层。企业的核心竞争能力和企业竞争能力在企业发展中可能会有共同的表现，但竞争能力因素更加广泛，而核心竞争能力因素是非常集中的。

2. 企业核心竞争能力的特征

企业核心竞争能力的识别应以其性质或特征为立足点，如果识别评价的结果与这些特征契合程度较好，就可以初步认定这些构成了企业的核心竞争能力。因此，必须深入了解企业核心竞争能力的性质。企业核心竞争能力必须同时具有以下五个方面的特性。

（1）价值性。核心竞争能力必须对用户看重的价值起重要作用，能很好地实现顾客所看重的价值，给顾客带来高的附加价值，如能显著地降低成本、提高产品质量、提高服务效率、增加顾客的效用等。顾客是决定某项能力是不是核心竞争能力的最终裁判，符合顾客需求的程度越高，价值性就越高，企业的竞争优势才会越显著。

（2）稀缺性。核心竞争能力仅为行业内极少企业拥有，是企业自身通过不断学习、创造、提高而逐步建立起来的与众不同的能力，是没有被当前和潜在的竞争对手所拥有的能力。如果一种特殊能力由众多企业控制，则它不可能成为任何一家企业的竞争优势源泉。

（3）难以模仿性。核心竞争能力是企业围绕市场需求不断进行技术创新、制度创新、文化创新和市场创新而获得的各种运作体系的积累性知识和能力，相比竞争对手具有领先性或差异性并不断形成新的竞争优势，是企业所特有的，不像材料、机器设备那样能在市场上购买到，且难以被其他企业所复制和模仿，从而可使企业在市场上处于优势地位。这种难以模仿的能力能为企业带来超过平均水平的利润。

（4）延展性。核心竞争能力主要表现在价值链的相关活动中，覆盖多个部门或产品，犹如企业的"能力源"，通过其溢出、扩散、辐射和渗透作用，将能量不断赋予最终产品，使企业的整体资源得到有效发挥，从而能在相关领域衍生出更多具有竞争力的产品和技术，为消费者不断提供创新产品。

（5）动态性。核心竞争能力与产业形态、企业资源及其他能力等变量高度相关，是企业在长期竞争发展中逐渐形成的。随着企业核心竞争能力形成的内外部条件的不断变化，企业的核心竞争能力也自然发生动态演变，过去的核心竞争能力很可能在今天演变成一般能力，甚至完全丧失竞争优势。因此，企业为具有长久的竞争优势，必须保持并培育、挖掘、拓展其最新的核心竞争能力，使企业的核心竞争能力处于动态良性循环状态。

3. 企业核心竞争能力的识别

识别核心竞争能力的基本方法有两种：一是以活动为基础；二是以技能为基础。这两种方法虽然有助于企业识别其重要活动和关键技能，但却忽略了核心竞争能力的资产性和知识性，即核心竞争能力更多地表现在专用性资产、组织结构、企业文化、积累知识等隐性和动态要素方面。因此，核心竞争能力应该从静态（技能）和动态（活动)、有形（资产）和无形（知识)、内部（企业）和外部（顾客和竞争对手）等角度、层次进行识别，以更好地理解和识别进而培育和保持核心竞争能力。

（1）核心竞争能力的内部识别。

①主营业务分析。主营业务分析即分析企业是否有明确的主营业务，企业优势是否体现在主营业务上，该主营业务是否有稳定的市场前景以及本企业在该领城中与竞争对手相比的竞争地位如何。一个企业若没明确的主营业务，经营内容过于分散，则很难形成核心竞争能力；或虽有主营业务，但在该业务领城中的竞争地位很弱，也谈不上有核心竞争能力。企业可以通过主营领域明确程度、主营领城市场占有率及其行业排名、主营领域收益占总收益的份额、主营市场前景预测等指标和方法对主营业务情况进行评价。

②核心产品分析。对核心产品应具体分析企业是否有明确的核心产品，核心产品的销售现状、竞争地位、市场前景，产品的差异性和延展性、扩大虚拟份额的可能性和具体思路等。一个企业如果没有过硬的核心产品，则很难说该企业具有较强的核心竞争能力。分析核心产品的具体指标和方法包括核心产品的市场份额、知名度、美誉度、行业延展度、销售收入增长速度及未来市场前景预测等。

③活动分析。以活动为基础分析核心竞争能力实际上就是对企业价值链系统进行分析。有些活动的经营业绩好于竞争者，且这些活动对最终产品或服务至关重要，那么这些活动就可以被称作核心竞争能力。

价值链分析能有效地分析在企业从事的所有活动中哪些活动对企业赢得竞争优势起关键作用，并说明如何将一系列活动组成体系以建立竞争优势。以活动为基础的分析可以用来识别对企业产品的价值增值起核心作用的活动，正是这些独特的、持续性的价值增值活动构成了公司真正的核心竞争能力。

④技能分析。从技能角度分析和识别核心竞争能力对企业来说最容易理解和掌握。没有哪个企业在每个环节上都有出色的技能，成功的原因在于某些对企业战略很重要的环节。如果这种战略是关于质量的，该企业可能在制造技能方面具有优势；如果该战略是关于服务的，那么该企业可能通过设计更优秀的服务系统来拥有这些优势。

企业实施的大多数战略活动包括一组关键业务技能。这组关键业务技能中含有企业所特有的诀窍，以及不能被竞争对手广泛使用的出众能力或知识。界定关键业务技能有助于识别企业的核心竞争能力。

⑤无形资产分析。虽然巨额的固定资产投资可以形成进入壁垒，但这种有形的专用性资产产生的优势容易被模仿，因而难以持久保持。企业稳定而持续的竞争优势主要来自无形资产的专用性投资，无形资产主要包括以下三种。

市场资产：产生于公司和市场或客户的有益关系，包括品牌形象、忠诚客户、销售渠道、专营协议等。

知识产权资产：受法律保护的一种财产形式，包括商业秘密、版权、专利、商标和各种设计专用权等。

基础结构资产：指企业得以运行的技术、工作方式和程序，包括经营哲学、企业文化、管理流程、信息技术系统、网络系统和金融关系等。

市场资产和基础结构资产是企业赢得竞争优势的核心，知识产权资产只能取得暂时的相对优势。这些无形资产是企业自身长期投资、学习和积累的结果，具有难以被模仿和复制的特征。因此，识别企业的核心竞争能力可以从审计企业的无形资产着手。

⑥知识分析。核心竞争能力可以被认为是关于如何协调企业各种资源用途的知识形式。较权威的对企业知识的分类来自经济合作与发展组织（OECD）。OECD 将知识分为知道是什么的知识（know-what），知道为什么的知识（know-why），知道怎么做的知识（know-how），知道是谁的知识（know-who）四种类型。其中，前两类属于显性知识，后两类属于隐性知识。企业知识并不是企业个体所有知识的总和，而是企业能像人一样具有认知能力，把其经历储存于“组织记忆”中，从而拥有知识。这种企业所特有的知识是核心竞争能力难以被模仿复制的重要原因，也是企业拥有核心竞争能力的内在基础。

企业知识的价值在于充当智力资本，在企业的价值创造中发挥关键作用。可从知识的吸收与传播、内化与外化、灌输与扩展等知识流过程出发辨识企业中具有特殊价值的知识，进而识别企业核心竞争能力。

（2）核心竞争能力的外部识别。核心竞争能力的识别也可以从企业外部着手，即从竞争对手和顾客的角度分析。企业之所以具有核心竞争能力，是因为它提供的产品和服务以及让顾客所感知的价值与竞争对手相比存在差异。具体可从以下方面入手分析为什么会产生这些差异及对重要差异起关键作用的驱动力有哪些。

①核心竞争能力的顾客贡献分析。顾客贡献分析与活动分析的主要区别在于：顾客贡献分析是从企业的外部出发，分析在带给顾客的价值中哪些是顾客所看重的价值，这种带给顾客核心价值的能力便是核心竞争能力。要识别核心竞争能力必须弄清以下几个问题：顾客愿意付钱购买的究竟是什么？顾客为什么愿意为某些产品或服务支付更高的价格？哪些价值因素对顾客更重要（更重要的价值因素也是对实际售价最有贡献的）？经过以上分析，可以初步识别能真正打动顾客的核心竞争能力。

②核心竞争能力的竞争差异分析。企业要取得竞争优势，一方面要有能够进入具有吸引力的产业的资源和能力，即战略产业要素；另一方面要拥有不同于竞争对手且能形成竞争核心优势的特殊资产，即战略性资产。因此，从与竞争对手的差异性角度分析核心竞争能力有两个步骤：一是分析企业与竞争对手拥有哪些战略产业要素，各自拥有的战略产业要素有何异同，以及造成差异的原因；二是分析企业与竞争对手的市场和资产表现差异，特别是不同于竞争对手的外在表现，如研发速度、创新能力、品牌形象、企业声誉、售后服务、顾客忠诚度等，识别哪些是企业具有的战略性资产，根植于战略性资产之中的便是核心竞争能力。

对企业核心竞争能力分析识别时，可以用矩阵分析法，如图 9-3 所示。在企业的内部资源中，“与竞争对手相似的或比较容易模仿的”属于一般的必要资源；“比竞争对手好的或不容易模仿的”属于企业独一无二的资源。在企业的能力中，“与竞争对手相似的或比较容易模仿的”是一般的基本能力；而“比竞争对手好的或不容易模仿的”是企业的核心竞争能力。

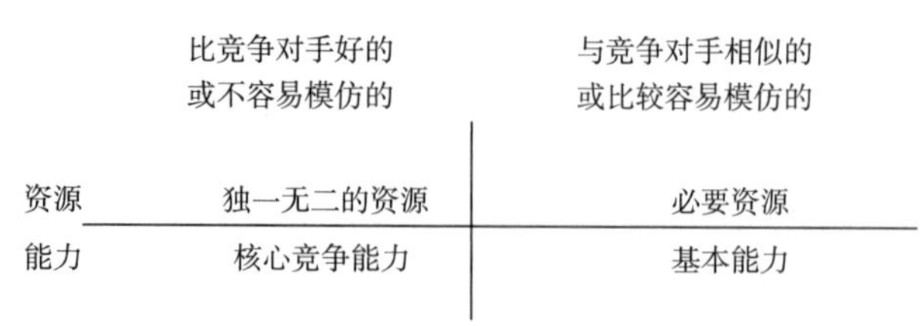

图 9-3　矩阵分析

企业在识别核心竞争能力时，需要区别资源和能力这两个概念。如果企业有非常独特的价值资源，却没有将这一资源有效发挥，那么企业所拥有的这一资源就无法为企业创造竞争优势。另外，当一个企业拥有竞争者所不具有的竞争能力时，则该企业并不一定要具有独特而有价值的资源才能建立起独特的竞争能力。

四、SWOT 分析

SWOT 分析法又称为态势分析法，是对企业内外部条件各方面内容进行综合和概括，进而分析组织自身的优劣势、面临的机会和威胁的一种方法。SWOT 中的 S 是指企业内部的优势（strengths），W 是指企业内部的劣势（weaknesses），O 是指企业外部环境中的机会（opportunities），T 是指企业外部环境中的威胁（threats）（图 9-4）。

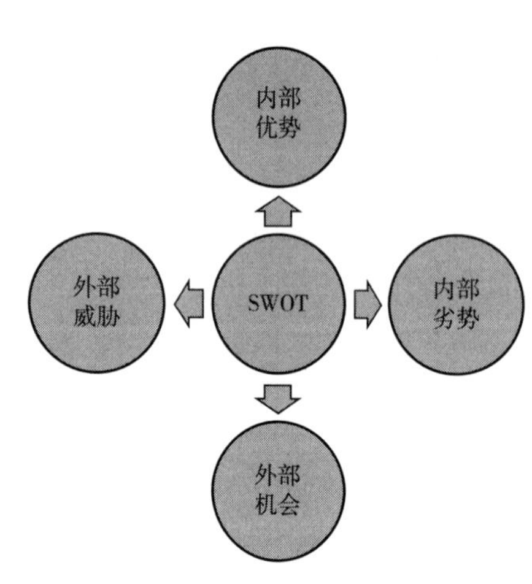

图 9-4　SWOT 分析四个方面

例如，当两个企业处在同一市场向同一顾客群体提供产品和服务时，如果其中一个企业有更高的盈利率或盈利潜力，就认为这个企业比另一个企业更具有竞争优势。

一个企业的竞争优势（S）是指一个企业超越竞争对手的能力或资源，这种能力和资源有助于实现企业的经营目标。具体来说，即该企业相对于竞争对手所具有的良好的企业形象、完善的服务系统、先进的工艺设备、独特的经营技巧、稳定的市场地位，与购买者、供应商和企业员工之间诚信的协作关系，企业所拥有的优势资源、技术、产品，以及其他特别的核心竞争能力等。

一个企业的竞争劣势（W）是指影响该企业经营效果和效率的不利因素和特征，或指某种会使企业处于不利地位的条件。在做优劣势分析时，必须从整个价值链及管理等各个环节对企业与竞争对手进行详细的对比。具体来说，与竞争对手相比较，产品设计是否新颖、制造工艺是否复杂、品牌形象是否良好、销售渠道是否畅通、价格是否具有竞争力、公司形象是否较差、内部管理是否混乱、是否有明确的企业战略、是否缺少某些关键技能和能力、研究与开发工作是否滞后、设备是否陈旧、产品质量如何、成本是否合理等。

一个企业的机会（O）是指企业经营环境中可以获得的重大的有利形势，如政府的支持、高新技术的应用、供应商关系的改善、明显的市场需求增长势头、出现新的细分市场、获得较快的市场增长、企业产品线的扩展、出现较多的新增顾客、竞争对手出现重大决策失误或因骄傲自满而停滞不前、企业实现纵向一体化、企业经营环境的变化、竞争格局的变化、客户等因素，都可以视为机会。市场机会是影响企业战略的重大因素，企业管理者应当确认和评价每一个机会的成长和利润前景，选取那些可与企业财务和组织资源匹配的、能使企业获得竞争优势的最佳机会。

一个企业的威胁（T）是指环境中存在的不利于企业发展的重大不利因素，如果不采取果断的战略行动，这种不利因素将导致企业的竞争地位被削弱，构成企业经营发展的约束和障碍。如新的竞争对手的加入、市场发展速度的放缓、产业中买方或供应方竞争地位的加强、政府政策的变化、关键技术的改变等都可以成为企业未来成功的威胁。与机会无处不在一样，企业中永远存在对企业发展具有威胁作用的因素。

通过 SWOT 分析，可以结合企业所处的环境对企业的内部能力和综合素质进行较为客观的评价，弄清企业相对于其他竞争对手所处的优势、弱势，面临的机会和威胁，以利于企业制定相应的竞争战略，使企业永远立于不败之地（表 9-4）。

表 9-4　SWOT 分析关键要素

	潜在外部机会（O）	潜在外部威胁（T）
外部环境	纵向一体化 市场增长迅速 可以增加互补产品 能争取到新的用户群 有进入新市场或扩大市场面的可能 有能力进入更好的企业集团 在同行业中竞争业绩优良 利用新技术的机会 扩展产品线满足用户需要 其他	市场增长较慢 竞争压力增大 不利的政府政策 不利的人口特征变动 新的竞争者进入行业 替代产品销售额逐步上升 用户讨价还价能力增强 用户需要与爱好逐步转变 通货膨胀递增 其他
	潜在内部优势（S）	潜在内部劣势（W）
内部能力	产权技术 成本优势 竞争优势 特殊能力 产品创新技能 具有规模经济 良好的财务资源 高素质的管理人员 公认的行业领先者 买主的良好印象 良好的服务 适应力强的经营战略 其他	竞争劣势 设备老化 战略方向不同 竞争地位恶化 产品线范围太窄 技术开发滞后 营销水平低于同行业其他企业 管理不善 战略实施的历史记录不佳 不明原因导致的利润率下降 资金拮据 相对于竞争对手的高成本 其他

进行 SWOT 分析，可按以下步骤进行：

（1）分析环境因素。运用各种调查研究方法，分析公司所处的各种环境因素，即外部环境因素和内部能力因素。外部环境因素包括机会因素和威胁因素，是外部环境对企业的发展产生直接影响的有利和不利因素，属于客观因素，一般归属为经济的、政治的、社会的、人口的、产品和服务的、技术的、市场的、竞争的等不同范畴；内部能力因素包括优势因素和劣势因素，是企业在其发展中自身存在的积极和消极因素，属主观因素，一般归类为管理的、组织的、经营的、财务的、销售的、人力资源的等不同范畴。在调查分析这些因素时，不仅要考虑到历史与现状，更要考虑到未来发展问题。

优势：是组织机构的内部因素，具体包括：有利的竞争态势；充足的财政来源；良好的企业形象；技术力量；规模经济；产品质量；市场份额；成本优势；广告攻势等。

劣势：也是组织机构的内部因素，具体包括：设备老化；管理混乱；缺少关键技术；研究开发落后；资金短缺；经营不善；产品积压；竞争力差等。

机会：是组织机构的外部因素，具体包括：新产品；新市场；新需求；外国市场壁垒解除；竞争对手失误等。

威胁：也是组织机构的外部因素，具体包括：新的竞争对手；替代产品增多；市场紧缩；行业政策变化；经济衰退；客户偏好改变；突发事件等。

（2）构造 SWOT 矩阵。将调查得出的各种因素根据轻重缓急或影响程度等排序，构造 SWOT 矩阵。在此过程中，将那些对公司发展有直接的、重要的、大量的、迫切的、久远的影响因素优先排列出来，而将那些间接的、次要的、少许的、不急的、短暂的影响因素排列在后面。

（3）制订行动计划。在完成环境因素分析和 SWOT 矩阵的构造后，即可以制订出相应的行动计划。制订计划的基本思路是：发挥优势因素，克服劣势因素，利用机会因素，化解威胁因素；考虑过去，立足当前，着眼未来。运用系统分析的综合分析方法，将排列与考虑的各种环境因素相互匹配起来，加以组合，得出一系列企业未来发展的可选择对策。

在此，只对 SWOT 矩阵组合及其战略选择进行进一步分析（图 9-5）。

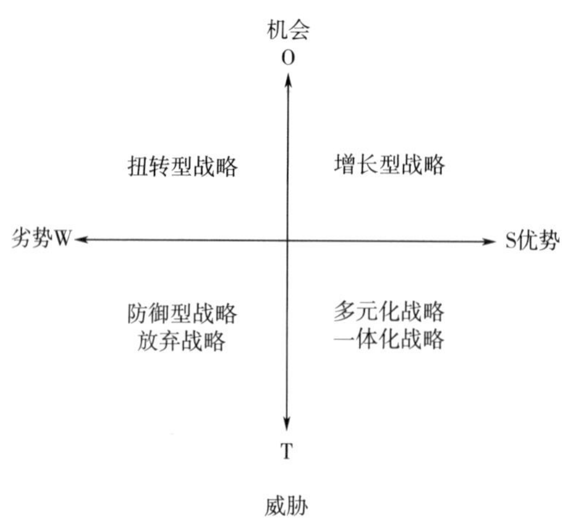

图 9-5　SWOT 分析模型

优势—机会（SO）组合。SO 象限内的区域是机会和优势的最理想结合，这时的企业拥有强大的内部优势和外部环境所提供的多种发展机会，相应地可以采取增长型战略。

劣势—机会（WO）组合。WO 象限内的区域，企业已经鉴别出外部环境所提供的发展机会，但同时企业本身存在着限制利用这些机会的不利条件，企业可以采取扭转型战略，以尽快改变企业内部的不利条件，从而最大限度地利用外部环境中的机会。

劣势—威胁（WT）组合。WT 象限是最不理想的内外部因素的结合状况，企业应尽量避免处于这种位置。企业一旦处于这样的位置，在制定战略时就要降低威胁和劣势对企业的影响。企业可以采取减少产品或市场的防御型战略，也可以采取改变产品或市场的放弃战略。

优势—威胁（ST）组合。ST 象限内的业务尽管在当前具备优势，但正面对不利环境的威胁。面对这种情况，企业应巧妙地利用自身的优势对付外部环境中的威胁，其目的是发挥优势而减轻威胁。企业可以考虑采取多元化经营战略，利用现有的优势在其他产品或市场上寻求和建立长期机会。另外，在企业实力非常强大、优势十分明显的情况下，企业也可以采用一体化战略，利用企业的优势正面应对外部环境中的威胁。

列出企业的优势、劣势、机会和威胁，就像建立一张战略平衡表，总结分析外部环境和内部条件。将这些因素列在一起进行综合分析，能从整体上分析一家企业的战略态势，在决策层中统一认识，选择合适的战略方案。所以，SWOT 分析法也是一种战略评价的方法。

第三节　公司总体战略

公司战略可以按其层次、态势、规模和行业市场竞争特性等方面进行分类。根据企业所处的环境以及环境的未来发展趋势而确定的企业总的行动方向，可以分为增长型战略、稳定型战略、紧缩型战略三种基本类型。

一、增长型战略

增长型战略，又称发展型战略或扩张型战略，是指企业尽可能地利用外部环境中的机会，避开威胁，充分发掘企业内部资源潜力，以求得企业长足发展的战略。

具体地讲，增长型战略是一种使企业在现有的战略基础水平上向更高一级的目标发展的战略。它以发展作为核心内容，引导企业不断地开发新产品、开拓新市场，采用新的生产方式和管理方式，以便扩大企业的产销规模，提高竞争地位，增强企业的竞争实力。增长型战略适用于在产品、技术、市场上占有较大优势的企业。实施增长型战略，一方面，会改善企业的经营效果，扩大企业的产品与市场范围，能动地改造市场战略环境，与处于同样环境的其他企业相比，销售收入和利润的增长都快得多。这样一来，企业可以通过发展提升自身的价值，获取新的成长机会，避免企业组织老化，使企业充满生机和活力。另一方面，发展战略也可能对企业形成风险。在增长型战略获得初期效果之后，很可能导致企业盲目地发展或为发展而发展，从而破坏企业的资源平衡。另外，过快地发展会造成企业的新增机构、设备、人员协调性差，进而降低企业的综合经营能力，出现内部危机。因此，企业必须对自身生存和发展做出清晰的远景规划和明确的成长目标。

（一）增长型战略的类型

按照企业发展方式不同，增长型战略可分为密集型增长战略、一体化战略和多元化战略。

1. 密集型增长战略

密集型增长战略又称为加强型战略或集中型发展战略，是指企业在原有业务范围内，充分利用在产品和市场方面的潜力来求得成长的战略。

企业可选择的密集型增长战略包括市场渗透战略、市场开发战略、产品开发战略三种类型。

（1）市场渗透战略。市场渗透战略是企业通过更大的市场营销努力，提高现有产品或服务在现有市场上的份额，扩大产销量及生产经营规模，从而提高销售收入和盈利水平的战略。

①市场渗透战略的适用条件。下列五种情况尤其适合采用市场渗透战略。

第一，当企业的产品或服务在当前的市场中还未达到饱和时，企业采取市场渗透战略就会具有潜力。

第二，当现有消费者对产品的使用率还可显著提高时，企业可以通过营销手段进一步提高产品的市场占有率。

第三，在整个行业的销售额增长时，企业竞争对手的市场份额却呈现下降局面。采用市场渗透战略，企业就可增加市场份额的。

第四，企业在进行产品营销时，随着营销力度的增加，其销售呈上升趋势，二者的高度相关能够保证市场渗透战略的有效性。如果营销的收入并不能带来销售额的增加，采取这一战略则很难达到预期目标。

第五，企业通过市场渗透战略增加市场份额，可实现销售规模的增加。这种规模增加能够给企业带来显著的市场优势时，渗透战略才是有效的。否则，该种战略就是失败的。

②市场渗透的主要途径。

第一，增加现有产品的使用人数。企业可以通过有效的方式将非使用者转变为本企业产品的使用者。例如，通过宣传全民补钙，把奶制品消费者从儿童扩大到各个年龄段，使过去不爱喝牛奶的消费群体养成每天主动喝牛奶的习惯。努力挖掘潜在顾客。企业通过各种营销手段把产品卖给对现有产品有潜在需求，但由于各种原因未实现购买的顾客。例如，许多饭店采用的电话订餐、送饭上门的服务就是挖掘潜在顾客的重要手段。吸引竞争对手的顾客。企业可以通过提升质量、降低成本，以及采用广告战、价格战、增加促销力度等方法，使竞争对手的顾客购买本企业的产品。例如，“娃哈哈”公司生产的非常可乐就明显地在争夺可口可乐、百事可乐的消费者。

第二，增加现有产品的使用量。增加使用次数。企业可以通过强有力的营销活动，使顾客更频繁地使用本企业的产品。例如，牙刷生产企业从健康角度宣传消费者应该经常更换新牙刷。增加使用量。企业可以通过大量的宣传和说服工作使用户在每次使用时增加对本企业产品的使用量。例如，日化企业在其洗发产品说明中提示，使用产品的次数增加，头发会更飘逸、柔软，也更有利于保护头发等。增加产品的新用途。企业可以发掘现有产品的各种新用途，一方面，产品附带的新用途会增加产品使用人数；另一方面，会使现有产品的使用量增加。例如，为制作降落伞而发明了尼龙，后来发现尼龙还可以做成服装和在轮胎生产中使用，使得它的销售量大大增加。

（2）市场开发战略。市场开发战略是由现有产品和新市场组合而产生的战略，是发展现有产品的新顾客群体或新的地域市场从而扩大产品销售量的战略。它比市场渗透战略具有更多的战略机遇，能够减少由原有市场饱和带来的风险。

①市场开发战略的适用条件。特别适合采取市场开发战略的情况主要有以下几种：在空间上存在着未开发或未饱和的市场区域，为企业提供市场发展的空间；企业可以获得新的、可靠的、经济的、高质量的销售渠道；企业必须拥有扩大经营所需的资金、人力和物质资源；企业存在过剩的生产能力；企业的主营业务属于正在迅速全球化的行业。当然，除满足以上条件外，更重要的一点是企业在目前的经营领域内获得了极大成功，有实力进行新市场的开发。

②市场开发战略的主要途径。

第一，开发新的区域市场。例如，小屏幕彩色电视机在国内大中城市已经普及，企业可以考虑将小屏幕彩色电视机销往农村市场，以扩大销售量，同时可以考虑转向其他发展中国家，开辟国外的小屏幕彩色电视机市场。

第二，在现有的销售区域内寻找新的细分市场。比如，对于原以科研机构、企事业单位为主要客户的计算机企业来讲，随着计算机这一产品价格的不断下降，大量应用软件的开发和销售，计算机逐渐成为家庭和个人消费品。这样一个存在着大量的、潜在的计算机用户的产品市场，企业要考虑的就是如何把潜在用户转变为现实客户。

第三，通过增加新的销售渠道开辟新市场。在实践中，任何一个企业的产品都是通过一定的销售渠道把产品送达一定的消费群体的。因此，对企业而言，增加销售渠道就意味着扩大了市场范围或开发了一个新市场，就能形成产品销售量的增加。比如，有的护肤品可以通过药店销售，而不局限于百货商店；有的企业建立自己的产品专卖店实现销售。以上这些方法都是通过改变销售渠道，去开拓新的市场。

（3）产品开发战略。产品开发战略是由现有市场与企业正准备投入生产的新产品组合而形成的战略，即对企业现有市场投放研制的新产品或利用新技术改造现有产品，以此扩大市场占有率和增加销售额。从某种意义上来说，这一战略属于企业发展战略的核心，因为市场毕竟是难以控制的因素，而产品开发是企业拥有更多自主权的可控因素。

①产品开发战略的适用条件。

第一，拥有成功的或处于产品生命周期中成熟阶段的产品。此时，可以吸引老用户试用改进了的新产品，因为老用户对企业现有产品或服务已具有满意的使用经验。

第二，企业所参与竞争的产业属于快速发展的高新技术产业，对产品进行的各种改进和创新都是有价值的。

第三，企业在产品开发时，提供的新产品能够保持较高的性能价格比，才能比竞争对手更好地满足顾客的需求。

第四，企业在高速增长的产业中参与竞争，必须进行产品创新以保持竞争力。

第五，企业拥有非常强的研究与开发能力，能不断进行产品的开发创新。

②实施产品开发战略的主要途径。

第一，开发新产品。这是指企业在现有市场上开发出别的企业从未生产和销售过的新产品，以创造新价值。这种新产品可以是一种与原有产品截然不同的新产品，也可以是一种与原有产品相关的新产品。例如，生产打字机的企业，利用新技术，发明、生产和销售激光或喷墨打印机，以满足顾客新的、不同的需求。

第二，改进原有产品。这一途径又可以分为质量改进、特点改进和式样改进。

质量改进：质量改进的目的是注重增加产品的功能特性，如产品的耐用性、可靠性、速度、口味等。

特点改进：特点改进的目的是注重增加产品的新特点，如尺寸、重量、材料、添加物和附件等，增强产品的功能性、安全性、便利性。

式样改进：式样改进的目的是增加对产品的美学诉求。汽车制造商定期推出新车型，在很大程度上是式样改进。对包装式样不断更新，把包装作为产品的延伸，也是一种式样改进的方法。

2. 一体化战略

从发展路径来说，企业不断发展壮大主要有两种方式。一种方式是通过自身积累，将生产经营所获得的利润进行再投资来实现发展壮大，或者通过发行股票、债券、向银行贷款筹集资金等方式来扩大现有生产规模，或建立新厂、新的部门、新的子公司等，这种方式称为“内涵式”发展。另一种方式是通过外部扩张，收购、兼并其他企业来壮大自己，实现企业的迅速成长，此方式称为“外延式”发展。相对于内涵式的自身积累发展而言，外延式发展的收购、兼并手段，可以为企业带来重要的转机和大的跨越，能够在较短的时间内迅速完成经营扩张、实现规模效应。

一体化战略又称企业整合战略，是指企业有目的地将相互联系密切的经营活动纳入企业体系中，组成一个统一的经济组织进行全盘控制和调配，以求共同发展的一种战略。即企业充分利用已有的产品、技术、市场等方面的优势，沿着业务经营链条的垂直方向或水平方向，不断扩大其业务经营的深度和广度，从而达到降低交易费用及其他成本、提高经济效益目的。

一体化战略主要有两种类型，即纵向一体化（垂直一体化）和横向一体化（水平一体化），其中纵向一体化又分为前向一体化和后向一体化两种类型，如图 9-6 所示。

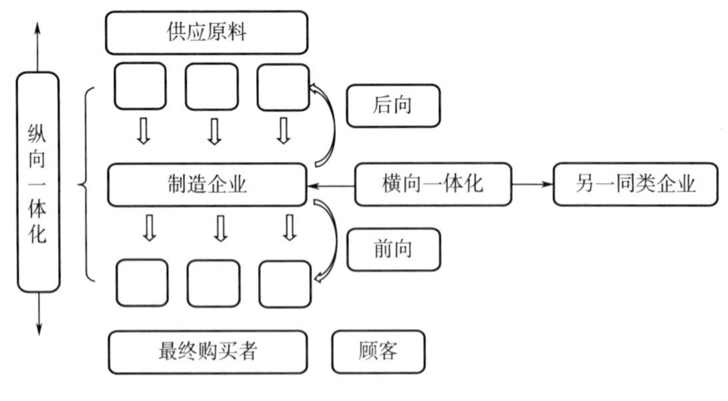

图 9-6　一体化战略形式示意图

（1）纵向一体化。纵向一体化战略又叫垂直一体化战略，是指企业将生产与原料供应，或者生产与产品销售联合在一起的战略形式，包括后向一体化战略和前向一体化战略，也就是将经营领域向业务链的上游或下游拓展的战略。纵向一体化战略既可以通过企业内部积累实现，也可以通过与其他经营领域的企业实行联合或兼并实现。

①后向一体化战略。后向一体化战略是指企业以初始生产经营的产品项目为基准，企一后向一体化的目的是确保企业生产经营的稳定与企业发展所必需的生产资源，并通过减少采购成本而降低生产成本，提升产品竞争力。如化学工业公司向石油冶炼、采油方向扩展，以实现后向一体化。

后向一体化可以保证产品或劳务的全部或部分原材料的供应，加强对所需要原材料的质量控制，降低采购成本，提高保证供应程度。

当企业出现以下情况下时采用后向一体化战略：

第一，企业当前的供应商要价太高，或者不可靠，或者不能满足企业对零件、部件、组装件或原材料等的需求。

第二，供应商数量少而企业的竞争者数量很多；企业参与竞争的产业正在高速增长，发展潜力大。

第三，企业拥有开展独自从事生产自身需要的原材料这一新业务所需要的资金和人力资源。

第四，获得保持价格稳定的优势；企业当前的供应商利润空间很大；企业需要尽快获取所需资源。

②前向一体化战略。前向一体化战略是企业对本企业的产品做进一步深加工，或对资源进行综合利用或在公司建立自己的销售组织来销售本公司的产品和服务的战略。是指企业以初始生产经营的产品项目为基准，企业生产经营范围的扩展沿其生产经营链条向前延伸，使企业的业务活动更加接近最终用户，即发展原有产品的深加工业务，提高产品的附加值后再出售，或者直接涉足最终产品的分销和零售环节。例如，纺织企业自己进行印染和服装加工；煤炭企业建立火力发电厂向外出售电力，以实现其前向一体化。前向一体化战略是通过提高加工深度使产品获得丰厚的利润。

当企业出现以下情况时采用前向一体化战略：

第一，企业当前的分销商要价太高，或者不大可靠，或者不能及时满足企业分销产品的要求。

第二，企业可以利用的合格分销商非常有限，以至于进行前向一体化的企业能够获得竞争优势。

第三，企业当前参与竞争的产业增长迅速，或者可以预期获得快速增长。

第四，企业拥有开展新的独自销售自身产品所需要的资金和人力资源。

第五，企业通过前向一体化可以更好地预测产品的未来需求，减少产品生产的波动。

第六，企业当前的分销商或零售商获利丰厚，企业通过前向一体化可以在销售自身产品的过程中获得丰厚利润，同时给出自身产品具有竞争力的价格。

【资料链接】

香港溢达集团的纵向一体化模式

香港溢达纺织服装集团作为国际名牌衬衫的主要供应商之一，经过多年的发展，已成为既拥有自身的品牌又与多个国际知名品牌有着长期稳定供应关系的跨国集团。而其成功的一体化运营管理模式成为业内关注的焦点。目前，公司的年生产能力为500万打衬衫，年销售收入为5亿美元，拥有员工47000人。为构建纵向一体化模式，溢达集团先后在中国内地各地采取了以下经营措施：第一，投资160万美元和180万美元，在江苏和浙江创办了两家中外合资制衣厂，年生产成衣70万打；第二，投资4500万美元，在广东独资兴建年产量5000吨的针织布厂；第三，在新疆购置大型棉花基地，自己种植棉花，并在产棉区投资兴建棉纺厂，生产集团所需的高档棉纱；第四，继续在中国沿海城市兴建染色厂和针织厂。由于溢达纺织服装集团的业务涵盖了植棉、纺纱、织布、成衣辅料制造、制衣、销售等供应链的大部分环节，从而从根本上保证整条供应链中的物料以最低的成本稳定地流动。至此，溢达集团的纵向一体化模式逐步形成。

③纵向一体化战略的优点。

第一，后向一体化战略能使企业对其所需原材料的成本、质量及供应情况进行有效控制，以便降低成本、减少风险，使生产稳定地进行。

第二，前向一体化战略可使企业更有效地控制产品销售和分配渠道，同时更好地了解市场信息和发展趋势，从而增强产品的市场适应性。对于一些生产原材料或半成品的企业，其产品（如原油、煤炭、纺织纤维、钢铁等）差异性较小，很难摆脱单一价格竞争的不利局面。而实施前向一体化会使企业在整个价值链中离最终消费者更近，产品形成差异化的机会就更多些，产品附加值也更高，有可能给企业带来更多的利益。

第三，企业采用纵向一体化战略，通过建立全国性甚至全球性的市场营销组织机构及建造大型的生产厂可获得规模经济效益，从而降低成本，增加利润。

④纵向一体化战略的不足。纵向一体化战略也存在着不足，主要表现在以下三个方面：

第一，企业实施纵向一体化而进入新的业务领域时，由于业务生疏，可能导致生产效率下降，而这种低效率也会影响企业原有业务的效率。

第二，纵向一体化的投资额比较大，而且一旦实行了纵向一体化战略，就会使企业的规模变大，要想脱离这些行业就非常困难。此外，由于规模增大，要使企业获得明显的效益，在新的经营业务领域需要大量投资，会带来较大的财务压力。

第三，企业纵向规模的发展，要求企业掌握多方面的技术，从而带来管理上的复杂化。

第四，由于后向、前向产品的相互关联和相互牵制，不利于新技术和新产品的开发，导致企业缺乏活力。

（2）横向一体化战略。横向一体化战略也称水平一体化战略，是指企业购买或与之联合及兼并处于同一生产经营领域的其他企业作为其战略发展方向，来扩大企业经营规模，以获得迅速发展的一种战略。采用横向一体化发展的结果并不改变企业原来所属的主业，只是使企业经营的产品及业务增多，实质是资本在同一产业和部门内的集中，目的是实现扩大规模、降低产品成本、巩固市场地位，最终增加收益。

①采用横向一体化战略的时机。横向一体化战略一般是在企业竞争比较激烈的情况下进行的一种战略选择。当企业出现以下情况时采用横向一体化战略：

第一，企业可以在特定的地区或领域减少竞争，获得某种程度的垄断。

第二，企业在一个呈增长态势的产业中竞争。

第三，可以由此借助规模经济效应的提高为企业带来较大的竞争优势。

第四，企业拥有扩大业务规模所需要的资金和人力资源。

第五，竞争者因缺乏管理人才，或者因为需要获得其他企业拥有的某些特殊资源而陷入经营困境之中。如果竞争者效益不佳是整个产业的销售总量下降造成的，则企业不应选择横向一体化战略。

②实现横向一体化的主要途径。

第一，联合。即两个或两个以上相互竞争的企业在某一业务领域进行联合投资、开发或经营，共同分享盈利，共同承担风险。

第二，购买。即一个实力雄厚的企业购买另一个与自己有竞争关系的企业。

第三，合并。即两个实力相当的有竞争关系的企业合并成一个企业。

第四，集团公司。即由业务相互关联、有竞争关系的一群企业共同以契约形式组成具有经济实体性质的联合体。在这个联合体内部，经济关系的密切程度不一样，集团公司的主要任务是协调内部各子单位的关系，承担一些单个企业无法进行或虽能进行但经济效果较差的项目，进行资源的合理调配、掌控集团的最高发展方向等。

③横向一体化战略的优点。

第一，获得规模经济。横向一体化可通过收购同类企业达到规模扩张，尤其是在规模经济性明显的行业中，可以使企业获取充分的规模经济，从而大大降低成本、取得竞争优势。同时，通过收购还可以获取被收购企业的专利、品牌、销售网络等无形资产。

第二，减少竞争对手。通过实施横向一体化战略，可以减少竞争对手的数量、降低行业内企业相互竞争的程度，为企业的进一步发展创造良好的行业环境。

第三，扩张生产能力。横向一体化是企业生产能力扩张的一种形式，其优势基本来自两个企业现有能力的重新组合，相对简单和迅速。因为横向一体化没有偏离企业原有的经营范围和核心技术，因而更容易掌控。

④横向一体化战略的不足。

第一，管理问题。收购一家企业往往涉及母子公司管理上的协调问题。由于母子公司的历史背景、人员组成、业务风格、企业文化、管理体制等方面存在较大差异，因此协调母子公司的各方面工作非常困难。

第二，政府法规限制。横向一体化战略消除了公司之间的竞争，可能会使合并后的企业在行业中处于垄断地位，这对消费者和行业的发展都是极为不利的。因此，过度的横向一体化容易导致政府相关部门的反垄断调查。

⑤横向一体化战略的适用条件。

第一，企业在不违背反垄断法的前提下准备获取垄断利益。

第二，企业想通过扩大规模获取竞争优势，被兼并是由于经营不善或缺乏资源，而不是因为整个行业销售量下降。

第三，企业在一个成长着的产业中进行竞争，因为只有成长中的产业才能维持规模化经营。

第四，企业拥有管理更大规模资金和人才的能力，这同样是横向一体化不可或缺的条件。

3. 多元化战略

多元化发展战略又称为多样化发展战略、多角化发展战略，是企业为了更多地占领市场或开拓新市场，或避免经营单一带来的风险，而选择进入新领域的战略。

（1）企业进行多元化经营的动因。企业进行多元化经营的动因，主要有以下四方面：

①产品系列化。利用产品相关性、资源共享性强的特点，将产品进行适度延伸，进而实现产品系列化。如东芝、飞利浦等公司在产品的系列化方面就做得非常出色。

②开拓新领域。当主业市场容量有限，且市场占有率已相当高时，企业再扩展的机会成本很高。在这种情况下，企业就需要向新领域拓展。

③分散风险。通过多元化经营分散风险，力图使企业总体盈利稳定。

④调整企业的主业。任何产业都有生命周期，企业往往会重新调整业务组合，在原有业务基础上发展新业务；或认为有必要退出某一业务领域，选择全新的发展方向，把握新机遇，从而使企业能够生生不息地成长。

（2）多元化发展战略类型。按照多元化业务与原业务的关联程度，多元化战略可分为集中多元化经营、横向多元化经营和混合多元化经营三种类型（表 9–5）。

表 9–5　多元化发展战略类型

类型	内涵	适用条件
集中多元化经营战略	是指增加新的但与原有业务相关的产品或服务	（1）企业参与竞争的产业属于零增长或慢增长的产业； （2）增加新的但却相关的产品将会显著地促进现有产品的销售； （3）企业能够以有高度竞争力的价格提供新的相关产品； （4）相关的新产品所具有的季节性销售波动，正好可以弥补企业现有生产周期的波动； （5）企业现有产品正处于产品生命周期的衰退阶段； （6）企业拥有强有力的管理队伍
横向多元化经营战略	是指向现有用户提供新的与原有业务不相关的产品或服务	（1）通过对既有客户增加新的不相关的产品，企业可显著增加从现有产品和服务中得到的盈利； （2）企业参与竞争的产业属高度竞争或停止增长的产业，其标志是低产业盈利和低投资回报； （3）企业可利用现有销售渠道向现有用户营销新产品； （4）新产品的销售波动周期与企业现有产品的波动周期可互补； （5）企业在既有业务或产品线上进行拓展的边际成本很低
混合多元化经营战略	也称不相关多元化或联合大公司的多元化，是指增加新的与原有业务不相关的产品或服务	（1）企业的主营产业正经历销售额和盈利的下降； （2）企业拥有在新产业成功竞争所需要的资金与管理人才； （3）企业有机会收购一个不相关却有良好投资机会的企业； （4）收购企业与被收购企业间已存在资金上的融合； （5）企业现有产品的市场已经饱和； （6）历史上曾集中于某单一产业经营的企业有可能受到垄断控制

（二）增长型战略的优点

（1）有利于生产要素的优化和重组，能够使生产要素被更加有效地利用，通过不断变革来创造更高的生产经营效率与效益。

（2）可以使企业获得过去不能获得的崭新机会，避免企业组织的老化，使企业总是充满生机和活力。

（3）增长型战略可以增强企业的竞争力，实现某种特定的竞争优势。企业可以通过发展扩大自身价值，这体现了经过扩张后的公司市场份额和绝对财富的增加。这种价值既可以成为企业职工的一种荣誉，又可以成为企业进一步发展的动力。

（三）增长型战略的缺点

（1）在增长型战略获得初期的效果后，很可能导致盲目的发展和为了发展而发展，从而破坏企业的资源平衡。要克服这一弊端，则企业在作每一个战略态势决策之前都必须重新审视和分析企业的内外部环境，判断企业的资源状况和外部机会。

（2）过快的发展很可能降低企业的综合素质，使企业的应变能力虽然表面上不错，而实质上却出现内部危机和混乱。这主要是由于企业新增机构、设备、人员太多，而未能形成一个有机的系统所引起的。针对这一问题，企业可以考虑设立一个战略管理的临时性机构，负责统筹和管理扩张后企业内部各部门、人员之间的协调，使各方面的因素都融合在一起，然后考虑取消这一机构。

（3）增长型战略很可能使企业管理者更多地注重投资结构、收益率、市场占有率、企业的组织结构等问题，而忽视产品的服务或质量，重视宏观发展而忽视微观问题，因而不能使企业达到最佳状态。若要克服这一弊端，需要企业管理者对增长型战略有一个正确而全面的理解，意识到企业的战略态势是企业战略体系中的一个部分，因而在实施过程中必须通盘考虑。

（四）增长型战略的适用性

1. 企业外部的条件

虽然增长型战略能够给企业带来某些好处，但并不是所有的企业都适合采取增长型战略。因此，企业在采取增长型战略之前，必须分析自己是否有条件采取该战略。

（1）经济增长情况。资源是发展的“原材料”。宏观经济形势较好，企业比较容易获得资源，实施战略的成本降低；助长乐观情绪，刺激消费水平，充满商机。

（2）产业环境和行业情况。准确判断企业所处的产业、行业及其细分市场的性质、特征等，也要分析可能进入的产业、行业及其细分市场是否适宜采取发展型战略。

（3）政策、法律和社会方面的限制。在政策鼓励的情况下，可以大力采取增长型战略；而在法律、政策、社会力量约束的情况下，若企业仍然采取增长型战略，定会受到极大的阻碍。

（4）科学技术的进步情况。企业进军科学进步比较快的领域并采取增长型战略，很有可能会抓住巨大的机会。

2. 企业自身的条件

（1）企业获得资源的能力。由于采取增长型战略需要较多的外部资源，因此企业从外部获得资源的能力就显得十分重要。

（2）信息收集、处理、传递和存储的能力。可以高效地处理企业内部的信息。

（3）企业的灵活性。

（4）企业文化。企业文化是企业的主体成员在其共同使企业运转和发展的过程中形成的，包含企业的最高目标、共同的价值观、作风、传统习惯、行为规范和规章制度在内的有机整体。采取增长型战略要求职工内部比较团结，领导层和职工经常交流，进取心比较强，注重发挥人的积极性，注重智力投资，永不满足，追求卓越。同时，要特别注意加强企业的文化熏陶，培养一种与战略相协调的文化系统关系。

二、稳定型战略

稳定型战略又称为防御型战略、维持型战略。是在企业规划期内外环境与条件约束下，对产品、技术、市场等方面采取基本维持现状的一种战略。企业不再进入新的领域，而是在现有经营领域内使产销规模和地位大致不变或以较小的幅度增减。

（一）稳定型战略的类型

按照企业战略的具体实施来划分，稳定型战略可分为无增战略、维持利润战略、暂停战略、谨慎实施战略、收获战略。

1. 无增战略

企业经过对各种条件的分析后，决定只能保持在现有战略的基础水平上，不仅其战略经营活动按照原有方针在原有经营领域内进行，而且其在同行业竞争中所处的市场地位、产销规模、效益水平等方面，都希望维持现已达到的状况，保持不变。

2. 维持利润战略

这是一种牺牲企业未来发展来维持目前利润的战略。维持利润战略注重短期效果而忽略长期利益，其根本意图是渡过暂时性的难关，因而往往在经济形势不景气时被采用，以维持过去的经济状况和效益，实现稳定发展。但如果使用不当的话，维持利润战略可能会使企业元气受到伤害，影响企业长期发展。

3. 暂停战略

在一段较长时间的快速发展后，企业可能会遇到一些问题使得效率下降，这时就可以采用暂停战略，即在一定时期内降低企业的目标和发展速度。暂停战略可以让企业积聚能量，为今后的发展做准备。

4. 谨慎实施战略

如果企业外部环境中的某一重要因素难以预测或变化不明显，企业的某一战略决策就要有意识地减缓实施进度，步步为营。

5. 收获战略

收获战略又称利润战略，是指企业暂时维持现状，不再追加投资发展，而将企业的利润或现金流量储存起来，等待机会再进入。采用这种战略的原因与暂停战略相似，主要是产业已进入成熟期，市场前景不太乐观，或者外部环境正在快速变化，预测较为困难，只好等待时机。

（二）稳定型战略的优点

（1）企业经营风险相对较小。由于企业基本维持原有的产品和市场领域，从而可以利用原有的生产领域和渠道，避免开发新业务而在市场上的巨大资金投入，以及激烈的竞争抗衡和开发失败的巨大风险。企业的经营风险跟企业风险是不同的概念，稳定型战略的经营风险比较小，企业风险会比较大。

（2）能够避免因改变战略造成资源分配的困难。由于经营领域主要与过去大致相同，因而稳定型战略在资源分配基本上保持不变，不必考虑原有资源的增量或存量的调整，不会产生由于战略的改变而导致资源分配的困难。

（3）能够避免因发展过快而导致的弊端，有利于保持企业平稳发展。在行业迅速发展的时期，许多企业无法看到潜伏的危机而盲目发展，结果造成资源的巨大浪费和企业发展后劲严重不足。

（4）给企业一个较好的修整期。在高速发展一段时期后，稳定型战略可以使企业积聚更多的能量，以便为今后的发展做好准备。从企业发展来说，基础是最重要的，基础不牢，在发展的过程中总会遇到挫折。

（三）稳定型战略的缺点

（1）稳定型战略是以在战略期内外部环境不会发生大的动荡，市场需求、竞争格局基本稳定，企业以现有规模就能利用机会、避免威胁、防御对手进攻的假设为基本前提的。当外部发展速度很快、经济发展很快、外部环境很不确定的时候，采用稳定型战略就会丧失很多机会，有可能使企业陷入困境。

（2）特定细分市场的稳定型战略往往隐含着较大的风险。长期采用稳定型战略对企业来说不是好事，不敢冒险的企业，有时也存在较高的生存风险，企业有时不是被竞争对手打败，而是可能被趋势打败，特别是特定细分市场的产品。

（3）稳定型战略也容易使企业的风险意识减弱，甚至形成惧怕风险、回避风险的企业文化，这会大大降低企业对风险的敏感性、适应性和抗拒风险的勇气与能力。长此以往，采用稳定型战略的企业相对保守，没有形成风险意识，惧怕风险、回避风险，导致企业缺乏开拓精神。

（四）稳定型战略的适用性

企业采用稳定型战略的适用条件因素主要来自企业外部环境和企业自身实力等方面。

1. 外部环境适用情况

（1）宏观经济总体保持不变或者低速增长。如果宏观经济总体上保持总量不变或总量低速增长，势必会影响该企业所处行业的发展，因此使某一产业的增长速度也降低，这就会使该产业内的企业倾向于采用稳定型战略，以适应外部环境。但是当经济发展速度较快的情况下，企业会遇到较好的发展机遇，如果采用稳定型战略，企业可能丧失发展的机会。

（2）所在的产业技术相对成熟，技术更新速度较慢。企业过去采用的技术和生产的产品无须经过较大的调整就能满足消费者的需求和与竞争者的抗衡，使得产品系列及其需求保持稳定，从而使企业采纳稳定型战略。比如一些快餐业，如麦当劳、肯德基基本采用稳定型战略。而在技术发展较快的产业，采用稳定型战略可能会丧失一些机会或者产品容易被淘汰。比如手机，当互联网技术出现后，传统手机被智能手机生产企业所淘汰。

（3）消费者需求偏好较为稳定。一般来说，采用稳定型战略企业，其顾客群体基本稳定、消费的偏好基本稳定。而新潮、时尚的产品，消费者需求变化多端的产业一般不能采用稳定型战略。

（4）产品生命周期（或行业生命周期）处于成熟期。对于处于行业或产品的成熟期的企业来说，产品需求、市场规模趋于稳定，产品技术成熟，新产品的开发和以新技术为基础的新产品的开发难以取得成功，因此以产品为对象的技术变动频率低，同时竞争对手的数目和企业的竞争地位都趋于稳定，这时提高企业的市场占有率、改变市场的机会很少，因此较为适合采用稳定型战略。

（5）竞争格局相对稳定或进入壁垒较高。如果企业所处的行业的进入壁垒非常高或由于其他原因使得该企业所处的竞争格局相对稳定，竞争对手之间很难有较为悬殊的业绩改变，则企业采用稳定型战略可以获得最大的收益。

2. 企业内部实力适用情况

（1）企业资源不充分。如果企业资源不充分，如资金不足、研发力量较差或人力资源有缺陷无法满足增长型战略的要求时，就无法采用扩大市场占有率的战略。这种情况下，采用稳定型战略可以使企业有限的资源集中在有优势的细分市场，有利于企业利用有限的资源实施企业的战略。企业可以采取以局部市场为目标的稳定型战略，维护竞争地位。

（2）资源分配稀缺。企业采用增长型战略需要足够的资源来支持，对于资源分配稀缺的企业，一般不适宜采用增长型战略而适合采用稳定型战略。

（3）细分市场有竞争优势。企业在某个细分市场有竞争优势时，采用稳定型战略，可以保持企业的核心竞争力，有利于企业的持续发展。

三、紧缩型战略

紧缩型战略是指企业从目前的战略经营领域和基础水平收缩和撤退，且偏离起点战略较大的一种经营战略。一般来说，企业实施紧缩型战略只是短期的，其根本目的是使企业经历过风暴后转向其他的战略选择。有时只有采取收缩和撤退的措施，才能抵御竞争对手的进攻，避开环境的威胁，迅速地实行自身资源的最优配置。可以说，紧缩型战略是一种以退为进的战略。

（一）紧缩型战略的类型

按照实施紧缩型战略的基本途径，可将紧缩型战略划分为三类：抽资转向战略、放弃战略、清算战略。

1. 抽资转向战略

抽资转向战略也称收益或收获战略，是企业在现有的经营领域不能维持原有的产销规模和市场面，不得不采取缩小产销规模和市场占有率，或者企业在存在新的更好的发展机遇的情况下，对原有的业务领域进行压缩投资，控制成本，以改善现金流为其他业务领域提供资金的战略方案。另外，企业在财务状况下降时也有必要采取抽资转向战略，这一般发生在物价上涨导致成本上升，或需求降低使财务周转不灵的情况下。

针对这些情况，抽资转向战略可以通过以下措施来配合进行：

（1）调整企业组织。包括改变企业的关键领导人，在组织内部重新分配责任和权力等，调整企业组织的目的是使管理人员适应变化了的环境。

（2）降低成本和投资。包括压缩日常开支、实施更严格的预算管理、减少一些长期投资的项目等，也可以是适当减少某些管理部门或降低管理费用。在某些必要的时候，企业也会以裁员作为压缩成本的方法。

（3）减少资产。这包括出售与企业基本生产活动关系不大的土地、建筑物和设备，关闭一些工厂或生产线，出售某些在用的资产，再以租用的方式获得使用权；出售一些盈利的产品，以获得继续使用的资金。

（4）加速回收企业资产。这包括加速应收账款的回收期、派出讨债人员收回应收账款、降低企业的存货量、尽量出售企业的库存产成品等。

2. 放弃战略

放弃战略又叫剥离战略。是指将企业的一个或几个主要部门转让、出卖或停止经营。这个部门可以是一个经营单位、一条生产线或者一个事业部。

放弃战略与清算战略并不一样，由于放弃战略的目的是要找到肯出高于企业固定资产时价格的买主，所以企业管理人员应该说服买主，认识到购买企业所获得的技术资源或资产能给对方增加利润。而清算战略一般意味着基本上只包括有形资产的部分。

在放弃战略的实施过程中通常会遇到一些阻力，包括：

（1）结构上或经济上的阻力，即一个企业的技术特征及其固定资产和流动资本妨碍其退出，如一些专用性强的固定资产很难退出。

（2）公司战略上的阻力。如果准备放弃的业务与其他的业务有较强的联系，则该项业务的放弃会使其他有关业务受到影响。

（3）管理上的阻力。企业内部人员特别是管理人员对放弃战略往往持反对意见，因为这往往会威胁他们的职业和业绩考核。包括：放弃对管理者的荣耀是一种打击；放弃在外界看来是失败的象征；放弃威胁管理人员的前途；对管理人员的激励体制与放弃某一业务背道而驰。

【资料链接】

以退为进的爱立信

2001 年年初，世界著名电话通信设备制造集团爱立信公司宣布将对其产品结构进行重大的战略性调整，今后将不再经营手机生产业务。爱立信的决定在业内引起强烈反响。业内人士分析，2000 年全球经济普遍不景气，导致整个通信行业发展缓慢，再加上手机市场逐渐饱和，越来越多后继竞争者的加入使爱立信的销售额大幅下降，没有达到预期利润目标。

爱立信虽然整体赢利，但移动电话部分却亏损大约 17 亿美元。因此，爱立信决定不再生产手机，逐步淡化移动电话业务的比重，以削减不良资产，集中优势强化绩优业务，使更多的资源流向可以带来更大价值的产品开发设计，以满足爱立信未来发展的需要。

3. 清算战略

清算战略也称为清偿战略，是指企业受到全面威胁、濒临破产时，通过卖掉其资产或停止整个企业的运行而终止一个企业的存在。显然，只有在其他战略都失败时才考虑使用清算战略。通常情况下，当企业由于经营不善无法挽回而不再有希望时，及时进行清算相较于固执地维持经营，可能是更适宜的战略。在确实毫无希望的情况下，尽早地制定清算战略，企业可以有计划尽可能多地收回企业资产，从而减少全体股东的损失。因此，清算战略在特定的情况下，也是一种明智的选择。

（二）紧缩型战略的优点

（1）能帮助企业在外部环境恶劣的情况下，节约开支和费用，顺利摆脱不利的境遇。

（2）能在企业经营不善的情况下最大限度地降低损失。在许多情况下，盲目而顽固地坚持经营无可挽回的事业，而不是明智地采用紧缩型战略，会给企业带来致命的打击。

（3）能帮助企业更好地实行资产的最优组合。如果不采用紧缩型战略，企业在面临一个新的机遇时，只能运用现有的剩余资源进行投资，这样势必会影响企业在这一领域发展的前景。相反，通过采取适当的紧缩型战略，企业往往可以将不良运作处的资源转移到这一发展点上，从而实现企业长远利益的最大化。

（三）紧缩型战略的缺点

（1）实行紧缩型战略的尺度较难以把握，如果盲目地使用紧缩型战略，可能会扼杀具有发展前途的业务和市场，使企业的总体利益受到伤害。

（2）实行紧缩型战略会引起企业内外部人员的不满，引起员工情绪低落，因为实施紧缩型战略常常意味着不同程度的裁员和减薪，处理不好会导致员工士气低落、引发下属与管理者的矛盾，而且实施紧缩型战略在某些管理人员看来意味着工作的不利和失败，对于员工或管理层来说，紧缩型战略意味着工作及升职机会减少。

（四）紧缩型战略的适用性

采用紧缩型战略的企业可能是出于不同的动机，从这些动机来看，紧缩型战略可分为三种类型：适应性紧缩战略、失败性紧缩战略、调整性紧缩战略。

（1）适应性紧缩战略是企业为了适应外界环境而采取的一种战略。这种外界环境包括经济衰退、产业进入衰退期、对企业的产品或服务的需求减小等。在这些情况下，企业可以采取适应性紧缩战略来渡过危机，以求发展。因此，适应性战略的使用条件就是企业预测到或已经感知到了外界环境对企业经营的不利性，并且企业认为采用稳定型战略尚不足以使企业顺利度过这个不利的外部环境。

（2）失败性紧缩战略是指企业由于经营失误造成企业竞争地位虚弱、经营状况恶化，只有采用紧缩型战略才能最大限度地减少损失，保存企业实力。失败性紧缩战略的使用条件是企业出现重大的问题，如产品滞销，财务状况恶化、投资已无法收回的情况下，前提是需要对企业的市场、财务、组织机构等方面作一个全面估计，认真比较实施紧缩型战略的机会成本，经过细致的成本、收益分析，最后才能下结论。

（3）调整型紧缩战略的动机既不是经济衰退，也不是经营的失误，而是为了谋求更好的发展机会，需要集中并更有效地利用现有的资源和条件。因而，调整型紧缩战略的适用条件是企业存在一个回报更高的资源配置点。为此，需要比较的是企业目前的业务单位和实施紧缩型战略后的资源投入的业务单位。在存在着较为明显的回报差距的情况下，可以考虑采用调整型紧缩战略。

第四节　竞争战略

企业在确定了整体战略之后，便选择了将要从事的经营领域。如何在各个经营领域中竞争，属于企业战略的第二个层次——确定企业的基本竞争战略。

一、成本领先战略

（一）成本领先战略定义

成本领先战略的核心就是在追求产量规模经济效益的基础上，通过降低产品的全部成本，用低于竞争对手的成本优势战胜竞争对手的一种战略。

（二）成本领先战略的优势

1. 形成进入障碍

企业的生产经营成本低，可以对那些欲进入本行业的潜在进入者设置较高的进入障碍，使那些生产技术尚不成熟、经营上缺乏规模经济的企业很难进入此行业。低成本的领导者还处于一个比较好的位置，即当它感受到威胁时，可以采取降价的策略，使新的竞争对手很难赢得顾客。低成本生产商的削价能力是新进入者的一个障碍，因为那些潜在的进入者如果真的进入这个市场的话，会不可避免地面对生产技术不成熟、品牌缺乏知名度、市场占有率低、生产经营缺乏规模经济引起总成本升高等问题。面对来自成本领先者的降价压力，新的进入者往往无力回击，所以潜在竞争企业要进入此行困难重重。

2. 增强企业的议价能力

企业的低成本可以增强与供应者的议价能力，降低投入因素变化所产生的影响。同时，企业成本低可以提高对购买者的议价能力，对抗强有力的购买者。低成本可以为公司提供部分的利润保护，因为再强大的客户也很难通过谈判将价格降到仅次于卖方公司的存活价格水平。如果同样的产品在市场上以与竞争对手相同的价格出售，则意味着成本领先者可以给予销售商、代理商更多的利益，使得销售商、代理商更乐意与之合作。

3. 能有效应对来自替代品的威胁

成本领先者能应对替代品的威胁，是因为替代品生产厂家在进入市场时会强调替代品的价格，或者强调其优于现有产品的特性和用途。占据成本领先地位的企业在前一种情况下可以通过进一步降价以抵御替代品对市场的侵蚀；在后一种情况下，企业仍可占领一部分对价格更敏感的细分市场。

4. 保持价格领先的竞争地位

以价格为基础的竞争，利用低价格的吸引力可以从竞争对手那里挤占销售份额和市场份额；可以在竞争对手毫无利润的价格水平上保持盈利，在残酷的价格战中存活下来并获得高于行业平均水平的利润；而高于同行的获利水平，使成本领先者可以在营销、研发上投入更多的资金，进一步打击对手，保持绝对竞争优势的地位。

（二）成本领先战略的劣势

（1）生产技术的变化或新技术的出现，可能使过去的设备投资或产品学习经验变成无效资源。

（2）行业中的新加入者通过模仿或者依靠对高新技术的投资能力，用较低的成本进行学习，以更低的成本参与竞争，后来居上，致使企业丧失成本领先地位。

（3）由于采用成本领先战略的企业其精力主要集中于降低产品成本，这样就可能影响其他方面的质量控制，并极少关注顾客的偏好和要求，这样引起的产品价格低廉可能并非顾客真正所需，不为顾客喜爱。

（4）如果受到通货膨胀的影响，生产投入成本会升高，导致产品成本及价格优势降低，从而不能与采用其他竞争战略的企业相竞争。

【资料链接】

小米：坚持做“感动人心、价格厚道”的好产品

2018年4月，在雷军的一封公开信中，他向所有用户阐述道：小米公司是一家以手机、智能硬件和IoT（物联网）平台为核心的创新型移动互联网公司。小米的使命是，始终坚持做“感动人心、价格厚道”的好产品，让全球每个人都能享受到科技带来的美好生活。

依据这一信念和价值观，小米公司在短时间内成长为全球第四大智能手机制造商，成本领先战略可以说是小米公司成功的最重要因素，具体体现在以下四个方面。

（1）生产外包低成本。由于智能制造的快速迭代，移动互联网领域内的创新创业公司都面临着急速变化的外部商业环境，企业如果选择自己建造生产线，资产专用性很高，沉没成本也过大，因此外包是大多数移动互联网公司的最优选择。小米公司将硬件研发和生产外包出去以降低产品研发和制造成本，保持了快速增长的优势。

（2）运营成本低。运营成本优势主要体现在营销模式上。通过饥饿营销、微博营销、网络社区营销及口碑营销，小米避开了传统的各级经销商中介，创新了销售模式，以较低的营销成本实现了最大化收益，把粉丝经济体现得淋漓尽致，同时建立了较好的口碑效应。

（3）供应链溢价。小米产品实行网上订购销售，这种销售模式使小米能够提前拿到部分货款，持有大额货款增强了小米的议价能力，不仅可以与供应链上游企业谈判以降低小米成品的成本，而且不会出现产品压货等供应链问题。

（4）“终端+服务”布局。从终端到服务的布局体现了移动互联网行业价值链的成本优势。一方面，雷军个人的知名度为小米公司降低了公关成本；另一方面，雷军系互联网企业对小米公司“终端+服务”布局有积极的影响。

采用成本领先战略可以通过简化产品，即取消产品或服务中的花样；通过简化生产工艺，采用替代材料改进产品的设计；领先大批师生产生储运降低产品成本，实现规模经济等方式来降低企业成本。

二、差异化战略

（一）差异化战略的定义

差异化战略是指企业向市场提供与众不同的产品或服务，以满足顾客特殊的需要，从而形成竞争优势的一种战略。

（二）差异化战略的优势

1. 降低顾客的价格敏感程度

由于差异化，顾客对产品或服务具有某种程度的偏好和忠诚，当这种产品的价格发生变化时，顾客对价格的敏感程度不高。竞争对手要获得这些差异性或者抵消这些差异性需要付出相当大的代价。

2. 形成进入障碍

由于产品的特色，顾客对产品或服务具有很高的忠诚度，这为产品和服务形成进入障碍。潜在的进入者要与该企业竞争，则需要克服这种产品的独特性。

3. 增强议价能力产品差异化

可以为企业带来较高的边际收益，降低企业的总成本，增强企业对供应商讨价还价的能力。同时，由于购买者对价格的敏感程度降低，企业可以运用这一战略削弱购买者的议价能力。

4. 防止替代品的威胁

企业的产品或服务具有特色，能够赢得顾客的信任，便可以在与替代品的较量中比同类企业处于更有利的地位。

（三）实施差异化战略的风险

差异化是一种十分有效的竞争战略，但并不能保证一定会创造有意义的优势。企业在实施差异化战略时主要面临两种风险：首先是企业没能形成适当的差异化；其次是企业在遭受竞争对手的模仿和进攻时，没能保持差异化。具体表现在以下几方面。

1. 不适当的差异化

不适当的差异化主要表现在以下方面：

（1）没有正确理解或者确定购买者认为的有价值的东西。如果购买者满足于基本的产品，认为“附加”的属性并不值得支付更高的价格。在这种情况下，低成本生产商战略就可以击败差异化战略。

（2）忽视及时向消费者宣传差异化的价值，仅仅依靠内在产品属性来获得差异化。

（3）过度的差异化，使产品的价格相对于竞争对手来说太高，或者差异化属性超出购买者的现实需求。

2. 差异化的成本过高

如果企业实现差异化的成本很高，就会形成较高的销售价格。如果这种价格超过了顾客的承受能力，顾客就会放弃差异化产品的诱惑，转而选择物美价廉的产品。这时实行低成本战略的企业就会占据竞争优势。

3. 竞争对手的模仿

竞争对手模仿差异特性，或使差异趋同化，顾客就感受不到产品个性化带给他们的差异，差异的优势也就会慢慢消失。因此，企业在实行差异化战略时，要高度关注差异特性的模仿难度和持久性。典型的例子是部分电子产品，由于技术易被掌握、行业成熟快，生产企业之间相互模仿，顷刻之间便有数十家生产厂家，使产品雷同，直接导致了激烈的价格战。

4. 差异化的竞争和转移风险

竞争对手推出更具差异化特性的产品后，企业的原有购买者可能转向竞争对手。

（四）实施差异化战略的途径

实施差异化战略可以从以下几方面考虑：

1. 产品质量差异化战略。产品质量差异化主要是指有形产品的差异化。产品质量差异化的主要因素有特征、工作性能、一致性、耐用性、可靠性、易修理性、式样和设计。质量就是生命，企业有质量意识，生产高质量的产品，就会使产品的竞争力大大增强。

2. 产品可靠性差异化战略

产品的可靠性、准确性就是它的差异化。例如，有些产品经常不稳定，在这种情况下产品可能会受到很大影响，如果有产品基本上比较稳定，具有很高的可靠性，这样的产品就会具有竞争力。

3. 产品销售服务的差异化战略

产品的销售服务、售后服务比其他好。除了对有形产品实行差异化，企业还可对服务进行差异化。尤其是在难以突出有形产品的差异化时，服务的数量与质量往往成为竞争取胜的关键。服务的差异化主要包括送货、安装、顾客培训和咨询服务等因素。

4. 产品创新的差异化战略

产品有创新、与众不同，从而形成竞争优势。

5. 产品品牌差异化战略

在成熟的情况下，商品经济、市场经济各方面成熟的情况下，最能够保持持久的是品牌差异化。

三、集中化战略

（一）集中化战略含义

集中化战略又称聚焦战略或专一战略，是指企业根据特定消费群体的特殊需求，将经营范围集中于行业内某一细分市场，使企业的有限资源能充分发挥作用，在某一局部超过其他竞争对手，从而建立起竞争优势的一种战略。例如，可口可乐和百事可乐是不同的策略，可口可乐采用的是集中化战略，可口可乐原来只生产可乐，现在增加了冰露矿泉水、美汁源、牛奶饮料，但是它生产产品基本上是在饮料领域里，没有跨出其他的领域，是集中化的一个领域，集中某一个产品。

（二）集中化战略优势

（1）集中化战略便于集中使用整个企业的力量和资源，更好地服务于某一特定的目标市场，抵御外部竞争者。

（2）将目标集中于特定的部分市场，企业可以更好地进行调查研究，以了解竞争对手与产品有关的技术、市场、顾客等方面的情况，做到“知彼”。

（3）战略目标集中明确，经济成果易于评价，战略管理过程也容易控制，从而带来管理上的便利。所以，根据中小型企业在规模、资源等方面所固有的一些特点，以及集中化战略的特性，集中化战略对中小型企业可能是最适宜的战略。

（三）集中化战略劣势

（1）由于企业全部力量和资源都投入一种产品或服务上，当顾客偏好发生变化、技术出现创新或有新的替代品出现时，这部分市场对产品或服务的需求就会下降，企业就会受到很大冲击。

（2）如果竞争者打入了企业选定的部分市场，并且采取了优于企业的集中化战略，企业将会面临严峻的竞争态势。

（3）由于狭小的目标市场难以支撑较大的市场规模，所以集中化战略可能带来高成本的风险，使企业集中化战略失败。因此，企业选择集中化战略时，应在产品获利能力和销售量之间进行权衡和取舍，有时还要在产品差异化和成本状况间进行权衡。

【资料链接】

谭木匠：集中差异化战略

谭木匠，全球唯一的木梳上市企业，秉承中国传统手工艺精华，奉行“我善治木”“好木沉香”的理念，一直专注于天然、手工、有民族传统文化特色的高端小木制品的研发、制造和销售。谭木匠的老板谭传华出身木匠世家，凭着做木梳、卖木梳，把一个设在猪圈里的手工作坊，用十余年时间发展为国内高端消费人群中的第一小木制品品牌，并于2009年12月29日在中国香港交易所的主板市场上市。谭木匠高度专注于木梳等小木制品产业的高端市场，其梳子采用精细的手工雕刻，配上有民族特色的绘画，包装精美，兼具实用价值和艺术收藏价值。谭木匠的专卖店装修富有浓厚的民族特色，店门口都挂有一幅“我善治木”的白色标牌。谭木匠通过对产品文化的创新，在以木梳为主打的木制工艺品市场中推行集中差异化战略，不动声色地成为该行业中的“隐形冠军”。

第五节　职能战略

一、职能战略的含义

职能战略是指管理者为特定的职能活动、业务流程或业务领域内的重要（职能）部门所制定的策略规划。职能战略描述了在执行总体战略和竞争战略的过程中，企业职能部门的责任和要求以及所应采用的方法和手段，旨在将企业的总体战略和竞争战略转化为职能部门的具体行动计划。根据这些计划，职能部门的管理人员可以更清楚地认识到本部门应该发挥什么作用和如何发挥这些作用。企业的各项职能战略不仅决定着企业的执行能力和效率，也是保证企业战略目标得以实现的关键。因此，制定一个完善、高效的职能战略体系对于企业的发展至关重要。

对于研发、采购、生产、营销、财务、人事和公关等企业的主要职能部门而言，相应的职能战略分别为研发战略、采购战略、生产运营战略、市场营销战略、财务投资战略、人力资源战略和公关战略等。职能战略的内容丰富而具体，各职能部门的主要任务也不同，难以归纳出通用、普适的职能战略。此外，各职能部门的关键变量也不相同，即使在同一部门里，关键变量的重要性也会因为经营条件的变化而改变，因此职能部门的策略必须分别制定。

企业总体战略、竞争战略和职能战略的关系是：总体战略和竞争战略指导、规范、约束职能战略，职能战略服从、体现、支撑总体战略和竞争战略。实际上，职能战略是企业总体战略、竞争战略与实际达成预期战略目标之间的一座桥梁，总体战略和竞争战略若最终不能在职能层级上加以体现和贯彻，战略目标的实现就会落空。制定实施职能战略的目的，就是要充分发挥各职能部门的作用，最大限度地挖掘各部门的潜能，最有效地利用企业的资源，使总体战略和竞争战略落到实处。

从战略管理的角度看，职能战略的侧重点在于：

（1）贯彻总体战略和竞争战略的整体目标和一致性。

（2）职能目标的细分。

（3）确定职能战略的战略重点、战略阶段和主要战略措施。

（4）职能部门之间的合作与协调。

（5）职能战略实施中的风险分析和应变能力分析。

二、职能战略的特点

职能战略比竞争战略涉及的范围要窄一些，但它可以为整体业务战略提供一些细节，为管理某一具体职能部门、业务流程和关键活动提出行动方案、运作策略和实际操作指南。

（一）支持性

公司的每一个与竞争有关的业务活动和组织单元都需要研发、生产、市场营销、客户服务、财务、人力资源、信息技术等职能战略的配合和支持。职能战略不是消极、被动地服从总体战略和竞争战略，而是要积极主动地支撑、体现总体战略和竞争战略，执行得力的职能战略能够为公司带来具有支持竞争价值的能力和资源优势。

（二）具体性

企业总体战略和竞争战略是为企业的生存和发展确定目标和指明方向的，因此一般比较宏观、原则和笼统。职能战略则要求切实和明确，较之公司战略（含总体战略和竞争战略），它更具体、精确和专门化，且具有行动导向性。职能战略为负责完成年度目标的管理人员提供具体的指导，使他们知道应该做什么以及怎么做。另外，职能战略还着力于增强职能部门管理人员实施战略的能力，提升和加强特异能力及竞争能力，进而提高公司的市场地位和在顾客中的形象。

（三）时效性

职能战略的时间跨度要比公司战略短得多。职能战略用于确定和协调短期的经营活动，一般在一年左右。职能战略时限较短的原因：一是职能部门管理人员根据总体战略的要求，需要把注意力集中于当前进行的工作上。从时态上讲，公司战略属于“未来时态”，而职能战略属于“现在时态”。二是企业的外部环境因素是不断变化的，职能部门管理人员身处一线，可以更好地认识到职能部门当前的经营条件，及时地适应已经变化的条件，并做出相应的调整。

（四）参与性

企业高层管理人员负责制定企业长期经营目标和总体战略，职能部门的管理人员在总部的授权下参与制定年度经营目标和部门策略。尽管这些策略最后要得到总部的核准，但由于职能部门管理人员参与制定战略，使他们更加自觉地实现自己的年度经营目标，更主动地做好职能战略所需要的工作，进而增强他们实施战略的责任心。事实上，在制定阶段吸收职能层管理人员的意见，对成功实施职能战略非常重要。

（五）弱一致性

企业战略管理是一项涉及企业所有部门以及所有相关因素的管理活动，而不单纯是市场营销、研发、财务、生产、人力资源等职能战略。职能战略虽然有益于对业务领域中的局部问题进行深入、细致和专业化的思考和运作，但由于各职能部门执行不同功能，很容易出现职能经理或业务活动经理只顾独立地制定自己范围内的战略，而不顾及其他领域活动的情况，从而导致各自为自、互不协调或彼此冲突的问题。

【案例分享与能力训练】

国际航空集团（IAG）的低成本战略

2017 年 3 月 17 日，国际航空集团（IAG）宣布，将于 6 月正式启动一个全新的低成本远程航空品牌——莱沃航空（Level）。目前，IAG 旗下拥有英国航空、伊比利亚航空、爱尔兰航空和伏林航空，莱沃航空将成为其旗下第 5 家航空公司。

据了解，莱沃航空的基地设在巴塞罗那，将先投入 2 架空客 A330-200 飞机运营。该飞机拥有 293 个普通经济舱座椅和 21 个高端经济舱座椅，飞机和机组人员主要来自伊比利亚航空。莱沃航空将于 6 月 1 日开通巴塞罗那—洛杉矶航线，随后将陆续开通至旧金山、布宜诺斯艾利斯和蓬塔卡纳的航线。

近年来，远程低成本航空的快速成长逐渐成为一种趋势，尤其是在跨大西洋航线上，低成本航空取得了前所未有的发展。2014 年，挪威航空用波音 787 飞机执飞了包括伦敦—纽约在内的一些跨大西洋航线，并不断增加到美国的航班。欧洲之翼航空不断拓展加勒比海市场，瑞安航空计划运营纽约航线等。

莱沃航空的单程票价定在 99～149 欧元，这主要是为了与挪威航空巴塞罗那—旧金山航线单程 162 欧元的票价竞争。有评论人士称，对于像 IAG 这样具有战略发展眼光的公司来说，在已经涉足航空业多个领域的形势下，开展远程低成本领域的业务，是非常有意义的。相比传统航空，低成本航空通过高效运行和规模效应，能够实现更快的增长，并获得很高的收益。

莱沃航空高端经济舱的运营模式基本上与传统航空一致，即购买了高端经济舱的旅客享有免费托运行李、机上餐食、提前选座和观看机上娱乐节目等服务，而普通经济舱旅客则根据自己的喜好购买不同的机上服务，如食品和 Wi-Fi 等。

传统航空公司组建低成本子公司进行细分市场运营的例子很多，如澳航集团的捷星航空、新加坡航空的酷航和汉莎航空的欧洲之翼。由于地区市场的差异，低成本航空公司在选择航线、细分市场和经营策略等方面也开始注重差异化。应该说，随着经济发展的多元化和消费观念的转变，传统航空公司有针对性地选择低成本的运营方式将成为市场细分的一个发展趋势。

资料来源：王双武．国际航空集团的低成本战略说明了什么［N］．中国民航报，2017-03-23.

思考：如何看待国际航空集团的低成本战略？

第十章　创业企业生产与运作管理

【学习重点】

1. 生产与运作管理的含义
2. 企业生产与运作的分类
3. 企业生产运作管理的目标与基本内容
4. 企业生产运作组织

【案例导入】

格力电器股份有限公司的生产管理

珠海格力电器股份有限公司（以下简称“格力”）成立于1991年，1996年11月在深交所挂牌上市。格力成立初期，主要组装生产家用空调，现已发展成为多元化、科技型的全球工业制造集团，产业覆盖家用消费品和工业装备两大领域，产品远销160多个国家和地区。

格力现有16个研究院，分别是制冷技术研究院、机电技术研究院、家电技术研究院（2个）、新能源环境技术研究院、健康技术研究院、通信技术研究院、智能装备技术研究院、机器人研究院、物联网研究院、装备动力技术研究院、电机系统技术研究院、洗涤技术研究院、冷冻冷藏技术研究院、建筑环境与节能研究院、电工电材研究院。共有126个研究所、1045个实验室、1个院士工作站（电机与控制），拥有国家重点实验室、国家工程技术研究中心、国家级工业设计中心、国家认定企业技术中心、机器人工程技术研发中心各1个，同时成为国家通报咨询中心研究评议基地。

为了在企业获得极高的生产率、极佳的产品质量和很大的生产柔性，格力推行精益管理法和6d管理方法，随着各种先进管理方法在格力的应用，资源可得到更加合理的配置和充分的利用，生产管理水平也将不断提高。

1. 生产线管理

生产线采用条形码自动化管理，可同时生产和测试不同机型，所有机组的测试全部实现了条形码自动化管理，计算机对测试产品进行自动定位和识别，计算机根据条形码自动设定控制参数和合格判定参数，测试数据自动记录，对不合格项进行实时报告并打印出不合格标签（注明具体不合格参数及机身编码），具有快速、准确的特点，不仅大大提高了功效，而且有效消除了人工主管判断失误的风险，使产品质量更有保障。该系统具有业界国际领先水平。

2. 制造工艺

格力既注重技术，同时通过先进的设备和工装，以及不断提高的工艺水平，始终保持着制造方面的优势。格力不仅有适应多种工质（R22、R407C、R134A、R410A）的智能总装生产线，而且通过室外机管路的充氮焊接工艺、高效精确的冷媒灌注工艺、系统双向过滤杂质工艺、带模拟工况自动商检系统和自动打包、套包工艺的配合，形成了一套高质量、高效率的整机生产流程。

“好空调，格力造”，格力拥有一流的生产环境，一流的生产线，一流的生产工艺。在不断地进取开拓中始终贯彻“一流”的原则，格力的生产工艺始终走在国际前列。

3. 权威测试

格力实验室：格力电器拥有 270 多台（套）实验室，是目前国内空调行业内规模最大、种类最齐全的企业，在世界上也是首屈一指。

1992 年至今三十多年来，格力电器每年都会为实验室投入巨资，其中专为生产中央空调而建造的实验室就达 20 多台（套），无论在数量、规模和技术含量上均处于世界领先水平，如：中央空调多功能实验室，该室以风冷螺杆机等中大型风冷冷（热）水机组的性能试验为主，同时兼顾其他风冷冷水机组、风冷冷风（热泵）机组、水冷冷水机、水源热泵机和屋顶机的性能可靠性等测试，测试冷量范围为 25~650kW，该实验室还能模拟各种全天候室外环境工况，包括模拟人工降雪的功能，是目前国内最先进的中央空调多功能实验室；还有国内最大的水冷冷水机组的测试台，它的测试冷量范围为 1200~7000kW，能够对大型螺杆式水冷冷水机组以及几乎所有离心式水冷冷水机组进行各种满足国标工况的运行测试，测试精度超过国标要求。格力实验室已走在全国同行前列，并通过了国际上久负盛名的认证机构的认可，成为国际一流实验室。1999 年通过国家实验室认可，2000 年通过德国 TÜV 莱茵认可，2003 年通过加拿大标准协会（CSA）认证机构的 CATEGORY 实验室认可，2004 年荣获美国保险商试验所（UL）的客户测试数据认可计划实验室（CTDP）实验室认证等，格力成为目前中国家电行业首家通过 CTDP 实验室认证的空调企业。

第一节　生产与运作管理概述

近二十年来，随着国内外生产管理学界对生产的理解逐渐深化：生产不仅是对有形产品的制造，而且包含了对无形产品——服务的提供，因此生产管理理论也逐渐被生产与运作管理理论所替代。生产与运作管理是一门关于管理企业价值创造过程的科学，也是一门通过企业流程的运作提高生产率的科学。

一、生产与运作管理的含义

生产与运作管理是指把资源要素（投入）变换为有形产品和无形服务（产出）的过程。其中包括产品的创意、生产条件的设计、生产组织和技术支持以及产品与服务的运作等一系列增值过程。

二、生产与运作的分类

从管理的角度来看，可以将生产与运作管理分成两大类：制造性生产和服务性运作。

(一）制造性生产类型及特征

制造性生产是将投入转化为有形产品产出并创造价值的过程。产品千差万别，产品产量、生产规模也有所不同，因此存在不同的生产类型。不同的生产类型有不同的具体特征，因而生产管理方法也不尽相同。

1. 按照需求特征分类

根据需求特征，可以把生产分为备货型生产（make to stock，MTS）与订货型生产（make to order，MTO）两类。

（1）备货型生产。备货型生产是在对市场需求进行调查预测的基础上有计划地进行产品开发与生产，维持一定库存以随时满足顾客需求。

一般来说，通用性强，标准化程度高，有广泛的用户资源，通常采用备货型生产，比较适合产品已经有一定市场销路、有相对稳定的销售量等情况。例如，轴承、紧固件、小型电动机等产品的生产，都属于备货型生产。备货型生产组织管理比较方便，有利于生产系统的持续改进、提高生产率，同时交货期比较短。

（2）订货型生产。订货型生产是以顾客的订单为依据，按顾客特定的要求组织生产。例如，锅炉、船舶等产品的生产，都属于订货型生产。订货型产品可以直接发给顾客，不必维持库存，也不必经过分销渠道销售。订货型生产的品种与数量波动比较大，而且生产组织复杂性增加、生产计划调整频繁、生产调度工作任务重。

2. 按照工艺特点分类

按照生产工艺特征，生产系统可以分为连续生产系统与离散生产系统（加工装配生产）两种。

（1）连续生产系统。也叫流程工业生产系统。这种生产类型的特点是生产线按照产品加工的工艺路线组织生产设备与人员，生产过程不中断，如化工工业、钢铁工业、造纸工业以及纺织工业中的纺纱与织布过程等属于连续生产类型。

连续生产的特点是装备密集、生产设备自动化程度高、生产能力调整困难。由于生产投资规模大，因此一般生产批量大、生产品种单一。

（2）离散生产系统。也叫加工装配生产系统，机械工业、电子工业、玩具工业、服装加工业都属于这种类型。

离散生产由于产品零件比较多、加工工艺过程复杂，因此生产组织比较困难，生产控制与协调也很困难。另外，由于离散生产系统存在比较多的手工或者半手工生产过程，所以人的因素对生产过程有较大的影响。与连续生产系统不同，它的另一个重要特点是离散生产的企业供应商比较多，因此存在比较多的外协与外包现象，物资供应管理难度也大大增加。

3. 按照生产的专业化程度分类

按照生产的专业化程度可以将生产划分为大量生产、批量生产和单件小批生产。

（1）大量生产。大量生产品种单一、产量大，生产重复程度高。大量生产的生产工艺过程自动化程度高、劳动效率高、单件成本低。化工厂、蔗糖、炼油厂、食品厂、酒厂等生产多为大量生产。

大量生产的标准化程度高，因此劳动组织比较简单、生产效率高，但是缺乏柔性，顾客满意度低。

（2）批量生产。批量生产产品品种不单一，每种产品都有一定的批量，生产有一定的重复性。如服装生产企业多采用此类生产。

批量生产的组织与单件小批生产不同的是前者在同一生产线上生产不同的产品，生产重复性增加，为此，需要在不同的产品之间进行工艺转换，即换产。产品之间的切换工艺能力影响生产批量的大小，因此有一个经济生产批量的决策问题。

（3）单件小批生产。单件小批生产多数情况是少量多品种的生产。一次只生产一件或几件产品，如，蛋糕生产就是典型的单件生产。一般来说，大型工业设备，如造船、大型机电设备的生产也是单件生产。另外，其他非制造业，如建筑施工这种项目式生产也可以归为单件生产。

单件生产的组织，生产计划与控制、质量控制方式、劳动力组织等方面都比较复杂，变化比较大，对管理要求比较高。单件生产需要根据顾客的需要组织生产，因此产品设计的能力、生产工艺装备与人员的工艺操作水平、部门之间的协调与配合是决定单件生产的重要因素。

（二）服务性生产类型及特征

服务性生产又称作非制造性生产，它的基本特征是提供劳务，而不是制造有形产品。但是，不制造有形产品不等于不提供有形产品。

1. 服务性生产的分类

（1）按照是否提供有形产品，可以将服务性生产分成纯劳务生产和一般劳务生产。纯劳务生产不提供任何有形产品，如管理咨询、法庭辩护、指导和讲课等；一般劳务生产则提供有形产品，如批发、零售、邮政、运输、图书馆书刊借阅等。

（2）按顾客是否参与服务过程，可分成顾客参与的服务生产，如理发、保健旅游、客运、学校、娱乐中心等，此类服务生产没有顾客的参与，服务不可能进行；顾客不参与的服务生产，如修理、洗衣、邮政、货运等。前者顾客参与的服务运作管理比较复杂。

（3）按照服务内容划分，可以分为与产品移动有关的服务，如批发零售、运输、储存等；与货币移动有关的服务，如银行、证券、保险等；与信息移动有关的服务，如出版、通信、广播、IT 等；与公共设施有关的服务，如电力、煤气、自来水等；与娱乐设施有关的服务，如电影院、保龄球场、游泳场、滑雪场等；与专业技术有关的服务，如洗衣店、咨询公司、会计师事务所、律师事务所等。

（4）按照与顾客的接触程度，可以分为高度接触，如律师事务所、理发店、按摩店等；低接触，如自动售货机、电影院等。

2. 服务性生产的特点

服务性生产的管理与制造性生产的管理有很大的不同，不能把制造性生产的管理方法简单地搬到服务业中。与制造性生产相比，服务性生产有以下几个特点：

（1）服务性生产的生产率难以确定。一个工厂可以计算它所生产的产品的数量，一个机构的服务难以计量。

（2）服务性生产的质量标准难以建立。

（3）与顾客接触是服务性生产的一个重要内容，但这种接触往往导致服务效率降低。

（4）纯服务性生产不能通过库存来调节。

3. 产品制造生产与服务运作的特性比较

虽然许多生产管理原理可以运用到服务业中，但是由于服务存在的独特性，服务业的作业过程与制造业的生产过程有本质不同。如表 10-1 所示。

表 10-1　产品制造生产与服务运作的特性比较

特性比较	制造业	服务业
输出形态	有形产品	无形服务
产品/服务的储藏	可库存	无法储藏
生产/运作设施规模	大规模	小规模
生产/运作场地数	少	多
生产资源的密集度	资本密集	劳动密集
生产和销售	分开进行	同时进行
顾客参与程度	低	高
受顾客影响度	低	高
交付顾客前质量改善机会	多	少
顾客要求反应时间	长	短
质量/效率的测量	容易	难

三、生产与运作管理的含义

生产运作管理学将凡是有投入—转换—产出的组织的活动都纳入其研究范围，不仅包括工业制造企业，而且包括服务业、社会公益组织及市政府机构的活动。特别是随着国民经济中第三产业所占比重越来越大，对其运作的管理日益重要，也成为运作管理研究的重要内容。

生产与运作管理是指对运营过程的计划、组织、实施和控制，是与产品生产和服务创造密切相关的各项管理工作的总称。

四、生产与运作管理的目标与基本内容

（一）生产运作管理的目标

生产与运作管理所追逐的目标可以概括为：高效、低耗、灵活、准时地生产合格产品和（或）提供满意服务，也可概括为敏捷、高效、优质、准时地向社会和用户提供所需的产品和劳务。

生产与运作管理的基本目标是灵活、高效、准时、低耗地提供合格的产品或服务。

（1）灵活。灵活是指企业要适应市场的变化，不断调整生产要素的组合，根据用户的需要进行生产，以提高生产对用户需求响应的能力。

（2）高效。提高效率是生产始终追求的一个基本目标。在激烈的市场竞争中，企业只有不断提高效率，才能迅速响应用户的需求。为此，需要采用先进技术装备、改进工作方法、合理制定管理制度、提高员工素质等。

（3）准时。准时是指在用户需要的时候，按照需要的数量提供产品或服务。准时是现代

生产的一个基本要求，准时生产可以消除企业不必要的浪费，从而降低成本，提高响应能力。

（4）低耗。低耗是指提供相同数量和质量的产品或服务，消耗的人、财、物最低，通过降低消耗，可以降低成本，而成本降低又具有价格的竞争优势。

（二）生产与运作管理的内容

投入资源不同，使转换过程不同，产出的产品也不同。围绕企业运营管理要做哪些工作呢？运营管理的内容，即是组织对制造产品或提供服务的运营过程以及运营系统进行管理的过程中所做的各项管理工作，包括以下三方面的内容。

1. 生产与运作系统战略决策

生产与运作系统战略与营销战略、财务战略一样，是组织的基本职能战略之一。决策是从生产系统的产出如何很好地满足社会和用户的需求出发，根据企业营销系统对市场需求情况的分析以及企业发展的条件和因素限制，从总的原则方面解决“生产什么”“生产多少”和“如何生产”的问题，以达到生产运作系统的定位管理。具体地讲，生产运作系统战略决策就是从企业竞争优势的要求出发，对生产运作系统进行战略定位，明确选择生产运作系统的结构形式和运行机制的指导思想。而服务运作系统需要考虑的主要决策问题则主要包括顾客定位、服务标准、服务系统设计与运行。

2. 生产与运作系统的规划与设计

要实现企业运营，需要进行产品的开发、设计，配备相应的生产（服务）能力，选择生产（服务）的场所并对其进行内部的布置，对生产（服务）工作进行设计以建立相关标准。具体内容如表 10-2 所示。

表 10-2　企业运营系统的规划与设计基本内容

规划项目	具体内容
产品设计和服务设计	产品在其生命周期的不同阶段的特点和管理重点是什么？ 如何延长产品生命周期？产品开发的方式有哪些？ 如何做到面向顾客的产品设计？ 工艺流程的类型有哪些？如何进行工艺流程选择？ 服务设计有哪些原则和要素？ 产品和服务设计的常用方法有哪些
运营能力规划	如何度量运营能力？ 规划运营能力时需要考虑哪些因素？ 运营能力的规划策略有哪些？ 运营能力规划的方法有哪些？ 排队论的方法如何应用到服务运营能力的规划
设施选址规划	设施选址规划的重要性体现在哪些方面？ 设施类型有哪些？选址规划的一般程序是什么？ 影响选址规划的因素有哪些？制造业和服务业有何差别？ 服务业、零售业如何进行选址？ 选址方案如何做评价

续表

规划项目	具体内容
设施布置	设施布置要解决的基本问题是什么？ 设施布置的类型有哪些？ 生产设施布置的设计方法有哪些？如何进行设施布置？ 服务设施布置的方式有哪些？服务设施布置有何要求
工作设计	工作设计包括哪些内容？什么是虚拟工厂？ 方法研究和时间研究之间的关系是什么？ 生产时间消耗结构包括哪些？ 如何测定作业时间和劳动定额？ 如何通过时间研究科学地设置工作岗位

3. 生产与运作系统的运行管理

为了顺利实施运营活动，达成组织的运营目标，需要对组织的运营活动进行管理。包括：制订企业综合生产计划，企业资源计划（ERP）、进行作业排序，对各类运营活动做出合理安排，以实现各类资源的合理配置，做到能力与需求相平衡；管理好各类库存，以降低成本，提高资源的利用效率；进行质量管理，保证生产（服务）的质量，提高企业的竞争力，进行合理的进度安排，提高运营时间的利用效率。

第二节　企业选址

企业选址不仅是新建企业所面临的决策，也是老企业在改建、扩建、搬迁以及扩张兼并时会遇到的问题。选址是一项长期性投资，相对于其他因素来说，具有长期性和固定性。厂址选择是否恰当，不仅显著影响企业的建设费用和建设周期，同时会极大影响企业产品的生产运作成本、价格和利润及企业的综合竞争力，而且这种影响将持续相当长的时间。当环境发生变化时，其他经营要素如人、财、物等都可以随之进行相应的调整，以适应外部环境的变化，但企业选址一经确定，由于需要投入大量资金，因此难以变动。如果选址有误，则会给以后的经营活动埋下隐患，很难挽回，企业会陷入进退两难的境地。所以，选址工作对企业经营具有重要意义，对企业地址的选择要进行深入调查和系统全面的考虑，要采用科学的决策方法，进行妥善规划。

一、生产企业选址的影响因素

影响企业选址规划的因素涉及很多方面，这里归纳为成本因素、市场因素、政治因素、文化因素和地理因素。

（一）成本因素

1. 采购成本

企业一切生产经营活动都离不开交通运输。原材料、工具和燃料进厂，产品和废物出厂，零件协作加工等，都有大量的物料需要运输。因企业在进行选址时，必须要考虑一旦设施建成，能否使企业比较方便地进行原材料或其他物品的采购，也就是说，选址方案能否使企业获得相对较低的采购成本，采购成本与运输条件存在密切的关系，不同的运输方式对成本及效益的影响会有很大差别，水运运载量大，运费较低；铁路运输次之；公路运输运载量较小，运费较高，但最具灵活性，能实现门到门运输；空运运载量小，运费最高，但速度最快。因此，选择水、陆交通都很方便的地方最为理想。但同时也要考虑企业运营活动的不同而加以选择。对于从事农、林、牧、副、渔行业的企业，其生产运营必须濒临其原材料产地，这是出于采购必要性与采购成本的考虑；而对于从事制冷保鲜、奶制品加工、烘焙等行业的企业，在选址决策时需要考虑其原材料容易腐败的特质而靠近原材料产地，以减少采购时的存储成本。对于那些运营过程中原材料体积与重量消耗大的企业，运输成本显得尤为重要，所以应该尽可能靠近原材料产地。如火力发电厂建设的时候应该靠近煤炭基地或港口，钢铁厂则应该靠近容易获取铁矿石的地方。

2. 分销成本

产品分销过程中，如果在企业的主要目标市场中有几个主要的买家分布在一定的区域范围内，那么企业需要考虑有没有必要建立和在什么地方建立区域的配送中心，以控制分销配送成本。建立配送中心配套要考虑运输、储存等一系列问题。企业如果选择外包仓储配送业务，则要考察距离买方的路程以及需要采用什么样的运输方式，与采购一样需要考虑运输成本问题。

3. 建设成本

建厂地方的地势、利用情况和地质条件，都会影响建设投资。地价是影响投资的重要因素，城市地价高，城郊地价较低，农村地价更低。地理条件也是影响建设成本的重要因素。显然，在平地上建厂比在丘陵或山区建厂施工要容易得多，造价也低得多。同样，在有滑坡、流沙或下沉的地面上建厂，也都要有防范措施，这些措施都将导致投资增加。此外，选择在荒地上还是良田上建厂，也会影响投资的大小。选择厂址要尽可能不占良田或少占良田。

此外，厂址条件还应考虑协作是否方便。由于专业化分工，企业必然与周围其他企业发生密切的协作关系。大城市是企业群居的地方，但地价高，因此这些因素需要综合考虑。

4. 劳动力成本

不同地区的劳动力工资水平不同，不同企业对劳动力受教育程度要求也不相同。对于劳动密集型企业，人工费用占企业成本比重较大，企业设厂往往倾向于在劳动力资源丰富、工资低廉的地区。对于技术密集型企业，只有受过良好教育的职工才能胜任越来越复杂的工作任务；对于大量需要具有专门技术员工的企业，人工成本占制造成本的比例很大，而且员工的技术水平和业务能力，也直接影响产品的质量和产量，企业选址则需考虑在大专院校、科研机构等比较集中的地区，选择在城市或城郊建厂，才比较容易解决劳动力资源问题。

5. 其他资源成本

其他资源包括运营要用到的能源、水、电等，没有燃料（煤、油、天然气）和动力（电），企业就不能运转。其他资源成本因素的考虑主要看这些生产要素的配备是否便利、充足，对于耗能大的企业，如钢铁、炼铝、火力发电厂，其厂址应该靠近燃料、动力供应地。

同时，要考虑获得这些资源的成本因素，包括是否可以立即获得还是需要经过再开采或再加工等。

（二）市场因素

1. 是否靠近目标销售市场

每种产品都有自己的目标市场。消费类产品制造企业应该尽可能地接近产品的目标市场，以便吸引目标顾客的购买，提高销售收入。同时，靠近目标销售市场还有利于及时了解目标客户的需求变化，缩短运输和交货时间，降低运输成本。而对于服务机构而言，与消费者接触程度较高的如超市、百货公司等，应该选择建在目标消费群体集中的区域；相反，对于接触程度不高的机构如管理咨询公司，则应该选择具有便利交通的地区和明确功能性的区域。

2. 是否有成熟的商业氛围

很多企业都有“群居”的习惯，其实这也是在长期的市场竞争中发现的一种规律。尽管经营方向与特色具有同质化特征的服务型企业在距离较近的地区经营，其相互间的竞争会达到白热化的程度，但是它们的“群居”行为也能够为对方带来客流，且如果它们的分布过于分散，则无法形成有利于彼此的聚集效应，同时不利于企业业务的开展和满足消费者多样化的需求。比如，当特定地区的市场容量太小而不能容纳两个或更多的竞争者时，零售业企业会倾向于在一个没有竞争者的地点进行选址。而当市场容量足够大，独立的地点选择难以吸引充足的客流时，大型购物中心及特色小店需要比邻而居。对于大型生产制造型企业也是一样，很多制造型企业都聚居在工业园区和经济技术开发区一类区域。良性的商业氛围有利于企业招募员工，也能够为企业提供完备的生产、生活配套。

（三）政治因素

政治因素包括当地政府对企业所从事的生产经营活动的鼓励或限制的立场、当地政治局面的稳定程度、法制的完备程度、税赋的公平程度等。这些问题在进行选址决策时决不能忽视，否则会带来严重后果。特别是当企业在进行海外选址决策时，必须要考虑政治因素，政局稳定是发展经济的前提条件。有些国家或地区的自然环境虽然很适合建厂，但其法律体系变化无常，企业权益得不到保障，也不宜建厂。此外，要了解当地有关法规，包括环境保护、税收等方面的法律法规，不能将污染环境的工厂建在法规不允许的地方。若税负不合理或太重，会使企业财务负担过重。

（四）文化因素

选址要考虑的社会因素包括居民的生活习惯、文化教育水平、宗教信仰和生活水平。不同国家和地区、不同民族的生活习惯都不同。当地民众对于某种类型的生产经营活动的欢迎或反对态度，以及语言、风俗等，都会对企业的运营产生不同程度的影响。不同地区的工人对于出勤率、销售额等方面的态度可能会有所不同。例如，居住在大城市中心的工人和同一地区周边的农村工人会在工作态度上有不同的表现。而且，一个国家不同地区或不同国家之间工人的文化背景和习俗的差别也会对运营管理方式造成影响。

（五）地理因素

1. 交通是否便利

企业的进货和出货是否便捷、成本是否低廉和企业所处的地理位置息息相关。靠近港口、铁路和机场势必会大大提高货物的周转速度，同时降低运输成本。

2. 自然环境是否利于生产

自然环境包括地理条件、气候条件以及水资源状况。地理条件是制约选址的客观因素，企业应避免在地质或地势条件不满足要求的区域选址建厂。例如，选址应该尽量排除下列地区：地震多发；易遭洪水且地面积水排放不畅；接近废弃的矿坑；地基不能达到设施承载要求；空间面积不足，形状不规则，不能满足未来扩建的要求；地势坡度不够平坦等。气候条件将直接影响职工的健康和工作效率。根据美国制造业协会的资料，气温在 15~22℃，人们的工作效率最高。气温过高或过低，都会影响工作效率。气温的高低关系着厂房和办公室的建筑设计。通过空调保持适宜的温度，不仅作用范围有限，而且耗费能源，增加成本。有的产业对气候条件的要求较高。如纺织厂和乐器厂。

有些企业耗水量巨大，应该靠近水资源丰富的地区，如造纸厂、发电厂、钢铁厂、化纤厂等。耗水量大的企业给水质造成的污染也大。选址时，要同时考虑当地环保的有关规定，并要安装治理污染的设施，这又要增加投资。

二、服务企业选址的关键因素

与制造业企业的设施选址问题类似，服务设施选址也包括两个层次，第一选择地区，第二选择具体地点。服务零售业选择地区时的考虑因素主要有四个：该地区的顾客特点（人群密度、平均收入水平等）、公用基础设施（道路、水、能源的可利用性等）、与顾客的接近程度以及可利用的劳动力素质。但是，对于不同服务行业的企业仍然会有不同考虑。有些服务行业的设施选址由于必须考虑接近顾客，因此受很大约束，如医院、学校、居民服务（邮局、洗衣房、职业介绍所等），而另外一些行业，如运输、仓储、批发等企业，这方面的约束较少。选择地点时的主要考虑因素是周围的可扩展性（包括停车场）、租金以及交通方便与否等。服务业设施选址总体上主要受到以下因素的影响。

（一）接近顾客群的程度

从服务设施的角度出发，服务可分为顾客前来接受服务、服务者上门服务、服务提供者在虚拟空间内完成服务三类。

如果顾客需要前来接受服务，那么服务企业的设施选址就需要考虑服务设施对最终市场的接近与分散程度，设施必须靠近顾客群，如宾馆、饭店、银行、商场等，其设施位置对经营收入有举足轻重的影响，该设施周围的人群密度、收入水平、交通条件等在很大程度上决定这类企业的经营收入。

如果需要服务者上门服务，如电梯维修、害虫控制和家庭清洁等，与服务设施对最终市场的接近与分散程度相比，交通条件和工具就成为更重要的关键因素。

服务提供者在虚拟空间内完成服务是指通过信件、电话、计算机等通信方式提供服务，这种服务方式是对传统服务的创新，知识含量较高，是否接近顾客群已经不太重要了。

（二）消费能力和消费习惯

如果说靠近顾客群增加了企业潜在顾客购买服务的可能性与便利性的话，所在市场的消费能力和消费习惯则会直接决定服务的实际商业交易量，因此在服务业选址时必须予以考虑。

（三）竞争对手的相对位置及反应

对于制造业企业的设施选址来说，与竞争对手的相对位置并不重要，而在服务业中，这可能是一个非常重要的因素：在有些情况下，选址时应该有意识地避开竞争对手，但商店、快餐等服务企业，靠近竞争对手可能有更多的好处。因为同行企业集中在某一地区可以形成知名度较高的行业性市场，如汽车城、服装城、理发店、快餐店等，在这种情况下可能会有一种聚集效应，即受聚集于某地的几个企业的吸引而来的顾客总数，大于分散在不同地方的几个企业的顾客总数。

（四）当地的经济收入水平

不仅要考虑当地人们的平均收入水平，还要考虑当地的人事劳动工资政策是否满足自己的实际需要。一个地区的消费者收入高、人数众多且消费愿望强烈，则该地区购买力强，服务消费量大，企业收入就高。

（五）基础设施条件

基础设施主要是指为服务业正常运营提供所必需的水、电、气等设施，同时还应该考虑交通条件、环境保护等问题。不同的服务对于基础设施的要求不同。例如，批发中心选址时应优先考虑交通基础设施较好的地方，而娱乐中心用电量较多，选址时应优先考虑电力供应充足的发达地方。

（六）交通便利性

便利的交通或停车场对零售企业至关重要。顾客的消费出行需求更多地考虑是否有合适的停车场、道路交通是否畅通等。靠近路边或居民区的商店有机会更能吸引那些开车购买的顾客。

还需要注意的是，在当今技术日新月异的环境下，有很多服务业行业传统的服务地点的选择模式已发生变化。例如，传统的银行营业网点布局通常要考虑每一服务半径的人群和要求服务的频率，但现在越来越多的简单服务被 ATM 机、网上银行等所取代，导致银行在营业网点的布局上发生了很大变化。又如，传统的粮油、食品、副食店的选址历来是靠近居民区的，而现在很多大型超市的选址更看重交通便利、停车方便的位置。

【资料链接】

药店选址的三角布点法

零售连锁门店的选址是一个永恒的难题。日本曾经有一家拥有上千家分店的知名医药连锁企业，该药店在创业初期也曾一度陷入困境，几家门店的经营状况非常萧条，公司眼看就要支撑不下去了。

一天，通口俊夫沿京阪线坐火车前往仅存的 3 家分店巡查工作，他坐在火车车厢内，心事重重地想着企业经营的困境，很不是滋味。那时，这 3 家分店几乎呈一字形设置在京阪铁路沿线的京桥、千林、梅云 3 个车站旁边。忽然，车厢内一个小孩用手指旋弄一个三角板的情形紧紧抓住了他的视线，只见这名小男孩将他的一只手指伸进三角板中心的孔中，而用另一只手去拨弄、旋转三角板。他看着看着忽然灵感顿生，想起了曾经看过的一本书中讲述：第二次世界大战期间，苏联红军和德军作战，为了能密切配合友军作战，宜采取三足鼎立的布兵模式，这样将此三点连接起来就能有效呼应，保卫好中间的区域。想到此，通口俊夫兴奋得如黑夜中觅得了耀眼的闪电。是啊，企业经营布点配置，不也类同此理吗？于是，通口俊夫果断决定，彻底抛弃公司过去主要沿铁路干线呈一字形设点的布局，改为像三角板那样分3个顶点重设门店地点。结果，一经试用，经营状况明显好转。

原因是这种呈三角形配置的分店格局，使得所围起来的中间区域的消费者不论去哪家分店，最后都成了本公司的顾客。此后，他新开门店时都是先开一家店为据点，然后就近在可以呼应的商圈距离内再开两家店，形成三角形格局，最大限度地扩大商圈覆盖面，并且能实现相互支持的目的；或者以任何两家老店为三角形的两个固定点，再开一家新店，和老店构成一个新的三角形。后来，他又发现，这种布点法在门店的服务、配送、促销宣传、广告、药品调剂、人员调配等方面都能够发挥低成本优势，这为通口俊夫的连锁药店突破瓶颈、走向成功提供了非常有利的条件。

资料来源：邓华. 运营管理［M］. 北京：人民邮电出版社，2017.

第三节　企业生产运作组织

企业生产运作组织是指生产运营过程的组织，主要解决产品与服务在生产运作过程中各阶段、各环节、各个工序在时间和空间上的协调衔接，即生产运作的空间组织和生产过程的时间组织，这里仅介绍生产与运作的空间组织。

一、生产过程的空间组织

生产系统的空间组织实际上就是生产系统的地点布置。它是指在系统思想的指导下，应用科学的方法和手段，对构成企业生产系统的各个部分和各种要素进行合理的空间布置，使之成为行程最短、时间最省、耗费最低的经济而高效的有机整体。生产系统的空间组织一般在生产系统的构成要素投入时进行，因此对企业的经营有长远的影响，一旦投入不合理或失误，往往难以调整或弥补，所以应十分重视这项工作。

（一）厂区平面布置原则

厂区的合理布置是生产过程空间组织的内容之一。它是指企业按最经济有效的原则，将企业内部各生产单位及各种物质设施进行最合理的安排，使其组合成一定的空间体系，并形成厂区平面布置，为企业建设和生产经营服务。厂区平面布置的合理与否，将直接影响企业的经济效益。统计资料表明，制造业中总经费的25%~50%均为物料运输费，若使厂区布置合理，则可减少10%~30%的费用。因此，厂区布置是企业生产组织的重要内容之一。

厂区布置应遵循生产系统空间组织的基本原则：

（1）以基本生产为中心，满足产品生产过程的要求，使生产能够顺畅、便捷地进行。每种产品的生产都需要经过一定的工艺加工，如果工厂的平面布置不符合工艺顺序，必然导致生产过程不够顺畅，从而浪费生产时间，影响工厂效益。

（2）必须适应厂内外运输的要求，各部分之间的距离要最短，要相互衔接。有些产品的生产需要在不同车间之间移动，这个移动过程所需要的时间属于产品生产周期的组成部分，因此应使原材料、半成品、成品的运输路线尽可能短，避免往返运输，以节约运输费用。

（3）要注意安全防护和“三废”处理，贯彻环境保护法规，符合安全技术规定。职工的安全防护是工厂在组织生产中必须要考虑的因素，对工厂中有毒、有害、危害环境及职工身体健康的分厂、车间等工作场所要进行治理，并应尽量将其布置在危害较小的区域。

（4）节约用地并考虑生产发展的需要。要考虑合理利用厂区面积，既要使厂房之间的距离尽可能小，又必须考虑工厂的长远规划、扩建规划等，厂房的平面布置应留有一定的余地。

（5）应对厂区的绿化、美化进行规划，为职工创造舒适、方便、健康、安全的环境。

（二）车间合理布置原则

1. 工艺专业化原则布置

工艺专业化是按照加工工艺特征安排生产运营单位或设备的布置方式，以完成相似任务为特征，即根据工艺的性质设置生产运营单位，在一个生产运营单位中，集中着同种类型的工艺设备和工人，对企业生产的各种不同产品进行相同工艺的加工。如机械制造企业的下料、锻造、铸造，车加工、刨加工、磨加工等车间，服装制造企业的裁剪、制作、熨烫等车间，会按工艺流程布置，如图 10-1 所示。

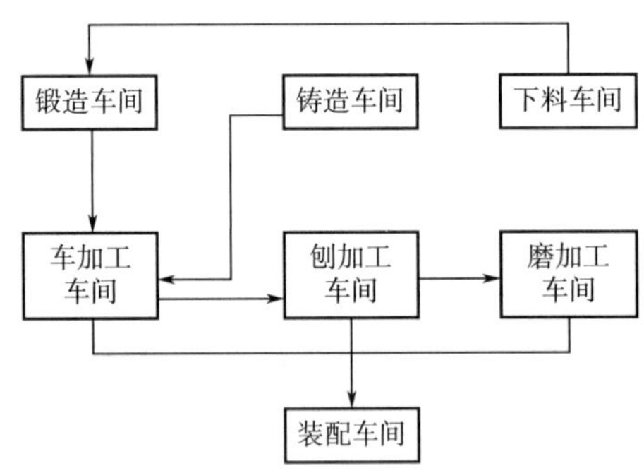

图 10-1　工艺专业化布置示意图

工艺专业化布置的既有优点也有缺点，如表 10-3 所示。

表 10-3　工艺专业化布置的优缺点

优点	缺点
1. 对产品品种变换的适应性较强； 2. 部分设备停歇不影响正常生产运营； 3. 工序之间依赖程度不高； 4. 便于加强专业化技术指导，提高工人技术熟练程度	1. 制造运营系统中采用间歇加工，在制品库存量会很大； 2. 物流流程复杂，不便于管理； 3. 在制品库存大，资金周转缓慢； 4. 协作关系与管理工作复杂

2. 对象专业化原则布置

对象专业化是按照加工对象设置生产单位，在对象专业化的生产单位，集中了为制造某种产品所需的各种设备，设备按工艺过程的顺序排列，加工对象是相同的，对相同的产品进行不同工艺过程的加工，如图 10-2 所示。

对象专业化布置的既有优点也有缺点，如表 10-4 所示。

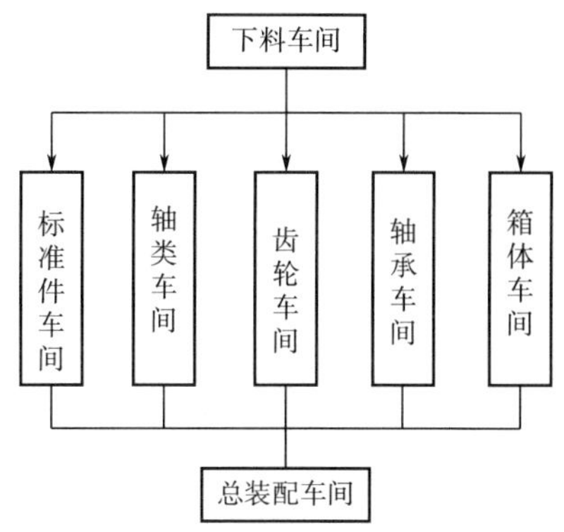

图 10-2　对象专业化布置示意图

表 10-4　对象专业化布置的优缺点

优点	缺点
1. 工艺路线选择及进度安排都在系统的初步设计中确定下来，在运输过程中无需过多考虑； 2. 产量高、生产效率高； 3. 节约生产面积； 4. 简化生产运营管理活动； 5. 单位物料运输费用低；由于各种加工对象都按照相同的加工顺序，物料运输大大简化	1. 分工过细使得工作重复单调，工人几乎没有发展机会，而且可能导致情绪问题和由于连续的过度紧张造成的伤害； 2. 生产运营的灵活性差； 3. 品种变换的适应能力较差； 4. 个别设备出了故障或工人缺席率高对整个系统产生影响大； 5. 生产运营过程易受影响，工艺专业化原则布置

二、服务设施的空间组织

（一）服务企业的设施空间组织的基本类型

服务企业的设施布置有服务过程原则布置、产品专业化（对象）原则布置和定位原则布置三种方式。

1. 服务过程原则布置

服务过程原则布置适用于顾客需求差异化较大、顾客化程度较高的服务企业。例如，医院里的病房、放射科、血液化验科、药房分别位于医院的特定区域，需要这些特殊服务的患者必须分别走到提供相应服务的区域。

2. 产品专业化（对象）原则布置

对象原则布置主要是按照服务顺序提供相应服务的布置方式。例如自助餐流水线，各种食物按照特定的顺序放在不同的餐台上，顾客在沿着自助餐流水线走动时，可以按照自己的喜好到相应的餐台选取食物，如图 10-3 所示。对象原则布置在金融企业、邮政企业、机场服务、快餐业等也有广泛应用，它实现了流水线作业，可大大提高服务质量和服务效率。

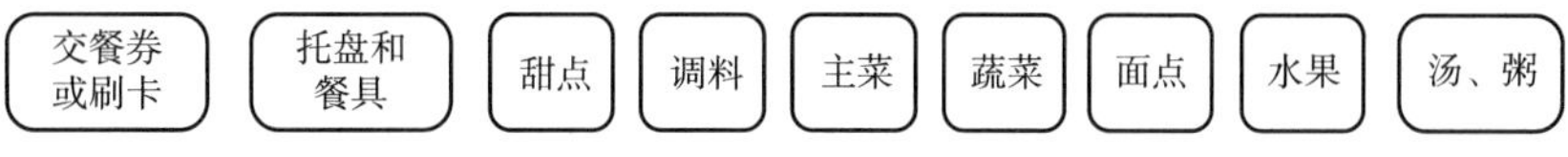

图 10-3　自动餐厅流水线

3. 定位原则布置

服务企业采用定位原则是指接受服务的位置固定，例如：汽车维修部（所有的流程如刹车维修、加油等都固定在一个位置进行）；医院的手术室（做手术的患者无法移动，需要固定在手术台上，医生、护士以及手术用的设施及器材围绕患者布置）；中餐馆，顾客需要的所有不同的菜肴都按照座位送到顾客面前（有时还要在顾客面前的桌子上准备）。

在进行服务设施布置时需要注意以下几点：

（1）移动距离力求最短。对于许多批发行业而言，成本的最主要部分就是对货物的管理和搬运，因此要考虑人员、材料和文件的移动距离，应当力求最短。

（2）空间的充分利用。例如，房地产行业、物流仓储，它的土地成本一般较高，所以在充分利用空间的同时，也尽可能平衡满足日后扩张发展的需要。

（3）具有应变性。产品和服务的变化、需求规模的变化、服务设施的改进等，都需要整个设施布置能够随时按要求做出调整。因此，需要考虑重新调整以及服务和发展的应变性。

（4）为顾客提供方便。在为顾客服务时，要考虑如何节省顾客的时间，为顾客提供便利快捷的服务。站在顾客的角度，设身处地为顾客着想，以顾客的眼光看待商品的陈列、商品采购、商品种类、各项服务等，才会让顾客感到方便、满意。

（5）为顾客提供舒适的室内环境。噪声、音乐、照明、温度、湿度以及空间布置等因素会影响顾客在接受服务过程中的现场体验感，所以要注意提高室内环境的舒适度，以提高顾客的体验感。

（6）为员工提供满意的工作条件。其中包括良好的照明条件、温控装置、低噪声、自助餐厅等。

（二）服务设施典型场所的布置

组织的工作重点不一样，所以对设施布置的方针策略也各不相同。

1. 办公室布置

随着互联网的普及以及电子通信的发展，非一线员工的工作场所正在发生变化，如何布置他们的办公场所，需要对办公室布置进行重新思考。根据行业的不同、工作任务的不同，办公室内部的布置有多种形式，但仍然存在以下几种基本的模式：

（1）传统的封闭式办公室。有些办公楼被分割成多个小房间，伴之以一堵堵墙、一个个门和长长的走廊。这种布置可以保持工作人员足够的独立性，却不利于人与人之间的信息交流和传递，使人与人之间产生疏远感，也不利于上下级之间的沟通，调整和改变布局的余地不大。公司决策层领导的办公室一般选用此模式，办公室主要选在办公大楼的最高层或者在六层或八层的最深处，一人一间单独的办公室，目的是创造一个安静、安全、少受干扰的环境，办公室一般宽敞、明亮，辅以较高档的办公家具，以提升档次。

（2）开放式办公室布置。目前办公室布置越来越多地倾向于开放式的办公室，员工的工作空间仅用低层分隔墙分开。这种布置方式不仅方便同事之间的交流，也方便部门领导与一般职员的交流，在某种程度上消除了等级的隔阂，但弊病是可能产生相互干扰，也可能出现职员之间闲聊。公司里的一般管理人员和行政人员会经常使用大办公室，集中对员工办公区域进行划分，这样的办公室设计可增加职员之间的沟通、节省空间、便于监督，提高工作效率。

（3）带有半截屏风的组合办公布置。这种布置方式采用高度1.2~1.5米的隔断，利用了开放式办公室布置的优点，为每一名员工创造了相对封闭和独立的工作空间，减少相互间的干扰。而且，这种模块式布置有很大的柔性，可随时根据情况的变化重新调整和布置。曾有人估计，采用这种形式的办公室布置，建筑费用比传统的封闭式办公建筑节省40%，改变布置的费用也低得多。

20世纪90年代以来，随着信息技术的迅猛发展，一种更加新型的办公形式出现了——远程办公。远程办公是指利用信息网络技术，将处于不同地点的人们联系在一起，共同完成工作。在这种情况下，人们可以在家里、在火车上办公等。由于技术的发展，很多公司都设置了不固定的办公场所，员工可借助互联网，通过微信、QQ、电子邮件和其他视频会议保持联系。

2. 零售服务业布置

零售店布置主要探讨设施的相对位置、空间、资源流量、任务分配以及对顾客行为作出响应。设施布置的目的是最大化其销售空间的销售额，使其单位面积的净收益达到最大。商店给顾客展示的商品越多，展示率越高，销售和投资回报率越高。零售店布置涉及的问题很多，但空间的布局、顾客行走路线的设计以及商品陈列是零售店布置必须考虑的主要问题。

（1）零售店空间布局。

①增加单位面积销售额。一层是黄金位置，需要靠利润率高的首饰和化妆品增加单位面积销售额。

②强化视觉效果。首饰和化妆品美不胜收，加上年轻、漂亮的导购人员，不但可以彰显顾客的高贵，而且可极大地增加视觉效果。

③增加随机销售机会。就首饰或化妆品而言，消费者一般会到专门的珠宝店或化妆品专卖店购买。把首饰或化妆品放在百货商场或超市增加的是随机销售机会。例如，多数男士不喜欢逛商场，如果不得已陪家人逛街，通常会在一层或顶层等候。如果男士想给对方惊喜，那么就有了随机销售的机会。

零售店一般把服装布置在二层和三层，百货则布置在三层或四层。这样做的目的也是增加销售机会。当购买百货的顾客穿行在二层或三层时，会增加服装的销售机会。

同样是服装，体育专业品牌则通常布置在比较偏僻的一角，原因是这类商品的销售有典型的定向性。凭着顾客对体育专业品牌的钟爱，无论把这些商品放在哪里，他们都能找到。

如果一家商场有咖啡厅或影视播放厅，那么多数会设在顶层，顾客无论是乘观光电梯，还是步行到顶层，商场光彩夺目的装饰一定会给他们留下深刻的印象。返回时，视觉也会再一次受到冲击。

此外，零售店的空间布局还涉及收款台的规划、橱窗设计和摄像头或监视镜布置等。有些面向社区的中小型超市在货架上方的三面墙壁上安装监视镜。其主要目的是在无导购员或导购员很少的情况下，随时观察顾客，当发现其四处张望寻求帮助时，可以及时过去提供帮助。

（2）顾客行走路线设计。商场或百货的洗手间一般设置在商场比较内侧的地方，顾客要找到洗手间，需要绕一定的距离，这样做的目的是给顾客提供一条路径，使他们能够沿途尽可能多地看到商品，并沿着这条路径按需要程度安排各项服务，这就是简单的行走路线设计。

行走路线设计包括决定通道的数量和宽度，它们影响服务流的方向。另外，还可以布置一些吸引顾客注意力的标记，使顾客沿着预设的路线行走。

（3）商品陈列。顾客进入商场，将直接面对商品，能不能买到称心如意的商品、能不能增加偶然销售机会都与商品陈列有关。不同的零售店，在商品陈列上会有不同的要求。例如，商场与超市不同、百货店与家具店不同。同样是超市，大卖场与社区便利店也不同。

商品陈列的一些基本要求如下：

①一目了然原则：商品的品名、成分、价格等资料明确。

②容易判别原则：使顾客容易判别出商品在什么地方。

③易于拿取原则：一般把重要商品陈列在水平视线上下 20°的范围内。货架不宜太高（通常 1.8 米），以方便顾客购物。

④丰富原则：在有效空间内尽量保持满陈列。

⑤先进先出原则：以防商品过期，降低成本。

⑥关联性原则：相同性质的商品应摆放在一起，易于顾客选购。

⑦整齐而不缺乏生动，为保持整洁，可采用商品群陈列方式，将某些相关的商品集中在一起，成为商场中的特定群落。同群落中的商品整齐划一，结合色彩、照明、音乐、绿化等多种形式营造生动、活泼的气氛。

⑧扶梯一般陈列高毛利、冲动性的商品，而且需要经常整理更换。

⑨按价格梯度分布。同一品牌或同类商品，按价格梯度摆放。这样便于顾客在同类商品中对不同价格的质地进行简单比较，不仅可以方便对质量敏感的顾客，也可以方便对价格敏感的顾客。

3. 仓库布置

仓库设施的设计与制造业的布置设计有很多不同之处。订货次数是考虑的重要因素，频繁订购的物品应放在靠近仓库设施的入口处，而订购次数不多的物品应放在仓库设施后方。物品间的相关性也十分重要，如物品 A 通常与物品 B 一起被订购，把两类相关的物品靠近放置将减少挑选（取回）这些物品的费用和时间。其他要考虑的因素包括通道的数量和宽度、储备分割间的高度、铁路或卡车装卸或以及定期对储存物品进行实物清点的必要性。同时，仓库的布置应满足：

（1）使用频率高的物资尽量放置在便于运输和搬运的地点。例如，放置在仓库过道的两旁或仓库门口，能够减少存储物资在仓库内的运输距离和运输工具的运行距离，提高整个仓库的运行效率；相反，运输次数较低或不经常使用的物资，可放置在距离仓库出口较远的地点。

（2）仓库中应该留出一部分空间，用于物品的包装、分拣和配货。仓库物资在运输前一般需要经过重新包装或简单加工，接受来自厂商或顾客的退货，或者需要进行特别处理等。

（3）仓库处理设备应当满足大多数库存物资的操作要求，这样能够提高物资运输的效率，否则这些设备应该被重新设计或重新配置。同时，应当对仓库设备处理流程进行优化，减少不必要的损耗和多余的能源浪费。

（4）仓库内物资的存储区域应当按照存储物资的周转速度和产品大小进行设计，而不是单纯、片面地设计所有的存储货架和仓储工具，以最大限度地利用仓库内部空间。

第四节　企业生产运作计划

一、制造业的生产计划

企业生产计划分为综合生产计划和生产作业计划。综合生产计划也称基本生产计划或年度生产大纲，就是企业为了生产符合市场需要或顾客要求的产品，所确定的生产什么产品、生产多少数量、质量如何、在什么时候生产、在哪个车间生产以及如何生产的总体计划。综合生产计划是生产管理的首要功能，是对企业总体生产任务的确定与进度安排，一般为年度计划。企业的综合生产计划是根据销售计划制订的，它又是企业制订物料供应计划、生产任务平衡、设备管理计划和生产作业计划的主要依据。

生产作业计划是生产计划的具体执行过程，是生产计划的延续和补充，是组织企业日常生产活动的重要依据。其特点是把生产计划规定的季度、月度生产任务具体分配到各车间、工段、班组甚至工人，规定相关单位在季、月、旬、日、小时的生产任务，并按日历顺序安排生产进度。生产作业计划具有指挥和控制两种功能，其功能主要表现在生产任务分解、分配和进度安排等方面。

（一）生产计划的主要指标

科学确定生产计划指标，是企业生产计划的重要内容之一。企业生产计划的主要指标有产品品种、产品质量、产品产量和产品产值。企业生产计划的主要指标从不同的侧面反映了企业生产产品的要求。

1. 产品品种指标

产品品种指标包含两方面的内容：企业在计划期内生产的产品名称、规格等；企业在计划期内生产的不同品种、规格产品的数量。品种指标能在一定程度上反映企业适应市场的能力，一般来说，品种越多越能满足不同的需求，但是过多的品种会分散企业生产能力，难以形成规模优势。因此，企业应综合考虑，合理确定产品品种，加快产品的更新换代，努力开发新产品。

2. 产品质量指标

产品质量指标，是指企业在计划期内生产的产品应该达到的质量标准，包括内在质量和外在质量两个方面。内在质量，是指产品的性能、使用寿命、工作精度、安全性、可靠性和可维修性等因素；外在质量，是指产的颜色、式样、包装等因素。产品质量指标是衡量一个企业的产品满足社会需要程度的重要标志，是企业赢得市场竞争的关键因素。

3. 产品产量指标

产品产量指标，是指企业在计划期内应当生产的合格品实物数量或应当提供的合格性劳务数量。产品的产量指标常用实物指标或假定实物指标表示，如钢铁用“吨”，发电量用“千瓦·时”等。产品产量指标是表明企业生产成果的重要指标，它直接来源于企业的销售量指标，也是企业制定其他物量指标和消耗量指标的重要依据。

4. 产品产值指标

产品产值指标，是指用货币表示的企业生产产品的数量。它解决了企业生产多种产品时，不同产品产量之间不能相加的问题。企业的产品产值指标有商品产值、总产值和净产值三种表现形式。

商品产值，是指企业在计划期内生产的可供销售的产品和工业劳务的价值。其内容包括用自备原材料生产的可供销售的成品和半成品的价值，用订货者来料生产的产品的加工价值，对外完成的工业性劳务价值。总产值，是指用货币表现的企业在计划期内应该完成的产品和劳务总量。它反映企业在计划期内生产的总规模和总水平，其内容包括商品产值、订货者来料的价值、在制品、半成品、自制工具的期末期初差额价值，是计算企业生产发展速度和劳动生产率的依据。净产值，是指企业在计划期内新创造的价值。

实践中，商品产值和净产值一般用现行价格计算，总产值一般用不变价格计算。

（二）制订生产计划必须考虑的因素

1. 目标

任何事物的进行都有其预定的目标和方向，生产计划也不过是生产目标的实施。

2. 市场需求的变动

生产计划应以市场需求为前提，产品只有适应消费者的需求和购买力才能使消费者乐于接受，同时要顾及市场的竞争形势，使产品的销售不致遭到障碍和困难。

3. 工厂的生产能力

任何企业管理者都希望将其工厂的设备发挥至最有效的生产状态，并由此确定最适宜的生产能力，并使能力、设备和空间获得最有效的均衡，进而使单位成本最低。

4. 企业设备的利用状况

生产计划的拟订，必须考虑到企业现有的生产能力，如果能将未利用的生产能力加以充分利用，则最为理想。当生产计划超越生产能力时，则必须添置设备、增加人员，所以必须重新进行生产计划与生产能力之间的平衡。

5. 资金的来源

任何计划的实施都需要适当的财力作为后盾，如果计划过于庞大，非当前财力所能支持，则此种计划如同虚设。在计划的执行过程中，如果缺乏足够的财力，则计划将无法实现，更可能因资金周转不灵而使企业倒闭。所以，如何筹措必要的资金，应事先作出周密的计划和安排。

6. 从业人员状况

需要考虑从业人员状况，包括技术水平、专业知识积累、熟练程度、人员结构等方面。

（三）企业生产能力

生产能力是指企业生产系统在一定的生产组织和技术水平下，直接参与生产的固定资产在一定时期内（一般为一年）所能生产的产品最大数量或所能加工的最大原材料的总量，或者是指一个作业单元满负荷生产所能处理的最大限度。

企业生产能力一般用实物量表示，包括设计能力、查定能力、有效生产能力三种。

1. 设计能力

是指企业设计任务书和技术设计文件中所规定的生产能力，是理想情况下最大的可能产出。

2. 查定能力

是指在没有设计能力或虽有设计能力，但由于企业的生产组织、技术、水平、品种结构等发生了变化而不能正确反映企业生产水平的情况下，根据企业新的生产组织情况和技术水平审查核定的生产能力，又称为修正的设计能力。

3. 有效生产能力

是指企业在计划期内，根据现有的技术水平所能够达到的生产能力。一般根据计划期内条件的变化以及采取的技术组织措施情况确定，因为有效生产能力决定了实际产出的可能性，因此，提高生产能力利用率的关键是通过改进产品质量问题、保持设备良好运行的条件、充分培训雇员和利用瓶颈设备，提高有效生产能力水平。

以上三种表现形态的企业生产能力，其适用情况有所不同。查定能力类似于设计能力，是确定企业生产规模、编制企业长期计划、决定改扩建方案、安排基本建设项目和采用重大技术举措的依据。有效生产能力是编制企业年度生产计划的主要根据。

企业生产能力的大小受多种因素的影响，如设备、工具、生产面积、工人人数、工人的技术水平、工艺方法、原材料质量和供应情况、生产组织、劳动组织等。影响企业有效生产能力的主要因素有以下五方面。

（1）固定资产数量，是指企业在计划期内用于生产的全部机器设备数量、厂房、生产面积和其他生产性建筑物的面积。

（2）固定资产有效工作时间，是指企业按现行工作制度计算的机器设备全部有效工作时间和生产面积的有效利用时间，年内生产面积或设备可以利用的工作时间是影响生产能力的重要因素，主要表现为制度工作时间和有效工作时间。

（3）固定资产生产效率，是指单位机器设备或单位生产面积在单位时间内的产量定额或单位产品的台时占用定额，在固定资产数量和工作时间一定的情况下，固定资产的生产效率对企业的生产能力有决定性的作用。

（4）加工对象技术工艺特征。生产能力是根据各个生产环节的综合平衡确定的，而对各个生产环节起决定作用的是产品的工艺特征，它对应于不同的产品、不同的加工方法，各个生产环节的能力是不同的。

（5）生产与劳动组织，包括劳动者的出勤、技术及熟练程度，表现为定额时间和生产组织方式的合理性等。

（6）从业人员状况，包括技术水平、专业知识积累、熟练程度、人员结构等方面。

二、服务业的综合计划

（一）服务业综合计划的特殊性

服务业的综合计划要考虑目标顾客的需求、设备的生产能力以及劳动力的生产能力。

由此，产生的计划是一个以时间为基础的服务员工需求计划。典型的服务系统的综合计划，包括医疗服务业、航空服务业、餐饮业、运输业、金融业以及娱乐行业等。

医院：应用综合计划分配资金、人员和供应品，以满足患者对医疗服务的需求。例如，计划病床接受能力，药物、外科供应品和人员需求都要依据对患者负荷的预测来确定。

航空公司：需要考虑很多因素，如飞机、空勤人员、地勤人员以及多重的路线和降落/起飞地点等，而且服务能力的决策必须考虑座位的一定比例分配给不同类型的旅客，以使利润或收益最大化。

餐馆：对于提供高价值产品的服务企业，如餐馆，其综合计划的主要目的就是平滑服务比率，确定员工规模和管理需求以与固定的服务能力相匹配，一般的方法通常涉及在松弛时建立库存，而在忙时消耗这些库存。但是需要考虑两个方面的不同，一是在餐馆中，库存是容易腐烂的，加工好的食品只能存放很短的时间；二是在快餐馆中，空闲期和高峰期经常发生，而且周期相对较短。

（二）服务业综合计划的特点

综合计划在制造业和服务业中虽然有某些近似之处，但也有一些重要差异，通常与制造业和服务业的差异有关。

1. 服务需求难以预测

服务需求的变动很大，而且具有一定的不确定性，如餐馆、警察、消防、医疗急诊等，顾客需要即时服务，如果需要得不到满足，他们就会去别的地方。这些因素为服务提供者预测需求带来了更加沉重的负担，因此服务提供者必须特别注意服务需求的预测。

2. 可供服务能力难以测量

由于服务效率受到顾客参与的影响，有时服务过程需求的变动也很大，加上市场需求的变化较大，需要服务者的任务变异性可能更大。因此，实际中准确测量服务能力和建立简单的服务能力测量指标都很困难。这种困难增加了计划的难度，如银行柜台的员工除了要跟客户打交道，还被要求从事多种多样的交易和信息请求，为其服务能力建立恰当的测量指标非常困难。很多组织为了适应需求，纷纷对自己的员工进行交叉技能培训来达到提高员工的柔性的目的，以适应更多岗位的需求。另外，无论制造业还是服务业，使用兼职员工都是一个重要选项。注意，在自助式服务系统中，劳动力（顾客）可自动调整需求。

3. 服务能力与需求应相匹配

制证服务业的综合计划时，应尽可能使服务能力与需求相匹配。与制造业的产出不同，大多数服务都是不能储存的。例如，法律咨询和法庭审判等服务就不能储存，服务只在提供时发生。因此，在需求淡季时为旺季建立库存的选择方案无法实现。另外，未用服务能力实质上是一种浪费，如饭店闲时的座位不能储存下来以供应忙时的座位需求使用。此外，不能因为需求的浪费就降低服务水平，制订计划时服务能力与需求应相匹配。

由于服务能力是易失性的（如一个航班上的空座位不能用于另一个航班），在决定如何匹配供给与需求时，综合计划人员需要将服务能力的这种特点考虑进去。收益管理是应用价格策略寻求达到收益最大化的方法。因此，在需求低迷时，通常会提供价格折扣来吸引更多的顾客。反之，对于高峰期需求，提高价格可抑制需求对供应能力的影响。收益管理的使用者包括航空公司、餐馆、剧场、宾馆、旅游、航游线路和停车场等。

【案例分享与能力训练】

生产现场布置

图 10-3 是某企业的平面布置图。这里有重型机器工厂的车间，有装配车间，有总库，有

轻型机器厂和一般机器厂。原材料从铸造车间用手推车推出来，首先到机床 1 加工；接着用手推车推到重型机床厂的机床 2 加工；再用起重机运输机床 4 加工；再运到机床 5 加工，最后到总库。

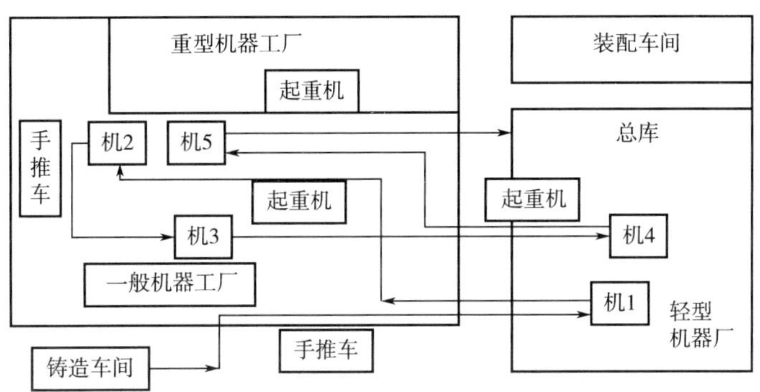

图 10-3　企业的平面布置图

思考：结合生产过程空间组织理论知识，是否可以改进车间设施布置，从而提高生产效率？

第十一章　创业企业营销管理

【学习重点】

1. 市场营销的含义
2. 市场营销调研的内容与方法
3. 市场营销预测
4. 市场营销策略

【案例导入】

元气森林的营销之道

2019年“双11”期间，元气森林击败可口可乐、百事可乐等传统饮品老牌，一跃成为全网销量第二的饮品。2020年“双11”期间，突破2019年全天销售总额仅用了42分钟，整体较2019年增长高达344%，成为天猫与京东水饮品类的NO.1。2020年，元气森林诞生的第4年，销售额直逼29亿元，与成立25年的农夫山泉2019年销售额的1/8几乎持平，其旗下的主打产品无糖气泡水的销售更是在全行业占比超过70%，表现十分强势。

随着社会化需求越来越精细化和精致化，元气森林深谙俘获年轻群体的诀窍在于找准用户兴趣点，致力于打入年轻圈层。唐彬森认为，比起满足泛泛的大众需求，将有限资源聚焦才是明智的选择。Z世代的消费需求觉醒为元气森林的成功发挥了功不可没的作用。元气森林认为Z世代在饮料选择上追求清爽愉悦的口感和无负担的配料，这和自身产品定位吻合。随着Z世代文化自信不断提高，元气森林的时尚健康理念受到了越来越多的消费者青睐。新的消费群体必然带来新的消费契机，促进新物种诞生的同时也会带动品牌的增长，形成独特的新品驱动力，打造爆品成为新消费时代下的最大增长机会，每一个新需求都可能成为新的黄金赛道。

那么，什么是消费者需求，消费者对饮料的需求有哪些？结合案例试分析元气森林是如何满足消费者需求的？

第一节　市场营销概述

一、市场营销的含义

市场营销活动存在于人们日常生活的方方面面。人们所使用的各种各样的产品都是营销的对象，甚至学校、医院、政府机关和其他组织也成了营销的主体。我们每天看到的广告、收到的传单、接触到的抽奖和打折活动都是营销活动的一小部分。我们几乎每时每刻都受到营销的影响。

“市场营销”包括两层含义：一是指一种经济行为、一种实践活动，即一个组织以消费者需求为中心，生产适销对路的产品，并且搞好定价、分销和实行有效的促销的一整套经济活动，译为“市场营销”或“营销活动”；二是指一门学科，指建立在经济科学、行为科学、现代管理理论基础上的应用科学，是以市场营销活动作为研究对象的科学，译为“市场营销学”或“市场学”。

（一）美国市场营销协会的定义

美国市场营销协会（American Marketing Association，AMA）分别于1960年、1985年和2004年下过三个定义：

1960年定义：“市场营销是引导货物和劳务从生产者流向消费者或用户所进行的一切商务活动。”

1985年定义：“营销是计划和执行关于商品、服务和创意的观念、定价、促销和分销，以创造符合个人和组织目标的交换的一种过程。”

2004年定义：“市场营销既是一种组织职能，也是为了组织自身及利益相关者的利益而创造、传播、传递客户价值，管理客户关系的一系列过程。”

（二）菲利普·科特勒的定义

世界著名市场营销学专家、被称为“现代营销之父”的美国西北大学教授菲利普·科特勒（Philip Kotler）关于市场营销的最新定义为：“营销是通过创造和交换产品及价值，从而使个人或群体满足欲望和需要的社会和管理过程。”

二、市场营销的核心概念

为了更好地理解市场营销的含义，有必要弄清下列几个相互关联的概念：需要、欲望和需求，产品，价值和满意，交换、交易和关系营销及市场（图11-1）。

（一）需要、欲望和需求

1. 需要（needs）

在市场营销学中，最基本的概念就是人类的“需要”。需要是人们感到缺乏的一种状态，它描述了基本的人类要求，比如人们对衣、食、住、行，以及对知识、娱乐、安全和归属等的要求。这些需要是人类所固有的，而不是营销人员创造的。

2. 欲望（wants）

当人们趋向某些特定的目标以获得满足时，需要就变成了欲望。欲望指想得到某种东西的要求或对具体的满足品的要求。

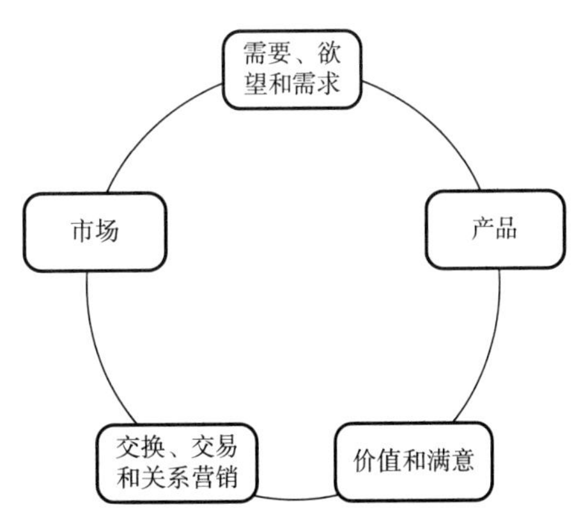

图11-1　市场营销核心概念关系图

3. 需求（demands）

需求是指人们有能力并愿意购买某种产品的欲望。

（二）产品

广义说来，产品是指能够在市场上买到并能满足人类需要和欲望的任何事物。产品可以分为有形和无形两种。

（三）价值和满意

消费者对多种能满足其需要的产品进行选择的基础是比较哪一种产品能给他带来最大的价值。这里的价值是指消费者所得到的与所付出的比率，可以看作质量、服务和价格的组合。所以，市场营销学里价值的含义并非如马克思所说的：价值是体现在商品中的无差别的人类劳动。

（四）交换、交易和关系营销

交换是以提供某种东西作为回报换取所需之物的过程。当人们通过交换来满足需要和欲望的时候，就出现了营销。

交换能否真正产生取决于是否具备以上的条件，如果具备了条件，双方就可以进行洽商，这就意味着双方正在进行交换，一旦达成协议，交易也就达成了。所以，交易是一次具体的、独立的交换。交换可以看作一个过程，而交易更侧重的是一个结果。

比交易营销范围更宽的是关系营销。营销人员除了要创造短期的交易、获得短期利益外，还要与供应商、营销中介、顾客、政府等建立长期的关系，以期从这种营销网络中获得更大的利益。

（五）市场

市场营销学是研究市场营销活动的，营销活动当然与市场有着密切的联系。市场有三方面的含义，一是商品交换的场所领域；二是商品生产者和商品消费者之间各种经济关系的汇合和总和；三是有购买力的需求。市场营销学中的市场就是指某种商品的现实购买者和潜在购买者需求的总和。在市场营销学的范畴里，“市场”往往等同于“需求”。哪里有需求，哪里就有市场（图 11-2）。

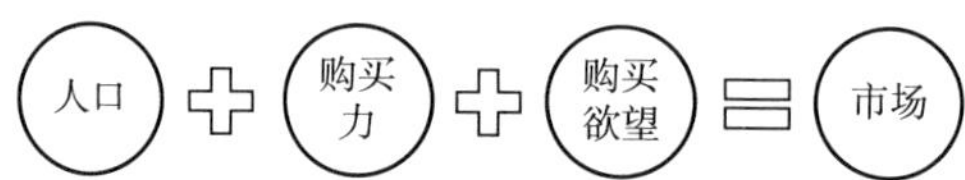

图 11-2　市场的概念

三、市场营销观念的演变

市场营销观念的正确与否直接关系到企业的兴衰成败，它是随着社会经济的发展和市场形势的变化而变化的。市场营销观念自产生以来，分别经历了生产观念、产品观念、推销观念、市场营销观念、社会市场营销观念五个阶段。

（一）生产观念

生产观念是指导销售者行为的最古老的观念之一，即企业的一切经营活动都以生产为中心，“以产定销”。

（二）产品观念

如果说生产观念强调“以量取胜”，那么产品观念则强调“以质取胜”。产品观念也是一种较早的企业经营观念。这种观念片面强调产品本身，而忽视了市场需求，认为只要产品质量好、功能全、具有特色，消费者就会购买。

（三）推销观念

推销观念表现为“卖我们所生产出来的产品”，而不是“生产我们所能卖的产品”。

（四）市场营销观念

市场营销观念是商品经济发展史上一种全新的企业经营哲学，是在第二次世界大战后在美国形成的。这种观念以满足顾客需求为出发点，即“顾客需要什么，就生产什么”，它把企业的生产看作一个不断满足顾客需要的过程。

（五）社会市场营销观念

社会市场营销观念要求企业的市场营销策略不仅要满足消费者的需求和由此获得企业利润，而且要符合整个社会的长远的利益，以求得三方利益的平衡与协调。

四、现代营销观念与传统营销观念的区别

以上五种营销观念可以分为两大类：传统营销观念和现代营销观念。传统营销观念包括生产观念、产品观念和推销观念；现代营销观念则包括市场营销观念和社会市场营销观念，新旧观念的根本区别可以归纳为四点，具体如图 11-3 所示。

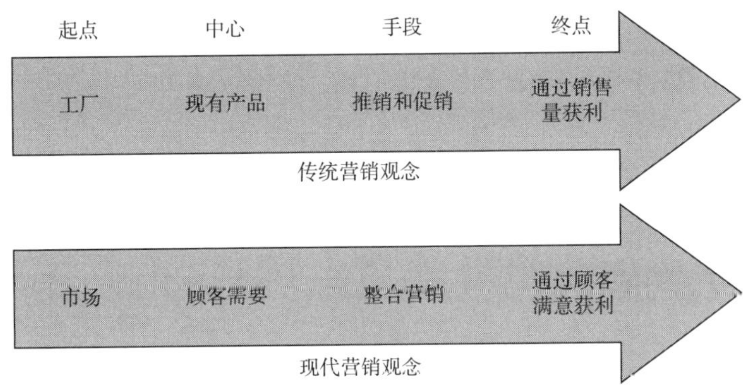

图 11-3 传统营销和现代营销观念的区别

第二节 市场营销调研

一、市场营销调研的含义和重要性

（一）市场营销调研的含义

市场营销调研是指通过系统的收集、记录与市场营销有关的大量资料，加以科学的分析

和研究，从中了解本企业产品的目前市场和潜在市场，并对市场供求变化及价格变动趋势进行预测，为企业经营决策提供科学依据。

（二）市场营销调研的重要性

1. 发现市场机会和存在问题

通过对营销环境、消费者行为与需求以及新技术的调研，企业往往可以发现空白市场。

2. 制定、完善和评估市场营销策略

企业开展营销活动时首先要进行营销环境分析、市场细分及目标市场选择，在此基础上制定相应的营销组合策略。

3. 监控营销绩效

企业在营销实践中，通过营销调研了解企业在制定营销策略时未预料到的环境变化以及出现的突发事件，并研究其对企业营销策略的影响，进而对企业的营销策略进行完善和调整。

4. 提高企业经营活力，增强竞争实力

竞争是市场经济的重要特征，企业应扬己之长、避己之短，提高竞争能力。

二、市场营销调研的原则

（一）系统性

营销调研的系统性指调研必须能全面反映市场情况。

（二）客观性

营销调研的客观性指调研信息必须是客观的，不存在偏见的。

（三）时效性

营销调研的时效性指调研的信息必须是即时的，能够快速反映当前的市场情况。

（四）经济性

营销调研本身是一种投资行为，可能出现项目市场可行与不可行两种结果，因此调研不可不计成本，应当符合经济性原则。

三、市场营销调研的类型

（一）探测性调研

探测性调研用于探询企业所要研究问题的一般性质。研究者在研究之初对所要研究的问题或范围还不是很清楚，不能确定到底要研究些什么问题。这时就需要应用探测性调研去发现问题、形成假设，从而确定研究的重点。

（二）描述性调研

描述性调研主要进行事实资料的收集、整理，着重回答消费者买什么、何时买、如何买等问题，是通过详细的调查和分析，对市场营销活动的某一方面进行客观的描述，是对已经找出的问题做如实的反映和具体回答。

（三）因果关系调研

描述性调研可以说明某些现象或变量之间相互关联，但要说明某个变量是否引起或决定着其他变量的变化，就需要因果关系调研。因果关系调研的目的是找出关联现象或变量之间的因果关系，一般是为回答调研中“为什么”的问题提供资料。

（四）预测性调研

市场营销所面临的最大问题就是市场需求的预测问题，这是企业制订市场营销方案和市场营销决策的基础和前提。预测性调研就是企业为了推断和测量市场的未来变化而进行的调研，对于企业的生存与发展具有重要的意义。

四、市场营销调研的内容

（一）市场需求调研

市场需求调研主要包括市场最大和最小需求容量、现有和潜在的需求容量、不同商品的需求特点和需求规模、不同市场空间的营销机会，以及企业和竞争对手的现有市场占有率等情况的调查分析。

（二）微观环境因素调研

微观环境因素调研包括对产品、价格、分售渠道和促销方式等因素的调研。

（三）宏观环境因素调研

（1）政治环境调研。

（2）经济发展状况调研。

（3）社会文化因素调研。

（4）技术发展状况与趋势调研。

（5）竞争对手调研。

五、市场营销调研步骤

市场营销调研要取得成功，能够及时、准确、经济地提供市场营销信息，必须遵守合理的调研程序。市场营销调研一般要经过五个步骤：确定问题和调研目标；制订调研计划；实地调研，收集资料；分析资料；提出调研结论，撰写调研报告。

（一）确定问题和调研目标

营销调研人员根据决策者的要求或在市场营销调研活动中所发现的新情况和新问题，提出需要调研的问题。

（二）制订调研计划

调研计划是指导市场调研工作的总纲，一个有效的调研计划应包括以下几方面的内容：信息来源、调研方法、调研工具、调研方式、调研对象、费用预算、调研进度、培训安排等。

（三）实地调研，收集资料

营销资料可以根据资料收集人和资料收集目的的不同分成原始资料和二手资料两类。原始资料又称一手资料或直接资料，它是由调研人员为了解决现有问题而去专门收集的资料。二手资料又称现成资料或间接资料，它是由其他人为了解决其他问题而收集的资料。

（1）确定资料的来源。

（2）确定收集资料的方法。

（3）设计调查表或问卷。

（4）抽样调查设计。

（5）现场实地调研。

（四）分析资料

1. 整理审核

为了发现资料的真假和误差，达到去伪存真的目的，对调查的资料要检查误差，审核情报资料是否可靠。

2. 分类编码

为了使资料便于查找和利用，将调查的资料按一定标准进行分类，再进行编号。

3. 统计制表

以表格形式表示各种调查数据，反映各种信息的相关经济关系或因果关系。经过制表的资料针对性强，便于研究和分析，可以提高资料的适用性。

（五）提出调研结论，撰写调研报告

调研报告是对问题的集中分析和总结，也是调研成果的反映。调研报告大致可以分成两种：一是通俗性报告，二是技术性报告。营销调研报告的内容包括：

（1）调查过程概述，亦称摘要。

（2）调查目的，又称引言。

（3）调查结果分析，它是调查报告的正文，包括调查方法、取样方法、关键图表和数据。

（4）结论与对策。

（5）附录，包括附属图表、公式、附属资料及鸣谢等。

六、市场营销调研方法

营销调研是一项技术性很强的工作，调研方法和技术掌握得如何，直接关系到调研的效果。根据调研手段的不同，可以分为定量调研方法和定性调研方法（图 11-4）。

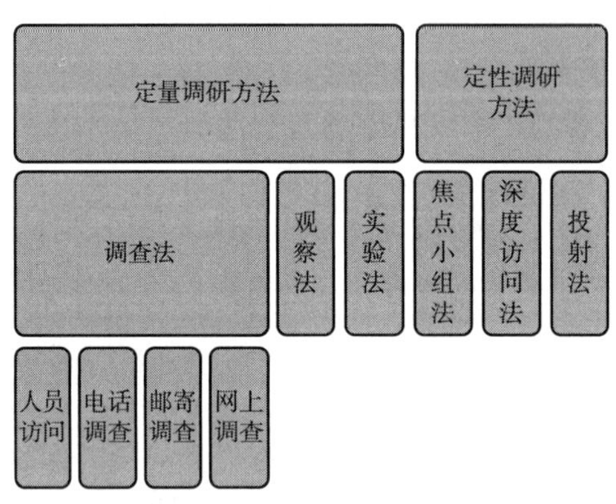

图 11-4　营销调研方法

（一）定量调研方法

1. 调查法

调查法也称询问法。它是以询问的方法作为调查的手段，将所要调查的内容以面谈、电话、书面等形式向访问者提出，以获取需要的资料。

（1）人员访问。人员访问是指调查人员直接同被访者进行面谈，调查人员面对面地向被访者提出各种问题，然后做现场记录。根据访问作业地点的不同，人员访问可以分为入户访问和拦截访问。

（2）电话调查。电话调查是指以电话用户名单（电话簿）为基础进行抽样，根据抽样结果用电话向调查对象询问的一种方式。

（3）邮寄调查。邮寄调查时，调查人员将设计好的调查问卷邮寄给被调查人员，请他们填好答案后在规定的时间内寄回。有时还可以利用定期杂志、报纸的部分版面发放调查问卷，让读者填好邮回。

（4）网上调查。调查人员还可通过因特网进行调查。网上调查的应用越来越广泛。

2. 观察法

观察法是调查人员直接到调查现场进行观察或用仪器（如照相机、摄像机、录音机等）进行记录的一种调查方法。这种方法不直接向被调查人员提出问题，而是从侧面观察或用仪器记录现场发生的事实，使被调查人员不感到自己是在被调查，因而能够获得更加客观的第一手资料。

3. 实验法

实验法是通过实验对比来取得市场调查资料的一种方法。一般是从影响调查问题的许多因素中选出一至若干个，并将其置于一定条件下进行小规模的实验，然后对实验结果进行分析比较，进而研究其发展趋势。

实验调查应用的范围较广，一般而言，改变商品品质、包装、价格、广告和商品陈列等，都可应用实验调查来测试，先调查用户的反应和销售情况，然后决定是否可以推广。

（二）定性调研方法

1. 焦点小组法

焦点小组法是由训练有素的主持人以非结构化的自然方式引导一小群调查对象进行的访谈。其主要目的是从适当的目标市场中抽取一群人，通过听取他们谈论研究人员所感兴趣的话题来得到观点。

2. 深度访问法

深度访问法是一种无结构访问，是指事先不拟定问卷、访问提纲或访问的标准程序，由调研人员与受访者就某些问题自由交谈，从中获得信息的采集方法。

3. 投射法

在某些情况下，人们对于正面提出的问题会隐瞒自己的真实态度和动机，有时则对自己的动机较为模糊，所作的回答常常不客观、不真实，所以投射法这种最早为心理学用于研究人的性格的方法，被引入市场调研中，用于了解消费者复杂的态度和动机。

（三）调查问卷设计技术

1. 调查问卷的设计

调查问卷的设计是市场调研的一项基础性工作，需要认真、仔细地设计、测试和调整，其设计是否科学直接影响市场调研的成功与否。设计调查问卷的原则包括主题明确、结构合理、通俗易懂、长度适宜和便于统计。

2. 设计调查问卷的程序步骤

设计调查问卷要求有清晰的思路、丰富的经验、一定的设计技巧以及较大的耐心。设计调查问卷的过程应当遵循一个符合逻辑的顺序。基本步骤为：

（1）深刻理解调研计划的主题。

（2）决定调查表的具体内容和所需要的资料。

（3）逐一列出各种资料的来源。

（4）写出问题，要注意一个问题只能包含一项内容。

（5）决定提问的方式，哪些用多项选择法、哪些用自由回答法、哪些需要作解释和说明。

（6）将自己放在被调查人的地位，考察这些问题能否得到确切的资料，哪些能使被调查人方便回答、哪些难以回答。

（7）按照逻辑思维，排列提问次序。

（8）每个问题都要考虑怎样对调查结果进行恰当的分类。

（9）审查提出的各个问题，消除含义不清、倾向性语言和其他疑点。

（10）以少数人应答为实例，对问卷进行小规模的测试。

（11）审查测试结果，对不足之处予以改进。

（12）打印调查问卷。

3. 调查问卷的组成

一般地，一个正式的调查问卷由三部分组成：

（1）前言。主要说明调查主题、调查目的、调查的意义，以及向被调查者致意等等。最好强调调查与被调查者的利害关系，以取得被调查者的信任和支持。

（2）正文。它是问卷的主体部分。依照调查主题，设计若干问题要求被调查者回答。

（3）附录。可把有关调查者的个人档案列入，也可以对某些问题附带说明，还可以再次向消费者致意。附录可随各调查主题的不同而增加内容。

4. 问题的提问方法

一份调查问卷要想成功取得目标资料，除了要做好前期大量的准备工作外，在具体操作设计问题时，还可以根据具体问题选择不同的提问方式，一般有两种提问方式：封闭式提问和开放式提问。

封闭式提问指答案事先由调研人员设计好，被调查人在包括所有可能的回答中选择某些答案。开放式提问是指事先不规定答案，被调查人可按自己的意见进行回答，不受任何限制。

确定问题顺序总的原则是：

（1）按问题所能提供的信息及被调查者能感觉到的逻辑性排列问题。

（2）从易到难，从熟悉到生疏，由浅入深，层层深入。

（3）复杂、敏感、容易引起被调查者反感和厌烦的问题放在最后。

（4）问卷的结构要清晰，宜采用模块化设计。

（四）抽样调查法

抽样调查是一种非全面调查。它是根据概率分布的原则，从被调查总体中抽出一部分作为样本进行调查，以此推断总体的一种方法。

抽样调研的方法主要有两大类，即随机抽样和非随机抽样。

1. 随机抽样

随机抽样就是按随机的原则抽取样本，在调研对象中，每一个个体被抽取的机会都是均等的。由于随机抽样能够排除人们有意识的选择，所以抽出来的样本具有很好的代表性。

2. 非随机抽样

非随机抽样是根据调研目的与要求，按照一定的标准来选取样本，因此在整体中不是每一个体都有机会被选作样本。

【资料链接】

宝洁公司的“全民”调研

宝洁公司始创于1837年，是世界上最大的日用消费品公司之一。1988年，宝洁公司在广州成立了在中国的第一家合资企业——广州宝洁有限公司，从此开始了宝洁投资中国市场的三十五年历程。为了积极参与中国市场经济的建设与发展，宝洁公司已陆续在广州、北京、成都、天津等地设有十几家合资、独资企业。一直以来，宝洁公司奉行“亲近生活　美化生活”的企业宗旨，在华生产出了众多质量一流、深受消费者喜爱的产品。宝洁的飘柔、海飞丝、潘婷、舒肤佳、玉兰油、护舒宝、碧浪、汰渍和佳洁士等已经成为家喻户晓的品牌。

宝洁公司之所以有傲人的市场业绩，与其周密、科学的市场调研是分不开的。一般在早晨七点，敲开调研样本顾客的家门，去观察他们如何刷牙——这是陈洁1999年刚刚加入宝洁时的工作内容。当时，陈洁刚大学毕业，接触的第一个项目是负责做中国消费者刷牙习惯的调查。

思考：没有调研就没有发言权。你觉得宝洁公司专门成立产品调研部是否有意义？你在进行某项工作时是否也事先进行调研？

七、市场营销预测

市场预测是在市场调查的基础上，运用逻辑推理、统计分析和数学模型等科学方法，对影响市场需求的各种因素的变化，进行测算、预见和推断，掌握市场变化的发展趋势，对市场需求做出估算，从而为企业经营决策提供科学依据。

（一）市场营销预测的步骤

预测的步骤包括确定预测目标、选择预测方法、收集市场资料、进行预测、预测结果评价以及预测结果报告撰写等六个步骤（图11-5）。

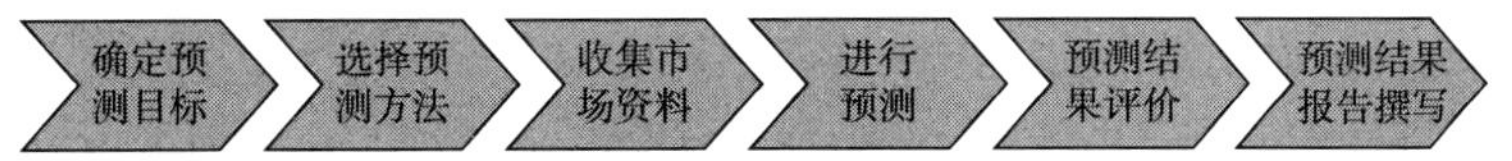

图11-5　营销预测步骤示意图

（二）市场营销预测的方法（图11-6）

1. 购买者意向调查法

该方法的具体做法是：通过抽样调查，掌握某类产品的社会拥有量情况、消费者的购买意向以及某一品牌的喜爱程度等资料，在对调查资料整理分析的基础上，推算出某一品牌未来的需求量。

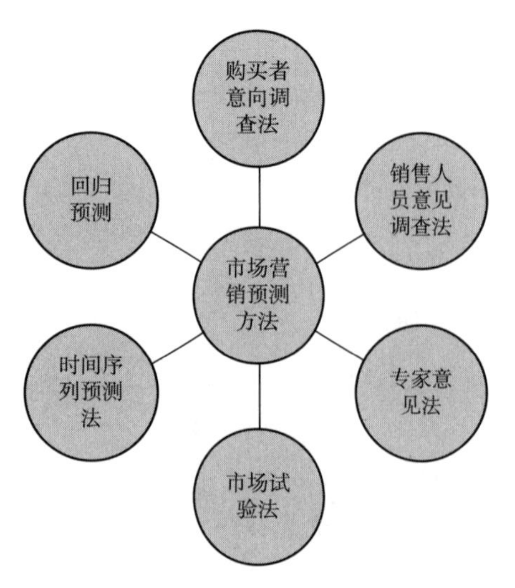

图 11-6 市场营销调查方法

2. 销售人员意见调查法

企业的销售人员长期从事产品的销售工作，经常直接接触消费者，对产品销售情况和消费者的需求非常了解。因此，借助销售人员的经验，可以对企业产品未来的需求做出比较准确的预测。该方法的具体做法是：邀请一些有经验的销售人员和销售经理，对企业某一产品的未来销售量及其概率做出判断，然后由预测人员对他们的预测结果进行统计分析，最后得出综合的预测结果。

3. 专家意见法

围绕某一主题或问题，征询有关专家或权威人士的意见和看法的调查方法。这种调查的对象只限于专家这一层次。调查是多轮次的，一般为 3~5 次。每次都请调查对象回答内容基本一致的问卷，并要求他们简要陈述自己看法的理由根据。每轮次调查的结果经过整理后，都在下一轮调查时向所有被调查者公布，以便他们了解其他专家的意见，以及自己的看法与大多数专家意见的异同。这种调查法最早用于技术开发预测，如今已被广泛应用于对政治、经济、文化和社会发展等许多领域问题的研究。

4. 市场试验法

如果购买者对其购买并没有认真、细致的计划，或其意向变化不定，或专家的意见也并不十分可靠，在这些情况下，就需要利用市场试验这种预测方法。特别是在预测一种新产品的销售情况和现有产品在新的地区或通过新的分销渠道的销售情况时，利用这种方法效果最好。

5. 时间序列预测法

时间序列预测法是收集与整理所要预测事物的过去资料，将历史数据按照时间的顺序排列，分析其随时间的变化趋势，并利用趋势外延的方法估计和推断预测对象未来的变动。

6. 回归预测

回归预测又称因果预测，它是依据数理统计的回归分析理论和方法，找出因变量和自变量之间的依存关系，建立一个回归方程，通过输入自变量数据，以预测因变量的发展趋势。回归预测按自变量的多少分为一元回归和多元回归；而按自变量与因变量的关系，又分为线性回归和非线性回归。

【实操训练】

形式：班级讨论，学生分组进行　　时间：20~25 分钟

道具：无　　场地：不限

目的：熟练掌握营销调研的步骤，加深对营销调研的认识和理解。

内容：假定要在你所在的学校中开设一个面积 300 平方米的超市，请设计一套调研方案和调研问卷，详细了解同学们的消费状况。

要求：充分考虑男女同学的区别；同学们的消费行为特征；消费时间、地点的考虑；同学们要集思广益，充分讨论，并使方案和问卷具有可实施性。

第三节 市场营销环境

市场营销环境，泛指一切影响、制约企业营销活动最普遍的因素，企业和其他许多组织一样，都是在一定的环境中从事生产经营活动的，离开一定的环境，企业也就无法生存。营销环境对企业营销活动的影响具有强制性、不确定性和不可控性，而且市场营销环境是动态的、不断变化的，它的变化既给企业带来了机会，也带来了威胁。

企业的营销环境可以分为微观环境和宏观环境两大类：微观环境包括企业外部的供应商、营销中介、顾客、竞争者和公众等因素；宏观环境包括人口、经济、自然、技术、政治法律和社会文化六大因素。所有这些内容，构成企业的营销环境。

一、微观环境

微观环境也称个体环境，是指对组织的经营者有直接影响的环境因素，因此也称为直接环境，包括供应商、营销中介、顾客、竞争者、公众等几个方面。

（一）供应商

供应商指向企业及其竞争者提供原材料、设备零部件、能源、劳动力、资金等资源的公司或个人。

（二）营销中介

营销中介是协助企业促销和分销其产品给最终购买者的公司或个人，包括中间商、实体分配公司、营销服务机构和财务中间机构等。这些都是市场营销活动不可或缺的中间环节，大多数的营销活动需要它们的协助才能顺利进行。

1. 中间商

中间商对企业产品从生产领域流向消费领域具有极其重要的影响。中间商由于与目标顾客直接打交道，因而它的销售效率、服务质量就直接影响企业的产品销售。

2. 实体分配公司

实体分配公司是协助厂商储存货物并把货物从产地运送到目的地的专业企业，如各类货运公司和仓储公司。

3. 营销服务机构

营销服务机构范围比较广泛，它们帮助生产企业推出和促销其产品到恰当的市场。在现代，大多数企业都要借助这些服务机构开展营销活动。如选择专业调研公司进行市场营销调研，聘请专门的广告公司为产品设计广告。

4. 财务中间机构

财务中间机构包括银行、信用公司、保险公司、租赁公司和其他协助融资或保障货物的购买与降低销售风险的公司。

（三）顾客

企业的一切营销活动都是以满足顾客的需要为中心的。顾客可以以不同的标准进行划分。以市场主体为标准，顾客市场可以分为：

（1）消费者市场，即指为满足个人或家庭生活需要而购买商品和劳务的市场。

（2）生产者市场，即指为赚取利润而购买商品和服务来生产其他产品和服务的市场。

（3）中间商市场，是指为利润而购买商品和服务以再出售的市场。

（4）政府市场，是指购买商品和服务以维持组织正常运转的政府机构。政府采购产品有特定的形式，与其他几类市场有很大区别。

（四）竞争者

随着行业竞争的加剧和全球经济一体化的发展，正确识别并确认竞争对手越来越重要。如果竞争对手范围过大，就会带来监测环境的成本增加；如果竞争对手范围过小，企业就无法及时捕捉来自竞争对手的信息。1980 年，美国哈佛大学商学院教授、“竞争战略之父”迈克尔·波特（Michael E. Porter）提出了著名的产业竞争“五力模型”。

1. 现有竞争者之间的竞争

现有竞争者之间的竞争有很多常见的形式，包括价格折扣和优惠、服务改进、各种赠送、广告等。

2. 新进入者的威胁

新进入者在给行业带来新生产能力和资源的同时，希望在市场中赢得一席之地，这就可能与现有企业发生原材料和市场份额的竞争，导致行业平均利润水平下降，甚至威胁现有企业的生存。

3. 买方的议价能力

实力强大的买方能够通过强制降价、要求提高产品质量或提供更多服务等方式获取更多价值。

4. 供应商的议价能力

实力强大的供应商获取收益更多的是通过提高价格、限制质量或服务水平。

5. 替代产品的威胁

替代品是有相同或相似功能，从而可在一定程度上相互替代的产品。替代产品之间存在相互竞争的销售关系，即一种产品销售的增加会减少另一种产品的潜在销售量。所以，替代品会对产业盈利能力造成影响，并且会夺走产业发展机遇。

（五）公众

公众是指对企业实现其目标有实际或潜在利害关系和影响力的任何团体或个人。一个企业的公众主要包括：

（1）融资公众，指那些关心和影响企业取得资金能力的集团，包括银行、信托投资公司、证券公司、保险公司等。

（2）媒介公众，包括电视、电台、报纸、杂志等大众传媒。

（3）政府公众，指有关的政府部门。包括负责企业的业务、经营活动的政府机构和企业的主管部门，如市场监督管理局、税务局、物价局等。

（4）群众团体，是指消费者组织、环境保护组织及其他有关的群众团体。

（5）地方公众，主要指企业周围的居民和团体组织。

（6）一般公众，是指一般社会公众，他们可能并不购买企业产品，但深刻地影响着消费者对企业及其产品的看法。

（7）内部公众，指企业内部全体员工，包括董事会、经理、职工等。

二、宏观环境

宏观环境也称为总体环境，由比较强大的社会力量所构成，包括人口、经济、自然、技术、政治法律及社会文化环境等。它可以影响微观环境中的各种力量。

（一）人口环境

人是市场的主体。人口的多少直接决定市场的潜在容量的大小。人口状况很大程度上是一个国家经济社会发展的基本反映。

1. 人口数量与增长速度

当今世界人口问题主要表现在人口“爆炸性”增长。现在发展中国家的人口超过世界人口的70%，全世界每年出生的新生儿约1亿，其中90%诞生在第三世界。2011年10月31日，世界人口总数达到70亿。

2. 人口结构

人口结构主要包括人口的年龄结构、性别结构、家庭结构及社会结构。

随着社会经济的发展，现代世界人口平均寿命普遍延长，死亡率和出生率均下降，人口的老龄化成为一个普遍问题。

由于传统观念的影响，一直以来我国人口男女性别比偏高，这一比例不仅显著高于发达国家，而且稍高于某些发展中国家。

随着单身、离婚、分居的人口增加以及独生子女家庭的增加，加上学生和劳动力在地域间大规模转移，中国传统的家庭核心模型受到破坏。

我国人口大部分在乡村，尽管乡村人口占总人口比例自改革开放以后呈递减的趋势，但第六次人口普查显示仍有56.1%的人在乡村。

3. 人口地理分布

地理分布指人口在不同地区的密集程度。由于社会、经济、政治和自然多方面因素的影响，人口的分布绝不会是均匀的。

4. 人口的流动性

随着经济发展，人口的区域流动性越来越大。在发达国家，除了国家之间、地区之间、城市之间的人口流动外，还有一个突出的现象就是城市人口向农村流动。而在我国，人口的流动主要表现在农村人口向城市或工矿地区流动；内地人口向沿海经济开放地区流动。

（二）经济环境

经济环境是指企业进行市场营销活动时所面临的社会经济条件。市场营销的经济环境主要指社会购买力。影响购买力水平的因素主要包括消费者收入水平、消费者支出模式和消费结构的变化、消费者储蓄和信贷情况等。

1. 消费者收入水平

消费者收入水平是影响社会购买力从而影响企业市场营销的最重要的因素。

消费者收入是指消费者个人从各种来源中所得的全部收入，包括消费者个人的工资、退休金、红利、租金、赠予等收入，主要是指消费者的实际收入。

对消费者收入水平的分析还要区分“个人可支配收入”和“个人可任意支配收入”。个人收入减去应由个人直接负担的税收和非税性支出（如工会费、党费），称为“个人可支配收入”。个人可支配收入中减去用于购买生活必需品的支出和固定支出（如房租、贷款、保险费等）后才是“个人可任意支配收入”。这部分收入是消费需求变化中最活跃的因素，是影响非生活必需品和劳务销售的主要因素，也是企业开展营销活动时所要考虑的主要对象。

2. 消费支出模式和消费结构的变化

西方一些经济学家常用恩格尔系数分析消费模式和消费结构。恩格尔（1821—1896）是德国统计学家，他在1875年研究劳工家庭支出构成时指出：当家庭收入增加时，多种消费的比例会相应增加，但用于食物支出的比例将会下降，而用于服装、交通、保健、文娱、教育的支出比例将会上升。

$$\text{恩格尔系数}=\frac{\text{食物支出总额}}{\text{家庭或个人消费总额}}\times 100\%$$

恩格尔系数是衡量一个国家、地区、城市、家庭生活水平高低的重要参数。联合国粮食及农业组织提出一个划分贫困与富裕的标准，恩格尔系数大于60%为绝对贫困；50%～59%为勉强度日或称温饱；40%～49%为小康；30%～39%为富裕；29%以下为最富裕。

3. 消费者储蓄和信贷情况的变化

消费者的购买力还要受储蓄和信贷的直接影响。

消费者个人收入不可能全部花掉，总有一部分以各种形式储蓄起来，这是一种推迟了的、潜在的购买力。

所谓消费信贷，就是消费者凭信用先取得商品使用权，然后按期归还贷款，以购买商品取得所有权。这实际上是一种超前消费。

（三）自然环境

自然环境是指影响企业生产和经营的物质因素，如原材料的短缺、能源成本日益提高、环境污染日益严重、政府对自然资源管理的干预等。

地球上的资源分为三类：一是“无限”资源，如空气、水等；二是可再生的有限资源，如森林、粮食等；三是不可再生的有限资源，如石油、煤、天然气等物质。

（四）技术环境

技术环境是指影响新技术、创造新产品和营销机会的力量，如技术变革的加速、创新的机会增加、研究开发的预算加大、注重小的改良、技术革新的管制法规增多等。

（五）政治和法律环境

政治环境包括国家的政体、政局、政策等方面。法律环境是由对公司及公司营销环境有影响的各种政府法规、法律法令所组成，如对企业进行管理的大量立法等。政治和法律因素对市场营销的影响表现在：

（1）国家（或地区）政局变动对市场营销活动的影响。

（2）有关方针、政策对市场营销活动的影响。

（3）有关法律、法规对企业市场营销活动的影响。

（六）社会文化环境

1. 语言文字

语言文字是人类交流的工具，它是文化的核心组成部分之一。不同国家、民族往往都有自己独特的语言文字，即使同一国家，也可能有多种不同的语言文字，即使语言文字相同，表达和交流的方式也可能不同。

2. 价值观念

价值观念是人们对社会生活中各种事物的态度、评价和看法，是随着时代的变迁而变化的，它具体表现在人们对于婚姻、生活方式、工作、道德、性别角色、公正、教育、退休等方面的态度和意见。

3. 宗教信仰

不同的宗教信仰有不同的文化倾向和戒律，从而影响人们认识事物的方式、价值观念和行为准则，影响着人们的消费行为，带来特殊的市场需求。特别是在一些信奉宗教的国家和地区，宗教信仰对市场营销的影响力更大。

4. 风俗习惯

风俗习惯指个人或集体的传统风尚、礼节、习性，是特定社会文化区域内人们共同遵守的行为模式或规范。

【资料链接】

缘何大起大落：牛大坊营销诊断及目标市场战略

2017 年 7 月的某个下午，牛大坊的创始人及 CEO 邓毓博疲惫地坐在办公桌前，神情焦躁地盯着牛大坊淘宝网店的销售界面。邓毓博记不清自己是第几次望向电脑了，但眼前的网页却始终是静悄悄的，既看不到有人下订单，也没有任何的问询信息……时值酷暑盛夏，邓毓博的内心却不时泛起丝丝凉意："牛大坊"，这个四年前曾经被全国各大主流媒体争相报道的名字难道真的已经被人们彻底遗忘了吗？

2013 年 9 月，带着满满的创业热情，牛大坊团队开始着手研发并生产兰州牛肉面，其间邓毓博带领团队成员多次上门拜访一位有多年行业经验的老面匠。在这位老面匠的悉心指导下，经过 8 个月的反复试验，一款零添加防腐剂、保质期最少长达半年的"网络版原汤兰州牛肉面"问世了：拉面采用了以低温晾干方式处理的皋兰和尚头手工面，香菜、蒜苗经过真空冻干处理，熬好的牛肉汤高温高压杀菌后，真空灌装至易拉罐。为了验证这款牛肉面是否地道，邓毓博邀请了近 500 名兰州本地人和 200 余名外地人进行了试吃，试吃的结果是此款网络版兰州牛肉面还原度很高，和实体面馆里的牛肉面口味几乎相差无几。

2014 年 11 月 29 日，国内首款原汤型兰州牛肉面——牛大坊，在淘宝网以每份 23.5 元、两份包邮的标准正式上线了。"兰州大学博士教师辞职卖面"的故事瞬间在全国引起轰动并迅速成为网络热点，国内多家主流媒体纷纷竞相报道，而每一次报道都会相应引发牛大坊产品销量的井喷。

让邓毓博团队始料未及的是，仅仅几个月后，随着"博士教师辞职卖面"的话题慢慢淡去，失去新闻红利支撑的牛大坊突然不再保持上升的态势，产品销量在达到最高点后陡然滑落并渐渐沦落为惨淡。牛大坊的经营究竟存在什么问题……独木难撑的自己还能坚持多久呢?邓毓博陷入深深的沉思之中，他想，是时候找个专业的人来帮牛大坊把把脉并厘清未来的经营思路了……

分析首先从理解市场和消费者开始，营销环境分析是重中之重，SWOT 分析如下：

1. 内部环境分析——牛大坊的优势（strengths）

(1) 产品好：牛大坊团队学习、研发、创新能力强，开发出全网首款原汤型牛肉面，取得两项产品研发专利，精选优质原材料，与其他同类产品相比，核心优势突出，产品还原度高，味道正宗、地道。

(2) 互联网思维突出：牛大坊创业之始就提出“互联网+牛肉面”，致力于将传统线下兰州牛肉面做成便携式产品，转移到线上来销售。他们做到了，牛大坊牛肉面不仅在其官网销售，同时也在淘宝、光大购精彩商城等线上渠道销售，并取得一定成绩。

(3) 团队公信力高：牛大坊清一色的高学历背景团队成员，容易获得消费者的信任。如果适当增强企业的营销力，市场沟通方法得当，相较于竞争对手更容易和消费者建立持久的关系，提升其对牛大坊品牌的偏好度和忠诚度。

(4) 邓毓博个人影响力大：媒体的宣传让邓毓博身上打上了“兰州人”和“高校博士教师”这两个具有较高辨识度的标签。邓毓博本人是土生土长的兰州人，了解兰州牛肉面文化，熟悉本地风土人情，十余年的高校生活及经历使他拥有丰富的校友和社会关系网络。这些都是其他竞争对手无法比拟的优势。

2. 内部环境分析——牛大坊的劣势（weaknesses）

(1) 对于兰州牛肉面行业来说，牛大坊是个不折不扣的后进入者，是新手。相较于东方宫、安泊尔、马子禄这些知名的传统牛肉面企业，牛大坊的市场认知度严重偏低。

(2) 不熟悉市场运作，产品定位不清，缺乏独特的品牌形象。

(3) 品牌建立、沟通及传播技巧差。

(4) 成本居高不下，定价偏高。

(5) 网上销售物流保障体系弱，过程难以控制，客户体验较差。

3. 外部环境分析——牛大坊的外部机遇（opportunities）

(1) 兰州牛肉面的知名度和美誉度很高，但大量身处外地、喜爱兰州牛肉面的人平时却吃不到一碗正宗地道的牛肉面，这是看得见的“刚需”。

(2) “互联网+”的时代机遇：经过多年的高速发展，中国的消费者已经熟悉网络购物环境，更多人愿意通过网上渠道购买所需要的产品。与此同时，线上兰州牛肉面品牌鱼龙混杂，但尚未出现占据绝对优势的领导者，这对天生就带着网络基因的牛大坊来说，是个不小的机遇。

(3) 政策支持：“大众创业，万众创新”及“一带一路”建设的政策背景下，甘肃省和兰州市政府有强烈的意愿支持做大做强牛肉面产业，市政府更是将其视为城市的主打名片去推广。牛大坊可借势使兰州牛肉面插上网络的翅膀，突破地域的界限，走进全国百姓家中，甚至走向全世界。

(4) 兰州旅游业面临黄金机遇期：统计数据显示，“十二五”期间，甘肃累计旅游接待人数超过 5 亿人次，比“十一五”增长 266.4%，年均增长 29.6%；旅游人数和综合收入在

2010 年基础上实现了“五年翻两番”，增速连续 5 年排在全国前 5 位。省会兰州更是将“中国西北游，出发在兰州”作为其城市定位，采用政府主导、市场化运作相结合的方式加大推动旅游业发展的力度，强化其在西北文化旅游中的中心地位和连接西北地区文化旅游资源的纽带作用，这些举措无疑会极大推动兰州旅游业的发展，为城市带来源源不断的客源。

4. 外部环境分析——牛大坊的外部威胁（threats）

目前，线上兰州牛肉面产品种类繁多，除了“康美农庄”等有一定知名度的品牌外，还有其他如“尕兰郎”“牛班长”“笑悦”等打着“兰州牛肉拉面”的旗号做非油炸方便面的产品。这些产品鱼龙混杂，使消费者感知混乱，其中相当一部分消费者对“牛大坊”品牌和产品定价存在误解。如果仅从产品规格、包装、保质期、售价以及销售量来看，牛大坊最大的竞争对手是康美农庄，但牛大坊居于领先地位。

通过以上分析，不难看出牛大坊比较具有优势的地方集中在其产品研发、线上销售模式以及团队的公信力方面，弱势则在于没有清晰的品牌定位和品牌形象，市场知晓度不高。其主要机遇在于大量来兰游客的牛肉面礼品需求，以及外地的牛肉面爱好者对正宗兰州牛肉面的需求。同时，牛大坊也面临着其他兰州牛肉面品牌的线上竞争，虽然这些品牌目前尚未造成真正的威胁。

三、营销环境分析方法

企业面对的市场营销环境有很多种，分析市场营销环境的目的，就在于找出有利于实现企业经营目标的机会，避免不利于企业经营的威胁。现实生活中，机会和威胁往往是同在的。营销者的任务就是要通过对环境的分析，抓住机会，避免威胁，采取对策，迎接挑战。

（一）PEST 分析法

PEST 分析法主要是作为一种宏观环境分析法，从政治法律、经济、社会文化和技术四个维度分析企业所面临的环境问题。

1. 政治法律（P）

政治制度体制方针、政府的稳定性、特殊经济政策、环保立法、反不正当竞争法、对外国企业态度、法律法规。

2. 经济（E）

GNP 变化、财政货币政策、利率汇率、通货膨胀率、失业率、可任意支配收入、市场需求价格政策。

3. 社会文化（S）

民族特征、文化传统、宗教信仰、教育水平、生产方式、就业预期、人口增长率、保护消费者运动、社会结构、风俗习惯。

4. 技术（T）

国家研究支出、行业研究开发支出、专利保护状况、新产品新技术商品化、互联网的发展。

（二）SWOT 综合分析法

SWOT 分析，即基于内外部竞争环境和竞争条件下的态势分析，将与研究对象密切相关的各种主要内部优势、劣势和外部的机会和威胁等，通过调查列举出来，并依照矩阵形式排列，然后用系统分析的思想，把各种因素相互匹配并加以分析，从中得出一系列相应的结论，其结论通常带有一定的决策性。运用这种方法，可以对研究对象所处的情景进行全面、系统、准确的研究，从而根据研究结果制订相应的发展战略、计划以及对策等。S（strengths）是优势、W（weaknesses）是劣势、O（opportunities）是机会、T（threats）是威胁。按照企业竞争战略的完整概念，战略应是一个企业“能够做的”（即组织的优势和劣势）和“可能做的”（即环境的机会和威胁）之间的有机组合（图 11-7）。

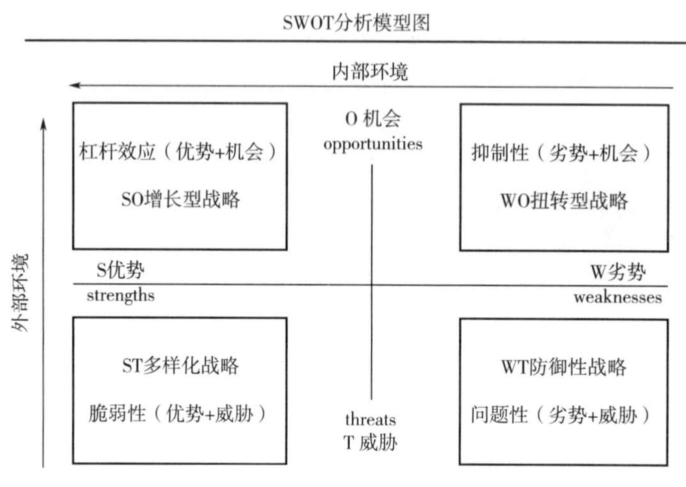

图 11-7　SWOT 分析图

【课堂训练】

（1）将学生分为男生、女生两组：

①男生、女生分别思考在学校各自的重点消费品。

②男生、女生分别描述商家针对某类消费品经常使用的营销手段。

③男生针对女生的某类重点消费品提出相应的营销策略；女生针对男生的某类重点消费品提出相应的营销策略。

（2）你知道别的民族或国家、地区在特定植物、动物、图案、颜色等方面的禁忌吗？

（3）大学生拥有手机的比率接近 100%，电脑、数码相机/摄像机、MP4、iPad 的普及率也在迅速上升。你有这些电子产品吗？这些产品的使用如何影响了你的生活和学习？

第四节　市场营销策略

一、4Ps 营销组合策略

市场营销组合（marketing mix）是现代营销学理论中的一个重要概念，1953 年，尼尔·博登（Neil Borden）首次提出了“市场营销组合”（marketing mix）的概念，认为市场需求或多或少会受到营销变量或营销要素的影响。1960 年，杰罗姆·麦肯锡（Jerome McCharthy）提出了著名的 4Ps 组合：营销管理的任务是通过对四类主要营销因素——产品（product）、价格（price）、渠道（place）及促销（promotion）的处理，开发解决竞争性营销问题的独特方案。从管理决策的角度看，影响企业市场营销活动的各种因素可以分为两大类：一是企业不可控因素，即营销者本身不可控制的市场，如营销环境，包括微观环境和宏观环境；二是可控因素，即营销者自己可以控制的产品、商标、品牌、价格、广告、渠道等等，而 4Ps 就是对各种可控因素的归纳。

（一）产品策略（product）

产品代表公司提供给目标市场的实物和服务组合，包括品质、品牌、规格、式样、特色、服务等。产品策略主要是指企业以向目标市场提供各种适合消费者需求的有形、无形产品的方式来实现其营销目标。其中包括对同产品有关的品种、规格、式样、质量、包装、特色、商标、品牌以及各种服务措施等可控因素的组合和运用。

（二）价格策略（price）

价格代表消费者为获得产品所必须支付的金额，包括基本价格、折扣、津贴、分期付款和信贷条件等。价格策略主要是指企业以按照市场规律制定价格和变动价格等方式来实现其营销目标，其中包括对同定价有关的基本价格、折扣价格、津贴、付款期限、商业信用以及各种定价方法和定价技巧等可控因素的组合和运用。

（三）渠道策略（place）

渠道代表公司为使产品送到目标顾客手中所进行的各种活动，包括渠道、地点、存货、运输等。渠道策略主要是指企业以合理地选择分销渠道和组织商品实体流通的方式来实现其营销目标，其中包括对同分销有关的渠道覆盖面、商品流转环节、中间商、网点设置以及储存运输等可控因素的组合和运用。

（四）促销策略（promotion）

促销代表公司为宣传其产品优点和说服目标顾客购买所进行的各种活动。包括四种形式：广告、人员推销、营业推广和公共关系。促销是营销组合四个变量中工具最多样的一个。促销策略主要是指企业以利用各种信息传播手段刺激消费者购买欲望，促进产品销售的方式来实现其营销目标，其中包括对同促销有关的广告、人员推销、营业推广、公共关系等可控因素的组合和运用（表 11-1）。

表 11-1　麦当劳公司的市场营销组合

产品策略	标准的、稳定的、高质量的产品，服务时间长，服务速度快
价格策略	低价策略
地点策略	营业场所选择在顾客密集区域——无论城市或郊区，组织特许连锁经营，扩展新店
促销策略	强有力的广告宣传，广告媒体以电视为主，内容针对年轻人的口味

二、4C 营销组合策略

随着市场竞争日趋激烈，媒介传播的速度越来越快，以 4P 理论来指导企业营销实践越来越受到挑战。1990 年，美国罗伯特·劳特朋（Robert F. Lauterborn）教授撰文《4P 退休 4C 登场》，其中提出了以顾客为中心的一个新的营销模式，即著名的 4C 理论。1992 年，罗伯特·劳特朋和美国西北大学教授唐·舒尔茨（Don E. Schultz）、斯坦利·田纳本（Stanley I. Tannenbaum）合著了全球第一部整合营销专著——《整合营销传播》，4C 营销策略是一种针对顾客需求和市场环境的营销方法，强调从顾客角度出发，建立长期的关系。它包括四个要素：顾客（customer）、成本（cost）、便利性（convenience）、交流（communication）。

在实施 4C 营销策略时，企业需要加强市场调研、了解顾客的需求和竞争对手的情况，以便针对性地开展产品设计、定价策略、渠道管理和品牌推广等活动。通过关注顾客、降低购买成本、提供便利和积极沟通，企业可以获得顾客的忠诚度、口碑和持续增长的业务。

（一）顾客（customer）

顾客是产品或服务的最终消费者，因此需要将其放在市场营销策略的核心位置。了解顾客的需求、购买行为和偏好非常重要，这可以通过市场调研、数据分析、用户反馈等方式来实现。在制定产品策略、品牌推广和售后服务时，需要考虑顾客的需求和期望，以提高顾客的满意度。假设一家儿童玩具生产企业正准备推出一款新产品，在市场调研阶段，该企业决定针对目标用户群体进行更加深入的了解，如 3~5 岁的孩子和他们的父母。通过问卷调查、用户反馈等方式，企业得知该年龄段的孩子们喜欢动物玩具和有趣的声音，他们的父母则注重产品的安全性和游戏性。基于这些反馈，企业开发了一款可爱的动物造型玩具，配有安全材质和丰富的声音芯片。这样的设计在满足孩子需求的同时，兼顾了父母对产品质量和安全的要求。

（二）成本（cost）

成本是指顾客为购买产品或服务所付出的代价，它不仅包括价格成本，还包括时间成本、精力成本等。企业需要降低顾客的购买成本，以吸引更多的顾客。这可以通过优惠促销、打折销售、方便的付款方式等手段来实现。假设一家线上电商平台正在进行促销活动，通过对用户行为数据分析，企业发现大多数用户收到“限时优惠”的推送消息后，会进入商品详情页面进行浏览，但很少有用户最终下单购买。为了降低用户的购买成本，这家电商平台决定在商品详情页面上添加一个倒计时功能，提示用户还有多长时间可以享受优惠，这样可以加快用户下单的决策速度。

（三）便利性（convenience）

便利性是指企业要为顾客提供方便的购物体验，使他们能够轻松地获得产品或服务。这可以通过在线购物、电子支付、快递配送等方式来实现。同时，在销售渠道上也需要考虑便利性，如开设实体店面、放置自动售货机等。假设一家餐饮连锁企业正在推进外卖业务，为了提高用户使用外卖服务的便利性，企业在自己的 App 上开发了一项预订功能。顾客可以通过手机 App 提前预订餐品、选择取餐的时间和店面，这样顾客到店后可以直接领取预订好的餐品，避免了排队等待的麻烦。

（四）交流（communication）

交流是企业与顾客之间进行沟通的重要方式。通过交流，企业可以了解顾客的反馈和需求，进而对产品、服务和销售策略进行调整和优化。企业需要积极、主动地与顾客进行沟通，在不同的渠道上提供多种交流方式，如在线聊天、电子邮件、电话等，以及通过社交媒体平台和客户关系管理软件等工具来管理客户关系。假设一家旅游网站在推广其度假产品，该企业通过社交媒体平台、微信公众号等渠道积极与顾客互动。例如，在微信公众号上，企业提供在线咨询服务，快速回答顾客的问题和疑虑，并分享旅游攻略和优惠信息。同时，该企业还定期举行线上活动和抽奖活动，与顾客建立紧密的联系，进而提高用户黏性。

三、社会化媒体营销—— AISAS 模式

社会化媒体营销是指运用社会化媒体，如博客、微博、社交工具、社会化书签、共享论坛等，来提升企业、品牌、产品、个人或组织的知名度、认可度，以达到直接或间接营销的目的。在这种营销方式下，网民不再是被动或者单向地接收信息，而是能够与商家或者其他网民进行双向的信息交流。

社会化媒体在应用的过程中，主要具备两个特点：第一，具有一定的参与性。用户在应用平台期间，除了可以制作和创造内容，还能发表自身的感受与体会，和其他的用户共享交流，其他用户还能够在接收信息之后获取信息，给予一定的反馈，这样在多用户交流互动、相互探讨的情况下，可以凸显出社交媒体的属性。第二，具有公开性的特点。社会化媒体对于公开性与公平性非常重视，无论哪种人群都可以加入其中，发表自身的意见和评论。除此之外，在相关的社会化媒体中，人们能够快速并且有效地对所接收的信息进行加工处理，按照自身感受开展编辑工作，还能为他人传播，在一定程度上和其他人进行双向性的对话与传播。

社会化媒体营销 AISAS 模式是由电通公司针对互联网与无线应用时代消费者生活形态的变化，而提出的一种全新的消费者行为分析模型。基于网络时代市场特征而重构的 AISAS 模式分为 A－I 阶段、S－A－S 阶段两大阶段，包括引起关注 A（attention）、激发兴趣 I（interest）、主动搜索 S（search）、购买行动 A（action）、互动分享 S（share）五个环节。

A–I 阶段包括引起关注和激发兴趣两个环节，属于消费者心理活动阶段，主要是商品信息引起消费者注意和关注，并激发其进一步了解、消费的兴趣，这一阶段的心理变化直接影响后续三个环节的决策实施。S-A-S 阶段描述的是消费者主动搜索商品相关信息、消费，并将消费体验与他人互动分享的活动过程，属于消费者实际行动阶段，这一阶段强调搜索和分享这两个具有网络特质的彼此互动的关键环节，尤其是分享环节，它可直接反作用于其他几个环节。

AISAS 模式适应互联网社会情境，两大阶段五个环节不仅是环环相扣的，而且任一环节都可能与其他环节连接互动、彼此影响、相辅相成，充分体现了互联网对人们生活方式和消费行为的影响与改变。

鸿星尔克“爆火”过程中的社会化媒体营销方式极为突出，且效果显著，属于典型的社会化媒体营销 AISAS 模式，即完整包含引起关注、激发兴趣、主动搜索、购买行动和互动分享五个部分。具体分析如下：

（一）引起关注

在引起关注环节，消费者主要通过线上社会化媒体来获取信息，进而引发关注。对于这一环节，鸿星尔克虽然没有开展刻意的营销工作来引发关注，但是通过回顾，可以发现社会化媒体在鸿星尔克获取关注的过程中发挥了重要作用。主要体现在鸿星尔克官方微博发布捐

款公告和各大平台转发其财报亏损截图，强烈的反差感吸引了众多网友的激烈讨论和关注。

（二）激发兴趣

在信息冗余和“大爆炸”的当下，企业产品信息需要被注意、认可，进而引发消费者共情、共鸣。如果消费者根本不感兴趣、不投入注意力，产生不了共情、共鸣，也就没有接下来的搜索、购买和分享行为。鸿星尔克获得关注后，主要利用微博、抖音、淘宝直播间等各大平台与消费者进行实时互动，如鸿星尔克官方及时回复微博评论、在直播间与消费者积极互动、虚心接受网友建议并欢迎献计献策的网友加入鸿星尔克等，这些行为实现了与消费者之间的互动共享，从而能够很好地维持与用户之间的关系。线上线下的各种“野性消费”行为带动起的“支持国货”社会风气，以及鸿星尔克董事长通过微博平台讲述企业曲折创业史的行为更是激发了消费者的心理深处和情感底层，强化了价值认知和品牌认同，进一步激发消费者对企业的兴趣，使企业与消费者之间的联系更加密切。

（三）主动搜索

鸿星尔克创建了官方微博、官方公众号、官方网站、抖音账号、淘宝官方旗舰店等平台，及时满足了消费者的搜索需要。当消费者被企业反差感和民族认同感激发起兴趣后，出于自己的兴趣在淘宝、微博等平台主动了解鸿星尔克的品牌故事和产品信息。这一过程的顺利建立，有利于鸿星尔克的精准营销和提升品牌价值。

（四）购买行动

消费者通过搜索获得鸿星尔克相关信息后，一方面出于民族认同感和同情心，另一方面出于对产品的喜爱和信赖产生购买动机，并做出购买行动，通过线上、线下双渠道进行“疯狂”消费。与此同时，鸿星尔克方力劝大家理性消费，“叛逆”心理无形激发了消费者的进一步消费。而收到产品的消费者会因为产品的“高质低价”以及良好的售后服务而产生再次购买的欲望。

（五）互动分享

互动分享等于产品和服务的再传播。正面的反馈和互动分享，有利于知识、产品及服务形成口碑效应。在“野性消费”之后，诸多社会化媒体如小红书、微博、抖音等，也有众多用户发布了“鸿星尔克穿搭”，并赞言产品的使用感受。这些信息经过点赞、转发和分享，实现了信息的二次传播，使得企业信息形成了爆裂式的传播。各用户之间的信息进行相互分享，也有利于企业建立良好的品牌形象和企业口碑。

四、营销策略的新发展

营销策略不断发展，趋向于数字化、数据驱动、个性化和可持续化。企业需要紧跟时代变化，结合自身情况和市场需求，在不断变化的环境中制定相应的营销策略。以下是一些关键的发展趋势：

（一）数字化转型

随着互联网和移动技术的快速发展，数字化转型成为营销策略发展的重要趋势。企业越来越倾向于使用在线渠道和数字工具来推广产品、与客户互动、进行精准广告投放等，如企业建立电子商务平台，通过在线渠道销售产品和服务；利用社交媒体平台开展广告投放和品牌宣传；运用数据分析工具监测和评估营销活动效果。

(二) 数据驱动决策

大数据和分析技术的发展，使得企业能够更好地了解客户需求、行为和偏好。通过数据分析，企业可以更加精确地制定营销策略，个性化地与客户互动，并实时调整策略以提高效果。企业利用大数据分析了解消费者购买行为和偏好，以便更好地个性化定制产品和服务；通过 A/B 测试来优化广告和网站设计；根据数据反馈来调整定价策略。

(三) 社交媒体的兴起

社交媒体的普及改变了营销的格局。企业开始利用社交媒体平台与消费者直接互动、建立品牌形象，来提升用户参与度。社交媒体还给予用户分享和传播内容的能力，成为企业进行口碑营销的重要渠道。企业利用社交媒体平台与客户进行实时互动，回答问题、解决问题，增加用户参与度；通过社交媒体策略引导用户生成内容、分享产品使用体验，从而扩大品牌影响力。

(四) 个性化营销

消费者越发重视个性化体验，因此个性化营销成为趋势。企业利用数据和技术，根据不同消费者的需求和行为特征，提供个性化产品推荐、定制化服务等，以增强客户黏性和满意度。企业利用购物历史数据和用户喜好，向客户发送个性化的产品推荐和优惠券，提高转化率；通过个性化邮件营销和短信推送，向特定目标群体发送定制信息，以增强客户忠诚度。

(五) 可持续营销

在环保和社会责任意识增强的背景下，可持续营销逐渐受到企业关注。企业将环境友好、社会责任等因素纳入考虑范围，通过推广环保产品、参与公益活动等方式吸引消费者，并树立良好的企业形象。企业纳入环保因素，推出环保认证产品并进行相关宣传；参与公益活动，通过社会责任项目树立良好形象；与慈善机构合作，以销售一定数量的产品来捐赠一部分收入。

(六) 线上线下融合

传统的线下实体店与线上电商平台逐渐融合，形成了线上、线下一体化的零售模式。企业通过线上渠道吸引客户、提供便捷的购物体验，同时线下店面提供更直接的互动和体验，以提升整体销售效果。企业开设实体店面，同时提供在线购物平台，并设立线上订单配送、到店取货的服务；利用线下店面展示产品，通过二维码等方式引导客户线上购买，实现线上、线下互动。

第五节 目标市场营销战略

一、市场细分

(一) 市场细分的概念

1956 年，美国市场营销学家温德尔·史密斯（Wendell R. Smith）最先提出了市场细分的概念。市场细分就是企业通过市场调研，按照一个或若干个特征变量对现有或潜在的市场进行划分，进而选择具有共同消费需求的子市场作为企业目标市场的过程。

(二) 市场细分的作用

市场细分的作用，集中表现在以下几方面：

(1) 有利于发现市场机会，开拓新市场。

（2）有利于掌握目标市场的特点和制定市场营销策略。

（3）有利于集中人力、物力、财力投入目标市场，提高企业的竞争力。

（4）有利于企业提高经济效益。

（三）市场细分的标准

1. 消费者市场细分标准

如前所述，一种产品的整体市场之所以可以细分，是由于消费者或用户的需求存在差异性。引起消费者需求差异的因素有很多，概括起来主要有四类，即地理因素、人口因素、心理因素、行为因素。每个因素又包括一系列的细分变量（表 11-2）。

表 11-2　消费者市场细分标准及变量一览表

细分标准	细分变量
地理因素	国家、地区、城市规模、地形地貌、气候、交通状况、人口密度等
人口因素	年龄、婚姻、性别、职业、收入、民族、宗教、国籍、受教育程度、家庭人口、家庭生命周期等
心理因素	社会阶层、生活方式、个性、购买动机、态度等
行为因素	购买时间、购买数量、购买频率、品牌忠诚度，对服务、价格、渠道、广告的敏感程度等

（1）按地理因素细分。处于不同地理位置的消费者，对于同一类产品往往呈现出差别较大的需求特征，对于企业营销组合的反应也存在较大差别。例如，在冬季，居住在我国北方的人们对棉衣有强烈需求，而居住在广东、海南的人们对此则没有需求。再如，在我国南方沿海一些省份，某些海产品被视为上等佳肴，而内地的许多消费者则觉得味道平常。

（2）按人口因素细分。即按照人口的有关变量来细分市场。具体包括年龄、婚姻、职业、性别、收入、受教育程度、家庭生命周期、国籍、民族、宗教、社会阶层等。例如，根据年龄不同，将服装市场分为老年人服装市场、中青年服装市场、儿童服装市场等。人口统计变量比较容易衡量，有关数据相对容易获取，由此构成了企业经常以其作为市场细分依据的重要原因。

（3）按心理因素细分。即按照消费者的心理特征细分市场。主要包括社会阶层、生活方式、个性、购买动机、态度等。

（4）按行为因素细分。即按照消费者的购买行为细分市场。许多人认为，行为变量能更直接地反映消费者的需求差异，因而成为市场细分的最佳起点。

2. 生产者市场细分标准

许多用来细分消费者市场的标准，同样可用于细分生产者市场，如根据地理、追求的利益和使用率等变量加以细分。不过，由于生产者市场与消费者市场存在差别，如生产者市场购买者是产业用户，购买决策由专业人员作出，属于理性购买，受感情因素影响较少。所以，除了运用前述消费者市场细分标准外，还可用一些新的标准来细分生产者市场。

（1）最终用户标准。在生产者市场上，不同的最终用户（或产品不同的最终用途）对同一种产品追求的利益不同。企业分析产品的最终用户，就可针对不同用户的不同需求制定不同的对策。

（2）用户规模标准。在生产者市场中，有的用户购买量很大，而另外一些用户购买量很小。所以可以根据用户规模，将市场划分为大客户、中客户、小客户三类。

（3）参与购买决策的成员的个人特点。指参与购买决策成员的年龄、受教育程度、社会经历及所担负的职务等。

（4）用户所处的地理位置。包括所在地区、气候、资源、自然环境、交通运输和通信条件等。

（四）市场有效细分的条件

如何寻找合适的细分标准，对市场进行有效细分，在营销实践中并非易事。一般而言，成功、有效的市场细分应遵循以下基本条件：

1. 差异性

指市场细分后，各个细分市场消费者需求应具有差异性，而且细分市场对企业市场营销组合策略中任何要素的变化都能做出迅速、灵敏的差异性反应。

2. 可衡量性

指细分的市场是可以识别和衡量的，即细分出来的市场不仅范围明确，而且对其容量大小也能大致作出判断。

3. 可进入性

指细分出来的市场应是企业营销活动能够抵达的，也是企业通过努力能够使产品进入并对顾客施加影响的市场。

4. 可盈利性

即细分后向企业提供的子市场有足够的需求量且有一定的发展潜力，能够保证企业获得长期、稳定的利润。

5. 相对稳定性

指细分市场必须具有相对的固定性。企业目标市场的变化必然带来市场营销策略的改变和营销成本的增加。

（五）市场细分的方法

1. 单一因素法

就是根据影响消费者需求的某一个重要因素进行市场细分。如电饭锅市场可以按家庭人口数量，把整体市场分成三个部分（表 11–3）。

表 11–3 电饭锅市场细分

子市场Ⅰ	子市场Ⅱ	子市场Ⅲ
1~2 人	3~4 人	5 人以上

2. 系列因素法

根据企业经营的特点并按照影响消费者需求的诸多因素，由粗到细地进行市场细分，每下一步的细分，均在上一步选定的子市场中进行，细分过程，其实也就是比较、选择目标市场的过程。

3. 综合因素法

就是根据影响消费者需求的两种或两种以上的因素进行市场细分。例如，根据消费者年龄、性别和收入，将服装市场分割成 18 个子市场。

（六）市场细分的程序

美国市场学家麦卡锡提出细分市场的一整套程序，这一程序包括七个步骤。

（1）选定产品市场范围，即确定进入什么行业，生产什么产品。

（2）列举潜在顾客的基本需求。

（3）了解不同潜在用户的不同要求。

（4）抽调潜在顾客的共同要求，而以特殊需求作为细分标准。

（5）根据潜在顾客基本需求上的差异，将其划分为不同的群体或子市场，并赋予每一子市场一定的名称。

（6）进一步分析每一细分市场需求与购买行为特点，并分析其原因，以便在此基础上决定是否可以对这些细分出来的市场进行合并，或作进一步细分。

（7）估计每一细分市场的规模，即在调查基础上，估计每一细分市场的顾客数量、购买频率及平均每次的购买数量等，并对细分市场上产品竞争状况及发展趋势作出分析。

二、目标市场选择

（一）影响目标市场策略选择的因素

（1）企业资源或实力。

（2）产品的同质性。

（3）市场同质性。

（4）产品所处生命周期的不同阶段。

（5）竞争者的市场营销策略。

（二）目标市场的选择模式

通过对有关细分市场进行评估，企业会发现一个或几个值得进入的细分市场。这时，企业需要进行选择，即决定进入哪个或几个细分市场。企业选择目标市场模式主要有以下五种类型，如下图所示。图中 P_1、P_2、P_3 代表不同档次、规格的产品，M_1、M_2、M_3 代表不同的细分市场（图 11-8）。

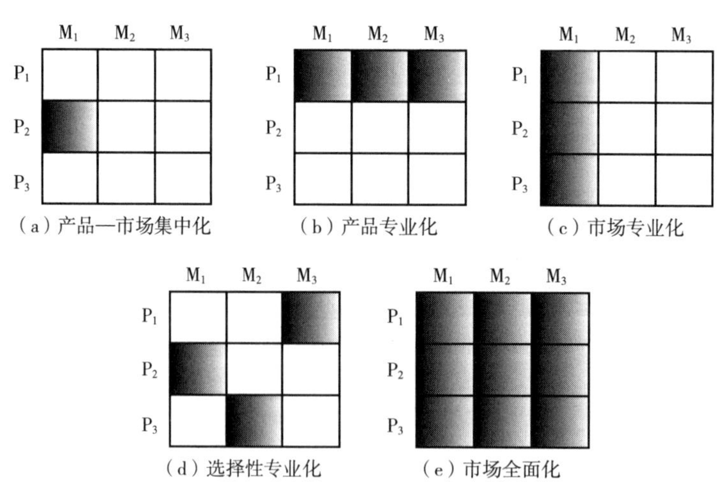

图 11-8 目标市场的模式选择

（三）目标市场策略的类型（表 11-4）

表 11-4　不同目标市场策略比较

目标市场策略的类型	优点	缺点
无差异市场营销策略	1. 大批量生产，降低了成本 2. 节省促销费用	1. 不能满足消费者多样性的需求 2. 容易导致竞争 3. 易受到其他企业伤害
差异性市场营销策略	1. 能满足消费者多样性的需求 2. 降低经营风险 3. 提高企业的竞争力	1. 生产成本增加 2. 费用高 3. 库存成本增加
集中性市场营销策略	1. 提高细分市场的市场占有率 2. 降低成本和费用 3. 集中精力创品牌，保名牌	目标范围窄，风险大

1. 无差异市场营销策略

无差异市场营销策略是指企业将产品的整个市场视为一个目标市场，用单一的营销策略开拓市场，即用一种产品和一套营销方案吸引尽可能多的购买者（图 11-9）。

图 11-9　无差异市场营销策略图

2. 差异性市场营销策略

差异性市场营销策略是将整体市场划分为若干细分市场，针对每一细分市场的需求差异制定一套独立的营销方案（图 11-10）。

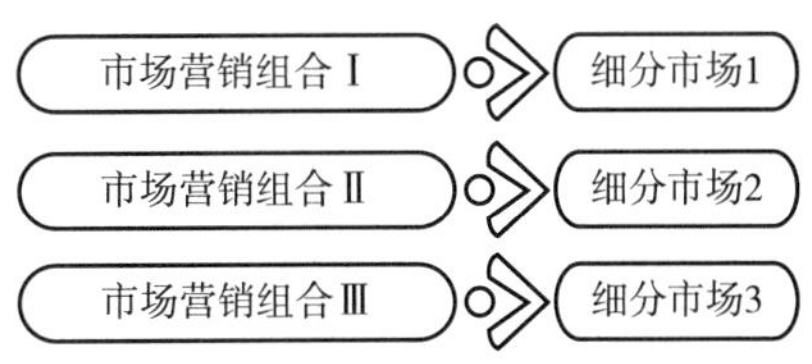

图 11-10　差异性市场营销策略图

3. 集中性市场营销策略（也称密集性市场营销策略）

实行差异性市场营销策略和无差异市场营销策略，企业均以整体市场作为营销目标，试图满足所有消费者在某一方面的需要。集中性市场营销策略则是集中力量进入一个或少数几个细分市场，实行专业化生产和销售（图 11-11）。

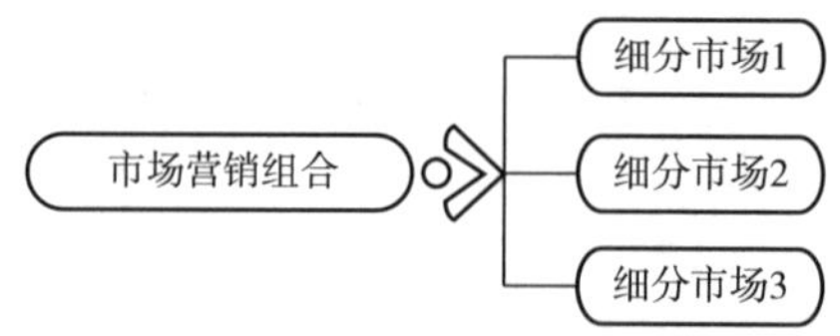

图 11-11 集中性市场营销策略图

【资料链接】

未来可期：蔚来的社群营销之道

谈起蔚来汽车科技有限公司（以下简称蔚来），就不得不提起其创始人李斌。李斌毕业于北京大学社会学系，在2000年6月创办了易车公司，并带领易车成为中国第一家海外上市的互联网公司。李斌40岁这年，决定开始人生中的第四次创业，希望在还有能力的时候为改善人类赖以生存的环境做点贡献，让曾经蔚蓝的天空可以早日回来。这也是李斌将品牌名取为“蔚来”的原因。光有美好的愿景不够，要成立一家企业，最重要的是核心竞争力。通过分析过去创业的经历，李斌认为互联网公司之所以能够取得巨大进步，归根到底是因为给用户带来了全新的体验。“原来我们都用现金，现在都是随时随地用手机支付；原来我们出门都打出租车，现在却掏出手机用滴滴打车，这样的例子还有很多。互联网让用户们体验到更加方便、快捷、舒适的生活，进而使互联网公司成为如今所有企业的领导者。”这给李斌带来很大了启发，他开始思考：“如果将这种全新的用户体验放在汽车行业里会发生什么？一个汽车品牌除了汽车之外还能给用户带来一些什么别的？”于是，李斌决定将蔚来打造成以车为起点的社区，为用户的满意而存在，帮助用户实现自我价值。“汽车质量是用户体验的地基，地基必须打牢，但更需要关注的是功能以上的情感需求。企业和用户的长期关系，以及用户在企业品牌中的地位，才是将来成败的关键”。李斌树立的这一品牌理念将企业与用户紧紧地捆绑在一起，也自此拉开了蔚来围绕社群价值观进行发展的序幕。

蔚来为用户提供的贴心服务，为其树立了品牌的高端定位、提升了品牌影响力，但也使得运营成本开销过大，现金流长期无法盈利。公开数据表明，2020年，蔚来的营销费用高达39亿元，平均到每辆车上为8.92万，是研发费用的1.6倍，这比奔驰、宝马的单车营销费用加起来还要高不少。蔚来也意识到了这个问题，在2020年2月公布了“降本规划”，开始调整在用户服务方面的支出，对削减成本与保持极致用户体验之间开始了新的探索。

结合新能源汽车行业发展现状，分析蔚来为什么选择进入高端品牌细分市场？

三、市场定位

企业在市场细分的基础上选择了自己的目标市场，并确定了目标市场营销策略，这就明确了企业的服务对象和经营范围。接下来的问题是企业要在目标市场上进行定位。

（一）市场定位的概念

1969年，杰克·特劳特（Jack Trout）撰写的论文《定位：同质化时代的竞争之道》首次提出了“定位”（Positioning）的概念。市场定位也称为产品定位或竞争性定位，是根据竞争者现有产品在细分市场上所处的地位和顾客对产品某些属性的重视程度，塑造出本企业产品与众不同的鲜明个性或形象，并传递给目标顾客，使产品在市场上占有一定优势。

（二）市场定位的步骤

1. 明确企业潜在的竞争优势

这一步骤的中心任务是要回答三大问题：一是竞争对手的产品定位如何？二是目标市场上足够数量的顾客欲望的满足程度如何以及还需要什么？三是针对竞争者的市场定位和潜在顾客真正需要的利益，要求企业应该和能够做什么？

2. 选择企业相对的竞争优势和市场定位策略

相对的竞争优势是企业能够胜过竞争者的能力。有的是现有的，有的是具备发展潜力的，还有的是可以通过努力创造的。准确地选择相对竞争优势就是一个企业在各方面的实力与竞争者的实力相比较的过程。

3. 准确地传播企业的市场定位

有人曾经问比尔·盖茨成功的原因，比尔·盖茨说：“企业成功的秘诀是定位、定位、再定位！宣传、宣传、再宣传！”对于企业来说，第一是要找到定位，第二是要不断地去强化这一定位。这样，才能被顾客所牢记，并在需求产生时首先想到进而购买其产品或服务。

（三）市场定位的方法

1. 初次定位

初次定位是指新成立的企业初入市场，企业新产品投入市场，或产品进入新市场时，企业必须从零开始，运用所有的市场营销组合，使产品特色确实符合所选择的目标市场。

2. 重新定位

重新定位是指企业变动产品特色，改变目标顾客对其原有的印象，使目标顾客对其产品新形象有一个重新认识的过程。

3. 对峙定位（迎头定位）

对峙定位是指企业选择靠近现有竞争者或与现有竞争者重合的市场位置，争夺同样的顾客，彼此在产品、价格、分销及促销等方面差别不大。

4. 回避定位（避强定位）

回避定位是指企业回避与目标市场上的竞争者直接对抗，将其位置定在市场“空白点”，开发并销售目前市场上还没有的某种特色产品，开拓新的市场领域。

除此之外，市场定位的方法还有：根据属性和利益定位、根据价格和质量定位、根据用途定位、根据使用者定位、根据产品档次定位、根据竞争局势定位，以及根据各种方法组合定位等。

【案例分享与能力训练】

鸿星尔克的营销策略

2021 年 7 月 20 日，河南特大暴雨 48 小时后，在大众视野中沉寂多年的本土运动品牌——“鸿星尔克”登上热搜，并引发万众瞩目。这家已陷入亏损的企业在此次洪灾面前却慷慨解囊，低调捐出善款和物资（合计约5000万元人民币）。紧随其后的，是一场史无前例的“温暖暴击”：数百万人如潮水般涌入鸿星尔克的直播间“野性消费”，弹幕中不断打出“不买到你们缝纫机冒烟，就算我们输”“鞋不可能不合适，是我脚长歪了”之类的“爱”的宣言。甚至有热心网友为鸿星尔克充了长达140年的会员，鸿星尔克只好“被迫”宣布“立志成为百年品牌”。随着这次事件的持续发酵，鸿星尔克已经被推向行业“顶流”的位置。让人不禁想问，沉寂多年的鸿星尔克能够应对这样的“大场面”吗？热度褪去后，鸿星尔克接下来又将何去何从呢？

思考：抓住“爆红”的契机，鸿星尔克主要采取了什么营销策略来承载流量，在“顶流”中谋发展的？

第十二章　创业企业融资与财务管理

【学习重点】

1. 创业融资的内涵
2. 融资渠道策略
3. 财务报表预测与分析

【案例导入】

李玲玲是电子信息专业的毕业生，虽然找到了一份不错的工作，但选择了辞职，她想通过创业来发挥自己的才能。今年年初，李玲玲在经过近3个月的市场考察后撰写了一份详细的筹办公司计划书，并说服了和她一同辞职的另一名同事合伙开办一家咨询公司。两人商量后，决定在市中心附近开办公司，那里人流量大，而且有很多同类型的公司。将一切商定好之后，就只剩启动资金的问题了。李玲玲和合伙人工作的时间都不长，没什么积蓄，因此她们决定向银行申请贷款。

两人先去相关工商部门申请了营业执照，办理了国家税务登记等相关手续，拥有了经营许可证后，向商业银行提出了贷款申请。审核通过后，她们如愿获得了5万元贷款，可是5万元对她们来说还是不够，经过商量，两人决定各自向家里借钱，最终两人共同筹集了10万元。有了资金后，公司终于正式挂牌营业了，并先后招聘了10多名员工。这些员工大多数都是刚毕业的大学生，拥有专业知识而且上手快。很快，公司就接到了第1单咨询业务，让客户很满意。随后，公司又陆续接了几单业务，虽然合同金额不大，但维持公司的日常开销是没有问题的。

第一节　创业融资分析

一、创业融资概述

（一）创业融资

融资是指货币资金的融通。狭义上讲，融资是企业资金筹集的行为与过程，即企业根据经营现状及未来发展需要，通过一定的渠道、采用一定的方法、付出一定的代价向资金持有者筹集资金的经济行为。广义上讲，融资既包括资金的融入，也包括资金的融出，即企业通过一定的方式，在金融市场筹措资金或贷放资金的行为。

创业融资则是在创业背景下的资金筹措行为和过程。具体而言，创业融资是创业企业为实现创业目标，满足企业生存和发展需求，通过多方渠道，采取不同策略筹集所需资金的经济行为。创业企业在不同的发展阶段有不同的资金需求，因而需要根据企业发展路径，结合创业计划，以及企业发展战略，合理制订资金需求计划和创业融资方案。

（二）创业融资原则

企业在创办之初或者想扩大经营规模等时，没有足够的资金，往往会采用融资的方法解决。为了确保融资活动的顺利进行，企业在进行融资时应遵循以下原则。

1. 把握最佳融资机会原则

融资机会是指由有利于企业融资的一系列因素所构成的利于融资的环境和时机。从企业内部来讲，过早融资会造成资金闲置，而过晚融资又会造成投资机会的丧失；从企业外部来讲，由于经济形势瞬息万变，这些变化又将会影响企业融资的难度和成本。因此，企业若能抓住企业内外部变化提供的有利时机进行融资，就会比较容易地获得成本较低的融资资金。

2. 选择最佳融资方式原则

企业在融资时通常会有很多种融资方式可供选择，每种融资方式由于特点不同给企业带来的影响也是不一样的，而且这种影响也会反映到企业竞争力的影响上，所以企业应选择最佳融资方式。

3. 测算融资期限适宜原则

按照测算期限来划分，企业融资可分为短期融资和长期融资。究竟是选择短期融资还是长期融资，主要取决于企业融资用途和融资成本等关键因素。

4. 收益与风险相匹配原则

企业融资的目的是将融资资金投入企业运营中，并最终获取经济效益。在每次融资之前，企业往往会预测本次融资能够给企业带来的最终收益，收益越多意味着企业所获取的利润越多，因此融资总收益的多少成为企业融资的一大原则。实质上，企业通过融资取得收益的同时，也要承担相应的风险。创业者首先需要思考自己所能承受的最大风险，并在自己所能承受的最大风险范围内对收益与风险进行权衡，使收益与风险相匹配。

5. 融资成本最低原则

融资成本是决定企业融资效率的决定性因素之一，对企业选择何种融资方式有重要意义。一般情况下，按照融资来源划分的各种主要融资方式，按融资成本由高到低依次为财政融资、商业融资、企业内部融资、银行融资、债券融资、股票融资。

6. 保证企业有控制权原则

企业控制权是指相关主体能对企业施以不同程度的影响。对控制权的掌握具体体现在控制者拥有参与相关决策的权利，如能够参与企业决策，并对最终的决策有较大的影响。

7. 融资规模量力而行原则

确定企业的融资规模，在企业融资过程中也非常重要。融资过多可能导致企业负债过多，使其偿还困难，增加经营风险。而如果融资不足，又会影响企业的经营。因此，企业在进行融资决策之初，要根据企业对资金的需要、企业的实际条件及融资的难易程度，合理确定企业的融资规模。

二、所需资金测算

正确算量创业所需资金有利于确定筹资数额、降低资金成本。创业所需资金包括投资资金和流动资金。

（一）投资资金

投资资金是指为企业购买的固定资产，以及为开办企业而支出的一次性费用。作为创业者，必须预估投资资金。为了较准确地估算创业投资资金，需要分类列表，越详细越好。创业者可以集思广益，先列出所需要的一切，从有形商品（如场地、库存、设备和固定设施）到专业的服务（如装潢、广告），分门别类，然后逐项测算创业启动所需支付的费用。

投资资金主要包括三类：场地和建筑、设备，以及一次性费用。

1. 场地和建筑

在筹集资金前，要清楚企业需要什么样的场地和建筑，然后确定采取何种形式来获取，一般来说有四种方案。

（1）建造新房。如果企业对场地和建筑有特殊要求，最好自己建房子，但这需要大笔的资金和比较长的时间。

（2）购买现房。如果能在交通便利的地点找到合适的建筑，购买现成的房屋既简单又快捷。但是这也需要大笔的资金。

（3）租房。这是很多创业者普遍采取的方式，租房所花费的资金少，而且方便灵活。但是租房缺乏稳定性，而且装修也需要一笔资金。

（4）在家开业。这种方式最便宜，对于大学生而言，在家开业是起步的好方法，待企业发展后再租房和买房都不迟。

2. 设备

设备是指创办企业所需的机器、工具、工作设施、车辆、办公家具等。制造商和从事服务行业对设备的需求较大，因此这类企业需要在设备上投入大量的资金，特别需要明确企业需要哪些设备和选择准确的设备类型。

3. 一次性费用

一次性费用主要是指开业前产生的一些费用支出，如开办费，包括开业前市场调查费、培训费、差旅费、印刷费、注册登记费、装修费等。

（二）流动资金

企业在创建后要运转一段时间才能有销售收入。所以为了维持企业的正常运转，企业还需要一定数量的流动资金。流动资金主要包括以下几方面的费用支出。

（1）购买并储存原材料和成品。如果是制造商，生产产品需要原材料，而且要保证原材料有一定量的库存，这就需要一定的资金；如果是服务商，也需要一些材料备用，还必须预估在顾客付款之前提供服务需要多少材料库存，这就需要花费一定的资金；如果是零售商或批发商，也需要储存商品来出售。

（2）促销费用支出。企业在开张前，为促销自己的产品或服务而采取活动的费用。

（3）工资支出。工资支出包括雇佣员工的薪水支出和自己以工资方式支付的家庭生活费用。

（4）租金。租金是指企业用地、用房的费用，这里要注意的一点是租金可能是 3 个月或 6 个月一付，将会占用更多的流动资金。

（5）保险。用于投保所支出的费用。

（6）其他费用。包括设计费、办公用品费、交通费。

三、融资渠道

大学生创业者大多没有个人积蓄，也没有房、车等抵押财产，人脉资源也比较欠缺。因此，大学生创业时实际能够选择的融资渠道较少，主要包括债权融资（即向家人及亲戚朋友借款、大学生创业贷款、银行贷款）和股权融资（即创业资本融资、天使融资、私募股权投资）等。

（一）债权融资

债权融资就是指创业者以一定条件，向资金供给者借钱，到期偿还本金和利息的融资方式。就是职业者不卖出自己的投权，投资者也不做创业者的合伙人或者股东，而只是借款给创业者，收取一定的利息。

常见的使权融资方式有以下三种。

1. 向家人及亲戚朋友借款

初创企业所需的资金具有高度的不确定性，一般情况下需求量较少，因此在这一阶段，除了大学生创业者本人的资金外，家人和朋友的借款是最为常见的资金来源，他们之间有一定的亲情、友情关系，更容易建立信任感。当然，大学生创业者也应该全面考虑投资的正面、负面影响及其风险性，以公事公办的态度将家人或朋友的借款与其他投资者的资金同等对待。任何借款都要明确规定利率及本息的偿还计划，对所有融资的细节都需达成协议，如资金的用途、资金的数额和期限、企业破产的处理措施等，最后形成一份相关的正规书面协议。

大学生创业者还要注意，家人或朋友的借款都应建立在自愿的基础上，在接受他们的资金时，大学生创业者应仔细考虑公司破产可能带来的艰难局面。

2. 大学生创业贷款

大学生创业贷款是银行等资金发放机构对各高校学生（专科生、本科生、研究生等）发放的无抵押、无担保的大学生信用贷款，它可以帮助大学生更好地实现创业梦想。

（1）大学生创业贷款申请条件。

①申请者年满 18 周岁，具有合法、有效的身份证明和贷款银行所在地的合法居住证明，有固定的住所或营业场所。

②申请者持有工商行政管理机关核发的营业执照及相关行业的经营许可证，从事正当的生产经营活动，有稳定的收入和还本付息的能力。

③申请者的投资项目已有一定的自有资金。

④贷款用途符合国家相关法律和银行信贷政策规定，不允许用于股本权益性投资。

⑤在银行开立结算账户，营业收入经过银行结算。

（2）大学生创业贷款申请资料。

①申请者及配偶身份证件（包括居民身份证、户口薄或其他有效居住证原件）和婚姻状况资料。

②申请者个人或家庭收入及财产状况等还款能力证明材料。

③申请者营业执照及相关行业的经营许可证，贷款用途的相关协议、合同或其他资料。

④申请者担保材料，包括抵押品或质押品的权属凭证和清单，有权处分人同意抵（质）

押的证明，银行认可的评估部门出具的抵（质）押物估价报告。

（3）大学生创业贷款申请流程。

①到当地劳动保障部门领取就业失业登记证等相关必要证件，并准备好创业项目的相关资料。

②到当地劳动保障部门申请贷款支持，劳动保障部门审核通过后就会将该项目推荐到相关银行。

③银行在审查完担保条件并进行实地项目考察后，如果全部合格就会发放贷款。如果手续齐全，整个贷款流程大约公委 1 个月时间。

（4）大学生创收贷款优惠政策。

①优先贷款支持，适当发放信用贷款。对于能提供有效资产抵（质）押点优质客户担保的，可由高校毕业生作为借款主体，其家庭或直系亲属家庭成员的稳定收入差有效资产作为相点的联合担保。对高校毕业生的创业贷款，在风险可控的基础上可适当发放信用贷款。

②简化贷款手续。通过简化贷款手续，合理确定投信贷款期度，在一定期限内周转使用。

③利率优惠。对创业贷款给予一定的优惠利率支持，视贷款风险度不同，在法定贷款利率基础上可下调或少上浮。

3. 银行贷款

银行贷款是初创企业最常采用的融资渠道。

（1）担保贷款。担保贷款是指以担保人的信用为担保而发放的贷款。随着国内中小企业信用担保体系的建立和完善，目前各地均有专业的信用担保机构。如果大学生创业者缺乏合格的抵押物品，就可以向信用担保机构申请担保贷款。

（2）抵押贷款。抵押贷款是指按照《中华人民共和国担保法》规定的抵押方式，以借款人或第三人的财产作为抵押物发放的贷款。办理抵押贷款时，应有银行保管抵押物的有关产权证明，贷款金额一般不超过抵押物评告价的 70%，个人贷款的最高限额为 30 万元。

【资料链接】

用废弃的厂房抵押贷款

江建北在一家外贸服装企业工作 5 年后，积累了一定的资金和客户资源，于是他打算自己创业开一家服装厂。经过一番计算，江建北发现如果要开办一家小规模的服装厂至少需要 80 万元的设备和周转资金，以及一间面积为 100 平方米的厂房。江建北的朋友建议他找一间旧厂房来重新整修，这样可以节约成本。于是，江建北在离城区较近的镇上找到了一家濒临破产的砂石厂。该厂已经有两年时间没有投入生产了，老板也找不到合适的买家，因此开价非常低。就这样，江建北获得了砂石厂的所有财产和厂房

解决了厂房的问题，江建北就开始筹资。虽然自己有一部分积蓄，但还差 50 万元，这可是一笔不小的数额，到哪里去筹呢？亲朋好友那里恐怕也借不到这么多钱。于是江建北想到了去银行贷款。银行的贷款人员告诉江建北，贷款需要提供担保，一时可难坏了江建北。他转念一想，自己的砂石厂不就是现成的抵押物吗？

就这样，江建北用自己低价接手的砂石厂做抵押，完成了前期资金的筹集，解决了厂房和资金的问题。但同时江建北也背负了很重的债务，需要通过自己的努力来偿还。

（3）质押贷款。质押贷款是指以借款人或第三人的动产或权利作为质押物发放的贷款、大学生创业者可用自己或者亲朋好友（需要本人书面同意）未到期的存单、国债、国库券等，作为资产从银行申请有价证券面值 80%～90%的贷款。与抵押贷款相比，质押贷款中，借款人或第三方的动产或权利凭证被转移给了银行。

（4）贴现贷款。贴现贷款是指借款人在急需资金时，以未到期的票据向银行申请折现而融资的贷款方式。贴现贷款具有流动性高、安全性高、自偿性强、用途确定、信用关系简单等特征。贴现贷款与质押贷款的区别：贴现是由银行购买借款人的未到期票据，而质押则是转移了动产或利的占有权。

（5）信用贷款。信用贷款是指银行仅凭对借款人资信的信任而发放的贷款。借款人无须向银行提供抵押物或担保。相对抵押贷款而言，信用贷款更加便捷和人性化，没有抵押物，手续便捷，借款人的门槛也比较低。只要借款人工作稳定、缴费记录良好等就能申请贷款。信用贷款渐趋流行，但银行对信用贷款的信用审核严格，贷款额度相对较低，适合作为大学生创业者短期内的小额贷款。

（二）股权融资

股权融资是指企业的股东愿意出让部分企业所有权，通过增资的方式引进新股东，同时使企业总股本增加的一种融资方式。

股权融资包括创业者自己出资、争取国家财政投资、与其他企业合资、服引投资基金投资及公开向市场筹集发行股票等方式。自己出资是股权融资的最初阶段，发行股票是最高阶段。下面对创业资本融资、天使融资和私募股权投资三种融资方式进行具体介绍。

1. 创业资本融资

创业资本在我国又被称为“风险资本”或“风险投资”，是由创业资本家（或其他出资人和机构出资，这是一种既希望得到高回报又要承担高风险的权益资本。创业资本的投资额一般较大，在投入资金的同时也会拥有一定的管理权限，并且会随着所投资企业的发展而逐步增加投资。

下面对创业资本的特点和融资技巧进行介绍：

（1）创业资本的特点。

①高度风险性。由于风险投资者主要的投资对象是刚刚起步或尚未起步的高科技创业企业，这些企业各方面的资源都比较匮乏，市场上消费者的认可度也不高，管理团队的企业经营经验也较少，因此投资的风险和失败率都非常高。

②超额回报率。与高度的投资风险性伴随的是高额的回报。风险投资者注入投资资金后，往往会与创业者签订一系列的投资条款，以方便其在企业成长之后收回投资。其中，上市是投资成功的一个重要标志，此时，风险投资者可以在金融市场上出售自己的股份，获得风险投资的高额回报。

③投资专业化。由于风险投资的高度风险性和长期性，为了降低投资失败率，风险投资者往往更愿意向自身熟悉的产业投资，即风险投资者一般要求所投资的企业具备很高的专业水准。在投资并介入企业运作后，风险投资者也会提供专业化的增值服务，给予企业针对性的战略支持。

④权益性投资。权益性投资是风险投资的首要特征。风险投资者更看重投资对象的发展

前景和投资增值状况，以期在未来通过上市或出售取得高额回报。权益性投资的特点决定了风险投资其他方面的特征。

⑤投资中长期性。风险投资的流动性较小，具有中长期性的特点。在实际投资的时候，常见的投资方式是分期投资。

⑥投资者积极参与。为降低投资风险，风险投资者在向企业投入资金的同时，必然会介入该企业的经营管理（即拥有企业的部分控制权），参与企业的战略决策，在必要时甚至会解雇企业的管理者，以保证企业更好地发展。

（2）创业资本融资的技巧。创业资本的获得除了取决于创业企业的自身条件，还需要借助一定的融资技巧。创业资本融资的技巧有以下五种。

①了解风险投资者的想法。风险投资者一般会努力寻求基本素质高的创业者。如果创业者具备诚信正直、活力充沛、学识渊博、创新能力强等素质，将会更容易吸引风险投资者的关注。

②考虑风险投资者的偏好。风险投资者更偏好具有领先优势的企业，尤其是领先的技术及产品。因为高技术行业本身就有很高的利润，而领先的受保护的高技术产品就更容易使创业企业打入市场。并使其在激烈的市场竞争中立于不败之地。

③考虑地域与技术领域因素。一般的风险投资者都有专门的投资领域，包括地理区域和技术领域，此地理区域而言，风险投资者所投资的企业大多分布在风险投资者所在企业的附近区域，这主要是为了便于沟通、控制和节约成本。就技术领域而言，风险投资者通常只对自己所熟悉行业的企业或自己所了解的技术领域的企业进行投资。

④企业规模。大多数风险投资者更偏爱发展空间大而规模小的企业。这是因为小企业技术创新效率高、有更多的活力，更能适应市场的变化。与此同时，小企业的规模小，需要的资金量少，风险投资者所要承担的风险也会更少。另外，企业的规模小意味着发展空间大，同样的投资额可能会获得更多的收益。

⑤文件准备。在和风险投资者洽谈融资事宜之前，应该准备 4 份文件，这 4 份文件分别是投资建议书、创业计划书、金融调查报告、营销材料。

2. 天使融资

天使融资（angel investment）是自由投资者或非正式风险投资机构对原创项目构思或小型初创企业进行的一次性前期投资。天使融资并非单独的融资渠道，而是风险投资的一种，与常规意义上的风险投资相比，二者既有相同点又有不同点。投资专家说，好比对一个学生进行投资，风险投资者着眼于大学生，机构投资商更青睐中学生，而天使投资人则最愿意培育处于萌芽阶段的小学生，下面将对天使融资的特点和获取渠道进行介绍。

（1）天使融资的特点。

①带有强烈的感情色彩。创业者要说服天使投资人投资常常需要一定的感情基础，或者对方是志同道合的朋友，或者有熟悉人士的介绍等。

②天使投资人曾是创业者。天使投资人大多曾经有过创业经历，且常是某一行业的专家，可以为创业企业提供极为宝贵的咨询意见。

③天使投资人看待投资项目目光较为短浅，因为天使投资人是使用自己的资金进行投资，对投资回报的期望较高，所以通常天使投资人对创业者的忍耐力不强、目光较为短浅。

④融资程序简单快捷，但融资额度有限，由于天使投资人只代表自己进行投资，投资行为带有偶然性和随意性，没有复杂而烦琐的投资决策程序，投资决策主要基于天使投资人自己，因此投资决策程序简单，但金额也有限。

（2）天使融资的获取渠道。一般情况下，创业者可以通过以下途径寻找到自己企业的天使投资人。

①直接去找自己心目中的“天使”。创业者往往都有崇拜的企业家，他们在创业者所属的行业内具有很高的声望和实力。创业者在适当的情况下可以直接上门，去说服这些行业内的权威者。

②参加天使投资人的聚会。天使投资人大多会有一些经常性的聚会，以交流投资心得，寻找投资项目和探索合作机会。创业者如果知道有关活动的消息，可以直接前去参加并提交自己的创业计划书或是做一些有关的项目展示。

③利用中介。创业者可以通过自己的财务顾问、法律顾问或有关的金融融资机构去联系天使投资人。

3. 私募股权投资

私募股权投资（private equity，PE）是指通过私募形式对企业进行的权益性投资，在交易实施过程中附带考虑了将来的退出机制。对于私募股权投资的具体含义，可以从广义和狭义两个方面来理解。

（1）广义上的 PE 是指该企业首次公开发行前各阶段的权益投资，即对处于种子期、初创期、发展期、扩展期、成熟期等各时期的企业进行投资。

（2）狭义的 PE 主要是指对已经形成了一定规模的，并产生稳定现金流的成熟企业的私募股权投资，其中并购基金和夹层资本在资金规模中占最大的一部分。我国 PE 主要是这一类投资。

需要注意的是，只有当创业企业发展成熟，已经具备一定的上市基础，并达到了 PE 要求的收入或盈利时，才适合寻找私募股权投资。此时创业企业需要提供必要的资金和经验来完成首次公开募股（initial public offering，IPO）所需要的重组架构，提供上市融资前所需要的资金，按照上市的要求梳理企业的治理结构、盈利模式，募集项目，以便在 1~3 年内上市。

【资料链接】

林先生创建料理店的典当融资

2007 年，林先生自日本留学归来，在某地开了一家大型的日本料理店。然而，由于店面规模过大，经营成本过高，盈利状况不甚理想。林先生了解到西郊百联商场顾客流量很大，判断在那里开一家日本料理分店，应当会有不错的收益。林先生准备用扩张经营的办法改善目前单一店面的经营困境，然而由于现有的料理店沉淀了太多的可周转资金，林先生手上的自有资金不足以再开新店。于是他联系到一家典当行，希望以自己的房子作抵押，换取资金，以在西郊百联买下一个商位，开出自己的第二家日本料理店。对林先生的房子经过鉴定评估，典当行认为符合抵押条件，便贷款给林先生 20 余万元。现在，林先生在西郊百联商场租下了一间 70 平方米的铺位，料理店红红火火地运作起来。短短的几个月，这间小小的料理店便迅速赢利，林先生庆幸自己当初选择典当融资的明智决定。

四、融资策略选择

创业融资不只是一个技术问题，还是一个社会问题，应从建立个人信用、积累社会资本、撰写创业计划、测算不同阶段的资金需求量等方面做好准备。

（一）创业不同阶段的融资渠道

创业企业融资具有阶段性特征，创业企业完整的财务生命周期主要由不同的业务发展阶段组成，即种子期、创立期、成长早期、快速成长期和成熟期。在不同的阶段，创业企业基于不同的业务重点有不同的资金需求，因为创业企业主要采取的是一种商机驱动型财务模式，蒂蒙斯将其描述成商机引导并驱动了商业战略，然后又驱动了财务需求、财务来源、交易结构，以及财务战略。在不同阶段，由于直接驱动力量的不同，企业的财务需求各不相同，企业所面对的可获得的财务资源也呈现出很大的差异。

①种子期和创立期。个人融资和家庭朋友融资是最主要的资金来源，创业者无法得到更多的股权融资，很难满足企业进一步发展的需求。

②成长早期。成功的创业计划书吸引风险资本介入，加上公司最初的内部积累，公司的融资渠道有所扩展。

③快速成长期。相对于受驱动的财务需求，原有资金规模仍然显得过小，但企业快速成长会吸引更多的风险投资和证券投资。

④成熟期。创业企业往往把公开上市作为一个较为彻底的解决方案，在创业市场的经济环境中，此阶段上市意味着正好利用资本市场来丰富企业可利用的财务资源，满足创业企业高成长的资金需求，创业板上市不仅是创业企业发展成为成熟企业的重要渠道，而且能满足参与创业的资金（如风险投资）退出的要求。

因此，在不同的创业发展阶段，创业企业具有不同的特点，创业企业在不同发展阶段通常可能选择不同的融资渠道，不排除个别创业企业在某些发展阶段有其他融资渠道。例如，天使投资人可能在企业成长的种子期就投资创业企业。创业者、家庭、朋友的资金也有可能在企业成长的其他阶段继续投资于创业企业。

（二）创业融资顺序的选择

创业企业融资时，应首先考虑内部融资，然后考虑外部融资，而在外部融资中，首先是债务融资，然后是股权融资。一般而言，在小企业起步时期，外部债务融资优于外部股权融资，因为债务融资可以有效减少外部所有权和控制、逆向选择等问题。此时，企业除了有少量的风险资本外，其股权资本的大部分来自业主、创业团队的其他成员，以及家族和好友。但是，当企业需要大规模融资时，外部股权融资就显得极其重要了。

（三）融资对企业控制权的影响

财务杠杆和财务风险是企业在筹措资金时通常需要考虑的重要问题，同时又是一种两难问题，企业既要尽可能加大债权资本在企业资本总额中的比重，以充分享受财务杠杆利益，又要避免由于债权资本在企业资本总额中所占比重过大的问题，给企业带来的财务风险。严重依赖债权融资的公司常被称为“高杠杆公司”。高杠杆意味着债权融资比例高，这种高杠杆只有在企业经营状况良好、收益稳定的情况下才能奏效，创业企业的过度杠杆（负债）融资比成熟企业的过度杠杆融资更加危险，这是因为创业企业对市场因素的变化更加敏感。但是，采用股权融资就意味着企业控制权和所有权的部分丧失。有时，这不仅直接影响企业生产经营的自主性、独立性，导致企业利润分流，原有股东的利益遭受巨大损失，还可能影响企业的近期效益与长远发展，过度依赖股权融资甚至可能导致公司所有者破产。可见，在考虑融资的代价时，只考虑成本是不够的，当然，在某些特殊情况下，不能一味固守控制权不放，比如，一个急需资金、濒临破产的小型高科技企业，在面对某些投资公司拟投入巨额资金，但要求较大比例控股权的情形时，一般应该从长计议，在股权方面做出适当让步。

【资料链接】

乔布斯的一次致命错误

过度依赖股权融资可能会导致公司所有者垮台。苹果公司的创始人之一史蒂夫·乔布斯就曾犯了这样一个致命错误。当初，史蒂夫·乔布斯和伙伴史蒂夫·沃兹尼亚克创业时，都是两手空空的年轻人，他们无法采取负债融资的方式，为了筹集资金只好卖出公司的大量股权。到 20 世纪 80 年代中期，苹果公司经营业绩已经非常出色了，乔布斯雇用了百事总执行官约翰·斯卡利（John Sculley），让他接任苹果公司的首席执行官。但斯卡利发现，他无法约束傲慢且专制的乔布斯，所以，他决定让乔布斯离开。斯卡利开始向苹果公司的董事会宣布该信息，使他们相信乔布斯开始对公司产生分裂影响。1985 年 5 月，斯卡利联合董事会针对乔布斯进行投票，由于投票的多少和股东拥有的股份有一定关系，而乔布斯并没掌握足够多的股票来对抗斯卡利，因此在投票中失败了。就这样刚刚过完 30 岁生日的乔布斯被赶出了自己亲手创办的苹果公司。

第二节　创业企业的财务报表

一、财务报表概述

（一）财务报表的概念

财务报表是反映企业或预算单位一定时期资金、利润状况的会计报表。我国财务报表的种类、格式、编报要求，均由统一的会计制度作出规定，要求企业定期编报。国营工业企业在报告期末应分别编报资金平衡表、专用基金及专用拨款表，基建借款及专项借款表等资金报表，以及利润表、产品销售利润明细表等利润报表；国营商业企业要报送资金平衡表、经营情况表及专用资金表等。

财务报表包括资产负债表、损益表、现金流量表，或财务状况变动表、附表和附注。财务报表是财务报告的主要部分，不包括董事报告、管理分析及财务情况说明书等列入财务报告或年度报告的资料。

（二）财务报表产生的过程

财务报表是企业财务工作的最终成果，企业会计工作的本质是对企业经济活动的货币信息逐步进行高度概括，使之有条理的过程。这个过程主要分为三部分。

第一部分是凭证。通过凭证将企业纷繁杂乱的经济信息，按会计制度要求进行分类，将同类型多记入相同会计科目。

第二部分是账簿。账簿是对会计信息的进一步系统化，将同类型的凭证业务按某一特定时期集中登入同一账页，对企业信息进行第二次归类。金字塔不是一天建成的，也不是一步到顶的，它需要一个循序渐进、逐步递增的过程，账簿就是这样一个过程，它通过明细账把凭证信息进一步汇总，通过总账再汇聚一次信息，慢慢地就接近了金字塔的顶峰——财务报表。

第三部分是报表。在日常会计核算中，企业虽然已经通过记账将发生的各种经济业务归类登记在会计账簿中，但就某一个会计期间的企业活动整体状况而言，账簿所提供的会计信息仍显分散化，还必须进行分类汇总，编制相应的财务报表，才能使企业整体状况一目了然。

（三）财务报表对创业者的重要性

创业者在激烈竞争的环境中从事经营，政府管制、竞争、资源都会对企业造成不同程度的影响。特别是资源方面，没有任何一家企业能够拥有无限的资源。因此，为了在竞争中取胜，创业者必须进行有效分配，包括人力、原材料及资金等。本章内容主要针对创业的财务方面，将从财务报表这一管理计划工具开始介绍，进而探讨如何将预算过程转变为预计财务报表，通过盈亏平衡及比率分析对企业利润进行规划。

财务信息是对营销、分销、生产、管理等事务的集中反映，对业务判断及曾经的运营状况进行量化。创业者通过对一些条件的假设来分析数据的由来，企业其他运营信息也与此相关。制订计划所依据的假设条件应清晰准确，因为没有它们，其他数据将失去意义。创业者应慎重考虑所设定的假设条件，这样才能有效评估企业的财务状况。

二、财务报表分类

从不同的角度去看一件物品、一个人或一个故事，可能呈现出完全不同的面貌。同样地，想了解一个事物不同的面貌，应从不同的方向来认识和把握。现在，我们就从不同的角度来认识财务报表。财务报表的内容包罗万象，是企业财务信息的高度浓缩，它需要我们从不同角度去理解和分析。财务报表可以按照不同的标准进行分类。

（一）按服务对象分类

财务报表按服务对象可以分为外部报表和内部报表。外部报表是企业必须定期编制，定期向上级主管部门、投资者、财税部门等报送或按规定向社会公布的财务报表。这是一种主要的、定期规范化的财务报表。它要求有统一的报表格式、指标体系和编制时间等，资产负债表、利润表和现金流量表等均属于外部报表。

内部报表是企业根据其内部经营管理的需要而编制的，供其内部管理人员使用的财务报表。它不要求统一格式，也没有统一指标体系，成本报表就属于内部报表。

（二）按编制和报送的时间分类

财务报表按编制和报送时间分为中期财务报表和年度财务报表。广义的中期财务报表包括月份、季度、半年期财务报表。狭义的中期财务报表仅指半年期财务报表。

年度财务报表是全面反映企业整个会计年度的经营成果、现金流量情况及年末财务状况的财务报表。企业每年年底必须编制并报送年度财务报表。

（三）按照编报主体分类

财务报表按照编报主体可以分为个体财务报表和合并财务报表。个体财务报表是指在以母公司和子公司组成的具有控股关系的企业集团中，由母公司和子公司各自为主体，分别单独编制的报表。

合并财务报表是以母公司和子公司组成的企业集团为会计主体，以母公司和子公司单独编制的个体财务报表为基础，由母公司编制的综合反映企业集团经营成果、财务状况及其资金变动情况的财务报表。

三、财务报表的基本构成

（一）财务预算与资本预算

在编制预计利润表前，创业者需要准备营业预算与资本预算。如果创业者是独资经营者，那么他理应对预算进行决策。在有合伙人的情况下，或者有雇员的情况下，最初的预算过程可以开始于他们中的任何人，这取决于他在企业中的角色。例如，销售预算由销售经理准备，生产预算由生产经理完成等，而这些预算最终的决策将由企业的所有者或创业者来完成。

在准备预计利润表前，创业者必须首先做一个销售预算，即估计每月的销售数量是做销售预算的关键。存在许多不同的方法可以用于预测销售，从特定的定性方法到更多的定量方法，一些方法如回归分析、时间序列、平滑指数法不是本书研究的范畴。在许多实例里，创业者依靠更多的定性法去估计销售额。从销售预测开始，创业者就要决定这些销售的成本。在制造业企业中，创业者能够对这些生产成本进行内部比较，或者将其转包给其他制造商，同时也包括对期末存货需求进行估计，作为估计直接人工、原材料可能波动需求与成本的基础。

表 12-1 展示了一家企业运营前三个月的生产制造预算的样本表格。这将成为对这些产品（其中包括库存中的部分）生产成本的现金流进行预测的重要依据，这个预算的重要信息就是每月所需的实际产量和必要的以便满足需求突变的库存量。从表 12-1 中可以看出，1 月所需产量要大于预计销售量，这是因为要保留 100 件作为库存，2 月实际产量要考虑到 1 月的库存，同时要考虑当月的库存需求，如此，每月库存的需求量将会随着销售量的增加而增加。这样预算决定了真正需要多少资金和资金的使用用途。在随后这节讨论的预计利润表中，其费用不包括存货的成本，除非它被真正地销售出去（作为商品成本体现在报表中）。因此，在那些需要高库存，或者季节性需求变化明显的企业中，这种预算是估计现金需求的一种非常有效的手段。

表 12-1　企业前三个月生产预算的示例　　单位：件

指标	1 月	2 月	3 月
预计销售量	5000	8000	12000

续表

指标	1 月	2 月	3 月
预期期末库存	100	200	300
可用销售量	5100	8200	12300
减：期初库存	0	100	200
所需总产量	5100	8100	12100

完成销售预算后，创业者开始关注营运成本了。首先应该完成一份固定费用清单（与销售量无关），如租金、水电费、工资、广告费、折旧和保险费。对这些项目的成本估计可以通过个人经验或行业标准来确定，还可以通过与房地产经纪人、保险代理，以及顾问的直接接触来确定。对预计扩大空间、新雇员工和增加广告投入的预测可以适当地加入这个预算中。每个月的费用不同主要是由销售活动和市场战略的改变造成的，包括劳动力、原材料、运输和招待费用等。这些多样的费用必须与商业计划中的战略相关。表 12-2 给出了一个营业预算的例子。在这个实例中，我们可以看到：由于增加了一个发货人，第三个月的工资增加了，由于这个产品的主要销售季节的临近，广告投入增加了，由于增加了雇员，工薪税也增加了。这个营业预算加上表 12-1 的生产预算，为本章所讨论的预算报表提供了基础。

表 12-2　企业前三个月的营业预算示例　　单位：k 美元

费用	1 月	2 月	3 月
工资	23. 2	23. 2	26. 2
租金	2	2	2
水电费	0. 9	0. 9	0. 9
广告费	13. 5	13. 5	17
销售费用	1	1	1
保险费	2	2	2
工薪税	2. 1	2. 1	2. 5
折旧	1. 2	1. 2	1. 2
办公费	1. 5	1. 5	1. 5
费用合计	47. 4	47. 4	54. 3

资本预算将提供影响企业一年以上的费用估算依据，例如，资本预算将预计新设备、车辆、计算机，甚至是新工厂的耗费。资本预算还要权衡在生产过程中，制造成本与购买成本的大小，以及租赁设备、购买旧设备或者购买新设备的费用比较。由于这些决策的复杂性，包括资本成本的计算和用现值法估算的投资回报，建议创业者寻求会计人员的协助。

（二）销售预算

销售预算一般是企业生产经营全面预算的编制起点，生产、材料采购、存货费用等方面的预算，都要以销售预算为基础。销售预算把费用与销售目标的实现联系起来。销售预算是一个财务计划，它包括完成销售计划的每一个目标所需要的费用，以保证公司销售利润的实现。销售预算是在销售预测完成之后才进行的，销售目标被分解为多个层次的子目标，一旦这些子目标确定后，其相应的销售费用也被确定下来。销售预算以销售预测为基础，预测的主要依据是对各种产品历史销售量的分析，结合市场预测中各种产品发展前景等资料，先按产品、地区、顾客和其他项目分别加以编制，然后加以归并汇总。根据销售预测确定未来期间预计的销售量和销售单价后，求出预计的收入：

预计销售收入=预计销售量×预计销售单价

销售预算方法包括定量的方法和定性的方法，大多数初创企业不采用任何定量方法，更多的是依靠定性的方法估计销售。这里我们主要是使大家明白如何用简单可行的定性方法预计销售。首先，创业者要收集同行业中其他初创企业的任何信息，通过分析他们的经历，往往可以得出早期销售的合理期望。当地商会或任何其他商业组织，可以提供在第一年内销售的信息。不管创业者用哪种方法，他们必须知道销售预测也许不正确，因为这是创业者就不同层次的活动提供的销售预测，销售预测可以显示在一个水平，或者几个，如低于5%或低于10%的水平上。任何销售预测都反映了不同市场的假设，显示了成本与利润及每个销售预测的损失。预计利润表需要每月的预算，重要的是它不只是做一个销售预测的和除以 12，每个月的销售可能会有所不同，这取决于产品的季节性，这种季节性需要体现在月度预测中。除此之外，战略的改变也将影响销售，在估计销售预算时也应对此进行考虑。用尽可能多的信息去估计销售预算可以提供一个更为有意义的预计利润表。

（三）资产负债表

一个公司有多少钱，看看它的资产负债表，通俗地讲，资产负债表就是反映会计主体在特定日期的资产、负债情况。

资产负债表是反映企业会计期末的资产、负债和所有者权益状况的报表，它反映企业经营活动的规模和发展潜力。资产负债表的信息包括：

1. 企业的资产分布状况

通过资产负债表，我们可以了解企业的总资产、流动资产、非流动资产、长期投资，以及固定资产等信息。通过这些信息，我们可以了解企业在这一日期所拥有或控制的各种资源的构成及其分布情况，分析资源的配置是否节约、合理。

2. 企业的负债分布状况

通过资产负债表，我们可以了解企业的总负债、长期负债、短期负债，以及应付债券等信息。通过这些信息，我们可以了解企业某一日期的负债总额及结构，了解企业负担的长期债务和短期债务数额及偿还时间，清楚企业未来需要用多少资产或劳务清偿债务，联系有关的资产项目进行对比分析，还可以了解企业的偿债能力和支付能力。

3. 企业的净资产情况

企业的净资产是指总资产减去总负债的净额，又称为所有者权益。通过资产负债表，我们可以了解投资者在企业资产中所占有的份额，了解所有者。

表 12-3 列出了 MPP 塑料公司的资产负债表。从表中可以看出，资产总和等于负债与所有者权益总和。其中每一项解释如下。

表 12-3　MPP 塑料公司第一年年末资产负债表　　单位：美元

资产	金额	合计
流动资产		
货币资金	41.5	
应收账款	52.0	
存货	1.2	
流动资产合计		94.7
非流动资产		
固定资产	72.0	
减：累计折旧	14.4	
非流动资产合计		57.6
资产总计		152.3
负债和所有者权益		
流动负债		
应付账款	13.0	
负债合计		13.0
所有者权益		
股本：甲	100.0	
股本：乙	100.0	
股本：丙	100.0	
未分配利润	160.7	
所有者权益合计		139.3
负债和所有者权益总计		152.3

①资产。它代表了企业所拥有的所有价值。价值并不一定意味着变现成本或其市场价值，而是指实际成本或费用。资产分为流动资产和固定资产。流动资产包括现金及其他任何在一年或更短时期内预期可转换成现金或用于消费的资产项目。固定资产是指那些使用寿命是相当长的一段时间的有形资产。流动资产主要来源于新企业的客户应收账款或者现金。管理好这些应收账款对于公司的现金流非常重要，因为客户偿还账单时间越长，新创企业的现金压力越大。

②负债。其账户代表欠债权人的一切。其中一些是一年内兑现的流动负债，其他的是长期负债。在我们的 MPP 塑料公司的例子中没有长期负债，因为投资的资金来自创始人的初始投入。不过，为了将来购置设备或额外的资本增长，企业家需要从银行借钱，那么在资产负债表中，长期负债将以应付票据的形式显示，相当于借款的本金。如前所述，这些票据的利

息在利润预算中列为费用，任何的本金偿还都将在现金流量表中体现，随后年末的资产负债表上将只显示应付票据余额。虽然迅速支付应付账款可以建立良好的信用评级以及与供应商良好的关系，但为了更有效地管理现金流，往往需要延期付款。理论上，任何企业的所有者都希望厂商能准时支付货款，以便自己可以准时支付任何到期的账款。不幸的是，在经济衰退期，为了更好地管理现金流，许多公司拖欠账款。而这种策略的问题是，创业者可能觉得减缓支付账单将产生更好的现金流，但他们可能发现客户也在想同样的事情，其结果就是没有任何人获得现金优势。

③净资产/所有者权益。其数额等于资产超过负债的数额，它代表经营的净值。MPP 塑料公司的三位所有者投入的 300000 美元，是包括在所有者权益或资产负债表中的净值部分。经营产生的任何利润也都将纳入净值作为留存收益。在 MPP 塑料公司的例子中，由于第一年遭受的净亏损，其留存收益是负的。因此，收入增加了资产和所有者权益，而费用减少了所有者权益，同时也增加了负债或减少了资产。

（四）利润表

1. 利润表的概念

利润表就是基于权责发生制的重要理论编制的，反映企业一定会计期间（月度、季度、半年度或年度）生产经营成果的会计报表。例如，年度利润表就是反映 1 月 1 日至 12 月 31 日经营成果的报表。

企业一定会计期间的经营成果既可能表现为盈利，也可能表现为亏损，因此，利润表也被称为损益表。它全面揭示了企业在某一特定时期实现的各种收入，发生的各种费用、成本或支出，以及企业实现的利润或发生亏损的情况。

利润表是根据“收入－费用＝利润”的基本关系来编制的，其具体内容取决于收入、费用、利润等会计要素及其内容，利润表项目是收入、费用和利润要素内容的具体体现。从反映企业经营资金运动的角度看，它是一种反映企业经营资金动态表现的报表，主要提供有关企业经营成果方面的信息，属于动态会计报表，而资产负债表是典型的静态报表。

2. 利润表的作用

编制利润表的主要目的是将企业经营成果的信息提供给各种财务报表使用者。这些信息作为依据或参考数据，协助财务报表使用者进行各项有效决策。具体来说、利润表的主要作用有以下几点。

（1）可据以解释、评价和预测企业的经营成果和获利能力。经营成果通常指以营业收入、其他收入抵扣成本、费用、税金等的差额所表示的收益信息。经营成果是一个绝对值指标，它可以反映企业财富增长的规模。获利能力是一个相对指标，它指企业运用一定经济资源（人力、物力）获取经营成果的能力。

（2）可据以解释、评价和预测企业的偿债能力。偿债能力是指企业以资产清偿债务的能力。利润表本身并不提供偿债能力的信息，然而企业的偿债能力不仅取决于资产的流动性和资本结构，也取决于获利能力。企业在个别年份获利能力不足，不一定影响偿债能力，但若一家企业长期丧失获利能力，则资产的流动性必然由好转坏，资本结构也将逐渐由优变劣，陷入资不抵债的困境。

（3）企业管理人员可据以做出经营决策。企业就是通过比较和分析利润表中各种构成要素，知悉各项收入、成本、费用与收益之间的消长趋势，发现各方面工作中存在的问题、找出差距、改善经营管理、努力增收节支、杜绝损失的发生，才能做出合理的经营决策。

（4）可据以评价和考核管理人员的绩效。千军易得，良将难求，有很多优秀的中高层管理人员，他们承担着把握企业发展方向、制定营销规划的重大责任，这些人的绩效直接影响着公司业绩的好坏。反过来说，公司业绩也是检验他们绩效的一个评价标准。

3. 利润表标准表样

利润表一般有表首、正表两部分。其中：表首说明报表名称、编制单位、编制日期，报表编号、货币名称、计量单位等；正表是利润表的主体，反映形成经营成果的各个项目和计算过程，所以，我们也可以将这张表称为损益计算表，利润表的标准表样，如表 12-4 所示。

表 12-4　利润表标准表样

编制单位：　　　　年度　　　　单位：元

项目	本年金额	上年金额
一、主营业务收入		
减：主营业务成本		
减：营业税金及附加		
二、主营业务利润		
其他业务收入		
减：其他业务成本		
减：销售费用		
减：管理费用		
减：财务费用		
减：财产减值损失		
加：公允价值变动净收益（损失以“-”号填列）		
加：投资收益（损失以“-”号填列）		
三、营业利润（亏损以“-”号填列）		
营业外收入		
减：营业外支出		
其中：非流动资产处置净损失（净收益以“-”号填列）		
四、利润总额（亏损总额以“-”号填列）		
减：所得税		
五、净利润（净亏损以“-”号填列）		

整个报表的排列按照损益类项目与企业主营业务的紧密关系，按照利润形成的逻辑逐项

排列，从表 12-4 中我们可以看出，利润表主要反映以下几方面的内容。

（1）构成主营业务利润的各项要素。从主营业务收入出发，减去为取得主营业务收入而发生的相关费用、税金后得出主营业务利润。

（2）构成营业利润的各项要素。营业利润是在主营业务利润的基础上，加上其他业务收入，减去其他业务支出，再减去销售费用、管理费用、财务费用后得出的。

（3）构成利润总额的各项要素。利润总额是在营业利润的基础上加（减）投资收益（损失）、营业外收支后得出的。

（4）构成净利润的各项要素。净利润是在利润总额的基础上，减去本期计入损益的所得税费用后得出的。

（五）现金流量表

1. 现金流量表

现金流量表是指反映企业一定会计期间内现金和现金等价物流入和流出的报表，表明企业获得现金和现金等价物的能力。一个公司是否有足够的现金流入是至关重要的，这不仅关系到其支付股利、偿还债务的能力，还关系到公司的生存和发展。

学习现金流量表首先要了解现金的概念，现金流量表的现金有其特殊的定义，是指企业库存现金、可以随时用于支付的存款及现金等价物，它与资产负债表项目的区别如图 12-1 所示。

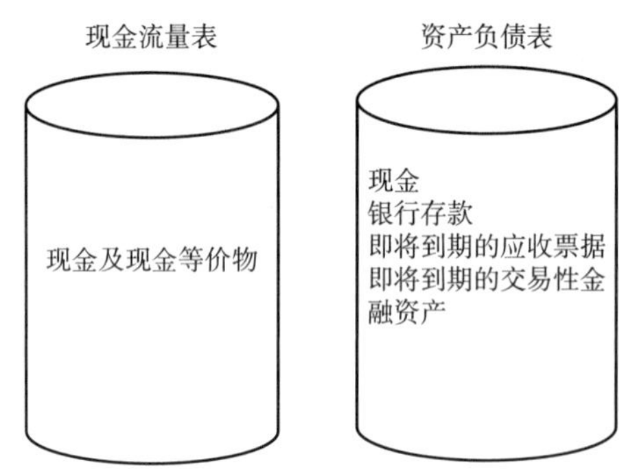

图 12-1　“现金”与“现金”大不同

如图 12-1 所示，现金流量表的“现金”与资产负债表的“现金”不是同一个概念，具体包括了资产负债表的四个方面内容。

（1）库存现金。库存现金是指企业持有可随时用于支付的现金，即与会计核算中“现金”科目所包括的内容一致。

（2）银行存款。银行存款是指企业在银行或其他金融机构随时可以用于支付的存款，即与会计核算中“银行存款”科目所包括的内容基本一致。它们的区别在于：存在银行或其他金融机构的款项中不能随时用于支付的存款，不应作为现金流量表中的现金，如不能随时支取的定期存款。但提前通知银行或其他金融机构便可支取的定期存款则包含在现金流量表中的现金概念中。

（3）现金等价物。现金等价物是指企业持有的期限短、流动性强、易于转换为已知金额现金、价值变动风险很小的投资。现金等价物的主要特点是流动性强，并可随时转换成现金的投资。它通常指购买在 3 个月或更短时间内即到期或即可转换为现金的投资，包含两个方面内容：即将到期的应收票据、即将到期的交易性金融资产。

2. 现金流量表的一般原则

现金流量表同资产负债表一样，关注的资产项目主要是现金及其等价物的最大化，但是又对该数据的期间变动金额更感兴趣，现金流量表同利润表一样都是时期报表，反映一段时期内的指标变动情况，但是又不以盈利为目的。现金流量表作为财务报表的第三张报表，具有其特殊性。

广大先知们为了更好地发挥现金流量表的作用，在不断完善现金流量表的内容和结构的同时，总结出了现金流量表的一般原则，具有指导性意义，我们需要首先来了解一下。

（1）以收付实现制为基础。现金流量表以收付实现制为基础，以现金的收入和支付作为会计事项确认的时点，这是它与资产负债表和利润表不同的地方，后者以权责发生制为基础。

（2）分类反映原则。为了给会计报表使用者提供有关现金流量的信息，并结合现金流量表和其他业务信息对企业做出正确的评价，现金流量表应当分别反映经营活动产生的现金流量、投资活动产生的现金流量和筹资活动产生的现金流量的总额，以及它们相抵后的结果。

（3）总额反映与净额反映灵活运用原则。为了提供企业现金流入和流出总额的信息，现金流量表一般应按照现金流量净额反映。一定时期的现金流量通常可按现金流量总额或现金流量净额反映。现金流量总额是指分别反映现金流入和流出总额，而不以现金流入和流出相抵后的净额反映。现金流量净额是指以现金流入和流出相抵后的净额反映。实际上，现金流量以总额反映比以净额反映所提供的信息更有用。

（4）外币现金流量应当折算为人民币反映。在我国，企业外币现金流量及其境外子公司的现金流量，以现金流量发生日的汇率或加权平均汇率折算。汇率变动对现金的影响作为调节项目，在现金流量表中单独列示。

3. 现金流量的构成

项目的现金流量，一般由以下三个部分构成。

（1）初始现金流量。初始现金流量是指开始投资时发生的现金流量，这部分现金流量一般是现金流出量。如购置一条生产线包括如下的几个部分。

①固定资产上的投资。包括固定资产的购建成本、运输成本和安装成本等。

②流动资产上的投资。包括对材料、在产品、产成品和现金等流动资产的投资。

③其他投资费用。是指与项目有关的职工培训费等。

④原有固定资产的变价收入。主要是指固定资产更新时原有资产的变卖所得的现金收入。

（2）营业现金流量。营业现金流量是指投资项目投入使用后，在其寿命期内由于生产经营所带来的现金流入和流出的数量。这种现金流量一般按年度计算。这里现金流入一般是指营业现金收入，现金流出是指营业现金支出和缴纳的税金。如果一个项目每年的销售收入等于营业现金收入，付现成本（不包括折旧的成本）等于营业现金支出，则年营业现金净流量可用下列公式计算：

$$每年净现金流量=每年营业收入-付现成本-所得税$$

由于：

$$付现成本=成本-折旧$$

每年净现金流量=每年营业收入-（成本-折旧）-所得税=净利+折旧

（3）终结现金流量。它是指资本项目完结时发生的现金流量。主要包括：

①固定资产的产值收入或变现收入。

②原来垫支在各种流动资产上的资金的收回。

③停止使用的土地的变价收入等。

4. 现金流量表标准表样

现金流量表一般有表首、主表、补充资料三部分。其中，表首说明报表名称、编制单位、编制日期、报表编号、货币名称、计量单位等。

主表是现金流量表的主体，采用报告式的结构，分类反映经营活动产生的现金流量、投资活动产生的现金流量和筹资活动产生的现金流量，最后汇总反映企业现金及现金等价物净增加额。在有外币现金流量及境外子公司的现金流量折算为人民币的企业，正表中还应单设“汇率变动对现金的影响”项目。

补充资料包括三部分内容：

（1）将净利润调节为经营活动的现金流量。

（2）不涉及现金收支的投资和筹资活动。

（3）现金及现金等价物净增加情况。

【拓展学习】

财务报表的可信度

尽管商业计划书的每个组成部分都发挥着各自的作用，但财务内容最受关注。这是因为财务报表：一是管理团队谨慎判断后作出的；二是投资者在审视商业计划书时最感兴趣的部分，通过它可考察战略的可行性。以下列出财务报表应具有的特征。

（1）详尽。利润表仅能体现企业财务的一个方面，资产负债表与现金流量表能提供具体的细节信息。投资者最希望看到的是企业财务方面的良性发展，因此，不要删去有关联的信息，如所需现金数额及时间。

（2）明确。尽管投资者会仔细分析所提供的财务报表，但还是要帮助他们准确定位重要的信息，这样才能确保耐心阅读整份计划。可通过突出主要产品的销售及成本情况来辅助阅读。此外，可通过画线的方法传达有效信息。例如，成本是为所销售商品支付的款项，薪金或房租等费用是与销售无关的日常开销。

（3）真实。通常当创业者采取必要调整以实现预期收入目标时，很难对有争议的信息进行合理解释。应根据所在市场，切实可行地分析成本及销售情况。此外，在做长期预测时，应以年度或季度为单位。

（4）简洁。应注明行业明显波动情况，如季节性影响；计划中，大段解释性文字可能会给读者带来困惑。应简洁陈述或者附加盈亏平衡分析等报告。

（5）准确。虽然投资者知道在实际创建与经营中，计划将会不断修改，但是忽视细节，如利息计算，将造成不好的印象。财务报表完成后，应对细节加以检查，如利率、税率等方面，有助于将计划付诸实施。

5. 财务报表附注

财务报表附注是对资产负债表、利润表、现金流量表和所有者权益变动表等报表中列示项目的描述及说明。通过财务报表附注，我们可以了解财务报表的编制基础、编制原则、编制方法和编制依据。

财务报表附注应该按照以下顺序披露有关内容。

（1）企业的基本情况。介绍企业的成立时间、组织形式、注册地址；介绍企业的业务性质、经营范围、关联方情况等。

（2）企业重要会计政策、会计估计和前期差错等。主要包含以下项目：财务报表的编制基础、遵循企业会计准则的声明、重要会计政策和会计估计。

（3）报表重要项目的进一步说明。企业应当以文字和数字描述相结合，尽可能以列表形式披露报表重要项目的构成或当期增减变动情况，并且报表重要项目的明细金额合计，应当与报表项目金额相衔接。在披露顺序上，一般应当按照资产负债表、利润表、现金流量表、所有者权益变动表的顺序及其项目列示的顺序进行。

（4）其他需要说明的重要事项。主要包括承诺事项、资产负债表日后非调整事项、关联方关系及其交易等，具体的披露要求须遵循相关准则的规定，分别参见相关章节的内容。

第三节　财务管理与财务分析

一、财务管理

（一）财务的研究领域

在了解什么是财务管理之前，我们必须要明确什么是财务。让我们来看这样一个例子：如果某支股票目前的市场价格是每股 26 元，那么这支股票是否值得投资。如果这支股票的实际价值是每股 27 元，那么我们就会购买这支股票，因为它很便宜。这个例子涉及两个问题：一是这支股票每股 27 元的实际价值是如何计算出来的，这是估计问题；二是我们决定购买这支股票，这是决策问题。而这两个问题恰恰就是财务要研究的问题。不同的人从不同的角度来研究财务的这两个问题，从而产生了财务的四个领域：公司理财、投资、金融机构与金融市场、国际财务管理。不过本章将要述及的财务管理仅指公司理财。

（二）财务管理的内容

财务管理是企业管理的一个重要方面，它与企业的生产运营管理、营销管理并称为企业的三大管理。那么财务管理到底要解决企业的什么问题呢？

（1）长期投资问题。企业应该选择什么样的长期投资项目，这是财务管理要解决的问题之一。这个问题有时候也被称为资本预算问题。当面临多种互斥的长期投资项目时，企业应该如何解决。说到底，一是确定每个项目的价值，即估价；二是根据估价的结果进行决策。

（2）长期融资问题。当企业有了一个良好的长期投资项目时，应如何安排资金的来源？企业可以选择全债务融资，也可以选择全权益融资，抑或债务融资与权益融资相结合。这个问题就是财务管理要解决的又一个问题，即长期融资问题。长期融资问题的实质也就是资本结构问题。资本结构就是债务融资与权益融资的比例关系，或者说债务融资占全部融资的比重。现代财务管理认为长期融资问题解决得好，也就是资本结构适当，那么企业的价值就会增加，而对于股票上市的股份有限公司而言，其股票就会升值。

（3）营运资金管理问题。长期投资和长期融资并非是企业日常的财务管理问题。而日常的财务管理正体现在企业对营运资金的管理上。如何解决购买原材料的资金问题、如何解决客户所欠货款的及时收取问题、如何安排日常费用的支付问题等诸如此类的问题即为营运资金的管理问题。

二、企业的目标与财务管理的目标

财务管理的目标，取决于企业的总目标，并且受财务管理自身特点的制约。

（一）企业的目标及其对财务管理的要求

企业是盈利性组织，其出发点和归宿是获利。企业一旦成立，就会面临竞争，并始终处于生存和倒闭、发展和萎缩的矛盾之中。企业必须生存下去才可能获利，只有不断发展才能求得生存。因此，企业的目标可以概括为生存、发展和获利。

（1）生存。企业在市场中生存下去的基本条件是以收抵支和到期偿债。从实际情况来看，企业生存的主要威胁来自两个方面：一是长期亏损，它是企业终止的内在原因；二是不能偿还到期债务，它是企业终止的直接原因。因此，力求保持以收抵支和偿还到期债务的能力，减少破产风险，使企业能够长期、稳定地生存下去，是对财务管理的第一个要求。

（2）发展。企业的发展集中表现为扩大收入。扩大收入的根本途径是提高产品的质量，扩大销售的数量，这就要求不断更新设备、技术和工艺，并不断提高各种人员的素质，也就是要投入更多、更好的物质资源、人力资源，并不断改进技术和管理。在市场经济中，各种资源的取得都需要付出货币。企业的发展离不开资金。因此，筹集企业发展所需的资金，是对财务管理的第二个要求。

（3）获利。盈利是企业最具综合能力的目标。盈利不但体现了企业的出发点和归宿，而且可以概括其他目标的实现程度，并有助于其他目标的实现。从财务上看，盈利就是使资产获得超过其投资的回报，在市场经济中，没有可以免费使用的资金，资金的每项来源都有其成本。每项资产都是投资，要从中获得回报，企业务必要使正常经营产生的和从外部获得的资金能以产出最大的形式加以利用。因此，通过合理、有效地利用资金使企业获利，是对财务管理的第三个要求。

（二）财务管理的目标

财务管理的目标就是企业目标对财务管理提出的种种要求的统一表达和综合概括。

（1）利润最大化。改革开放以来的很长时间里，我国企业的财务管理大多以此为目标。这一方面是由于它以西方微观经济学作为其理论基础，另一方面是由于利润在很长时间里成为国家考核企业领导人业绩的重要指标，同时利润也与职工利益的多少密切相关。

这一目标有其自身的优点：可以促使企业讲求经济核算，加强管理、改进技术、提高劳动生产率、降低产品成本。这些措施都有利于资源的合理配置，有利于经济效益的提高。

但这一目标的缺点也十分突出：

①它使企业只注重眼前利益，而不重视长期利益。例如，企业可能为了追求利润最大化

而推迟对机器和厂房的维护，为降低成本而不重视安全生产设施和环保设施的投入等等。

②它的可操作性不强。因为利润是一个抽象的集合性概念。利润包括短期利润、长期利润、平均利润、边际利润、营业利润等等。

③利润的主观因素太强，现实生活中，企业通过人为调节利润欺瞒投资者和债权人的情况时常发生。

④没有考虑货币的时间价值问题。例如，今年获利 50 万元和明年获利 60 万元，哪个更符合企业的目标？如果按照利润最大化，似乎明年获利 65 万元更符合企业的目标，但今年获利的 50 万元具有再投资一年的能力，如果将今年获利的 50 万元再投资一年，投资利润率为 30%，一年之后 50 万元将变成 65 万元（50 万元×30%+50 万元）。

⑤没有考虑所获利润和投入资本额的关系。例如，同样获得 100 万元的利润，一个企业投入资本 500 万元，另一个企业投入资本 600 万元，哪一个更符合企业的目标？若不与投入的资本额联系起来，就难以作出正确的判断。

⑥没有考虑所获利润和所承担风险之间的关系。例如，同样投入 500 万元，本年获利 100 万元，一个企业获利已全部转化为现金，另一个企业获利全部是应收账款，并可能发生坏账，哪一个更符合企业目标？若不考虑风险的大小，就难以作出正确的判断。

（2）每股盈余（EPS）最大化。随着我国资本市场，特别是股票市场的建立和不断完善，企业开始把利润和股东投入的资本联系起来考察，用每股盈余来概括企业的财务管理目标，以避免利润最大化目标的缺点。而每股盈余则是净利润与企业流通在外的股数的商。

但这一目标仍然存在两个方面的缺陷：一是没有考虑每股盈余取得的时间性；二是没有考虑每股盈余的风险性。

（3）股东财富最大化与企业价值最大化。近年来，越来越多的企业把它们的财务管理的目标设定为股东财富最大化。股东的目标就是实现自身财富的不断增长，作为受雇于股东的公司财务人员来说，当然应该把股东的目标作为自身的工作目标。

股东的财富可以用股数与每股价格之积来表示。当股数一定时，如果股票价格达到最大化，则必然实现股东财富最大化。所以，股东财富最大化就是股票价格最大化。但是，公司的财务人员也许很难把握股票价格，因为股票价格是时刻在发生变化的，它受企业内外多种因素的影响，很多因素对于公司财务人员来说是不可控的。所以，公司财务人员应努力提高股票价值。可以说，股东财富最大化的另一种等价表述即为股票价值最大化。

股东财富最大化这一目标的确优于利润最大化和每股盈余最大化。但这一目标更适合股票上市的股份有限公司，却不适合非上市公司和其他类型的企业。所以有些财务学家认为，更一般的财务管理目标是“所有者权益市场价值最大化”。但即使是这样一个目标也只是考虑股东的利益，却没有考虑其他利益主体，特别是企业债权人的利益。因此，笔者认为“企业价值最大化”更科学、合理地反映企业财务管理的目标。如果用 V 来代表企业的价值，用 B 来代表负债的市场价值，用 S 来代表股票的市场价值，则 V=B+S，现代财务学认为，事物的价值是未来可预见的时间内，该事物给予其拥有或控制者所创造的现金流量的现在价值（即现值）。所以 B 应该等于企业将在未来为债权人创造的现金流量的现值，S 则应该等于企业将在未来为股东创造的现金流量的现值。综上所述，V=归属于债权人的现金流量的现值+归属于股东的现金流量的现值。

三、常用的财务分析方法

（一）现金流量分析

现金流量是综合性很强的指标，可据此正确评价各投资方案的综合效益，因此，资本预算的编制，计算现金流量是很重要的一环，如果不够准确，判断就会有偏差，这样其结果不仅难以达到有效运用资本的目的，而且会导致投资决策上的失误。

例：某公司准备购入一项设备以扩充公司的生产能力。现有甲、乙两个方案可供选择，甲方案需投资 10000 元，使用寿命为 5 年，采用直线法计提折旧，5 年后设备无残值。5 年中，每年销售收入为 6000 元，每年的付现成本为 2000 元。乙方案需投资 12000 元，采用直线法计提折旧，使用寿命也为 5 年，5 年后有残值收入 2000 元。5 年中，每年的销售收入为 8000 元，付现成本第一年为 3000 元，以后随着设备陈旧，逐年增加修理费 400 元，另需垫支营运资金 3000 元，假设所得税率为 40%，要求计算两个方案的现金流量。

第一步，计算两个方案的年折旧额。

甲方案年折旧额 = 10000/5 = 2000（元）

乙方案年折旧额 =（12000−2000）/5 = 2000（元）

第二步，计算两个方案的营业现金流量（表 12−5）。

表 12−5　营业现金流量　　单位：元

项目	1	2	3	4	5
甲方案					
销售收入（1）	6000	6000	6000	6000	6000
付现成本（2）	2000	2000	2000	2000	2000
折旧（3）	2000	2000	2000	2000	2000
税前利润（4）=（1）−（2）−（3）	2000	2000	2000	2000	2000
所得税（5）=（4）×40%	800	800	800	800	800
税后净利（6）=（4）−（5）	1200	1200	1200	1200	1200
现金流量（7）=（1）−（2）−（5）=（3）+（6）	3200	3200	3200	3200	3200
乙方案					
销售收入（1）	8000	8000	8000	8000	8000
付现成本（2）	3000	3400	3800	4200	4600
折旧（3）	2000	2000	2000	2000	2000
税前利润（4）=（1）−（2）−（3）	3000	2600	2200	1800	1400
所得税（5）=（4）×40%	1200	1040	880	720	560
税后净利（6）=（4）−（5）	1800	1560	1320	1080	840
现金流量（7）=（1）−（2）−（5）=（3）+（6）	3800	3560	3320	3080	2840

第三步，结合初始现金流量和终结现金流量编制两个方案的全部现金流量（表 12-6）。

表 12-6　全部现金流量

单位：元

项目	0	1	2	3	4	5
甲方案						
固定资产投资	-10000					
营业现金流量		3200	3200	3200	3200	3200
现金流量合计	-10000	3200	3200	3200	3200	3200
乙方案						
固定资产投资	-12000					
垫支营运资金	-3000					
营业现金流量		3800	3560	3320	3080	2840
固定资产残值						2000
营运资金回收						3000
现金流量合计	-15000	3800	3560	3320	3080	7840

在现金流量的计算中，为了简化计算，假设各年投资是在年初一次进行的，把各年营业现金流量看作是各年年末一次发生的，把终结现金流量看作最后一年末发生。

（二）财务比率分析

财务报表既是对某一时刻企业状况的体现，也可反映出过去某一阶段的运营状况。然而，其真正价值则体现在预测企业收入及红利方面。从投资者角度对未来进行规划是财务报告的意义所在；而对于创业者来说，财务报告不仅有助于预测未来企业发展状况，更重要的是，能够在企业发展时期对未来做出有深远影响的决策。

比率分析是财务分析的关键部分。比率（ratios）可以反映出各项会计科目之间的关系。例如，A 公司负债 625 万美元，需支付利息 52 万美元，B 公司负债 6280 万美元，需支付利息 584 万美元。那么哪个公司更强？真正的债务以及偿还能力可通过以下途径分析：①比较其资产负债比；②可用来偿债的收入中利息占比。这些都属于比率分析。

表 12-7 列出了一些常用的比率，它们有助于创业者理解财务报表中会计科目之间的关系，同时给出了计算公式，以及通过纯经济的方法对其在决策中的作用做出了解释。这些比率对于所有者、管理者、投资者的作用是不同的。如表中所介绍的那样，创业者应根据这些比率做出合理决策。例如，当借款理由充足且有短期偿债能力时，可利用资产负债表中相关比率（如流动比率、速动比率或现金比率等）及稳定性比率（如资产负债比等）进行分析，或者利用利润表中的利润率进行测算。效率方面的比率包括资产收益率、投资收益率、存货周转率及应收账款周转率等。通过这些比率分析可以有效监测企业绩效，请将计算结果与同行企业进行比较，以便获得更多信息。

表 12-7 财务比率

比率名称	计算公式	经济解释
资产负债比率		
流动比率	流动资产/流动负债	衡量企业偿债能力：每 1 美元流动负债有多少流动资产作为偿还保障。例如，流动比率 1.76，意味着每 1 美元流动负债，企业拥有 1.76 美元流动资产用于偿还该笔负债
速动比率	（现金+应收账款）/流动负债	衡量资金变现能力：每 1 美元流动负债有多少现金及应收账款作为偿还保障。例如，速动比率 1.14，意味着每 1 美元流动负偿，企业拥有 1.14 美元现金及应收账款用于偿还该笔负债
现金比率	现金/流动负债	更直接地衡量资金流动能力：每 1 美元流动负债有多少现金作为偿还保障。例如，现金比率 0.17，意味着每 1 美元流动负债，企业有 0.17 美元现金用于偿还该笔负债
资产负债比	总负债/资本净值	衡量财务风险：每 1 美元资本净值对应的负债。例如，资产负债比 1.05，意味着所有者投资的每 1 美元资本净值，负债为 1.05 美元
利润比率		
总利润率	总利润/销售收入	根据总利润状况考量企业盈利能力：每实现 1 美元销售收入可产生的利润。例如，总利润率 34.4%，意味着每 1 美元销售收入产生 0.344 美元利润
净利润率	税前净利润/销售收入	根据净利润状况考量盈利能力。每实现 1 美元销售收入可产生的净利润。例如，净利润率 2.9%，意味着每 1 美元销售收入产生 2.9 美分净利润
综合率比例		
销售收入比率	销售额/总资产	衡量总资产在实现销售方面发挥的作用：总资产中每投资 1 美元所产生的销售收入。例如，销售收入比 2.35，意味着总资产中每投资 1 美元可产生 2.35 美元销售额
资产收益率	税前净利润/总资产	衡量总资产在实现净利润方面的能力：总资产中每投资 1 美元所产生的净利润。例如，资产收益率 7.1%，意味着总资产中每投资 1 美元可产生税前净利润 7.1 美分
投资回报率	税前净利润/资本净值	衡量资本净值实现净利润的能力：每投资 1 美元所产生的净利润。例如，投资回报率 16.1%，意味着资本净值中每投资 1 美元可产生税前净利润 16.1 美分
特定效率比率		
存货周转率	销货成本/存货	衡量存货的年周转速度。例如，存货周转率 9.81，意味着平均存货余额一年利用了近 10 次

续表

比率名称	计算公式	经济解释
存货周转天数	360/存货周转率	将存货周转率指标转换为平均库存天数。例如：存货周转天数 37 天，意味着企业从取得存货开始，至消耗、销售为止所经历的天数全年平均为 37 天
应收账款周转率	销售额/应收账款	反映一年内公司应收账款的收回情况。例如，应收账款周转率 8.00，意味着一年内公司应收账款转为现金的平均次数为 8 次
平均收款期	360/应收账款周转率	将应收账款周转率指标转换为平均等候天数。例如，平均收款期 45 天，意味着应收账款需要 45 天才可收回
应付账款周转率	销货成本/应付账款	反映应付账款每年支付情况。例如，应付账款周转率 12.04，意味着应付账款资金量一年中平均支付 12 次
平均付款期	360/应付账款周转率	将应付账款周转率指标转换为平均支付天数。例如，平均付款期 30 天，意味着一般 30 天支付所需款项

比率分析可从两方面着手。纵向分析（vertical analysis）是将比率分析应用于一组财务报表中，帮助识别优势与劣势。横向分析（horizontal analysis）是对连续几个年度的会计报表数据及比率进行比较，从中看出财务发展趋势：数量增加还是减少，财务状况改善还是恶化。

（三）盈亏平衡分析

在企业建立的初始阶段，盈亏平衡分析有利于创业者知道何时可以实现利润。还将帮助其进一步洞察新创企业的财务潜力。盈亏平衡分析是一个有用的方法，用来确定为了达到收支平衡，有多少单位商品必须被售出。无论售出多少产品，在该年剩余的时间里该公司还有任务必须完成。这些任务或固定费用，必须由销售额抵消，从而让公司能够收支平衡。因此，盈亏平衡是指既不盈利也不亏损的销售量。

盈亏平衡点显示了能抵消总可变费用和固定费用的销售额。只要销售量超过盈亏平衡点，即售价高于单位成本（可变成本），企业将实现盈利。盈亏平衡公式如下：

$$\text{盈亏平衡点}\ [B/E(Q)] = \frac{\text{总固定成本}(TFC)}{\text{销售价格}(SP) - \text{单位可变成本}(VC/Unit)}$$

只要售价大于单位可变成本，则有些收入可被用来支付固定成本。最后，这些收入将足以支付全部固定成本，而此时公司已经达到了盈亏平衡。计算盈亏平衡的主要难点在于确定某项成本是固定的还是可变的，对于新创企业，这需要有一定的判断。然而，将折旧、工资与薪金、租金、保险费等确定为固定成本是合理的，而原材料、销售费用，如销售佣金及直接人工等最可能作为可变成本。单位可变成本通常是通过直接人工、直接材料和其他费用等单位发生额分配得到的。

盈亏平衡的一个独特方面是它可以很形象地展示出来。此外，创业者可以尝试在不同的情况下（比如，不同销售价格、不同的固定成本和（或）可变成本），确定其对盈亏平衡及利润的影响。

【案例分享与能力训练】

京东商城的融资与扩张

京东公司由刘强东1998年6月在北京中关村创立。2004年1月，正式进军电子商务领域，目前已成为中国最大的综合网络零售商之一。2007年，京东赢得国际著名风险投资基金—今日资本千万美金的首批融资。2009年获得今日资本、雄牛资本，以及亚洲著名投资银行家梁伯韬先生的私人公司共计2100万美元的联合注资。2011年获得DST、老虎基金等六家基金和一些社会知名人士15亿美元的融资。2012年10月，京东商城完成第六轮融资，融资金额为3亿美元，该笔融资由安大略教师退休基金领投，京东商城的第三轮投资方老虎基金跟投，两者分别投资2.5亿美元和5000万美元。然而，巨额的融资金额让京东商城身上的重担越发不平衡：一头是过沉的资本压力及过快的目标速度，另一头却是遥遥无期的规模化盈利和不断需要融资的输血式扩张。深陷困局的京东公司，将如何破局前行?

2011年京东商城全年实际交易额为34亿美元（约合210亿元人民币），较此前对外宣称的309亿元美元低不少，增长数值为105%，未达到200%的增长目标。尽管刘强东曾多次对外表示京东不差钱，并且声称2013年前不考虑上市，但他从未停止过为京东商城寻找新的“武器”。据悉，2012年3月，刘强东曾赴美半个多月，走访了旧金山、硅谷和华尔街，广泛接触各类机构，试图为京东商城争取融资。

在融资期间，刘强东也做了两手准备，2012年上半年，京东商城启动了两次IPO沟通会，但2012年6月，京东商城决定暂停IPO，并承诺完成投资方给京东商城定下的450亿元目标，同时，京东商城开始寻求D轮融资。短短两个月，资本市场有关京东商城融资的细节不断流传，其中包括京东商城正密切同BlackStone，Temasek Holdings、Providence、CITICPE等20多家基金频繁接触。2012年8月15日，有消息称京东商城正试图通过机构投资者融资逾10亿美元。美银美林、摩根大通等投资银行最近几个月一直在为京东商城物色潜在投资者。之后还有消息称，京东商城已转战国内银行，正在和中行、建行、工行谈几十亿元的授信额度。密集融资动作正是源于京东商城的“输血压力”。国泰君安证券此前发布报告称，粗略测算，京东商城为了支撑物流建设和2012—2013年的快速扩张，资金缺口在80亿元人民币左右。在刘强东宣布获得15亿美元C轮融资后，京东商城随即宣称将投巨资建“亚洲一号”现代化仓储中心，同时开建7个一级物流中心，平均每个投资规模为6亿~8亿元。按照刘强东的整体规划，京东商城将要在五年内投资百亿资金建设自有仓储物流体系。然而，目前造血能力仍显不够，且估值已高的京东商城要寻找新的融资者已越来越难。面对资本压力，刘强东开始寻求“模式破局”，不断地扩充品类，从3C数码到小家电、大家电，再到日用百货、食品饮料、图书音像，能变现的品类都搬到了京东商城上来。

据接近京东商城的人士透露，亚马逊公司自创立以来，毛利率始终保持在20%，同时规模仍有约40%的年增长率，而京东商城目前毛利率只有5.5%，这让刘强东必须寻找自营业务之外的收入。专家预计，此次3亿美元的融资是上市前最后一轮融资，以便做最后的冲刺。刘强东之前一直打造的“中国亚马逊”概念，目前并未获得资本市场的认同。在赢利模式和市场份额都面临挑战时，刘强东需要给资本市场一个全新的概念和故事，以便让深陷融资与扩张怪圈的京东商城破局。

北京时间2014年5月22日晚间，京东集团正式登陆美国纳斯达克，成为当时在纽约上市的中国互联网公司中最大的一次IPO，估算将融资近20亿美元，市值接近260亿美元，成为中国仅次于腾讯、百度的第三大互联网上市公司。

资料来源：谢晓萍，《每日经济新闻》，2012. 12. 16.

思考1：京东商城的融资渠道有哪些？

思考2：你觉得京东商城渡过创业融资的难关了吗？它是如何破局的？

第十三章　创业计划书撰写与路演

【学习重点】

1. 创业计划书的含义及作用
2. 创业计划书的结构与内容
3. 项目路演的内容与应用

【案例导入】

没有计划的蛋糕房

在电视台工作的小张，是北京典型的高级白领，比较喜欢吃蛋糕、甜点等小零食，每月消费都在1000元左右。看到蛋糕甜点店总是人潮如织，她决定要在自己住的小区里面开一家蛋糕店，小区里住的也都是年轻人，消费量应该很大，每年应该能挣个四五十万元。她赶紧咨询同事、朋友，他们都非常肯定，说这个项目一定挣钱。听后，小张备受鼓舞。说干就干，她立即租店面、装修、购买烘烤设备、招聘服务员……经过一番筹备，蛋糕店隆重开业，小张还请了电视台的同事做了个小片花在电视上进行宣传。小张决定，最初一个月顾客购买甜点全部8折优惠。

前两天，小区里来询问的人还挺多，可是买的人很少。由于每天烘烤的面包和甜点只有一天的保质期，小张不得不痛心地看着大部分烘烤的甜点被扔掉。就这样整整扔了一个月，小张开始反思自己的创业是否正确？为什么没有达到预期的销售额呢？白领一族创业的时候总是因为细节的问题，没有把好的创意变成生意，自己没有经营红火的生意短时间内却在别人手中欣欣向荣。在产品和市场条件相同的情况下，失败的创业者可能只因一个错误就加速了生意的失败。小张开店之所以失败，是因为没有进行充分的市场调研；过高估算市场规模及销售额；关注片面不能均衡发展。创业不能光凭自己的想象和满腔热血，更需要一个详尽的创业计划。

一个酝酿中的企业，目标往往很不明确。因此，对于初创企业来说，创业计划书的作用尤为重要。创业者通过制订创业计划书，能够对企业自身有更清晰的认识，一份好的创业计划书将会使投资者更快、更好地了解该企业，使投资者对项目有信心、有热情，促成投资者参与该企业，最终起到为企业筹集资金的作用。

第一节 创业计划书概述

一、创业计划书的含义

创业计划书又称商业计划书，是对与创业项目有关的所有事项进行总体安排的文件，包括对人员、资金、物质等各种资源的整合、前景展望、战略确定等，即创业计划书是创业者自己制订的一份完整、具体、深入的行动指南，是创业者创业的蓝图，也是筹措创业资金的重要依据。

创业计划书的意义在于“计划”，一份精心打造又经过科学论证的创业计划书在提供什么样企业创办过程中能起到指路作用，因为它说明了拟创企业想完成什么目标，以及为达到这些目标，企业将如何去做。创业计划书不仅可以作为向风险投资家游说以取得创业投资的依据，同时可以让创业者比较客观地分析创业的主要影响因素，使创业者保持清醒的头脑，并将创业计划书作为创业者的创业指南或行动大纲。制订了全面、具体的创业计划书，才能明确创业方向，吸引创业资源，凝聚创业团队，甚至获取政府的支持。

二、创业计划书的作用

无论是把新技术转变成新产品，把新创意发展成新公司，还是对现有公司进行重组和变革，这些活动都离不开商业计划书。在创业之初，一份完善的商业计划书不仅可以帮助创业者分析创业过程中的主要影响因素，还可以成为创业者在创业过程中的行动指南和风险监控手段。具体来说，商业计划书可以起到以下几方面重要作用。

1. 为创业者理清项目思路提供载体

创业公司往往在生存的压力下，没有时间理清思路和探寻公司未来发展计划，这是非常不幸和可怕的。一个需要生存下来的小公司比大公司更需要商业计划书，因为商业计划书可以从各个角度来检查公司的业务和发展，使其可以“在纸上犯错误”，而不是在现实世界中犯错误。

2. 为风险项目后续实施和计划调整提供蓝本

随着公司不断发展，商业计划书是创业者评估和调整公司实际状况的一个工具与蓝本。例如，商业计划书中的财务计划可以作为后续计划的基础，用于监控预算执行和未来实施调整。

3. 为创业者获取风险投资提供试金石

风险投资者通常都是在审阅完商业计划书后，觉得有必要进一步了解创业项目时才会与创业者会面。因为只有在深入了解了创业项目的产品与服务、公司管理、营销计划、生产运营、财务计划和退出计划之后，风险投资者才能知道这个商业计划书是否符合他们的兴趣，从而决定是否有必要进一步协商与合作，避免浪费他们宝贵的时间。

三、创业计划书的撰写对象

1. 创业者和创业团队

创业计划书是创业者的策划文案，它使创业者对自己所有的资源、已知的市场情况和初步的竞争策略尽可能地作详尽的分析，并提出一个初步的行动计划，使创业者心中有数。创业计划书是自己厘清思路的操作文本，它可以帮助创业者记录很多有关创业的构想，帮助创业者规划成功的蓝图，而整个运营计划如果翔实清楚，对创业或参与创业的伙伴而言，也就更容易达成共识，确保创业团队的分享与认同，无疑对创业者的成功是有帮助的。

2. 创业融资对象

在面对创业融资对象的时候，当创业者面对风险投资及银行的时候，他们都要求创业者提供创业计划书，但需要明确一点，创业计划书绝对不是一个销售计划，里面有无数细节，无数人才的运营。

3. 新创企业

创业计划书通过描绘新创企业的发展前景和成长潜力，它不但会增强创业者自己的信心，也会增强风险投资者、合作伙伴、员工、供应商对创业者的信心，创业计划书相当于新创企业的第一张名片，引起周围人的关注、信任、关心。而正是这第一张名片，是企业走向成功的坚实基础。

四、创业计划书的撰写要求

撰写商业计划书是一项非常复杂的工作，必须按照科学的逻辑顺序对许多可变因素进行系统的思为和分析，并得出相应结论。因此，要撰写一份内容真实、有效并对日后的生产经营活动有帮助的商业计划书，应遵循以下基本要求。

1. 信息的准确性和可信性

如果想要撰写一份较为全面、完善的商业计划书，一个很重要的工作就是进行调研，并对所有的信息进行综合分析，以确定这些信息是否可以用来充实商业计划书。因此，撰写商业计划书的首要要求就是信息准确和可信。在信息如此发达的时代，创业者可以通过许多渠道来搜集信息，真实可信的信息不仅可以保证商业计划书的实用性，还可以让投资者更加信服。

2. 内容的全面性和条理性

商业计划书要尽可能全面地涵盖各个方面。如果创业者的项目很多，商业计划书就要对每一个项目进行分析和比较，从而得出最优方案。一般来说，商业计划书有较为固定的格式，创业者可以按这些格式来撰写商业计划书，以便让潜在的投资者在看计划书时找到他想要重点关注的内容。

除此之外，将存在的每一个问题及所需要的东西全面地、有条理地展示出来，这也是撰写商业计划书的要求之一。

3. 叙述的简洁性和通俗性

商业计划书的全面性与简洁性之间并不冲突。简洁性是指商业计划书的叙述语言应当平实，最好是开门见山，让投资者明白创业者想要做什么，不使用过于艳丽的图片和过于夸张的版式。通俗性是指商业计划书中应尽量避免使用复杂的专业术语，做到通俗流畅。

4. 计划的可接受性和实施性

在商业计划书中要明确有哪些资源是可以利用的，并分析计划的定位。不管在商业计划书撰写之前还是之后，创业者都应该通过市场调查等方法进行查漏补缺。通过这种经常性的调查，创业者可以对商业计划书中的不足进行调整，让其可实施性大大增加。

第二节　创业计划书的组成要素

一、创业计划书的结构

1. 封面

封面上应该明确创业项目的名称，体现企业的经营范围，并以醒目的字体标示出创业计划的标题。此外，封面上还应注明公司名称、地址、主要联系人名字、联系方式和企业网址等信息。

2. 目录

目录紧随封面页之后，概括了创业计划的各主要部分内容，展示了创业计划的整体结构。目录需要列出计划的章节、附录及对应页码。

3. 执行概要

创业计划内容繁多，投资者不一定每份计划都仔细阅读，为了能在最短的时间里吸引投资者的眼光，就需要在篇头把创业计划的要点概括出来，这就是执行概要。人们把它比作“电梯推销”，就是要求在很短的时间内激起别人的兴趣。执行概要应该对相关问题给出简短回答，篇幅控制在两页内。

执行概要的内容大致包括项目背景、产品和服务、市场机会、营销策略、公司战略、生产运营、风险管理、财务分析和团队介绍等部分。撰写概要时，简便的做法是省略后篇的分析过程，直接呈现各部分的结论。例如，介绍营销策略时，不必把采用哪种策略的原因详细阐述，只需要直接介绍公司采用的营销策略是什么。

4. 正文

正文是创业计划的主要内容，包括公司产品或服务介绍、市场分析、竞争分析、管理团队、投资说明、研发计划、运营计划、营销计划、人力资源计划、财务分析、风险分析、退出策略等。

5. 附录

附录是对主体部分的补充。不宜放在创业计划正文的所有材料都应放在附录中，如创业团队成员简历、产品图片、具体财务数据、市场调查计划。

二、创业计划书的内容

商业计划书是创业者商业理念的书面表达，它将判明市场机会并给出创业公司的发展规划。它的阐述必须建立在一系列科学的假设基础之上，并需要证明能够让公司成功的假设是敏感和可信的。因此，撰写一份商业计划书是一项非常复杂的任务，必须按照科学的逻辑顺序对许多可变因素进行系统的思考和分析，并得到相应结论。在思路确定下来后，应当制定一个详细且合理的提纲，最好是按照商业计划或业务体系进行规划。商业计划书的基本内容包括以下几个方面。

1. 摘要

摘要是商业计划书最简练的概括，长度通常以两三页为宜。它的撰写要求精练有力、以结果为主，并能回答风险投资者心中的关键问题。作为商业计划书中最重要的一部分，摘要一般放在商业计划书主体完成后撰写。

2. 公司介绍

公司介绍需要给出公司的基本轮廓和基本情况，它包括公司的历史、当前地位、战略发展和未来计划。如果是拟创业的公司，创业者可以模拟成立一个公司来进行具体介绍。

3. 产品与服务

产品与服务是商业计划书中最重要的部分，也是向投资者明晰产品与服务的核心环节。它主要介绍公司产品与服务的概念、性能及特性、主要产品与服务介绍、产品与服务的市场竞争力、产品与服务的研究和开发过程、发展新产品与服务的计划和成本分析、产品与服务的市场前景预测、产品与服务的品牌和专利等内容。

4. 行业与市场

这部分内容应该阐述公司外部市场中的关键影响因素。行业分析主要介绍创业公司所归属产业领域的基本情况，以及公司在整个产业中的地位。市场分析主要介绍公司产品与服务的市场情况，包括目标市场、市场竞争中的位置、竞争对手的情况、未来市场的发展趋势等。这一部分的撰写越详细越好，要以那些可信度高和已经证实的数据作为分析基础。

5. 营销计划

拥有了优质的产品与服务和良好的市场机遇，还需要一个切实可行的营销计划来配合。营销计划应该以市场调研和产品与服务的价值为基础，制订产品与服务、定价、营销、渠道等问题的发展战略和实施计划。

6. 生产运营

产品与服务的生产和运营是企业需要关注的重要问题。在生产运营中需要解决以下几个问题，包括厂房的选址与布局、生产工艺流程、产品的包装与储运等。此外，产品的质量检验也非常重要。如果是服务类产品，可以结合产品和服务的特点介绍这一部分。

7. 公司管理

一个稳定团结的核心团队可以帮助创业者渡过各种难关，是公司最宝贵的资源。很多潜在投资者把管理团队视为一份商业计划书获得成功的最关键因素，所以，有些商业计划书会直接把创业团队的介绍放在公司介绍中。风险投资者通常会向那些最有可能成功运作企业的人进行投资，风险投资者将会仔细考察所投资公司的管理队伍。在这部分需要介绍公司的组织结构图、各部门的功能与职责范围、各部门的负责人及主要成员、公司的薪酬体系、公司的股东名单（包括股份份额、认股权、比例和特权）、公司的董事会成员、股权分配等。

8. 财务计划

财务计划部分包括融资需求和财务预测报告。融资需求要说明实现公司发展过程中所需要的资金额度、时间表和用途。财务预测是公司发展的价值化表现，它必须与公司的历史业绩和发展趋势相一致，也应该与商业计划书中其他部分的讨论结果相一致。此外，财务预测还应该考虑投资者需要的投资回报率、投资回收方式和股权计划。

9. 风险控制

商业计划书都会对项目做出一番美好的未来规划，但是风险投资者都会害怕面对一个存在不确定因素太多的项目。因此，风险控制分析部分就是说明各种潜在的风险，并向风险投资者阐述针对各类风险的规避措施。

10. 资本退出

创业者需要设计一种最优的资本退出方式，并且需要详细说明该退出方式的合理性。此外，如果公司在计划期内未完成风险资本退出计划，最好给出次优方案，这样才能让每个风险投资者都能清晰地知道获利的时间和可选方案。

11. 附录

附录是商业计划书内容的有力补充和说明。在附录中可能出现的附件包括财务报表、主要合同资料、信誉证明、图片资料、分支机构列表、市场调研结果、主要创业者履历、技术信息、宣传资料、相关数据的测算和解释、相关获奖和专利证明、授权使用书等。

商业计划书的基本内容可以根据产品与服务特点的不同而改变，撰写者既可以按照上述逻辑阐述商业计划的实施过程，也可以根据产品与服务的特点拟订撰写逻辑，对基本内容进行合并、裁剪和扩充。

三、创业计划书撰写技巧

为了提高商业计划书的可读性和吸引力，创业者掌握一些商业计划书的撰写技巧是非常有必要的。

（1）关注产品在创业计划书中，创业者要详细描述所有与企业的产品或服务的有关细节，包括产品正处于哪个阶段，产品的独特体现在哪里，产品的生产成本和售价是多少，等等。

（2）条理清晰。清晰的结构可以使投资者快速找到他们的兴趣要点，提升其阅读兴趣。另外，不同的阅读对象对创业项目的关注点会有所不同。因此，撰写商业计划书时不能套用固定模板，而应该根据不同的阅读对象进行调整，突出重点。

（3）能借助外力完善商业计划书。商业计划书草稿完成并获团队全体成员一致通过后，可以聘请专业的咨询师进行完善。因为专业的咨询师有与投资者和银行沟通交流的丰富经验，他们对商业计划书的撰写具有非常充分的经验。所以创业团队可以借助专业咨询师来完善商业计划书。

（4）尽管使用第三人称。相对于频繁使用“我”“我们”，使用第三人称“他”“他们”会有更好的效果，这样会给投资者留下更专业和更客观的印象。

（5）注意格式和细节。在编写商业计划书时，不要使用过于花哨的字体，如艺术字、斜体字等，避免给人留下不够严谨的印象。另外，在商业计划书的细节处理上要多花一些心思，例如，在商业计划书的封面和每一页的页眉或页脚都加上设计精美的企业 Logo。

（6）使用 PPT 展示。大多数投资者更喜欢 PPT 格式的商业计划书，PPT 中的图文展示更直观、表现更丰富，便于创业者清楚讲述创业项目。另外，PPT 格式的商业计划书更适合在展示或路演时使用；而 Word 或 PDF 格式的商业计划书则适合后续进一步的展示，在内容上也更翔实。无论是哪种格式的商业计划书，将所有内容融会贯通、熟记于心都是必不可少的。

（7）阅读优秀的商业计划书。阅读他人优秀的商业计划书可以在一定程度上帮助创业者提高自己的写作能力。因此，创业者在编写商业计划书之前，可以多阅读他人的商业计划书，从中找到灵感，并得到一定的启发。

第十四章　创业样板

第十四章二维码

参考文献

［1］李娜，刘钒．第一动力：创新驱动发展［M］．重庆：重庆大学出版社，2022.

［2］李·文塞尔，安德鲁·L. 罗塞尔．创新者的迷思：硅谷式经济的代价［M］．北京：机械工业出版社，2022.

［3］宋宗耀，卫巍．创新创业课程教与学：专创融合版—建筑［M］．北京：机械工业出版社，2022.

［4］野中郁次郎，胜见明．创新的智慧：企业变革的奇迹故事［M］．上海：东方出版中心有限公司，2022.

［5］罗仕鉴，王铖与，张德寅．创新设计之道［M］．杭州：浙江大学出版社，2022.

［6］章剑锋，陈乃启．创新思维与创业设计［M］．北京：电子工业出版社，2021.

［7］田轩著．创新的资本逻辑［M］．北京：北京大学出版社，2021.

［8］罗国锋，林希．新时代创业思维：创新创业思维与思政的 12 个核心模型［M］．北京：中国铁道出版社有限公司，2021.

［9］李欢，韩竹，焦鹜．创新思维与创新力提高［M］．北京：科学出版社，2020.

［10］赵恒，谭艳芳．创新从现在开始［M］．成都：西南交通大学出版社，2019.

［11］赵炎．创新简史：打开人类进步的黑匣子［M］．北京：清华大学出版社，2019.

［12］张琪．互联网+创新创业项目运作［M］．大连：东北财经大学出版社，2020.

［13］李怀强．互联网+创新创业［M］．北京：经济管理出版社，2018.

［14］张伯旭，黄群慧．“互联网+”创新路径与机制：北京市鼓励引导传统产业转型升级思路与政策［M］．北京：经济管理出版社，2016.

［15］董琳．空间与技术：“互联网+”时代的生存与实践［M］．北京：社会科学文献出版社，2022.

［16］郭斌．“互联网+”融合催生新产业的案例分析［M］．北京：经济管理出版社，2021.

［17］吴功宜，吴英．互联网+：概念、技术与应用［M］．北京：清华大学出版社，2019.

［18］陶秋燕，何勤．互联网+小微企业成长研究［M］．北京：中国经济出版社，2019.

［19］京东数据研究院．创品牌：互联网+中国之造的品牌成长奥秘［M］．北京：电子工业出版社，2018.

［20］陈云．股权众筹：“互联网+”时代速融新模式［M］．北京：企业管理出版社，2017.

［21］陈炳祥．跨界营销：“互联网+”时代的营销创新与变革［M］．北京：人民邮电出版社，2017.

［22］朱朝庆．互联网+商业模式创新［M］．北京：中国商务出版社，2018.

［23］蒋晓云，彭英．TRIZ 理论在创新创业中的应用［M］．北京：中国石化出版社，2021.

［24］成思源，周金平，杨杰．技术创新方法：TRIZ 理论及应用［M］．北京：清华大学出版

社，2021.
[25] 姚威，韩旭，储昭卫．创新之道：TRIZ 理论与实战精要［M］. 北京：清华大学出版社，2019.
[26] 潘承怡，姜金刚．TRIZ 理论与创新设计方法［M］. 北京：清华大学出版社，2015.
[27] 檀润华．创新设计：TRIZ：发明问题解决理论［M］. 北京：机械工业出版社，2002.
[28] 张明勤．TRIZ 入门 100 问：TRIZ 创新工具导引［M］. 北京：机械工业出版社，2012.
[29] 朱险峰，傅星．仪器仪表创新方法概论：TRIZ 在仪器仪表领域中的应用［M］. 北京：机械工业出版社，2013.
[30] 赵波，焦永纪．创业管理理论与实践［M］. 北京：高等教育出版社，2022.
[31] 孙方红，徐萃萍，荆菁．创业基础［M］. 北京：高等教育出版社，2022.
[32] 刘彤．零基础学开公司：创业新手从入门到精通［M］. 北京：电子工业出版社，2022.
[33] 钟东霖．创业风险管理：创业开公司必知的实操陷阱［M］. 北京：电子工业出版社，2022.
[34] 牟焕森，徐立，宁连举．创业思维导论［M］. 北京：北京邮电大学出版社，2022.
[35] 毛基业．创业中国故事［M］. 北京：中国人民大学出版社，2022.
[36] 刘波．创业实务［M］. 北京：高等教育出版社，2021.
[37] 艾伦·福勒，黛博拉·福勒．创业路线图：中小微企业的创业自助指导［M］. 海口：海南出版社，2021.
[38] 林锐．做对：创业决策和执行的历练［M］. 北京：电子工业出版社，2021.
[39] 杨东礼．创业者必知必会的财务知识［M］. 北京：中华工商联合出版社，2021.
[40] 江宝全．创业三字经［M］. 北京：清华大学出版社，2020.
[41] 杨凤鲜．创业心理资本与创业绩效关系的再检验：基于认知偏差的视角［M］. 北京：知识产权出版社，2020.
[42] 冯旭，白龙，邓添予．创业基础：理论、案例与实践［M］. 北京：科学出版社，2020.
[43] 黄川．创业就是和自己的较量［M］. 北京：中国财富出版社，2019.
[44] 马田隆明．创业思维［M］. 北京：北京联合出版公司，2019.
[45] 李变花，姬康．创新创业基础：跨界与融合［M］. 北京：北京师范大学出版社，2020.
[46] 黄玉珊，周松，欧阳亮．大学生创新创业基础与竞赛进阶教程［M］. 北京：科学出版社，2019.
[47] 洪大用，毛基业．中国大学生创业报告 2016［M］. 北京：中国人民大学出版社，2017.
[48] 张玉利．创业管理［M］. 3 版．北京：机械工业出版社，2013.
[49] 杜永红，梁林蒙．大学生创新创业教育——基于互联网+视角［M］. 北京：清华大学出版社，2019.
[50] 王强，陈姚．创新创业基础——案例教学与情境模拟［M］. 北京：中国人民大学出版社，2021.
[51] 兰小毅，苏兵，钱晨，等．创新创业学［M］. 2 版．北京：清华大学出版社，2023.
[52] 杨卫军．创新创业基础［M］. 北京：高等教育出版社，2018.
[53] 张香兰，程培岩，史成安，等．大学生创新创业基础［M］. 北京：清华大学出版

社，2018.
[54] 郑懿，熊晓曦．大学生创新创业基础（微课版）［M］. 北京：人民邮电出版社，2020.
[55] 刘艳彬，李兴森．大学生创新创业教程［M］. 北京：人民邮电出版社，2016.
[56] 石英剑．创新创业素质教育与模拟实训［M］. 北京：经济科学出版社，2020.
[57] 亓正申，王保军．创新创业基础与实务［M］. 西安：西北工业大学出版社，2021.
[58] 张志，乔辉．大学生创新创业入门教程［M］. 北京：人民邮电出版社，2016.
[59] 庄文韬．创新创业实用教程［M］. 厦门：厦门大学出版社，2016.
[60] 唐德淼．创业机会类型、评估与选择［J］. 经济研究导刊，2020（10）：171-173，184.
[61] 黄海燕．大学生创业教育［M］. 长沙：湖南师范大学出版社，2017.
[62] 曾英，曾智，花海燕．创新创业教育（翻转课堂）［M］. 北京：科学出版社，2023.
[63] 蒋兵，李振宁，张力元．新创企业的创业警觉、创业拼凑对创业机会识别的影响研究［J］. 中国软科学，2023（4）：130-140.
[64] 吴小春，林兴．社会网络和先验知识对创业机会识别的影响［J］. 创新与创业教育，2023，14（2）：52-59.
[65] 郭润萍，裴育，尹昊博．社会互动视角下数字创业机会客观化机理——基于数字创意新企业的多案例研究［J/OL］. 南开管理评论：1-24［2023-10-08］.
[66] 蔡义茹，蔡莉，陈姿颖，等．创业机会与创业情境：一个整合研究框架［J］. 外国经济与管理，2022，44（4）：18-33.
[67] 袁书杰，夏玉蓉．创业激情对大学生自我职业生涯管理的影响——创业学习与创业机会识别的链式中介［J］. 集美大学学报（教育科学版），2022，23（2）：28-33.
[68] 秦勇，陈爽．创业管理理论、方法与实践［M］. 北京：人民邮电出版社，2019.
[69] 新庚，杨辉，高永丰．创新创业基础［M］. 北京：人民邮电出版社，2016.
[70] 邓汉慧．创业基础［M］. 北京：北京大学出版社，2016.
[71] 李焦明．大学生创意创新创业［M］. 北京：电子工业出版社，2020.
[72] 王远霞，茹华所，陈南苏．创新创业教育（配案例分析与实践）［M］. 北京：高等教育出版社，2022.
[73] 李维鹏，吴炳俊．创新创业基础——32 思维行动精品课［M］. 北京：科学出版社，2022.
[74] 刘志阳，林嵩，路江涌．创新创业基础［M］. 北京：机械工业出版社，2021.
[75] 张敏．新时代背景下大学生科技创新创业风险管理研究［J］. 华东科技，2023（2）：146-148.
[76] 吴萍．大众创业背景下的创业风险管理体系构建［J］. 赤峰学院学报（汉文哲学社会科学版），2022，43（12）：75-78.
[77] 郑激运．高新技术企业创业风险识别及其规避［J］. 当代经理人，2022（3）：69-78.
[78] 陈欣欣．防范大学生创业风险［N］. 中国社会科学报，2021-11-18（012）.
[79] 陈晓暾，陈李彬，田敏．创新创业教育入门与实践［M］. 北京：清华大学出版社，2019.

[80] 蔡立雄．大学生创新创业基础［M］．北京：北京大学出版社，2018.
[81] 丁政，米银俊．创新创业基础教程［M］．广州：广东高等教育出版社，2018.
[82] 李梅芳．杨芳．张镇．大学生创业基础［M］．天津：南开大学出版社，2019.
[83] 徐大勇，企业战略管理［M］．北京：清华大学出版社，2019.
[84] 郑俊生．企业战略管理［M］．2 版．北京：北京理工大学出版社，2020.
[85] 徐飞．战略管理［M］．北京：中国人民大学出版社，2019.
[86] 张大成．生产与运作管理［M］．北京：清华大学出版社，2019.
[87] 沈庆琼．企业运营管理［M］．北京：经济管理出版社，2019.
[88] 陈志祥．生产与运作管理［M］．北京：机械工业出版社，2020.
[89] 李震．运营管理［M］．成都：西南大学出版社，2022.
[90] 王关义．现代企业管理［M］．北京：清华大学出版社，2019.
[91] 宁凌．现代企业管理［M］．北京：机械工业出版社，2019.
[92] 张璇，樊俊杰，李奇，金艺，等．“选择比努力更重要”——元气森林的营销之道［J］．中国管理案例共享中心，2022.
[93] 梁林，李玲．元气森林：Z 世代下的品牌生态位［J］．中国管理案例共享中心，2021.
[94] 菲利普·科特勒．营销管理［M］．陆雄文，蒋青云，赵伟韬，等译．北京：中信出版社，2022.
[95] 刘亚平．缘何大起大落：牛大坊营销诊断及目标市场战略［J］．中国管理案例共享中心，2018.
[96] 王娟，周嘉，黄卫东，等．未来可期：蔚来的社群营销之道［J］．中国管理案例共享中心，2022.
[97] 葛宝山．创业管理（第 7 版）［M］．北京：机械工业出版社，2017.
[98] 张银和，高培芳，何云峰．创业学［M］．北京：中国林业出版社，2018.
[99] 姚飞，谢觉萍．创业管理——演练、实训与微课［M］．大连：理工大学出版社，2018.
[100] 李彤辉．大学生创新创业融资途径分析［J］．投资与创业．2021，32（17）：21-23.
[101] 张清，袁礼．“双创”背景下大学生创业融资现状及对策探究［J］．安徽科技，2022（3）：41-42.
[102] 郑蕊，武瑞臻．小微企业创业融资的风险防控路径研究［J］．现代商业，2023（18）：143-146.
[103] 辛燕，毛馨雨．高校创新创业财务管理相关问题探究［J］．金融经济，2018（7）：2.
[104] 苗苗，蒋玉食，周静．创业管理［M］．北京：电子工业出版社，2019.
[105] 薛红志，李静．创业学［M］．北京：中国人民大学出版社，2014.
[106] 吕爽．大学生创新创业实务指导［M］．2 版．北京：中国铁道出版社，2020.